KB147741

한반도 미래

제1권 한반도 정세 지금 몇 시 인가?

도서출판 답게

저자와
협의하여
인지 생략

한반도 미래
제1권 한반도 정세 지금 몇 시 인가?

지은이 I 김 정 선
펴낸이 I 一庚 장소임
펴낸곳 I 도서출판 답게

초판 발행 I 2014년 1월 25일
초판 인쇄 I 2014년 1월 30일

등 록 I 1990년 2월 28일 제21-140호
주 소 I 143-838 서울특별시 광진구 면목로 29 (2층)
전 화 I (편집) 02)469-0464, 02)462-0464 / (영업) 02)463-0464, 498-0464
팩 스 I 02)498-0463

홈페이지 I www.dapgae.col.kr
e-mail I dapgae@gmail.com, dapgae@korea.com

나답게 · 우리답게 · 책답게

서 문

■ 통일한국 핵무장의 필요성

한반도는 제2차 세계대전 이후 오늘에 이르기까지 지정학적으로 동북아의 전략 환경 속에서 미, 일, 중, 러 등 4강의 이해가 대립되는 가운데 남한은 해양 세력권에, 북한은 대륙세력권에 편입됨으로써 두 세력 간의 이익이 교차되는 특수성을 가지며, 때문에 항상 주변 국가들의 세력신장에 따른 위협을 받아왔다고 볼 수 있다.

한반도를 중심으로 한 1980년대의 국제질서는 구조적 변혁을 안고 있는 바, 미국은 월남전쟁의 국제적 반응과 1970년대의 화해분위기에 상응하여 군사력을 감편하고 특히 아·태 지역에서 군사적 후퇴를 거듭하면서 이에 따른 상대적인 「힘의 공백」을 보완하기 위하여 일본의 군사적 기여와 역할의 증대를 종용하기에 이르렀다.[1]

이에 따라 근래에 일본 방위태세는 방위전략 측면에서 과거 미국에 의존적 자세를 탈피하여 군사대국화를 지향하고 있는바, 이는 방위비의 GNP대비 1% 수정이나 일본 열도 불침항모화, 사해협봉쇄, 천해리 해상방위 등 일련의 정책 변화에서 보여진다.

이러한 일본의 군사대국화 경향 속에서 일본의 방위정책 선택과 방위력 보강의 문제는 동북아 및 서태평양의 안전보장과 군사력 균형, 특히 지리적으로 인접하고 있으며, 역사적으로 일본의 군비증강에 따라 위협과 침략을 받아온 한국의 안전 보장과 극동의 긴장이 역설적으로 고조될 가능성이 높다.

1990년대 들어서 동구 사회주의국가들의 몰락[2]과 소련의 해체로 인해 남

---

1) 미국은 일본의 경제위주의 전략이 국제적 책임회피라고 비난하며, 세계안보와 특히 극동안보 유지에 일본이 가중된 책임을 부담해야 한다고 주장하고, 이를 위한 군비증강을 강력히 요구하고 있으며, 美·日 무역불균형 시정방안으로 연계시키고 있다.

2) 지난 45년 동안 사회주의를 추구해 온 동독이라는 국가가 역사의 뒤안길로 사라지고, 서독을 모체로 한 통일독일은 그들의 장벽이 설치된 지 29년 만에 '독일연방공화국'이란 하나의 국가가 되었다. 1989년11월9일 베를린장벽이 무너지면서 통일

한과 북한의 대결구도는 국제적인 탈냉전 분위기와 북한의 경제개발 의지 및 남한의 북방정책에 영향을 받아 남·북고위급 회담의 실현과 유엔 동시가입, 한반도 비핵지대화3) 실현에 관한 기대 등으로 화해의 분위기를 나타내었다. 그러나 이러한 화해의 분위기도 잠시, 북한은 돌연 1993년3월 초 전면안전조치 협정에 따르는 특별사찰을 거부4) 하여 한반도를 핵에 대한 위협과 동시

물꼬의 대 흐름은 1990년 7월 1일 부로 화폐의 통합이 되면서 실질적인 경제사회의 통합이 이루어졌으며, 8월 31일 체결한 통일조약에 따라 10월3일 0시에 동독(GDR)이 서독(FRG)헌법 제23조에 의해 정치적으로 서독에 흡수 통합됨으로써, 통일과정을 모두 마무리 짓게 되었다.

3) *비핵지대 Nuclear Weapon Free Zones. 일정지역 내의 국가들이 핵무기의 실험 제조 취득을 하지 않고, 이 지역 밖의 나라들도 이 지역에서는 핵무기의 실험, 배치, 사용을 하지 않는다는 것을 목적으로 하는 공간 또는 지역, 남극, 우주, 해저 등이 비핵지대로 남아 있다.
*여영무, "한반도 비핵화 공동선언의 의미와 북한의 입장", 「통일」 2월호,(서울: 민족통일협의회, 1992) p. 37. 북한의 핵개발 문제가 현실적 핵심 과제로 등장한 것은 1991년도이었다. 북한이 계속해서 국제원자력위원회의 핵 안정 협정 서명을 거부하고 4차 남·북 고위급회담을 회피하자 북한의 핵개발 위험이 있음을 판단, 한반도 핵문제를 거론하기에 이르렀다. 이에 따라 1991년9월 24일 노대통령은 UN총회 연설에서 한반도의 핵문제에 대해 주도적으로 협상할 용의가 있음을 천명하였고, 이어서 동년 9월 27일 미국의 부시 대통령이 모든 전진기지에 배치된 전술핵의 일방적 철수와 폐기를 선언하자 남·북한은 지금까지의 핵문제 심각성 차원에서 핵협상이라는 해결차원의 접촉을 하기에 이른다.
*노태우 대통령은 1991년 11월 18일 한반도 비핵 5원칙을 선언, 내용은 한국은 핵무기의 제조, 보유, 저장, 배비, 사용하지 않겠다고 밝힘. 북한은 1991년 10월 23일 그들이 종래에 주장한 「조선반도 비핵지대화 선언」을 하면서 先 주한미군 핵 철수와 핵우산의 폐기, 後 북한의 IAEA 안전협정 서명이라는 공식을 내놓게 되었고, 동년 11월8일 노태우 대통령의 「한반도 비핵화와 평화구축을 위한 선언」에서 비핵 5원칙 및 핵처리 시설 포기를 천명하였다. 이어 1991년12월19일 노대통령의 「핵부재선언」에 이르자 결국 동년 12월 13일 제5차 남·북 고위급 회담에서 채택된 기본 합의서에 의거 핵협상을 하게 되고 1991년12월31일 「한반도 비핵화 공동선언」 합의와 남·북한 동시사찰 원칙에 동의하게 되었다. 이후 1992년2월19일 제6차 남·북고위급 회담에서 이를 채택하고 북한은 계속해서 IAEA의 핵안전협정 승인과 핵사찰 최초보고서를 제출하였다.
4) 북한의 원자력 개발은 1956년3월 소련 드브나 연구소의 창설에 참여하기 위하여 구소련과 협정을 체결하면서 시작되었다. 이후 북한은 1965년6월 IRT-2000이라는 연구용 원자로를 구소련으로부터 수입하여 본격적인 연구를 진행하였고, 1987년부터 제2원자로를 독자적으로 건설하여 가동시켰다. 현재 북한은 제3원자로를 건설하고 있으며 영변에 핵처리 시설을 가지고 있는 것으로 밝혀졌다. 북한은 1974년 7월에 IAEA(국제원자력기구)에 가입하여 대표부를 상주시켜 왔고, 1985년 12월 12일 NPT(핵확산금지조약)에 가입한 이후 전면안전조치 협정에 대한 서

에 탈냉전의 분위기에 의하여 시작되었던 남북고위급 회담을 비롯한 남·북 관계는 급속히 냉각되고 있으며, 남북 간의 경제적 협력에 대한 전망도 밝지 않다.

한반도와 가장 가까운 일본은 북한의 핵확산 금지조약 탈퇴에 대하여 가장 민감한 반응을 보이고 있으며, 동북아시아의 핵확산을 우려하는 핵강대국들은 북한의 핵무기를 보유하는 것을 원하고 있지 않기 때문에, 북한의 핵정책에 대한 핵강대국들의 대응양상은 한반도에서 군사적 대결의 위험마저도 내포하고 있다고 볼 수 있다. 이러한 관점에 따라 전 세계에 널리 감돌고 있는 평화공존의 기운에도 불구하고 한반도에는 아직 긴장이 계속되고 있다.

특히 최근 러시아에는 데탕트[5]의 상황을 역이용하여 동북아 지역에서 군사력을 배경으로 세력팽창을 시도하고 있다.

러시아 극동군사력의 급격한 증강추세는 미·러 군사력 균형에 위협을 가 하였고, 이는 극동에서도 심각한 상황으로 전개되고 있는 바, 이러한 사실은 한국의 안전보장뿐만 아니라, 일본의 생존과도 직결되고, 나아가 한, 일 해상 운송로를 위협하기에 이르렀다.

더구나 러시아의 군사력이 극동에서 현저하게 증강하고 있는 현상은 상대적으로 미국 서태평양 군사력의 약화를 초래하게 되어 유사시 한반도 비상사태에 대한 지원임무 수행이 곤란해지기 때문에 한국 안보에 결정적 위협요인으로 작용됨과 동시에 미 군사력의 약화는 일본인의 위기의식을 더욱 고조시켰고, 따라서 일본의 독자적 방위체제 확립은 필연적인 것으로 평가되고 있다.

왜냐하면 한반도는 지정학적으로 어쩔 수 없이 러시아의 이해관계가 얽혀 있는 지역에 위치하기 때문에 러시아와 관련한 안보문제를 배제하지 않을 수

명을 하지 않아 핵시설에 대한 사찰을 거부하여 오다가, 1992년 1월 30일에 이르러 전면안전조치 협정에 서명을 하여, 북한 내의 핵시설에 대한 사찰을 가능하게 하였다. 1992년과 1993년2월 6차례에 걸친 임시 사찰을 한 결과, 영변의 핵시설에 대한 특별 사찰이 IAEA에서 결정되었고, 북한은 특별 사찰 1주일 전에 NPT 탈퇴를 선언하여 특별 사찰을 거부하였다.
5) 데탕트란 국제간의 긴장 완화를 의미한다. 미, 소 양국이 이른바 냉전 상태를 지속해 오다가, 1970년대에 들어서면서 양국의 평화공존 정책으로 점차 세계 전체에 전쟁의 위기가 물러간 것을 말한다.

없다. 특히, 냉전과 분단, 그리고 고도성장으로 그간 우리의 국가안보는 많은 기반과 역량을 비축해 왔으나 88 서울올림픽을 계기로 한국의 국제적 지위향상과 더불어 대 공산권과의 수교 등 이른바 북방외교의 열풍과, 동유럽을 비롯한 공산권의 개혁 및 개방의 신 데탕트 분위기 속에서 우리의 안보에 지대한 영향을 미치고 있는 러시아가 한반도를 거점으로 한 동북아 4강의 구도 재편성을 시도하기 위한 새로운 정책의 변화가 오고 있기 때문이다. 따라서 우리의 안보문제를 남·북의 직접적인 문제보다도 주변 국가들의 영향과 역학관계 등으로 인해 남·북이 세력균형을 이루고 있는 오늘의 현실 속에서 러시아의 동북아 정책 변화는 우리가 당면한 안보정책에 큰 변수로 작용하고 있다고 볼 수 있다.

한반도에서 새로운 전쟁방지를 목표로 하는 한국의 안보, 국방정책의 성공과 실패여부에 영향을 미치는 가장 큰 요소 중의 하나인 러시아의 동북아 및 한반도 정책방향은 현재 대내적으로 누적된 국내정치 및 경제 문제를 해결하기 위해 노력하면서 대미 전략 핵무기 협상[6] 재개를 제의하는 한편, 군비 확장에도 열을 올리고 있는데, 이는 러시아의 극동군사력[7] 증강과 대 북한 군사지원의 강화라는 형태로 우리에게 직접적인 영향을 미치고 있다. 최근에

---

6) 1945년7월16일 미국이 최초의 핵 실험에 성공함으로써 가공할 핵의 시대가 시작되었으며, 일본의 2개 도시에 핵무기를 투하하여 세계 제2차 대전을 종결케 하였다. 그 후 미국은 소련이 10-15년 원폭 개발에 뒤지고 있다고 판단하고 핵의 독점을 유지하려 하였으나 예상외로 1949년8월 소련이 원폭실험을 하여 핵의 독점은 불가하였다. 세계 제2차 대전 후 40년대 말, 미·소를 중심으로 한 양극체제가 구축되면서, 자유주의와 공산주의라는 「이데올로기」적 대립과 더불어 핵에 의한 양극 형 지배체제로 되었다. 1950년대부터 1960년대까지 미·소 양국의 냉전체제 하에서 핵의 수평적 확산은 계속되었으며, 핵전쟁 촉발 시에 승자도 패자도 없는 인류 공멸위기가 자명하여지자 상호 공존의 협의가 1968년 핵무기확산방지조약(non-proliferation of nuclear weapons treaty:NPT), 1972년 미·소 전략무기제한 협정(strategic arms limitations talks : SALT)등을 체결함으로써 구체화되기 시작하였으나, NPT는 1967년 이전의 핵보유국에는 유리한 조건이며 제3세계 국가와는 불평등한 조약이다.
7) R. E. Osgood, Limited war에 의하면, "군사력은 국가 정책에 종속되어야 한다는 사실 및 군사력의 유일한 합법적 목적은 국가의 정치적 목표에 이바지하는 사실에 있다"

급속히 추진되고 있는 북한의 대러 밀착관계는 한반도를 비롯한 동북아 지역의 긴장감을 더욱 고조시키고 있다. 이와 함께 중국의 군비증강 역시 한반도를 주축으로 동북아에서의 일본과 러시아의 위협은 상존되고, 점차 더욱 증가할 것이라는 전제로 중국은 대 동북아 지역방위의 상호역학관계 하에서 전략의 방향을 제시하고 있다.

중국의 근본적인 전략개념의 분석을 위해서도 중국과 한반도와의 얽혀진 지난 역사를 검증해 볼 필요가 있다. 중국은 1921년 당 창건 이래 「마르크스, 레닌」주의를 중국 현실에 변형하여 적용한 모택동 사상(Maoism)을 국가의 지도이념으로 채택하였었다. 모택동은 「마르크스」주의에 입각하여 공산주의 이상사회를 건설한다는 명분아래 사회주의 총 노선, 대약진운동, 인민공사 등 이른 바, 「삼면홍기」8)와 「자력갱생」, 「문화혁명」을 통한 「계속혁명노선」9)을 강행하는 한편 사회주의 도덕을 강조하는 인간의 사상개조 운동을 전개하였으나, 이러한 운동들은 오히려 사회적 혼란과 경제발전을 크게 후퇴시킨 천하대란이 되고 말았다. 뒤이어 모택동이 사망한 뒤 화국봉은 4인방을 숙청하였고 현대화 정책을 채택하였으나 문화 혁명의 유산을 철저히 청산하지는 못하였다. 여기에 중국 실질적인 최고 실력자로 등장한 등소평(Deung xioping)은 화국봉을 제2선으로 후퇴시키고 호요방을 당 주석으로 앉혀 문화혁명에 대한 비판과 모택동 사상에 대한 재평가를 단행하고 당 노선을 구축하였다.

이러한 중국이 모택동의 시야로부터 벗어나 좀 더 실질적인 힘을 가진 강력한 현대국가로 부상하기 위해, 과감한 국가경제 발전정책을 세우고 대선진국 및 대서방국가에 대해 개방외교를 폄으로써, 그들로부터 선진적 기술, 자본 및 발전경험을 적극적으로 도입하며 모든 이념과 체제를 초월하여, 중

---

8) 1957년 이래 사회주의 개조 시기가 끝나고 1958년에 사회주의 건설이 시작되는데 제2차 5개년 계획이 시작된 해에 제창된 사회주의 건설의 총 노선(general line), 공농업 생산, 대약진(Great Leap Forward) 및 인민공사(peoples Communes)등 3개 구호의 총칭을 말한다. 총 노선은 사회주의 건설의 강령이며, 대약진은 사회주의 건설의 시한을 앞당겨야 한다는 규정이고, 인민공사는 공산주의 사회로 진입하기 위한 농촌의 집단화 정책임. 2년간의 시행 뒤에 실패로 판명되었음. 김영준, 모태동 사상과 등소평의 사회주의, (서울 : 아세아문화사, 1985) p. 300 참조.
9) 일부 학자들은 「계속혁명론」이란 용어를 「부단혁명론」이라고 사용하기도 함.

국의 현실적 국가이익에 도움이 되는 국가와는 어느 국가이든 외교관계를 맺어 현재의 중국을 강력한 현대국가로 부상시키기 위한 선행 작업이 바로 중국의 실용주의 노선이라고 할 때, 강대국들의 이해관계가 가장 크게 얽혀 있고 중국과는 직접 국경을 맞대고 있으면서 일찍이 중국의 세력권에 의해 지대한 영향을 받아왔던 한반도에 살고 있는 우리로선 이 중국의 실용주의 노선을 좀 더 정확하게 살펴볼 필요가 있는 것이다. 더욱이 중국의 실용주의 노선은 북한의 「합영법」10)을 비롯한 후진 공산국들의 개방화 정책의 「모델케이스」가 되고 있다는 점을 간과할 수가 없다. 설상가상으로 최근 국내 · 외적인 상황 변화에 따라 기존의 대미 의존적인 현대화 전략에서 벗어나 탈 미국화 하려는 징후를 보이고 있기 때문에 장기적으로는 대미관계의 악화까지도 우려되고 있다.

한반도를 중심으로 급변하는 동북아정세는 군사균형에 의존된 다극화 현상과 더불어 국익을 추구하는 수단과 방법을 위해서는 극단적인 잔악행위도 서슴없이 자행하고 있는 오늘날의 국제정세 하에서 국내적으로는 민주화, 선진화로 가는 길목에서 갈등과 혼미를 거듭하는 사회의 구조 속에서 생활하고 있다.

더욱이 세계의 예측하기 힘든 상황이 전개되고 있어 우리의 국민들은 인내심 없는 통일의 환상 속에 이데올로기의 갈등과 안보의 성역이 무너지면서 분단의 현실을 망각하는 심각한 상황이 벌어지고 있는 실정이다.

왜냐하면 통일문제의 본질에 대한 올바른 인식과 평가가 없는 통일운동은 맹목적일 수 밖에 없으며, 또한 통일은 불같이 뜨거운 열정 못지않게 얼음같이 찬 이성의 뒷받침도 있어야 하기 때문이다. 즉, 우리 앞에 놓인 통일의 실체는 무엇이며, 지금 어디까지 와 있는지를 올바로 파악하는 것은 대단히 중요하다. 여기에다 현재 우리는 '한반도 비핵화 공동선언'으로 핵연료 사용 후 재처리는 물론 우라늄 농축도 할 수 없다. 에너지 부존자원이 빈약

---

10) 외국의 기술과 자본을 유치하기 위한 법적장치를 마련하기 위한 것으로 총 5장 26조로 구성되어 있다. 중국의 중외합작 경영기업 법 (중외 법)을 모방한 합작 투자경영 법으로서 지난 1984년 9월8일 북한의 최고 9일자와 새 물결(서울 : 자유평론사, 1984) 118호, 참조.

한 우리나라는, 원자력 발전에 눈을 돌린 이래 세계 10위의 원자력 발전소 보유국이 되었지만 핵연료 재처리는 할 수 없는 처지이다.

반면 동북아 주변정세에 절대적 영향력을 발휘하고 있는 핵강대국인 미·중·러 3국의 묵인 아래 일본은 1981년에 본격 가동한 도카이무라 재처리 공장과 함께 로카쇼무라 핵 단지의 재처리 공장을 금세기 말까지 완공, 가동할 예정이고, 2010년에 민간자본으로 제2 재처리 공장을 건설할 계획이다.

로카쇼무라 핵 단지의 재처리 시설에서 나오는 플루토늄이나 우라늄을 농축 시설에서 순도 96% 이상으로 농축하면, 50년 전 히로시마와 나가사키에 떨어진 원폭과 똑같은 핵무기를 생산할 수 있는 핵물질을 보유하게 된다. 즉, 일본은 핵의 평화적 이용과 함께 핵무장 가능성도 동시에 확보해 나가고 있는 것이다.

이를테면, 일본의 원자력 발전용량은 95년에 약 3만 8천 6백 MWe이고, 2000년에는 4만3천5백MWe 정도가 예상되며 그 이후에도 지속적으로 증가할 전망이다. 여기에서 사용 후 나오는 핵연료 중 2010년까지 재처리를 거쳐 생산되는 플루토늄 양은 도카이무라 재처리 공장에서 약 5T, 2000년부터 가동되는 로카쇼무라 재처리 공장에서 약 50T이다. 향후 2010년까지 플루토늄 보유 계획량은 85T으로 일본은 이를 모두 사용한다고 하고 있지만, 전문가들은 이 기간에 소비할 양을 약 45T정도로 추정하고 있어, 비축량이 약 40T이나 된다. 만약 비축량으로 핵폭탄을 만든다면 나가사키에 투하된 원자폭탄보다 위력이 강한 핵무기를 4천개나 제조할 수 있는 양이다. 따라서 북한이 핵무기 1~2개를 만들 수 있는 플루토늄을 보유했을 가능성이 있다고 하여 전쟁 위기로까지 치달았던 것 자체가 모순일 수 밖에 없다.

이에 우리로서는 미·일·중·러 등 4강을 위시한 동북아 주변상황에 관하여 보다 면밀히 분석 대처함으로써, 국제적으로 유리한 안보적 기반을 구축할 필요가 있다. 왜냐하면 4강의 대립, 분단과 전쟁의 경험, 집단 안보체제의 존재 등 불변수적 여건으로 인하여 국제적 상황의 변화에 민감할 수 밖에 없는 한반도 상황을 고려할 때 잠재적 핵보유 능력을 갖춘 통일한국의 핵무장 동기, 핵확산의 유형, 핵확산의 전망을 제시하여 급변하는 동북아정세에 있어서 핵에 대한 의사결정의 자조적 배경만이 민족생존의 길이기 때문이다.

차 례

장 별 참고부록

제 1 장
북한의 핵전략 전술과 탈냉전 시대의 동북아

제1절 핵탄두의 비밀[1]

19세기 말까지만 해도 지구상의 어떤 물질이든지 자를 수 있는데 까지 자르게 되면 최후에 화학적 특성을 잃지 않는 최소입자에 도달하게 되는데, 이 물질의 최소 단위를 일컬어 통상 '원자'라고 이해하고 있었다. 1903년 프랑스의 베크렐 박사가 우라늄에서 방사선이 나온다는 사실을 발견하여 노벨상을 받았으나, 그 정체는 밝혀내지 못하고 있었다. 이를 계기로 1911년 영국의 러더퍼드 박사가 방사선의 일종인 X선이 전자와 어떤 관계를 가지는지 알아내고자 두께 0.01mm의 얇은 금 박판에 알파(α)선을 쏘이는 실험을 하였다. 그런데 이 과정에서 대부분의 알파선은 금 박판을 투과했으나 어떤 것은 가끔 무언가에 부딪치듯 튕겨 나오는 현상을 발견하게 되었다. 러더퍼드 박사는 이 현상을 「마치 15인치 포탄이 얇은 종이를 뚫지 못하는 것처럼 신기하다」고 표현했다. 그리고는 얼마 후 그는 다음과 같이 그 현상을 밝혀내었다. 「금 박판의 금을 구성하는 원자들은 속이 가득 채워진 것이 아니다. 그래서 대부분의 알파선은 금을 구성하는 원자의 빈 공간을 그냥 통과하고, 원자의 중심부에 맞을 때에는 튕겨 나온다. 이 중심부가 바로 원자의 핵이다. 원자핵은 지름이 1천억분의 1mm로 원자의 1만분의 1 크기이며, 태양을 중심으로 행성들이 공존하는 것과 같이 원자핵 주위를 '전자'들이 돌고 있다. 또한 원자핵 속에도 양성자와는 별도로 전기적으로 중성인 '중성자'가 존재 한다」 이에 그는 방사선 가운데 무겁고 흡수성이 좋은 것을 알파(α)선, 이보다 투과성이 뛰어난 것을 베타(β)선이라고 명명하였다. 즉, 베타선의 실체가 바로 전자라는 것을 규명한 것이다. 이러한 발견에 의해 바야흐로 원자핵을 응용한 핵무기의 시대가 개막되기에 이른다.

원자력 또는 핵에너지란 글자 그대로 원자핵에서 나오는 에너지를 말한다. 즉 우라늄 원자핵이 중성자라는 총알을 맞아 쪼개질 때 줄어드는 질량만큼 유명한 아인슈타인의 $E = mc^2$이라는 공식에 의해 엄청난 양의 에너지로 바뀌어 방출되는 것이다. 이론상 이 에너지는 우리가 흔히 쓰는 불이나 화약 등 화학적인 에너지의 1백만 배 규모가 된다.

핵무기 원료를 만드는 데는 크게 두 가지 방법이 있다. 핵분열을 일으키기 쉬운 물질인 우라늄(u-235)의 함유량을 99퍼센트 가까이 높이는 농축 우

---

1) 김정선, 「군사정치평론」, 월간 나라사랑(1994.11.1.), 11월호, pp. 80-83.

라늄 제조 방법이 있고, 원자로 안에서 중성자에 쪼인 우라늄 핵연료를 꺼내어 새로 생겨난 물질의 플루토늄(pu-239)을 화학적으로 분리하여 만드는 이른바 재처리에 의한 방법이 있다.

우라늄 농축 시설은 방대한 규모의 시설과 고도의 기술이 요구되는 것이기 때문에 상대적으로 간단하고 소규모로도 가능한 재처리에 의한 플루토늄 추출 방법이 비교적 쉽게 접근할 수 있는 방법이지만, 플루토늄이 포함된 사용 후 핵연료는 고품위의 방사능을 띠고 있기 때문에 이 역시 완벽한 방사능 차폐 시설과 원격조정 정치 등 기술적 어려움이 따른다. 따라서 핵무기 제조 기술을 가진 나라들은 일종의 카르텔을 형성하여 관련 장비, 기술 등의 이전을 금하고 있다.

수소폭탄은 태양에서 일어나고 있는 것과 같은 핵융합 현상을 이용한 것으로 태양 내부와 같은 수천만도 수천만 기압의 조건을 충족시키기 위해 일단 원자폭탄을 먼저 터뜨리고 그 때 방출되는 에너지에 핵융합이 일어나도록 하여 더 큰 에너지를 발생시키는 것이다. 즉 수소폭탄을 개발하기 위해서는 먼저 원자폭탄을 만들어야하고, 원자폭탄은 원료 물질인 핵분열성 물질이 우선 확보되어야 제조가 가능한 것이다.

일단 핵무기를 제조하기 위해서는 핵을 분열시키는 천연 우라늄(u235) 또는 플루토늄(pu239)이 필수적이다. 즉 우라늄의 경우에는 천연 우라늄(u235)가 90%이상, 플루토늄의 경우에는 플루토늄(pu239) 가 95%이상 있어야 핵이 제대로 폭발하게 된다. 그만한 비율의 천연우라늄(u235) 및 플루토늄(pu239)이 함유되지 않았을 경우에는 예상보다 늦게 폭발하거나 아니면 폭발하지 않을 가능성이 있기 때문이다. 그러나 자연 상태로 존재하는 보통 우라늄 원석 가운데서 천연우라늄(u235)은 겨우 0.71%밖에 안 된다. 따라서 핵분열 물질인 천연우라늄(u235) 또는 플루토늄(pu239)을 얻기 위해서는 중성자를 우라늄 또는 플루토늄을 원자핵에 강제 삽입시켜, 불안정한 핵으로 만든 다음 자체적으로 연쇄 반응을 일으키도록 하여 핵분열을 야기시키는 방법을 사용하게 된다.

이렇듯 원자핵에 중성자를 삽입시키는 과정에서 중성자의 개수가 계속 일정한 상태로 핵분열 될 때, 이를 「임계상태」라고 한다. 원자력 발전과 핵무기는 바로 이 「임계상태」에 따라 차이가 나는 것이다.

원자력 발전은 임계상태를 그대로 유지하여 원하는 만큼의 에너지를 발전시키는 것인 반면, 핵무기는 초임계 상태(흡수되는 중성자 개수가 점점 많아지는 상태)를 만들어 핵분열을 기하급수적으로 증가시킴으로써 일순간에 다량의 에너지를 발생하게 만드는 것을 말한다.

다시 말해, 원자력 발전소에는 핵연료를 너무 오래 태움으로써, 타고남은 핵연료 속에 핵폭발에 쓰이는 고순도 플루토늄(pu239)의 양을 얻을 수 없기 때문에 핵무기의 원료로는 사용할 수 없다. 따라서 원자력 발전소의 핵연료로 안전성 있고 가격이 저렴한 저 순도 우라늄을 사용하고 있다.

그러나 연구용 원자로는 핵연료를 태우는 속도를 조절할 수 있으므로 고순도의 플루토늄(pu239)을 얻을 수 있다. 이렇듯 원자로에서 우라늄이 중성자를 흡수한 상태로 핵분열을 일으키지 않고 그대로 있게 하면 약 48시간 뒤에 플루토늄(pu239)으로 변하게 되는데, 여기서 생성된 플루토늄을 추출하는 것을 일컬어「재처리」라고 한다.

핵연료 재처리는 핵무기의 핵심 원료인 플루토늄(pu239)을 생산할 수 있는 공정일 뿐 아니라, 원자력 발전소의 연료를 재활용한다는 측면에서도 반드시 필요한 기술이라고 할 수 있다.

따라서 재처리의 일반적인 원리란 질산 용액에 핵연료를 녹여 이 용액을 물과 섞이지 않는 TBP라는 유기 용매와 혼합 시켜서 우라늄과 플루토늄은 TBP에서 녹아나오게 하고, 그 외의 방사능 불순물들은 질산 용액에 그대로 존재하게 만든 다음 플루토늄과 우라늄을 함유한 TBP 용매를 꺼내어 다시 깨끗한 질산과 혼합 시키면 플루토늄만이 질산에 녹아나오게 되어, 핵연료에서 플루토늄을 추출하는 것을 의미한다.

결과적으로 플루토늄 탄에는 재처리 시설이 필수적이고 우라늄 탄에는 농축시설이 필수적이라는 결론을 얻게 된다. 왜냐하면 핵연료에 대한 재처리 시설은 핵무기의 핵심 재료인 플루토늄(pu239)을 추출해낼 수 있는 시설이므로 핵탄 제조에 상당히 중요하기 때문이다.

통일한국에도 재처리 시설이 확보되었을 경우를 상정하여 재처리 과정을 좀더 상세하게 설명할 필요가 있다. 즉 원자로에서 타고 남은 찌꺼기의 핵연료에서 플루토늄이 추출되는 것은 시간문제이다. 재처리 시설에 주로 사용되고 있는 퓨우렉스 기술은 재처리시 독성과 방사능을 발산하는 물질이 외부에 누출되지 않도록 납유리로 완전히 차단된 핫셀 이라고 불리는 고속증식로 및 우라늄 혼합(MOX)연료용 신형 전환로를 이용해 외부에서 내부 물질들을 원격 조정하여 처리하는 방식이다. 일반적인 비료화학 공업을 취급하는 기업들의 기술 수준으로도 충분히 실현 가능하다.

그러나 플루토늄의 재처리시 반드시 고속증식로 방식에 의한 핫셀 안에서 이루어지지만 그 규모와 자동화 정도에 의하여 재처리 능력이 결정되기 때문에 핫셀의 재처리 용량을 상정하는 것은 매우 어려운 일이다. 또한 우라늄 농축을 획득한 경로는 우라늄 광산에서 채광된 우라늄 원광을 가지고 생산 공장에서 '선광-분쇄-산침출-이온교환-침전'공정을 거치는 정련 과정의, 즉 이온화된 기체 우라늄을 전자기 분리 장치인 알파크로트론 장치를 이용하여 발생되는 강한 자 장 속에 넣어서 천연우라늄(u235)과 보통우라늄(u238)을 분리시켜 노란색 분발로 정련된 옐로우 케익으로 만든 다음 '산처리-식순 정제-야금-가공-금속 우라늄-피복-핵연료봉'의 가공 공정을 거쳐 핵연료 또는 핵연료봉의 형태로 만드는 방식이다.

이외에도 핵무기 제조와 직접적으로 연관성 있는 우라늄 농축 방식을 살펴보면, 90%이상의 고순도 농축 우라늄을 생산하기 위해서는 2천~3천 단계의 과정을 거쳐 농축이 가능한 가스 확산법과 노즐 분리법, 그리고 4만 RPM을 이용하여 35단계 과정만으로도 농축이 가능한 원심분리법 등이 있다. 최근 개발 중인 적외선 레이저 분리 방식은 1단계의 농축 과정으로도 90%이상의 고순도 농축우라늄 생산이 가능하고 외부노출도 전혀 안되는 장점을 가지고 있으나 난이도가 높은 하이테크 기술이 종합된 것으로서 극소수의 선진국 외에는 개발이 불가능하다.

현재까지도 대부분의 핵개발 국가들이 적외선 레이저법을 제외한 방식을 사용하고 있기 때문에 우라늄 농축을 본격적으로 추진할 경우 핵무기 개발 의도를 숨기려 해도 핵시설과 핵연료 제조 공정상 임계상태(원자력 발전이 가능하도록 물리적 반응이 일어남)의 부유물 유출로 인해 인공위성 등 고도의 원거리 정보 감시망에 의하여 즉시 국제적으로 노출되고 있다.

이러한 추출 과정을 토대로 하여 천연 우라늄을 가공한 핵연료를 원자로에서 연소시킬 경우, 핵연료 속에 플루토늄이 얼마나 추출될 수 있는가를 대략적으로 구할 수 있다. 가령 핵연료가 원자로에서 연소되면 될수록 핵연료 속의 플루토늄의 양은 증가하지만, 반대로 플루토늄 속의 플루토늄(pu239)의 양이 감소하여 순도가 떨어지게 된다. 따라서 핵연료 속에 있는 플루토늄의 평균 순도를 알게 되면 핵연료를 얼마나 태웠고, 핵연료 속에 플루토늄이 얼마나 있는지 알 수 있는 것이다. 예를 들어 플루토늄의 평균 순도가 95%라면 50톤의 핵연료 속에는 대략 25~40kg의 플루토늄이 들어있는 것이다. 그리고 순도가 더 낮다면 더 많은 양의 플루토늄이 만들어졌을 것이다.

이와 같은 방법을 통해 핵탄두 1~20KT급 1발 제작에 필요한 임계량은 핵물질이 연쇄 반응을 일으킬 수 있는 최소량인데 우라늄탄의 경우는 15~20kg이며, 플루토늄탄은 5~8kg이다.

핵탄두의 구조는 플루토늄탄을 이용한 내폭형과 보조적인 수단으로 고농축 우라늄을 장착시킨 포탄형이 있다. 포탄형은 장약과 기폭제가 분리되어 있으며, 내폭형은 핵분열 물질과 장약이 층을 이루면서 복잡하게 구성되어 있다. 플루토늄을 이용한 내폭형이 고농축 우라늄을 이용한 포탄형보다 개발 자체가 어려운 점은 많으나 핵물리 이론의 기초라고 할 수 있는 핵융합의 수소폭탄 설계를 바탕으로 핵무기 제 조시에는 오히려 내폭형을 선호하는 경향이 있다.

유엔의 연구조사 보고에 의하면 U-235를 농축시켜 매년 수 발의 핵무기를 만드는 데는 약 4천만 달러의 원심 분리시설 건설비를 5~7년간 투입해야 한다는 것이다. 그리고 이를 유지하기 위해서 건설비의 25~30퍼센트가 추가로 소요된다.

매년 1~2발의 핵무기를 제조하기 위한 Pu-239의 경우는 재처리 화학공장 건설비 2천6백만 달러(1970년 기준)가 필요하고, 건설 후 4년 만에 무기급 플로토늄의 생산이 가능해진다.

매년 10~20발의 핵무기를 제조하기 위한 시설비는 2억5천만 내지 5억 달러 정도이고, 약 50~70명의 과학자와 150~200명의 숙련 기술자가 필요하다. 또한 핵폭탄의 실험 및 조립에는 1발당 약 2억 달러가 소요 된다고 한다.

홍콩의 경제지인 ≪신보(新報)≫의 5월 7일자 보도에 의하면, 1국의 핵무장이란 핵무기를 개발, 제조, 보유함으로써 핵무기를 관리, 유지, 운용 및 방호할 수 있는 수단과 방법을 갖춘 상태를 뜻한다. 그러기 위해서는 우선 핵무장을 하겠다는 국가 의지와 능력이 전제되고, 이를 방해하지 않는 국내외적 여건이 형성될 때 핵무기 개발이 진행되는 과정은 기초 연구단계, 핵무기 개발단계, 핵 무장단계 등 3단계로 구분할 수 있다. 일반적으로 핵보유국이라 함은 2단계까지 완료한 국가를 말한다. 2단계를 거친 후 일정한 기간이 지나면 핵무장이 가능하므로 2단계를 거치면 핵이 수평적으로 확산되었다고 가정할 수 있다.

이러한 과정을 거쳐 제조된 핵탄두 1MT급 1발이 한반도 상공에서 폭발되었다고 상정할 때 지상 원점을 중심한 수십 마일 이내의 인적, 물적 피해는 물론이고 강전자파(EMP)로 말미암아 한반도 전역에 발전소의 기능이 자동적으로 정지되고 모든 전기, 전자, 통신기기는 일시에 작동이 멈추고 말 것이며, 만약 야간이라면 암흑 속의 교통과 통신 불통 상황 하에서 대도시는 아비규환의 연옥을 방불케 될 것이다. 즉, 핵폭발 후 조래되는 폭풍과 대규모 화재로 인한 파괴, 대기권 상층부에 형성된 광대한 연기구름과 먼지, 방사능 낙진, 한랭 및 암흑 등은 순간 기류를 통하여 널리 퍼진다. 특히 인체에 치명적인 방사능동위원소로서 죽음의 재로 불리는 검댕이 입자 파편들이 대기권내 태양 광선을 차단함에 따라 광대한 연기구름 밑의 어두운 지표면이 급격히 차가운 한랭 기류로 형성되어지는 핵겨울의 공포가 시작된다.

반면 연기구름 속에 흡입된 태양 에너지가 급팽창, 상승효과를 가져와 대기권으로 역류, 환원시킴으로써 생성되는 산화질소로 말미암아 오존층이 파괴되므로 일시적 백야 현상을 동반하게 되는데 이때에 태양의 강렬한 적외선이 지표면에 직접 닿게 되어 모든 생태계는 사멸하게 된다. 결국 핵폭발에 의해 야기될 파멸적인 환경 훼손 및 인간과 모든 생명체에 미치는 생태학적 균형의 질서가 파괴됨으로써, 1세기 이상 물의 서식이나 생존이 불가능해지는 것을 의미한다.

최근 세계적으로 핵폐기물로 인한 환경오염이 심각한 문제로 등장하자 지난 81년부터 캐나다 정부의 요청으로 캐나다 원자력공사(AECL)와 미국 정부가 합작하여 캐나다 마니토바주 동북부에 있는 화이트 셀 지역 4평방 km를 마니토바주 정부로부터 빌려 핵무기를 해체하거나, 사용된 핵폐기물을 지하 1천여m의 화강암 속에 묻어 영구 처분하기 위한 실험을 하고 있다.

실제로 이런 실험을 위해 구리나 탈륨 등으로 단단한 통을 만들어 그 속에 핵폐기물과 함께 주변에 유리 조각이나 모래를 섞어 넣어 통 속에서 핵폐기물이 흔들리지 않게 하는 반면, 암반 속에 삽입시킨 후에도 그 주위를 진흙으로 감싸 혹시 암반 속에서 흐를지 모르는 물을 흡수토록 설계를 하고 있다. 왜냐하면, 방사능 물질이 지하수에 섞여 지표로 나오지 않게 하기 위함이다. 방사능이 지표를 오염시키고 결국 생태계에 영향을 줄 수 있기 때문이다.

제 2 절 북한의 원자력 기술 수준과 IAEA 사찰

북한은 1964년 평양 북방 90km 지역에 있는 영변에 거대한 핵물리학 연구소를 설립하였다. 이 연구소는 제1원자로와 임계 설비를 사용하여 기본적인 핵물리 실험을 수행하였으며, 북한이 자체적으로 원자로 기술을 체계화시키는 데 큰 기여를 하였다. 이 연구소는 1965년 소련의 지원을 받아서 영변에 건설한 제1원자로(KP-0001)는 출력이 2MWt로서 1989년까지 수차례에 걸쳐 출력이 증강되어 현재는 8MWt 이다. 이 원자로는 20~80%의 농축 우라늄을 핵연료로 사용한다. 이 핵연료의 대부분은 구소련에서 수입되었으며, 사용된 핵연료는 소련으로 회수된다. 이 원자로는 연구 실습용으로 공업, 의료용, 산업에 필요한 방사성 동위원소를 생산하였고, 이 원자로를 통하여 기본적인 핵물질 연구가 시작되었다.

1973년에는 김일성 대학에 핵물리학과가 신설되었고, 김책 공과대학에서 핵전기공학과, 핵연료공학과, 원자로공학과가 설치되었다. 또한 북한은 1974년 7월20일 국제원자력기구와 'Type 66 Agreement'에 서명하였으며, 동년 12월 14일 국제원자력기구와 안전조치(Safeguard Agreement) (INCIRC/252)를 체결하여 그 후 매년 2Man-Day 감시를 받고 있다.[2] 더욱이 북한은 IAEA의 이사국이 되기도 했으며, 대표부를 상주시켜 원자력 외교에 많은 노력을 기울여왔다. 북한은 이어 1980년에는 청진에 나남 원자력 분소를 설립하였고, 1982년 영변 핵물리학 연구소를 확대 개편하였으며, 1982년 6월에는 평양과 평양 과학도시에 핵물리 대학을 추가로 설치하였다. 1981년 통계에 의하면 소련 드브나 연구소에 파견되어 연수를 받은 북한 과학자 수는 150여명에 이른다.

북한은 이후 연구소를 통하여 실험에 의해 기술을 축적하였으며 평 산과 흥남에 우라늄 광산을, 구성에는 우라늄 가공시설을 설치하여 채광 정련시설을 확보하였다.[3]

---

2) 이 내용은 제1원자로와 임계시설에 대한 부분적 핵사찰에 동의한 것으로 이 협정에 따라 북한은 몇 차례의 핵사찰을 받았으며 최근의 기록에 의하면 1988년 5월 10일과 1989년 6월 7일에 최종적인 핵사찰을 받은 것으로 보인다.
3) 북한은 1964년부터 중국의 도움을 받아 우라늄광 탐사를 실시하여 총 매장량은 2,600만 톤으로 경제성 있는 매장량은 400만 톤으로 밝혀졌다. 우라늄 정련량은 대략 0.3톤/일로 추정되며 제2원자로에 필요한 우라늄량을 초과하고 있다. 이은철, 전게 논문, p.113.

북한의 재처리 시설에 대해서는 두 가지로 나누어 생각할 수 있다. 첫째는, 문제의 시설로 지목받고 있는 영변의 재처리 시설로서 이미 1989년 1월 말경 건설 중인 것으로 알려졌으며, 착공으로부터 6개월간의 시간을 감안해 볼 때 착공 시기는 1988년 8월로 볼 수 있다. 따라서 북한의 재처리 시설의 가동 시기는 1991년 4월경으로 산정할 수 있으며 완공 후 시운전 기간을 6개월로 가정하면, 본격적인 가동 시기는 1991년 10월경으로 볼 수 있다. 이 시설의 재처리 용량을 산정하는 것은 매우 어려운 일이다. 제2원자로의 사용 후 핵 연료량을 1회 교체시 75톤으로 연간 2회씩 150톤으로 볼 때, 이 양을 재처리하기 위해서는 파이롯트급 재처리 시설이 필요할 것으로 보이고, 이는 일본의 도카이무라 재처리 시설이 연간 210톤을 재처리할 수 있으므로 북한의 재처리 시설은 이에 준하는 규모로 볼 수 있다.

 둘째로, 지하의 재처리 시설은 지상의 1/4정도의 시설로 추정할 수 있다. 따라서 연간 재처리 용량은 52톤가량으로 산정할 수 있다.

 재처리 시설은 핵무기의 핵심 재료인 플루토늄을 추출해낼 수 있는 시설이므로 핵탄 제조에 있어서 상당히 중요하다. 재처리 시설이 확보되어 있을 경우 원자로에서 타고 남은 사용 후 핵연료에서 플루토늄이 추출되는 것은 시간문제이다.

 따라서 북한이 사용 후 핵연료에 대한 재처리 시설을 건설한 것은 플루토늄에 의한 핵무기 개발을 위한 것으로 판명된다.

 특히 북한이 자체의 기술로 영변에 건설한 제2원자로는 가스냉각로인데 영국의 Calder Hall형과 그 특성이 유사하다. 최대 출력을 30MWT 까지 낼 수 있는 이 원자로는 최대 출력으로 운전될 경우 연간 11kg의 플루토늄이 추출할 것으로 추정되나, 초기에는 출력이 절반 수준으로 운전되므로 플루토늄의 생산량은 약 6kg이 될 것으로 판단된다. 이 원자로는 천연우라늄(U-235의 비율 : 0.711%)을 원료로 사용하고, 감속재는 흑연을 사용하며, 냉각은 공기로 한다.

 북한이 이 원자로를 선택한 이유는 첫째, 북한 내에 매장된 우라늄 원광을 채광 하여 핵연료를 제조할 수 있고 둘째, 핵무기용 플루토늄(PU239)생산에 유리하고, 셋째, 원자로의 감속 물질인 고순도 흑연의 자급이 가능하기 때문이다. 북한은 1987년 IAEA에서 이 원자로를 자체적으로 건설하여 가동시키고 있는 중 이라고 보고한 적은 있으나 사찰을 받은 적은 없다. 북한은 최근 이 원자로의 전기 출력이 5MWe 라고 밝힌 적이 있는데, 이를 열 출력으로 환산하면 약 16.5MWt가 된다. 이는 북한이 규모를 축소시켜 밝힌 것으로 추정된다.

1985년부터 건설 중인 세 번째 원자로는 열 출력 200MWt의 초대형 연구용 원자로이며 1995년에 완공할 예정으로 되어있다. 이 원자로 역시 프랑스에서 운영하다가 폐기한 G-2형과 유사하다. 천연 우라늄을 핵연료로 사용하고, 냉각재가 이산화탄소라는 점에서 차이가 있다. 또한 이 원자로는 최대출력으로 가동시킬 경우 플루토늄을 연간 50kg 가량 생산할 수 있다.

이상의 원자로에서 생산되는 플루토늄을 민간 발전용으로 사용하거나 혹은 핵무기 제조에 사용하려면 방사된 핵연료로부터 화학적으로 분리되어야 하는데 이 과정을 재처리라고 하며 이 공정을 수행하는 공장을 핵재처리 공장이라고 한다.

북한 당국자들은 이 핵재처리 공장을 '방사화학 실험실'이라고 부르고 있지만 IAEA[4]측은 '핵재처리 시설'이라고 부르고 있다. IAEA의 보고에 따르면 이 공장은 약 80%의 건설 공사가 완료되고 약 40%의 장비가 갖추어져 있다고 한다. 또 이 공장은 약 4년 이내에 수억 달러의 자금이 투입되면 공사가 완료될 것이라고 한다. 그리고 완공이 되면 연간 수백 톤의 플루토늄을 생산하게 될 것이라고 한다.

그러면 북한의 핵무기 개발은 어디까지 진전되었나? 그 동안 국내·외의 언론에서는 여러 가지의 평가가 나왔다. 러시아와 중국의 핵전문가들은 북한이 이미 1~2 개의 핵무기를 제조하여 보유하고 있다고 하며 매우 은밀한

---

4) 국제원자력기구의 사찰원칙의 문제점을 살펴보면 첫째, 국제원자력기구의 사찰은 최초 핵물질 보고서 및 설계 정보를 통하여 국제원자력기구에 신고한 시설에 한정되어 있다. 우라늄 광산이나 정련시설은 사찰대상이 되고 있지 않다. 이는 국제원자력기구가 사찰할 수 있는 대상이 한정되어 있음을 의미한다. 둘째, 특별사찰을 실시하기가 어렵다. 특별사찰은 국제원자력기구의 기존 사찰이 불충분할 경우 실시하게 되는데, 이는 국제원자력기구와 수검국간의 합의에 의하여 이루어지기 때문에 실시의 여지가 불투명하다. 셋째, 국제원자력기구는 정보 수집에 대한 별도의 조직을 가지고 있지 못하여 수검국이 자료를 제출하지 않은 미신고 시설이나 물질의 존재를 파악하는 데 어려움을 겪고 있다. 넷째, 수검국이 특별 사찰에 대한 거부나 위반사항에 대한 시정을 거부할 경우, 기술원조 중단, 제공한 핵연료와 장비의 철수, 회원자격 박탈 등의 제재 조치를 취할 수 있을 뿐이고, 이는 제재의 효과적인 수단이 될 수 없다. 따라서 국제원자력기구는 사찰에 대한 실행의 가능성이나 결과에 대한 이행의 강제적인 수단을 가지지 못하고 있다.

곳에 감추어 두었기 때문에 IAEA의 사찰을 피할 수 있을 것이란 분석을 하는가 하면, 또 다른 핵전문가들은 북한이 전혀 핵무기를 제조할 수 있는 기술을 갖지 못하고 있으며 핵무기를 만들 수 있는 정도의 플루토늄을 보유하지도 못하고 있는 상태에서 순전히 협상을 위해 핵무기 제조능력을 갖고 있는 척한다는 평가도 나오고 있다. 이와 같이 여러 가지의 분석이 난무하는 가운데 미국 CIA 제임스 울시 국장이 미 의회에서 증언한 대로 북한은 "1개의 핵무기를 제조할 수 있는 정도의 플루토늄을 보유하고 있다"는 평가가 가장 신빙성이 있는 것으로 받아들여지고 있다. 그리고 운반수단으로는 남한과 일본을 사정권(1000km)으로 하고 있는 「로동 2호」 미사일을 이미 제조해서 배비한 상태에 있는 것으로 보도되었다. 「로동 2호」는 핵무기와 화학무기를 장착할 수 있는 것으로 알려지고 있다.

북한은 핵탄 설계와 내폭실험을 통하여 핵물질을 보유하면 핵탄의 제작이 가능한 상태이므로 플루토늄의 확보 능력에 대한 평가는 중요하다. 이러한 추정을 하는 데는 북한이 정보를 거의 누출하고 있지 않으며 6번에 걸친 임시 사찰의 결과가 공개되지 않고 있는 까닭에 상당한 오차가 있고, 또한 어려움이 수반된다. 북한의 제2원자로의 가동은 87년 10월부터 시작되어 연간 150톤의 사용 후 핵연료를 배출하고 있는 것으로 보인다. 이 원자로에서 배출되는 사용 후 핵연료는 6개월간의 냉각기간을 거친 후 재처리 과정에 들어가게 된다. 따라서 북한의 영변에 있는 재처리 시설은 연간 210톤의 사용 후 핵연료를 재처리할 수 있고, 80%의 가동률로서 1992년 1월부터 가동하였다고 가정하면, 북한이 영변에 있는 재처리 시설을 사용하여 플루토늄 핵탄 두 제작에 필요한 임계량[5] 최초 5kg을 확보할 수 있는 시기는 92년 4월경이 되며, 1993년 중에는 적어도 5발의 핵탄을 개발할 수 있는 플루토늄을 확보할 수 있을 것으로 추정되고, 핵무기의 신뢰도를 높이기 위하여 핵실험을 실시하거나 국제적인 압력을 피하기 위하여 모의실험을 실시하여 평가 과정을 거친 후 운반체와 조립과정을 거쳐 1994년 중반에는 부대 배치가 가능한 것으로 보인다.[6] 만약 북한이 지하에 감추어진 시설로 핵재처리를 할 수 밖

---

5) 이 임계량은 핵물질이 연쇄반응을 일으킬 수 있는 최소량인데 우라늄탄의 경우는 15~20kg이며, 플루토늄탄의 경우에는 5~8kg으로 알려져 있다.
6) 대부분의 전문가들은 핵실험 없이도 신뢰할 수 있는 핵무기가 개발될 수 있다고 믿고 있다. 실제로 히로시마에 투하된 유형의 폭탄은 결코 실험되지 않았었다. 이스라엘과 남아프리카는 핵실험을 한 것으로는 공개 되지는 않았지만 핵무기를

에 없는 경우 북한의 핵탄 보유능력과 시기는 연장될 것으로 보이며 이 경우에도 1990년대 중반 이전에는 핵무기를 보유할 수 있다는 결론이 나온다.
　북한의 핵무기 보유에 대한 가설은 북한이 NPT[7])에 가입한 1985년 12월12

보유하고 있는 국가로 인정받고 있다. 김강녕, "핵확산의 현황과 핵문제에 관한 연구", 인천대학교 논문집, 1987, p. 426.

7)　핵확산방지조약(Nuclear Non-proliferation Treaty)은 1968년 7월에 미국, 소련, 영국을 비롯하여 비핵보유국 53개국을 포함한 56개 나라가 조인하여 1970년 3월에 발효한 군비 관리의 다국적 간 조약이다. 이 조약의 요지는 처음 3조에서 요약이 되는데, 제1조는 핵무기를 가진 나라가 핵무기 만드는 물질이나 기술을 핵무기를 갖지 못한 나라에 직접, 간접으로 이전하지 못하고, 제2조는 핵무기를 갖지 못한 나라가 이러한 물질이나 기술을 핵무기를 만들려는 목적으로 반입해서는 안 되며, 제3조는 핵무기를 갖지 못한 나라가 평화적 목적으로 핵에너지 시설을 갖고자 할 때는 국제연합(UN)의 산하기관인 국제원자력기구(IAEA)가 이 시설들을 사찰할 수 있도록 규정하고 있다. 이 핵사찰 규정을 보면 핵무기를 갖지 못한 나라가 NPT에 일단 가입하면 18월 이내에 IAEA와 핵안전 협정을 체결하도록 되어 있다. IAEA와 핵안전조치 협정을 체결하게 되면, 체결 당사국은 동(同) 협정의 발효 다음달 말까지 IAEA에 핵물질 재고에 대한 보고서와 핵시설 설계 정보를 제출해야 하며, 이러한 보고 내용은 IAEA 사찰의 기본 자료가 되는 것이다. 즉, IAEA 사찰은 당사국이 제출한 핵물질 보고와 핵시설 설계 정보에 근거하여 핵시설을 직접 방문하여 사찰을 하게 된다. 이 사찰에서 당사국이 제출한 기록과 현장의 시설 및 핵물질이 일치하는지 조사를 통하여 확보하고, 군사적 목적으로의 유용 여부를 가려내게 된다. IAEA 사찰은 당사국이 IAEA에 수시 및 정기적으로 보고하는 우라늄 및 핵연료의 양과 원자력 발전소에서 보관 또는 사용하고 있는 핵연료, 사용하고 난 핵연료의 양, 핵무기 제조와 관련된 시설을 짓거나 관련된 연구 활동을 하는지 등을 체크하고자 현장에 IAEA 요원이 상주하거나 고위력 TV카메라로 24시간 촬영하여 원자력의 평화적 이용이 군사적 목적으로 유용되는지 여부를 감시, 감독, 확인하게 된 것이다. 핵사찰은 두 개 이상의 국가 사이에 어떤 사항을 합의하고 난 후 그 합의의 이행 여부를 상호 확인하기 위하여 행하여진다. 이 확인하는 행위를 검증이라 하는데 검증방법 중 가장 많이 사용되는 것이 현장 검증이며 현장을 방문하지 않고 공중 정찰을 통해서 실시하는 사찰도 있다. 따라서 핵사찰은 두 단계의 합의서가 필요하다. 첫째는 어떤 사항을 이행하고자 합의하는 모법이 필요하며, 둘째는 그 합의가 잘 이행되고 있는지 여부를 확인하기 위한 검증의 방법을 규정하는 사찰 규정이 그것이다. 따라서 NPT조약이 그 모법이 되며, NPT에 가입한 국가는 IAEA와 핵 안전조치(SA)를 체결할 의무가 생기게 되며, IAEA에 의한 사찰은 핵안전협정에 규정된 절차와 방법으로 받게 되는 것이다. IAEA가 실시하는 사찰은 잠정사찰, 통

일로부터 늦어도 18개월 이내에 전면 안전조치에 서명하고, 이 조치에 따라서 북한 내의 모든 원자력 관련 시설과 핵물질에 대하여 사찰을 받아야 하였으나, 1992년 1월 30일에 이르러서야 전면 안전조치에 서명을 하고 동년 4월 9일에 비준한 이후에, 1992년 5월 25일부터 6월 6일까지 북한의 핵시설과 핵개발 현황에 대한 최초 보고서8)에 의한 제1차 임시 사찰이 수행되었고 이후 북한은 7월, 9월, 11월, 12월, 1993. 2월 등 6차례에 걸친 임시 사찰을 받았으나 일반 사찰만은 받지 않았으므로 IAEA는 잠정 사찰과 통상 사찰만으로 불충분하기 때문에 영변의 핵시설에 대한 특별 사찰의 필요성이 제기되었다.9)

북한은 영변에 대한 국제원자력기구의 특별 사찰을 군사시설이라는 이유로 거부하고 있으며, 북한의 특별 사찰에 대한 거부는 곧바로 국제 사회의 이목을 집중시키는 결과를 가져왔다. 북한의 핵시설에 대한 국제원자력기구의 특별 사찰은 불가피한 사항으로 부상하였고, 북한은 특별사찰에 대한 수락 여부를 하나의 카드로 사용할 것으로 보인다. IAEA의 종합 판단에 의하면, 북한은 여기에서 그 동안 최소한도 20kt급 핵무기 1발을 제조하는데 필요한 임계 질량인 8kg 이상의 Pu-239를 핵폐기물로부터 추출 보유하고 있다는 결론이다.10) 이는 IAEA의 사찰 과정에서 북한이 스스로 90g의 Pu-239를

상사찰 그리고 특별사찰의 3가지가 있다. ①잠정사찰은 당사국이 제출한 최초 보고서에 포함된 정보를 확인하는 사찰이다. 同 사찰 중 핵물질의 국내반입, 국외 반출시 핵물질이 얼마나 되는가와 보고한 내용이 동일한가를 확인하게 된다. ②통상사찰은 당사국이 IAEA에 보고한 내용과 현재의 핵물질이 일치하는가를 측정 조사하며, 최초 보고이후 모든 변동사항을 체크한다. ③특별사찰은 당사국이 IAEA 자체가 기존의 사찰로서는 불충분하다고 판단하는 경우에 실시된다. 이는 당사국이 반드시 합의해야 가능하므로 북한과 같이 의심스러운 영변의 두 핵폐기물 저장소의 사찰을 한사코 거부할 시 그 실현 가능성은 희박하다.

8) 북한이 1992년5월4일 국제원자력기구에 제출한 바, 핵시설 목록에 나타난 관련 시설들은 기존의 시설로서 연구용 원자로와 대학에 설치된 준 임계시설, 핵 연료봉 제조시설, 5MW급 실험 원자로, 우라늄 광산 등 8개 시설이 있고, 건설 중인 시설로는 방사능 화학실험실, 50MW와 200MW급 원자로 등 3개 시설, 그리고 계획 중인 635MW급 원자력 발전소 3기 등 총 14개 시설이다. 동아일보, 1992.3.10.

9) 이강석, "북한의 핵사찰 문제와 전망", 국제문제, 1993.4, p. 13.

10) 민족통일연구원, 통일 환경과 남북한 관계 : 1992-3, 연례 정세보고서, pp. 93-94. 북한이 국제원자력기구에 제출한 플루토늄과 사용 후 핵연료의 폐기물 용액을 조사한 결과 북한은 플루토늄 239, 240, 241 등의 각각 다른 종류를 가지고 있었고, 플

실험 추출했음을 시인했으며, IAEA에 신고 되지 않은 두 곳의 비밀 지하저장소를 끝까지 공개하지 않고 있다. IAEA가 임시 사찰에서 북한은 영변에 있는 방사화학연구소와 지하 비밀 통로로 연결된 이 두 곳의 정체 불명의 핵폐기물 저장소에 검사원들이 접근하는 것을 막았으나, 그동안 핵폐기물에서 추출해 낸 플루토늄의 축조 과정이 미국의 정찰 위성인 KH-11에 의해 완전 촬영되어 그 사진이 공개된 바 있다. 이는 핵폐기물 저장소가 아니라 핵분열성 물질인 Pu-239의 비밀 보관소임이 확실하다. 현재 그 지상에는 수목을 심고 다른 건물을 지어 완전히 은폐해놓고 있다는 것이다.

이에 덧붙여 IAEA가 방사화학연구소의 핵폐기물로부터 최초 우라늄 원소의 함유량을 추출하여 성분을 분석해 본 결과, 90g 이상의 Pu-239가 추출되었음이 과학적으로 입증되었다.

또한 북한이 30여 년간에 걸쳐 수천 명에 이르는 연구 인력을 확보하고, 막대한 경비를 들여서 핵시설을 건설 유지하면서도 핵사찰을 받아들이지 않아 소련으로부터 상용 원자력발전소의 지원을 받지 못하여 전기 에너지로 활용을 하지 못하고 있다는 사실은 핵무기를 개발하여온 것을 뒷받침한다. 설상가상으로 북한이 Pu-239를 자체 재처리 시설에서 충분량을 추출하지 않았다 하더라도, 불법적인 획득 방법은 얼마든지 있다는 데 문제의 심각성이 있다.

북한이 동구권이나 제3세계 국가들과 원자력 교류가 활발하다는 것은 주지의 사실이고, 암거래 경로를 통해서 농축기술 또는 제조 장치를 확보할 가능성도 있다.

러시아의 대외정보국(KGB의 후신)이 펴낸 자료에 의하면, 북한은 1992년 이래 50kg의 Pu-239를 옛 소련으로부터 밀수입했음이 확인되었고, 이 사실이 지난 4월 24일 러시아의 주간지 <고멜산트>에 보도 되었다.

그리고 옛 소련의 미사일 탄두해체 작업 과정에서 일부 장교들이 방사성 물질을 kg당 5만 루블에 밀매업자에게 양도했던 사실을 同 지가 폭로한 바 있으며, 이 중의 일부가 북한으로 유입되었을 가능성이 농후하다는 것을 지적하였다.

북한의 핵개발 기술을 획득한 경로는 공산주의 클럽, 국제 핵비밀 통로,

루토늄의 아메라시움을 검토한 결과, 핵물질 등은 1989, 1990, 1991, 1992년에 걸쳐 다른 시기에 생산된 것으로 밝혀졌다. 한국일보, 1993.4.29.

서방측 기업 통로로 분석된다. 공산주의 클럽으로서 북한은 소련과 중국으로부터 핵개발에 필요한 기초적인 기술 및 연구 인력을 확보하였다. 국제 핵비밀 통로로서는 중동의 이집트, 시리아, 리비아, 이란 및 동유럽의 루마니아, 체코슬로바키아와 쿠바 등을 들 수 있다. 북한은 이집트와는 탄도 미사일과 화학무기 개발 면에서 협력하며 핵 관계 정보나 과학자 교환이 있었다. 리비아는 북한에 핵과학자를 연수시킨 바 있으며, 북한에게 원유와 원화를 제공하였다. 동구권의 루마니아와 체코슬로바키아는 사회주의 체제가 붕괴된 이후 북한과 어떠한 관계도 맺고 있지 않다. 이란은 북한의 주요 무기 수출국이며, 북한은 이란의 핵개발을 적극적으로 지원하는 한편, 이란으로부터 원유와 자금을 확보하고 있다. 서방측 기업 통로로서 북한에게 원자로 관계의 부품을 수출하고 있는 곳은 프랑스, 독일, 오스트리아 등의 원자력 관련 기업이다. 이들은 제3국을 경유하여 재수출하는 방식을 택하고 있다. 1990년 독일의 Degussa AG가 핵무기나 원자로에 사용할 수 있는 미국 제품을 불법으로 북한에 수출한 적이 있다.[11] 특히 최근에 와서는 북한의 핵 정책은 경제 정책과 유관하다. 북한의 경제는 지금 대단히 어렵다고 한다. 그럴 수밖에 없는 것이 북한 무역의 50% 이상을 차지하고 있던 소련과 동구의 사회주의 국가들이 몰락함으로써 대외 무역의 규모가 계속 줄어들었을 뿐 아니라, 러시아·동구 국가들 그리고 중국 등이 모든 대외무역 결제수단을 종전의 구상무역(물물교환)에서 현금결제 방식을 요구하고 나오자 외화 부족에 따른 원유 도입량의 감소로 공장 가동률이 40%에 불과하여 제조업 생산이 크게 위축되었기 때문이라고 한다. 오늘날 북한 경제는 마이너스 성장을 하고 있다. 90년에는 -3.7%, 91년에는 -5.2%, 92년에는 -7.6%를 기록하고 있다. 92년의 경상 GNP를 남한과 비교해 보면 남한의 2천9백45억 달러에 비해 14분의 1에 해당하는 2백11억 달러에 불과한 것이다. 또한 북한 사람들은 지금 엄청난 식량난을 겪고 있으며 '두끼먹기 운동'을 강요당하고 있다고 한다. 북한이 1991년에 필요로 하는 식량의 총량은 약 6백40만 톤 정도였다. 그러나 90년 곡물 생산량은 4백81만2천 톤으로 약 1백60만 톤의 식량이 부족하였다. 1992년의 식량 총 수요량은 6백50만톤이었으나 91년 곡물 생산량은 4백42만7천 톤에 불과해 2백만톤 가량이 부족하였던 것으로 나타났다.

---

11) 河津幸英, "북한의 핵무기 프로젝트", 극동문제, 1992.3, pp. 118~122.

이와 같이 북한의 경세가 날로 어렵게 된 원인 중의 하나는 과대한 군사비 지출이라고 보아야 할 것이다. 김일성은 그 동안 '군사와 경제의 병진정책'을 내세우면서 국가 예산의 약 30%이상, 그리고 GNP의 약 20% 내지 25%를 군사력을 증강하는데 투자해 왔던 것이다. 북한의 한정된 자원으로 군사력 강화와 경제발전을 동시에 추진한다면 필연적으로 주민의 소비 부문을 억제할 수 밖에 없으므로 그 결과 오늘날 북한 주민의 소비 생활은 극도의 내핍을 강요당할 수 밖에 없는 것이다.

이상과 같이 어려운 처지를 극복하기 위한 방편은 막대한 군사비의 삭감 뿐 이다. 이에 대처한 인상적인 수단으로 핵무기 보유의 필요성이 제기되어 왔던 것이다.

핵전문가에 따르면, 북한이 현존 시설을 중심으로 20kt급의 플루토늄을 생산하는데 2억7천만 달러가 소요되고, 최종 단계인 핵실험을 하는 데는 2억2천7백만 달러가 소요될 것으로 추산하며 총합계를 4억9천7백만 달러로 계산하고 있다. 그들의 분석에 따르면 북한의 연간 군사비 50억 달러의 10%에 해당하는 비용으로 핵무기를 제조하는 것이 훨씬 경제적이라는 결론을 내리고 있다.

북한은 군사비를 대폭 삭감하여 경제 부문에 투자할 의지를 갖고 있다는 분석도 가능하다. 또 북한 당국자들은 핵무기를 보유해야 남한과 대폭적인 군축 협상이 가능하다고 믿고 있을 수도 있다. 이를테면 공산권의 종주국이었고 가장 믿고 의지하였던 동맹국 소련이 몰락했고, 동구 공산국가들이 몰락한 후 북한은 미국과 일본에 대하여 적극적인 대화 자세를 보여 왔으며, 드디어 NPT 탈퇴라는 묘수를 써서 미국과의 고위급 회담을 성사시키기까지 하였다. 북한은 남한과 동시에 UN에 가입하였고, 「남·북 기본합의서」에 서명하였으며, 특히 경제 정책에 관한 한 남한은 물론 외국의 자본을 끌어들이려는 노력과 무역을 활성화시키려는 노력을 보여 온 것을 일예로 들 수 있다. 따라서 북한이 NPT를 탈퇴될 경우 미국의 북한에 대한 강력한 제재의 움직임이 예상되고, 탈퇴 번복에 대한 대가로서 한·미 군사 훈련의 영원한 폐지와 對美, 對日 관계개선 및 또는 경제적 협조를 얻을 수 있기 때문이다.

만약 북한이 핵확산금지 조약을 완전히 탈퇴할 경우 안보리에서는 북한에 대한 경제적 제재는 물론 미국에 의한 대북한 군사적 제재가 논의될 가능성이 있다. 북한으로서는 그와 같은 외교적 고립과 경제적 어려움을 감수하면서 핵무기 개발을 서두를 이유가 없다. 더구나 국제원자력기구는 북한의 핵

확산금지조약 탈퇴와 특별 사찰 거부에 대해 강제조치를 취할 수 없기 때문에, 관례적으로 유엔안보리에서 대 북한의 핵확산금지조약 탈퇴에 대한 안건을 상정하여 합의문을 채택할 것이 분명하고, 이 합의문은 중국의 대북한 경제제재 조치에 대한 거부권 행사의 가능성 때문에 외교적 경로를 통해 북한이 개방정책으로 전환할 경우 핵무장을 포기하는 것이 아니라 오히려 개방을 하기 위해서 핵무기를 보유하겠다는 의지를 갖고 있다는 판단도 가능한 것이다. 중국도 핵무기를 갖고 개방 정책을 추구해왔다는 사실을 북한이 모를 리가 없다. 결국 북한의 핵무기에 대한 대외적 효력은 핵무기의 존재가 불확실할 경우에 가장 크고, 만약 공식적으로 핵무기의 보유를 선언한다면, 북한은 핵강대국들의 모든 지원을 거부하고 핵 대결 상태를 초래할 것이기 때문이다. 북한의 경제적 여건이나, 군사비 규모로서는 미국이나 핵강대국을 상대로 한 핵 대결을 일으킬 가능성은 희박하고, 북한이 핵무기를 보유하더라도 이를 군사적으로 사용하기에는 많은 어려움이 예상되기 때문이다.

따라서 미국과 IAEA 또는 유엔 안전보장이사회조차도 북한을 함부로 제재하기가 난처한 입장에 처해 있다.

막다른 골목에서 고민하는 북한의 선택은 무엇일까? 군사 대권을 쥔 김정일은 핵무장이란 사생결단의 마지막 카드를 쉽게 포기할 리가 없다.

만약 어느 일방이 핵무기 체계를 확보하지 못한 상황 하에서 상대방의 사용이 강행된다면, 그것은 대군사·도시 표적을 포함한 전략 목표의 대량 파괴를 수반한 치명적인 타격과 함께 일거에 제압과 강점을 수반하는 결과가 될 것이기 때문이다. 여기에는 정치·외교적 역량이 순간적으로 배제되는 것이다.

설사 핵무기를 전장에서 사용하지 않는다는 공약이나 건전한 제 원칙을 기초로 하여 작성된 협정 내용이 확고하다 하더라도, 전장 관리의 속성상 실제로 위와 같은 핵의 사용 제한이 보장될 수는 없는 것이다. 이론적으로는 도저히 사용될 수 없을 것으로 전제하나, 위기관리라는 긴박한 상황 하에서 군사작전의 궁극적 목표를 위해서는 국가의 생존과 주권을 보존하기 위한 수단으로서 결국 핵은 사용될 수 밖에 없다는 모순이 생긴다.

핵무기 체계의 배비가 객관적인 의미로 보아 전쟁 억제 수단으로서의 의미와 역할을 공유하고 있다고 할지라도, 극한상황 하에서 일방적으로 시도되는 전술적 사용은 결국 무제한적·무차별적 사용으로 확대되어, 종국적으로는 공멸이라는 회복 불능의 상황에 치닫게 된다는 것을 알면서도 불가항력의 자제력을 잃게 된다는 것이다.

우리는 결코 북한의 핵무장 가능성을 과소평가하여 시행착오를 더 이상 반복하지 말아야 할 것이다.

북한이 금단의 열매인 핵무기를 개발하여 한민족을 볼모로 한반도 전역을 초긴장 상태로 만들고 있는 이 순간에도, 우유부단한 무대응 에 일관하고 있는 문민정부의 핵정책·전략 부재 현실을 통탄하면서, 핵은 핵으로 풀 수 밖에 없다는 핵억제 전략의 논리를 문민정부의 안보정책 전문가들은 새롭게 받아들여야 할 것이다.

제 3 절 비핵지대화와 북한의 핵개발

비핵지대화란 '특정 지역 내의 핵무기의 배제'를 의미한다. 다시 말하면 역내 국가들의 조약에 의하여 특정 지역을 핵무기의 생산 및 배치를 금지하는 지역으로 만드는 것이다. 지역에 따라 비핵지대의 참여, 비핵국가에 대한 핵보유국의 핵무기 사용이나 핵무기 사용 위협을 금지하는 내용이 포함된다.12)

비핵지대화가 성립될 수 있는 기본적인 조건을 살펴보면, 첫째 비핵지대화 조약은 당해 지역에 핵무기가 실제로 존재하지 않도록 보장하여야 한다. 둘째, 특정 지역에서 비핵지대화가 실효를 거두기 위해서는 해당지역내의 모든 국가 및 관련 핵보유국이 조약에 참가하여야 한다. 셋째, 비핵지대화 조약은 합의된 의무사항의 철저한 이행을 전제로 한다. 넷째, 비핵지대화 조약은 핵보유국으로부터 지역 국가에 대한 핵무기 사용은 물론 핵무기 사용 위협을 하지 않겠다는 보장이 있어야 한다. 다섯째, 비핵지대화 조약은 핵에너지의 평화적 이용에 대한 국제적 협력을 강화하여 지역국들이 경제·과학·기술적 발전을 증진시켜야 한다는 호혜적인 의무를 수반한다.

비핵지대화 구상은 1953년12월 아이젠하워 미국 대통령이 유엔총회에서 원자력의 평화적 이용을 제창함과 동시에 원자력 국제관리기관의 설치를 제

---

12) United Nations, Armament and Disarmament (New York : Department for Disarmament Affairs of United Nation), p.34 김규두, 김성진, "한반도 비핵지대화 주장에 대한 대응방안" 민족통일연구원, 연구보고서, 1991.9. p.4 재인용)

안함으로써 시작되었다. 이의 기본적인 생각은 ①원자력 발전소는 해외에서도 설치하려는 나라가 크게 늘어나고 있으며, ②원자력 발전소로부터 필연적으로 얻게 되는 플루토늄으로 원자폭탄을 만드는 나라가 증가하면 곤란하기 때문에 국제적인 규제가 불가피하다는 것이었다. 이 제안에 따라 1955년 가을에 제네바에서 제1회 원자력 평화이용 회의가 열렸으며, 同년 12월에 유엔 총회가 국제원자력기구(IAEA)설치를 가결하였던 것이다. IAEA의 목적은 한마디로 원자력의 평화적 이용의 촉진·원조와 함께 그 이용이 군사적 목적으로 전용되지 않도록 통제하는데 있다. 국제원자력기구(IAEA)와 핵안전협정(Nuclear Safeguard Accord)을 맺는 국가는 이 협정이 발효되는 날로부터 30일 이내에 핵물질 보유현황 및 핵시설 설계정보, 즉 시설·용도·규모 등에 관한 최초 보고서(Initial Report)를 제출한다. 다음은 이 협정이 발효되는 날로부터 90일 이내에 이 최초 보고서에 따라 보조 약정을 체결하여 IAEA는 피사찰국의 핵물질과 핵시설에 대한 사찰을 실시한다. 이 경우 매년 IAEA가 정기적으로 실시하는 일반 사찰이 될 수 없으므로 최초의 이 사찰은 임시 사찰이 될 수 밖에 없다. 그러나 사찰의 범위와 절차를 보면 임시 사찰과 일반 사찰은 내용이 같은 것이다.

만약 IAEA가 최초 보고서에 누락된 부분이 있다는 사실을 알게 된 경우, 예를 들어 피사찰국이 의도적이든 아니든 신고하지 않은 시설이 있다는 사실을 IAEA가 알게 된다든지 또 IAEA가 다른 의심스러운 대상이 있다고 판단하는 경우에는 IAEA가 특별 사찰을 요구할 수 있다. 이와 같은 전제하에 1957년 10월 제12차 유엔총회에서 제안된 '중부유럽 비핵지대 창설안' (Rapacki Plan)에서 그 기원을 찾을 수 있으며, 이후 다음과 같은 비핵지대화 조약이 체결되었다. 1959년 12월에 '남극조약'(Antarctic Treaty), 1967년 1월의 '우주공간 탐사 및 이용에 관한 국가 활동을 다루는 원칙에 관한 조약 (Outer Space Treaty), 1967년 2월에 '중남미 비핵지대화조약13)' (Latin American Nuclear Free Zone Treaty), 1971년 2월 '해저 비핵지대화조약'(Sea-bed Treaty), 1985년 8월 '남태평양 비핵지대화에 관한 조약' (South Pacific

---

13) 1967년 '중남미 핵무기 금지조약'을 주도했던 멕시코는 '비핵지대(Nuclear Weapon Free Zone)'를 핵무기가 완전히 존재하지 않는 지역을 말하며, 지역 국가의 의무 준수를 보장하기 위해 국제 감사 및 통제 체제를 수립하는 조약이나 협정을 통해서 일단의 국가들이 자유로운 주권 행사에 의해 창설한 지역이라고 정의하였다.

Nuclear Free Zone Treaty) 등이 있다.

중남미 비핵지대화 조약은 1967년2월14일 멕시코시티에서 체결되어 1968년4월22일 발효되었으며, 중남미 지역 27개국이 참여하고 있고 유효 기간은 무기한이다. 조약 가맹국은 각국의 영토 내에서 어떤 형태로든 핵무기의 실험·사용·제조·생산 및 획득을 금지하며, 핵무기의 인수·저장·설치·배치 및 어떠한 형태의 소유도 금지하고 있다. 또한 적극적인 방안으로 핵무기의 실험·사용·제조·생산 및 소유에 연루되거나, 이를 장려·인정하는 행위도 금지되고 있다. 다만 핵무기의 영토 통과는 금지하지 않고 있다.

중남미 비핵지대화 조약의 경우 조약에 서명하고 비준한 국가 가운데 반 정도만이 국제 원자력기구와 핵안전 협정을 체결하고 있는 실정이고, 비핵지대 참여국들 사이와 핵보유국과 이들 국가들 간의 평화적 핵폭발 적용범위 검증방안, 핵보유국의 비핵국가에 대한 안전보장 등의 문제에 대한 이견이 표출되면서 한계를 나타내고 있다. 핵보유국들의 의정서에 대한 준수 여부를 검증할 수 있는 제도적 장치의 미비가 문제점으로 되고 있다.

남태평양 비핵지대화 조약은 남태평양 지역이 핵강대국들의 핵실험 장소로 사용되는 것을 막기 위하여 1985년8월6일 체결되어 1986년 12월에 발효되었다. 이 조약에는 오스트레일리아·뉴질랜드·피지 등 남태평양 11개국이 참가하여 지역 내에서 핵무기의 획득·생산·보유·관리와 자국 영토 내에서 실험·배치를 금지하고, 국제원자력기구의 안전검사 대상이 아닌 핵물질이나 장비를 공급할 수도 없게 한다. 외국의 핵무장 함정이나 항공기의 지역 내 통과와 방문은 조약 가맹국 각자가 결정하도록 일임하고 있다. 프랑스, 영국, 미국 등 관련 핵보유국들은 안보상의 이유로 이 조약의 해당 의정서에 대한 서명을 거부하고 있고, 프랑스는 계속 핵실험을 하고 있으며, 오스트레일리아의 핵무기 관련 시설도 상존하고 있으며 미·중·소의 탄도미사일 실험도 규제당하지 않고 있다.

이러한 비핵지대화 조약은 핵무기가 존재하지 않았던 지역을 비핵지대로 선포하였을 따름이지 배치된 핵무기를 제거한 적은 없었고, 관련국들의 상호 이해관계와 비핵국가와 핵보유국들 간에 발생하는 문제들 때문에 실효를 거두지 못하고 있다.

이러한 원칙을 기반으로 비핵지대화가 창설[14]될 경우, 관련 비핵국과 핵

---

14) 비핵지대화 창설 원칙은 비핵지대 문제에 대해 연구를 촉진한 유엔총회 결의안

보유국은 비핵지대화를 실질적으로 유지하기 위한 실질적인 의무를 가지게 된다. 비핵국가는 핵폭발장비의 개발·실험·생산, 핵무기의 획득·보유·입수, 핵무기의 배치·축적 등을 할 수 없으며, 핵무기의 운반 및 통과를 허용해서는 안 된다.

핵보유국의 의무는 첫째, 비핵 지대내 비핵국가에 대한 핵무기 사용 및 사용위협 금지, 둘째, 해당지역에서의 핵무기 배치·설치·저장의 금지 및 기존의 핵무기와 핵시설의 즉각적인 철수. 셋째, 해당지역에 군사기지가 있을 경우, 핵무기의 부재 보장 및 기지나 시설에 대한 사찰수용, 넷째, 비핵국가에 대한 핵무기 생산·획득 목적의 원조제공 금지, 인접지역에 대한 안전지대 창설에 협력할 것 등이다. 그러나 비핵지대 창설의 제 조건과 특성이 지역마다 상이하기 때문에 비핵지대 창설이 오히려 특정 지역 국가의 안보를 위태롭게 하는 경우도 있다.

특히 한반도의 비핵지대화는 우선적으로 한반도에 핵무기가 존재하지 않아야 한다는 것이 그 전제 조건이고, 이후 한반도에서 핵무기에 관한 어떠한 활동도 금지되어야 한다는 것을 원칙으로 하고 있다. 이러한 비핵지대화가 한반도의 특수한 상황 하에서 1980년대 후반 핵무기 대결의 근본적인 원인이었던 냉전 시대가 사회주의 국가의 붕괴 및 소련의 해체와 더불어 새로운 핵군축의 시대로 접어들었고, 남한의 북방정책으로 인해 남·북한 유엔 가입이 성사되고, 남한이 러시아 및 중국과 국교를 수립할 무렵부터 실현되기 시작하였다. 주한 미군의 핵무기 철수는 북한의 핵무기 개발 문제가 국제적으로 등장한 1980년대 후반부터 미국의 한반도 핵정책의 변화로 시작되었다. 곧 주한 미군 핵무기의 전략적 가치에 대한 새로운 평가가 필요하였고, 구소련의 핵무기 체제에 대한 새로운 평가가 필요하였고, 구소련의 핵무

3261-F호(1974.12.9)에 입각해 있는 1975년8월 유엔군축위원회 특별보고서(제30차 유엔총회 결의안 3472-B호)에서 잘 제시되고 있다. 첫째, 관련 지역 국가들은 자발적으로 참여하여 해당지역을 실질적으로 핵무기가 없는 지대가 되도록 보장한다. 둘째, 합의된 의무의 이행을 위한 검증체제를 규정한다. 셋째, 핵에너지의 평화적 이용을 위한 지역 국가들 간의 협력을 강화한다. 넷째, 비핵지대의 경계는 국제법에 보장된 자유항행 원칙을 준수하면서 결정한다. 또한 이 보고서는 핵무기가 없는 지대를 보장함에 있어서 모든 당사국에 대한 핵폭발 장비 개발획득보유 금지가 원칙이나, '핵확산 방지조약' 제5조에 규정된 핵의 평화적 이용을 금지하는 것은 아니라고 명시하고 있다.

기 체제에 대한 대응적 전략의 가치가 소련의 붕괴로 인하여 사라졌다.

이후 1991년9월 미국은 구소련의 붕괴 후 자연적으로 핵 패권국가로 등장하게 되었고, 이러한 핵 패권국가의 위치를 고수하기 위하여 제3세계의 핵무기 개발에 대한 억제 정책을 펼치게 되었다. 미국은 러시아와 전략 핵무기 감축을 진전시키면서, 동시에 외국에 배치한 지상 및 해상 전술 핵을 전폐하는 조치를 취했다. 즉, 미국은 핵정책을 세계적 차원에서 구상하고 있는 것이다. 핵확산 방지문제는 세계의 모든 국가들을 상대로 추구하고 있는 것이다. 따라서 미국의 입장에서 보면 북한이 핵무기를 갖게 된다는 사실은 오늘날 탈냉전 시대에 부상하고 있는 '신세계 질서'에는 물론, 동북아의 국제 관계에도 심각한 영향을 미칠 것으로 보고 있다.

한반도 주변 4강도 마찬가지겠지만, 특별히 미국은 북한의 핵개발 계획에 관해 지대한 관심과 우려를 표명해 왔던 것이다. 그동안 미국의 언론들은 대단히 민감한 반응을 보여 왔으며, 의회 측에서 수차의 청문회를 열었으며, 행정부의 고위급 관리들이 수차에 걸쳐 서울을 방문한 바 있다. 그럴 수밖에 없는 것이 미국이 구상하고 있는 '신세계 질서'는 이제 초강대국의 대결 양상이 사라지면서 평화유지 방식으로 UN안보리 상임이사국들을 중심으로 한 강대국 중심의 집단지도 체제를 형성하여 지역 분쟁에 대처한다는 것이다. 따라서 국제분쟁은 UN과 같은 국제기구를 통해서 해결해 나갈 수 있을 것으로 기대되기 때문에 지역 국가들이 핵무기를 보유해서 지역의 안정을 교란하는 일이 없어야 한다는 것이 '신 세계 질서'의 개념이라고 하겠다. 그러므로 이 신세계 질서는 핵확산 금지조약체계(NPT Regime)를 건재하게 유지시키는 원칙을 포함하는 것이다. 이 신세계 질서 하에서는 미국을 위시한 강대국들은 방대한 군사력이 더 이상 필요치 않기 때문에 군사비를 대폭 삭감하여 국내 민간 경제에 투자할 수 있는 호기를 맞고 있다고 생각하고 있다. 이상과 같은 맥락에서 볼 때, 이라크의 사담 후세인 대통령이 종전 후에도 계속 비밀리에 핵무기를 개발하고 있다는 정보는 미국을 크게 경악하게 만들었으며, 부시대통령은 강제적인 수단을 동원하여 IAEA 사찰단을 파견했던 것이다. 그 이후에도 미국은 UN의 계속적인 사찰을 공언하였고, 이라크의 핵무기 제조를 사전에 저지하겠다는 의지를 표명하였던 것이다.

이제 미국은 북한이 이 '신세계 질서'를 파괴하는 유일한 나라로 남게 되었다고 보고 있다. 빌 클린턴 미대통령은 북한의 핵무기 개발이 "미국에 가장 큰 악몽"이라고 표현하고 "이와 같은 일이 일어나도록 내버려 둘 수는 없다"고 말했다. 따라서 미국은, 북한의 핵개발은 한반도의 문제만이 아니요 동북아의 문제임은 물론, 세계적 문제로 다루고 있음이 분명하다. 즉 앞으로 비핵 보유국들이 비밀리에 핵무기를 개발하여 보유하는 것을 허용할 것인가 아닌가 하는 문제가 북한의 행태에 달려 있다고 판단하고 있는 것이다.

미국이 군사력의 구조 개편과 북한핵 개발의 저지의 일환으로 한반도 육상에 배치한 전술핵을 철수할 것을 시사하는 움직임은 1990년 가을부터 나타나기 시작했다.[15] 1990년 9월 미 하원 아시아 태평양 소위원회 위원장인 스티브 솔라즈 의원은 북한이 '핵안전 협정'에 가입하는 것을 전제로 한반도 비핵 지대화를 지지하고 나섰다.[16] 미국 부시 대통령의 전술핵 감축 선언이 있은 후 1991년 11월 8일 노태우대통령이<한반도 비핵화선언>이나 이어서 12월 18일 남한 내의 <핵무기 부재 선언>을 한 것은 남한이 IAEA의 사찰을 받도록 유도하는 것은 물론이지만 한반도 비핵화로 유도하려는 의도였음이 분명하다. 남한은 IAEA의 일반사찰이나 특별사찰은 여러 가지 제한을 받게 될 것이라는 판단을 하고 <한반도 비핵화 선언>에 따라 남·북한 핵통제 위원회를 통한 남·북한 상호 사찰을 실시하는 쪽으로 노력을 집중시켰다.

그러나 남측이 대칭 상호사찰, 즉 상대방의 군사시설과 민간 핵시설을 모두 사찰하는 방안을 제의하는 반면에 북측은 의심동시 해소 원칙에 따라 북한은 남한의 군사시설을, 남한은 북한의 영변핵 시설을 교환 사찰할 것을 역제의 했다. 92년 2월 기본 합의서가 서명될 때만 해도 낙관적으로 보았던 남·북한 상호사찰이 교착상태로 빠지게 되었다.

남·북한 핵통제 위원회가 가동되고 남·북 대화가 순조롭게 진행될 때는 남·북 회담이 결코 미·북 고위급 회담이나 IAEA의 대북한 핵사찰의 하위 회담이 아니라는 인식이 뚜렷했다. 그러나 북한이 NPT 탈퇴를 선언하고 난 후로는 상황이 이와 반대로 전개되어 왔는데 그 첫째 이유는, 북한의 핵시설에 관한 정보를 미국이나 IAEA로부터 얻을 수밖에 없으므로 이들과의 긴밀한 협력 관계가 불가피한 것이며, 둘째는 북한 자신이 '핵문제는 미국하고

---

15) 이삼성, "미국의 대한반도 정책 : 한국 안보와 한반도 통일문제를 중심으로" 민족통일 연구원, 연구보고서, 1992.8, pp. 91-92.

16) 스티브 솔라즈 의원은 "남·북한과 미·소·중 등 주변 3국의 합의하에 한반도를 비핵지대화 할 것을 제의하고 싶다." 고 말하고, 북한이 '핵안전협정' 에 서명할 경우 "미국은 한반도에 핵무기를 배치할 필요가 없다" 는 견해를 밝혔다. 한겨레신문, 1991.9.31.

만 협상'하고 남한과는 '통일문제'를 협상한다는 전략 때문에 핵문제에 관한 한 사실상 남한이 이니셔티브를 취할 수 있는 선택의 범위가 좁아질 수밖에 없는 것이다. 즉 남한은 '선 핵문제 논의'란 원칙을 내세우고 있지만, 북한은 '특사교환'을 해서 남·북간의 제반 현안 문제를 논의하자고 주장해옴에 따라 남한의 선택은 '북한 핵문제의 국제화'일 수밖에 없는 것이다. 한반도 주변의 4강이나 UN이 나서서 북한을 설득하거나, 만약 남한이 끝내 말을 듣지 않을 경우 UN안보리로 하여금 모종의 제재조치를 취하도록 외교적 Maneuvering을 하는 것이다.

이와 같이 '북한 핵문제의 국제화'라는 정책의 선택 때문에 남한은 사실상 미국의 정책에 의존할 수밖에 없게 되었다. 그러나 곧 이어서 상세히 검토해 보겠지만, 두 차례에 걸친 미·북한 고위급 회담의 결과에 대한 남한 정부의 평가는 대체로 비관적으로 나타났다. 즉 미국은 북한을 잠정적으로 NPT에 잔류시켰을 뿐, NPT에 완전 복귀시킬 수도 없었고 IAEA의 특별 사찰을 받도록 묶을 수도 없었으면서 많은 것을 양보했다는 불만을 표시했다. 미국의 핵 정책에 대한 남한의 실상은 "미국이 더 이상 양보해서는 안 된다"는 김영삼 대통령의 경고에서도 잘 나타나고 있다. 반면, 북한 핵문제에 관한 한 한·미 양국이 긴밀한 공조체제 위에서 잘 협조해 나가고 있다고 하지만, 미국의 언론에 비쳐진 남한 정부의 태도는 주목할 필요가 있다. 즉 남한 정부는 미국이 협상으로 문제를 풀려고 하면 지나친 양보를 한다는 불만을 표시하고 다소 강하게 나가면 이를 만류하는 경향이 있어 우유부단하다는 것이다. 국내의 여론도 문민정부의 대북 정책이 자신감 있게 추진되고 있다고는 보지 않는 것 같다.

이러한 출발은 한반도의 비핵지대화 실현을 위한 초보적인 단계이며 북한의 핵정책이 궁극적으로 비핵 지대화에 있는 것이 아니기 때문에 많은 어려움이 예상된다.

한반도가 비핵지대화로 이루어지는 것이 동북아시아의 안보와 세계의 평화에 기여하는 것인지, 아니면 국제적인 핵 다극화 시대에 있어서 남·북한만이 핵의 부재라는 미래의 가능성에 대한 포기를 의미하고, 따라서 핵 강대국에 대한 영원한 핵 종속을 자초하는지에 대한 신중한 판단이 필요하다.

왜냐하면 미국은 과거와 마찬가지로 현재도 한반도의 두 국가 즉 남·북한이 핵무기나 핵물질 자체를 보유하는 것에 대하여 강력하게 대응하고 있다. 이는 일본이 다량의 플루토늄과 농축시설을 가지고 있는 것과는 대조적인 것이며 남한에 대한 불평등한 핵정책임에 틀림없다.

남한정부는 북한의 핵무기 보유라는 사실에 기인하여 스스로 핵정책을 포기하고 미국의 핵우산 아래 모든 안위를 맡겨버리는 종속적인 정책을 취하고 있는 것이다. 이러한 핵정책은 북한의 핵정책과는 상반되는 것으로, 북한이 앞으로 국제기구의 핵사찰이나 남·북한 상호 핵사찰에도 불구하고 은닉된 시설을 이용하여 핵무기를 계속적으로 개발할 것으로 가정할 때, 미국에 대한 한국 정부의 핵의 예속은 자명할 것이다. 더구나 1992년 3월 14일자 옛 소련 KGB의 보고에 의하면, 북한이 핵사찰 협정에 조인한 이래, NPT 탈퇴 선언 때까지 6회에 걸쳐 사찰을 받은 결과 핵 연관 시설은 모두 25개소였다.

그 중요한 것을 보면 영변에 출력 8KW내지 5만KW의 연구 및 실험용 원자로 4개, 원자력연구소, 방사화학연구소, 방사선 보존연구소, 핵전자연구소 등 4개의 유관 연구소, 그리고 핵연료 및 폐기물 저장소와 실험장 각 1개소 등이 있다. 평산, 박천, 함흥, 나진에는 우라늄광산과 정련공장이 있고 태천에 2개소의 원자력 발전소가 있는데, 그중의 하나는 63만KW의 출력을 갖고 있다. 또한 미국의 스파이 위성에 의한 항공사진 촬영결과 제5회의 잠정 사찰까지는 특별한 이상을 발견하지 못했으나, 제6회의 사찰 직후 두 곳의 위장된 비밀시설을 확인함으로써 특별 사찰을 요구하자 북한은 이에 맞서 NPT 탈퇴 선언이라는 극단적인 대응 조치를 취하였던 것이다. IAEA의 한계점이 들어난 것이다. 따라서 남한 정부의 독자적인 핵정책은 앞으로의 세계의 질서를 고려하여 수립되어야 한다.

핵 확산에 대한 금지는 불가능하다. 이는 핵 확산의 경로가 다양하며 자체적인 핵무기 개발 이외에 핵강대국들의 핵무기 보관에도 문제가 있으며, 전술핵 무기의 발달로 인하여 핵병기는 소형화되었기 때문이다. 또한 평화적인 핵개발은 자연적으로 핵무기의 개발로 이루어질 것이다.

단지 핵무기만을 개발하지 않고 모든 핵무기 개발단계를 완성하고 있는 국가들 즉, 통일 독일과 일본의 핵보유 동기가 증대될 것이고, 이들 국가의 핵보유는 핵이 다극화 시대를 열고 비핵국들에 대한 핵보유국들 이익을 위한 철저한 견제를 수행할 것이다. 따라서 다가올 세계 질서의 핵의 다극화 시대를 고려해 남한의 핵정책은 수정되는 것이 마땅하고, 일본과 같이 원자력의 평화적 이용과 경우에 따라 안보상의 이유로 핵정책을 필요에 의하여 선택할 수 있는 방향으로 대안적인 정책을 수립하는 것이 핵강대국에 대한 핵의 예속에서 벗어나는 길이며, 앞으로 남한이 국제사회에서 핵강대국들과 동등한 위치를 확보할 수 있는 방안인 것이다.

더구나 북한의 핵정책은 우선적으로 남·북 관계에 있어서 유리한 위치에 서기를 바라며 미국 및 일본과의 관계 개선에서도 주요한 요인으로 사용할 것으로 보인다. 현재 북한은 경제적 어려움으로 인하여 남한을 비롯한 미국, 일본 등으로부터 경제적 원조가 필요하며, 북방정책에 의한 러시아, 중국을 비롯한 동구권 국가들과의 남한 정부의 관계개선으로 인하여, 국제사회에서의 외교적 역량의 강화를 위하여 미국 및 일본과의 관계개선도 불가피하게 되었다. 따라서 북한은 제3세계의 핵무기 개발 국가들이 핵무기 개발을 통하여 통상적으로 사용하는 핵카드를 사용하고 있다. 북한은 핵무기를 개발하여 남한을 전술핵무기의 무장으로부터 벗어나게 하는데 성공하였고, 나아가서는 한·미 군사훈련의 영원한 폐지에 대한 약속과, 주한 미군의 완전한 철수까지도 요구할지도 모른다. 또한 핵카드를 사용하여 미국 및 일본과의 관계 개선과 경제적 원조에 대한 보장을 유리한 입장에서 받아낼지도 모른다.

이를테면 국제원자력기구가 영변에 있는 2개의 핵시설에 대한 특별사찰을 결정하자 북한은 군사시설이라는 이유로 사찰을 거부하였다. 이에 남한과 미국은 남·북 관계를 중단하는 동시에 한·미 군사훈련을 재개하였고 북한은 핵확산금지조약 탈퇴가 3개월이 지나야 효력을 나타낸다는 것을 착안해 1993년 3월 특별사찰 기한을 1주일 남기고 돌연 핵확산금지조약 탈퇴를 선언하였다.

한반도의 비핵지대화는 첫 걸음부터 북한의 핵확산금지조약 탈퇴라는 어려운 고비를 맞고 있다. 북한의 핵확산금지조약 탈퇴는 세계적인 이목을 집중시켰고, 북한의 NPT탈퇴 문제에 대한 미국의 정책은 분명하다.17) 미국은

---

17) 이강석, 군사논단, 「북한 핵의 제 문제」 (서울: 한국군사평론가협회, 1994.7.1.), pp. 103~106. 북한의 꼭 핵무기를 개발하려는 의지를 갖고 있는가? 아니면 미국과 남한으로부터 최대한의 양보를 얻어내는 적정 수준에서 IAEA의 일반사찰과 특별사찰을 수용하고 핵무기 개발을 포기할 것인가? 북한은 결국 미·북 핵 협상 과정에서 미국의 양보를 얻어냄으로써 경제의 재건, 중수 원자로 기술지원과 정치관계 개선을 통한 국제무대에서의 입지를 강화하는 한편, 한반도의 비핵지대화를 확보할 수 있다는 이점을 극대화하는 방향으로 핵카드의 효력을 견지하려 할 것이다. 한편 기 확보된 플루토늄의 무기화를 극비리에 중단 없이 추진할 가능성을 배제할 수 없다.

1995년이면 만료되는 NPT를 다시 연장해서 핵확산을 방지해야만 한다. 북한의 NPT탈퇴나 핵보유는 핵확산금지 체계를 무력하게 만들 것이므로 이를 허용할 수 없다는 것이다. 따라서 북한과의 고위급 회담에 임하는 미국의 입장은 ①북한의 NPT 잔류, ②IAEA의 핵사찰 수용, ③남·북한 비핵화 선언의 이행이라는 세 가지로 요약될 수가 있다. 그러나 이 핵확산방지조약(NPT)에는 두 가지 중요한 허점이 있다는 비판이 나왔다. 그 첫째는 이 NPT가 수립해 놓은 세계적 체계(NPT Regime)는 핵무기 없는 국가들에 대해서는 재고조사, 감사, 사찰 등을 실시해서 핵 기술을 군사적 목적으로 사용하지 못하도록 하면서, 핵무기를 가진 나라들에 대하여서는 사실상 규제를 하지 않기 때문에 이 조약은 불평등 조약이란 비난이다. 핵무기 없는 국가들은 핵무기를 가진 국가들이 냉전기간 동안 핵무기를 엄청나게 증강시켜 왔다는 사실을 지적하면서 후자들을 비난하고 있다. 그래서 이 NPT 조약에 가입한 나라들은 모두 153개국이나 되지만 38개국이 핵안전 협정을 체결하지 않고 있는 실정이다. 핵무기를 보유하고 있는 프랑스와 핵무기 개발능력을 갖고 있는 이스라엘, 인도, 파키스탄 등은 NPT에 가입하지 않고 있으며 핵무기 국가인 중국도 1992년 3월 9일에야 NPT에 가입하였다. 두 번째 중대한 허점이란 NPT에 가입한 국가들이 90일 이전에 통보를 하기만 하면 탈퇴가 가능하다는 조항이 들어있다는 사실이다. 일부 가입 국가들은 수 틀리면 탈퇴하겠다는 위협을 해 왔으나 실제로 탈퇴한 국가는 없었고 나중에 다시 거론하겠지만 북한이 처음으로 1993년 3월 12일 탈퇴 선언을 했다가 이를 유도하고 있는 상태이다.

　　IAEA의 핵안전협정 또한 두 가지 중대한 문제점을 갖고 있다. 첫째는 어떤 나라든 자체적으로 평화적 목적의 민간 핵개발 계획을 추진할 때는 IAEA가 이를 저지할 수 없다. 즉 상업적 목적으로 핵분열성 물질이나 '노하우'를 자체의 노력으로 획득하는 것은 저지하거나 규제할 수가 없는 것이다. 그래서 벨지움, 독일, 일본, 스위스, 캐나다 등의 국가들은 다량의 재처리된 플루토늄과 순도 90% 이상의 농축우라늄을 생산·보유하고 있으므로 핵무기를 만들 수 있는 능력은 있으나 IAEA의 안전조치 하에서 이를 억제하고 있는 것이다. 그러나 이들은 마음만 먹으면 당장이라도 핵무기를 생산할 수 있다. 두 번째로는 평화적 사용을 촉진하는 한 핵기술 및 핵물질의 이전이 가능하다. 사실 원자력기구는 기술적, 상업적 이용을 촉진하는 역할을 하여 왔다. 지난 수십 년간 미국은 프랑스를, 미국, 캐나다 그리고 영국은 인도를,

독일, 영국, 미국 및 이스라엘은 남아프리카를, 프랑스와 영국은 이스라엘을, 프랑스와 미국은 이란을, 소련은 리비아, 시리아, 이라크 및 쿠바를 각각 지원해 왔다. 따라서 핵무기를 갖지 않은 나라들이라도 핵폭탄 조립의 '마지막 단계'까지 가지 않는 한 합법적으로 핵무기 개발과 연구를 할 수 있다. 이와 같이 원자력기구(IAEA) 자체가 평화적 이용을 촉진시킨다는 명분하에 제도적 허점을 묵인하는 결과를 가져왔으며, 핵무기 제조 기술의 확산에 기여하는 기능을 해왔다고도 볼 수 있는 것이다.

2000년대에 가면 원자로에서 나오는 핵연료의 부산물을 재처리함으로써 얻어지는 전 세계의 무기급 플루토늄이 무려 40만kg에 달하게 될 것이라는 예측이 나오고 있다.

만약 NPT에 가입하고 IAEA에 서명한 국가가 위에서 열거한 허점을 이용하여 핵무기를 만들고 있다는 의심을 받는 경우 IAEA는 특별사찰을 요구할수 있다. 그러나 이 국가가 특별사찰을 거부하거나 NPT의 탈퇴를 선언하고 나올 경우 IAEA와 UN이 할 수 있는 대응은 무엇인가? NPT에 따르면 90일 이전에 통보를 해주기만 하면 탈퇴가 가능하다. 이 조항이 있는 한 어떤 나라가 NPT를 탈퇴하는 경우 국제법적으로는 하등의 문제가 없는 것으로 나타난다. 그러나 이 행위가 국제적인 안전보장에 위협이 되는 경우 UN의 안전보장이사회는 UN의 헌장에 따라 적절한 조치를 취할 수 있는 국제 정치적 의무를 갖게 된다. 더욱이 탈퇴국이 UN의 회원국일 때는 UN안보리는 IAEA의 보고에 따라 모종의 제재 조치를 가할 수 있는 국제법적인 근거를 갖게 되는 것이다. 예를 들면 UN안보리는 이라크에 대해 1991년10월 '강제사찰'을 실시했던 것이다. 그러나 특별사찰은 피사찰국의 동의 없이는 사실상 불가능하고 비록 특별사찰을 피사찰국이 허용하더라도 피사찰국 내부에서 누군가 의심나는 지역에 대한 정보를 제공해 주지 않는 한 핵물질을 은폐하고 있는 지역까지 알아내기란 기술적으로 불가능하다고 보아야 할 것이다. 결국 북한의 NPT 탈퇴가 그 효력을 발생하게 되는 하루 전날인 1993년 6월 11일에는 미국은 북한을 NPT에 잔류시킬 목적으로, 그리고 북한은 '핵문제를 포함해서 미·북한간의 현안'들을 미국과 직접 협상하겠다는 목적으로 양국은 소위 고위급 회담을 열게 되었다. 미국은 로버트 갈루치 국무차관보를 내보내 북한의 외교부 제1부부장 강석주와 뉴욕에서 회담하게 하였던 것이다.

제1차 고위급 회담의 결과는 북한이 NPT를 탈퇴하는 결정을 잠정적으로 유보하겠다는 조건으로 미국은 북한과의 수교를 지향하는 대화를 계속하겠다는 약속을 해주었다. 아울러 미국은 북한에 대해 핵공격과 핵위협을 하지 않겠다는 서약도 했다. 그러나 미국은 북한으로 하여금 IAEA의 일반사찰은 물론 특별사찰을 받도록 하는 약속을 받아내지 못했기 때문에 미국 측이 일방적으로 양보를 했다는 것이 남한은 물론 국제사회의 일반적인 평가였다. 더욱이 북한은 미국과 수교를 추진할 목적으로 그동안 고위급 회담을 갈구해왔기 때문에 미국이 북한과 대좌해 주는 조건만으로도 일반사찰과 특별사찰을 받도록 북한을 묶을 수가 있었는데 그렇게 하지 못한 미국을 비난하는 목소리가 컸다.

7월 14일부터 19일까지 제2차 미·북한 고위급 회담이 제네바에서 열렸다. 회담 결과는 역시 북한이 더 많이 얻어냈다는 평가가 나왔다. 즉 북한은 IAEA와 핵사찰 문제를 협상하고 남한과는 비핵화선언을 이행하기 위해 남·북 대화를 재개하겠다는 조건으로 미국이 북한의 가스·흑연 원자로를 경수로로 교체하는데 지원하겠다는 약속을 얻어냈다. 또한 더욱 중요한 것은 미국과 북한은 수교를 위한 기초를 마련하기 위하여 2개월 안에 다음 회담을 진행하기로 합의했다. 즉 북한과 IAEA간의 협상과 남·북한 회담이 제3차 미·북한 고위급 회담의 전제조건이 되었다. 그러나 IAEA와 북한간의 협상이나 남·북 대화는 순조롭게 진행되지 않았다. 북한은 IAEA와의 협상을 이 기구의 공정성 문제를 해결하는 회담으로 생각했고 IAEA측은 두 곳의 미신고시설에 대한 특별사찰을 북한이 수용하도록 하는 쪽으로 끌고 가려고 했다. 그리고 남·북 대화에 관한 한 북측은 남측에 대해 '핵전쟁연습'을 중지할 것과 '핵문제 해결을 위한 국제공조 체제'를 포기하라는 전제 조건을 내어걸고 나와서 남·북 대화도 난항을 계속할 수밖에 없었다.

제3차 고위급 회담의 전제 조건이 되는 IAEA와 북한간의 협상과 남·북 대화가 '2개월 이내에' 어떤 가시적인 성과를 거둘 수가 없고 북한에 설치된 IAEA 사찰 장비의 필름과 배터리를 교체하지 않으면 10월 말경에 그 수명이 쇠진하게 되는 상황에까지 오게 되자 11월 뉴욕에서는 미·북한 실무자들 간의 비밀접촉이 시작되었다.

이 비밀 접촉에서 북한은 제2차 고위급 회담에서 합의한 전제 조건의 해결 없이 바로 핵문제와 미·북한 수교를 제3차 고위급 회담에서 일괄 타결하자는 제의를 했다. 즉 이 두 가지 중요한 문제를 타결하기 위해 팀스피리트 훈련을 포함해서 모든 현안들을 한꺼번에 타결짓자는 제안이었다. 그러나 미국 측은 핵문제 이외에 '로동 1호' 등 북한의 미사일개발 및 수출 문제와 같은 여러 가지 쟁점들을 포함해서 논의할 수 있는 포괄적 접근방식을 역제의 하기로 했다.

미국 측이 남한의 동의를 언어 북한에 제의하고자 구상했던 포괄적 접근이란 북한이 IAEA의 핵사찰을 받고 남·북 상호사찰을 위한 남·북 대화를 재개하겠다는 약속을 해주면 미국이 먼저 팀스피리트 훈련을 취소한다는 것이다. 그리고 북한이 이 약속을 성실히 이행하면 미·북한 양국은 제3차 고위급 회담에 들어가서 핵문제, 수교, 무기수출 문제, 경제지원, 교역 등 모든 현안들을 포괄적으로 협상하겠다는 절차를 포함하고 있었다. 다만 북한이 이 약속을 성실히 이행하지 않을 경우에는 팀스피리트 훈련을 다시 재개할 수 있다는 조항을 달아놓고 있다. 미국은 팀스피리트 훈련을 취소하면 북한이 제3차 고위급 회담에 성실하게 임하게 될 것으로 기대하였던 것 같다.

APEC 정상회담에 참석했던 김영삼 대통령과 클린턴 대통령은 11월 23일 백악관에서 한·미 정상회담을 갖고 미국의 '포괄적 접근방식'을 논의했으나 이 방식이 채택되지 않고 '철저하고도 광범위한 접근'에 합의를 보게 되었다. 즉, 북한이 먼저 남·북 상호사찰을 위한 남·북 대화를 재개하고 IAEA의 사찰을 받아야 제3차 미·북한 고위급 회담에 들어갈 수가 있다는 것이다. 이 3단계 고위급 회담에서는 미·북한 수교 문제를 포함해서 모든 문제들이 포괄적으로 논의될 것이고, 팀스피리트 훈련의 중지도 확실하게 결정될 것이라는 것이다. 만약 북한이 IAEA의 핵사찰과 '특사교환'을 수용하지 않는다면 제3차 미·북한 고위급 회담이 열리지 못하게 되는 것은 물론, 한·미 양국은 북한의 핵문제를 UN 안보리에 넘겨 제재 조치를 취하겠다는 것이다. 이 방식의 한 가지 특징은 팀스피리트의 중단은 남한이 결정하기로 되어 있어 핵문제를 남한이 주도해 보겠다는 의지가 나타나고 있다. '철저하고도 광범위한 접근'이라는 한·미 양국의 제의에 북한은 12월3일 다음과 같은 반응을 해왔다. 즉, IAEA에 신 고된 7개 핵시설 중 5개 시설에 대하여는 IAEA의 제약 없는 사찰을 수용하지만 5MW급 원자로와 재처리시설 두 곳에 대해서는 IAEA의 사찰을 수용할 수 없으며 다만 IAEA가 이들 시설에 설치한 감시 장 비의 필름과 배터리를 교체하는 것을 허용하겠다고 했다.

이에 대해 미국은 계속되는 실무 접촉에서 7개 시설 모두에 대한 전면사찰을 받을 것을 끈질기게 요구한 결과 드디어 북한은 7개 시설 모두에 대한 전면사찰을 수락하되 '조약상의 의무에 따르는 일반사찰'이 아니라 '핵사찰의 영속성을 보장하는데 필요한 사찰'이라고 하며 '1회에' 한 한다는 조건을 달아 미국 측이 이를 수락하고 한·미 양측은 IAEA의 사찰팀이 북한에 도착하는 즉시 남한은 팀스피리트 훈련을 중단한다는 발표를 하고 남·북한은 '특사교환'을 위한 '실무접촉'에 들어가고 미국은 제3차 고위급 회담 일정을 발표하기로 합의하였다.

그러나 IAEA와 한·미 양국은 '핵사찰의 영속성을 보장하는데 필요한 1회에 한한 사찰'을 시간적 개념으로 해석하고 북한이 '1회에'한에서 전면 사찰을 받는 사실상의 임시·통상 사찰로 이해한 반면, 북한은 93년 12월 3일에 제의한 바대로 5MW급 원자로와 재처리 시설에 설치된 감시 장비를 교체하는 정도로 한정된 범위의 사찰이라고 풀이했다.

그동안 북한을 설득하는 미국의 정책은 '당근과 채찍'이라는 양면성을 띠고 있다. 일단 북한이 NPT에 잔류하여 IAEA의 사찰을 받고 남·북한 상호 사찰을 성실히 이행할 경우, 미국은 관계 개선을 포함해서 북한을 국제 사회로 끌어들인다는 계획도 갖고 있다. 그러나 북한이 이를 거부하면 UN안보리에서 북한에 대한 제재조치를 취하겠다는 것이다. 즉 이 제재조치란 경제적 제재조치일 수도 있고 군사적 행동일수도 있음을 시사하고 있다.

비록 한·미 양국은 對북한 핵정책에 관한 한 긴밀한 공조체제가 이루어져 있다고 하며, 미국은 남한의 안보에 부정적인 영향을 미치는 거래는 결코 하지 않을 것이라고 공언하지만, 남한과 미국의 對북한 핵정책이 서로 일치할 수는 없다. 그 이유는 미국이 핵정책을 세계적 차원에서 펴나가기 때문에 남한이 안고 있는 지역적인 문제에는 민감하지 못할 수밖에 없는 것이다. 즉 미국은 북한을 NPT에 잔류시키고 IAEA의 일반사찰이나 특별사찰을 받도록 하기 위해서 당근을 사용할 때는 너무 지나치게 관대할 수가 있고 북한에 대한 제재조치를 취하기로 결정하는 경우, 즉 채찍을 사용하기로 결정했을 때는 너무 가혹할 수가 있다. 사실 그동안 미국의 대북정책은 이러한 두 가지 성향 가운데서 주기적으로 왔다 갔다 하는 모습을 보여 왔다. '당근과 채찍'으로 표현되는 미국의 정책도 몇 가지 옵션으로 구분할 수 있고 미국도 그 어떤 것이 최적의 선택(Optimal Option)인지를 확신하지 못하고 있는 것 같다. 미국의 선택은 ①미·북한 수교를 전제로 한 협상계속[18]

---

18) 신원제, 군사논단 「북한의 핵개발과 그 극복과제」 (서울: 한국군사평론가 협회, 1994.7.1.), p.148. 마북 대화에 얽매인 북한 핵문제 해결의 흐름 (1993년3월 이후)

②주변국들의 협조에 의한 느슨한 경제제재 조치, ③해상봉쇄를 감행한 상태에서의 경제제재, ④군사행동에 의한 폭파작전(Surgical Operation) 등으로 구분될 수가 있다.

그동안 미국의 여론은 북한이 NPT를 영구히 탈퇴하거나 전면 핵사찰을 거부하는 경우 해상봉쇄나 폭파작전을 선택할 수도 있으나 이러한 두 가지 선택은 제2의 한국전쟁을 의미하기 때문에 적절하지 못하다는 쪽으로 기울어지고 있지만 그 가능성을 완전히 배제할 수는 없는 것이다. 최근 들어 미국이 패트리어트 대공 미사일 등을 남한에 배비하는 군비 증강은 UN안보리가 경제 제재를 가했을 때 북한이 도발해 올 수 있는 가능성에 대비한다 하지만 북한의 대응 여하에 따라 군사 행동의 가능성은 상존하고 있는 것이다.

미국과 남한 정부는 '채찍'으로서는 최적의 선택(Optimal Option)으로 UN 안보리를 통해 주변국들의 협조에 의한 느슨한 경제제재 조치를 추구할 준비를 갖추고 있는 것 같다. 그러나 많은 반대론자들은 첫째, 이런 식의 경제 제재는 효력을 발휘하기가 어렵다는 것이다. 그 이유로 북한은 경제제재를 감수하고도 건재할 수 있을 정도로 인민들이 고행에 익숙하다는 것과 내부 통제가 잘 되어 있다는 것이다. 둘째, 비록 중국이 UN 안보리에서 거부권을 행사하지 않고 기권을 하더라도 경제 제재에 협조하지 않을 가능성이 높다는 것이다. 그동안 중국은 북한을 고립시켜서는 안 된다는 입장을 취하면서 대결이 아닌 대화로 풀 것을 권고해 왔다. 셋째, 조총련을 통해 매년 약 4억 불의 돈이 북한으로 흘러 들어가기 때문에 일본의 협조가 가장 필요로 한데 일본 정부의 입장은 느슨한 경제 제재에 대해서도 북한이 군사 행동으로 보복해 올지 모른다는 우려를 표명하고 있다. 따라서 미국이 협상만을 계속해야 한다는 온건파의 목소리도 상당히 높은 것으로 보도되고 있다.

이와 같이 한반도에 있어서의 비핵지대화는 어려운 상황에 있다. 북한의 핵정책이 수십 년간에 걸쳐서 지속적으로 이루어져 왔고 실현의 단계에 있다는 사실은 북한이 여하한 국제적인 압력에도 불구하고 교묘히 핵무기 개발을 할 것이라는 사실을 뒷받침한다고 볼 수 있다.

북한이 핵무기 개발을 포기할 것인가, 핵사찰을 통하여 북한의 핵무기 개발에 대한 포기를 확신할 수 있을 것인가에 대한 의문의 여지는 한반도에 비핵지대화 실현의 불가능성을 내포한다.[19]

---

19) 국제원자력기구의 핵사찰 제도의 기본 과정은 '비적대적'인 사찰 실시이다.

만약 한반도에서 비핵지대화가 실현되기 위해서는 우선 남·북한의 핵무기에 대한 효과적인 사찰 제도가 정착되어야 하고, 북한이 핵무기 개발에 대한 본질적인 의지를 포기해야 한다. 또한 한반도를 둘러싼 핵강대국들은 한반도에서 비핵지대화 조약에 위배되는 핵 활동을 할 수 없어야 한다.

남한은 한반도의 비핵 지대화가 이루어질 경우 남·북한간의 전쟁발발의 가능성을 배제하기 위해 북한의 재래식 무기의 남침에 대하여 효과적인 억지력을 발휘할 수 있는 대책을 마련하여야 한다. 그리고 북한의 본질적인 핵무기 개발 의지를 포기시키는 것은 정착된 핵사찰에 의한 끊임없는 감시와, 국제원자력기구와 국제사회가 북한이 핵무기를 개발할 경우에 가할 수 있는 외교적, 경제적, 군사적 고립과 제재에 대한 암시로써 핵무기 보유에 대한 손실을 깨닫게 하는 것이다. 남한 정부는 북한의 핵무기 개발에 관한 확실한 가능성 및 결과를 파악할 수 있는 정보 체제를 수립하여, 상황에 따라 국제적 차원의 여론과 외교적, 경제적 대응을 주도하여야 한다.

이에 대해 북한의 핵개발에 대하여 일본을 비롯한 중국, 러시아 등 동북아시아 국가들은 북한의 핵개발이 몰고 올 동북아시아의 위기에 대하여 우려하고, 원칙적으로 한반도의 비핵화에 찬성하면서 국제원자력기구나 안보리에 의한 북한의 핵무기 개발에 대한 저지를 바라고 있다. 왜냐하면 북한의 핵무기 개발이 가져올 수 있는 동북아시아의 핵 확산 시나리오에 대한 가능성도 무시할 수는 없기 때문이다. 오늘날까지 동북아시아에 있어선 냉전시대에 한반도를 둘러싼 강대국들의 재래식 무기와 핵무기에 의한 균형을 유지하고 있었고, 과거 이데올로기의 대립에 의한 끊임없는 분쟁이 있어 왔다.

탈냉전의 현상은 동북아시아에 새로운 군사적 균형을 예상하게 하는데, 이는 새로운 동북아시아의 안보 담당자로서의 위치의 격상으로 인한 일본의 군사력 증대와 과거 냉전시대에 구소련과 중국을 견지해 왔던, 미국의 해외 지상군 감축으로 나타날 것이다.

한반도의 긴장은 탈냉전 분위기에 의거하여 '한반도비핵화선언' 등 남·북 고위급 회담에 의한 일시적인 국면을 맞이하였지만 이후 북한의 핵무기 개발과 핵확산금지조약 탈퇴, 미국의 핵패권주의에 의한 한반도 핵금정책이 상충되어 긴장이 고조되고 있다.

이는 수검국의 주권 침해를 최소화 하는 방향으로 수검국이 제출하는 자료에 부분적으로 의존하여 실시되는 것을 말한다.

반면 탈냉전과 각국의 경제주의 우선 정책은 경제대국인 일본의 군사적 강대국화 정책에 대하여 아무런 대책을 마련하지 못하거나, 단지 우려를 표명할 뿐이다. 동북아시아에 있어서 일본의 핵에 대한 움직임은 한·일 관계를 악화시키고 한국의 핵 대응을 유발할 수 있으며, 동남아 여러 국가에게 일본 군국주의에 대한 대항을 일으켜 아시아지역 다 국가간의 경제협력이 약화되고 군비증강을 일으킬 수도 있다. 일본의 핵에 대한 움직임은 중국의 대응을 불러일으키고, 중국의 대응은 인도의 반응을 초래하여 파키스탄으로 이어지는 핵 확산을 가상할 수 있고, 이러한 핵 확산은 중동으로 이어져 중동 전체에 핵 확산을 일으킬 수 있음을 예상할 수 있다.[20]

이렇듯 동북아시아의 새로운 군사적 균형은 북한의 핵무기 개발에 의한 안보적 위협을 가중시키게 되었고, 이는 동북아시아의 군비 경쟁이나 핵 대결을 불러올 수 있는 것이다.

북한은 최근 노동1호라는 미사일을 개발하였고 사정거리는 1천km로서 일본까지를 핵무기로 위협하고 있다. 따라서 북한의 핵무기는 일본의 안보에도 직접적으로 영향을 미칠 것이다. 북한이 핵무기를 보유할 경우 나타나는 동북아시아의 군사적인 균형의 파괴는 일단 재래식 무기의 균형에 앞서서 핵무기의 균형을 유지하기 위하여 남한은 불가피하게 미국의 전술핵무기를 재배치하거나, 자체적으로 핵무기를 개발할 수밖에 없을 것이다.

더구나 일본은 원전 38기를 운영하고 있는 세계 제4위의 원전국으로서 농축 및 재처리시설은 물론 고속증식로 및 MOX 연료용 신형전환로를 가동 중인 최선진 원자력 기술국이다. 1986년 일본은 미국과 30년 포괄 동의방식에 합의하는데 성공하여 플루토늄 반입시마다 매번 미국의 동의를 얻어야 하는 번거로움을 제거한 이래 대량의 플루토늄을 비축하기 시작했다. 일본의 방위산업 수준과 규모, 최첨단 전자산업, 우주항공 계획으로 증명된 ICBM 능력, 항공기를 비롯한 기존의 투발 수단을 감안할 때, 일본은 순식간에 핵강대국으로 변모할 수 있다. 일본은 한반도와는 무관하게 대국화 정책을 통하여 철저하게 평화용 원자력 산업의 테두리 안에서 핵능력을 키워왔으며, 눈부신 핵외교로 자국의 핵능력이 국제적 문제가 되는 것을 막아왔다. 이는 핵탄 제조만을 제외한 기타 모든 준비를 갖추는 일종의 "무증 후 핵무

---

20) 김태우, "한반도의 핵문제와 신국제질서", 대륙연구소 「북한연구」, 1992년 여름호 pp. 81-83.

장"전략이다.21) 즉, 일본은 자체적으로 핵무장하는 것이 단 시 일내에 가능함으로써 일본의 안보에 문제가 발생할 경우 핵강대국으로 부상할 것이다. 따라서 한반도의 비핵화는 동북아시아의 군사적인 신뢰 구축과 더불어 러시아와 중국, 미국 등 한반도를 둘러싼 핵강대국들의 남·북한에 대한 핵무기 위협 금지를 보장하여야 하고, 아울러 남·북한의 군축과 함께 동북아시아의 다자간 신뢰구축 및 군비통제 방안이 합의되어야 실현이 될 수 있다.

제4절 북한 핵무장의 전략적 가치22)

1945년 7월 16일. 미국이 뉴멕시코주의 알라모고드 사막에서 핵분열 장치를 성공적으로 시험 폭발함으로써 핵시대가 개막되었다. 이로부터 미국의 대외정책이 추구한 지배적인 미국 방위 정책의 주요한 야망, 그리고 미국 국가 정책의 변함없는 기조로서 지난 반세기 동안 미국이 집착해온 전략적 가치(Strategic Virture)는 소련의 압력에 저항하고 핵시대의 불순한 환경 하에서 군사력 균형을 견지하는데 모아져 왔던 것이다. 이른바 트루만 독트린으로 알려져 있는 핵 우위를 통한 봉쇄정책은 1947년 전후 트루만 대통령에 의해서 최초로 공식 선언되었는데 서방 세계의 복구를 위한 「마샬계획」으로 유럽의 경제 재건을 뒷받침하고, NATO를 위시한 다수의 양자 및 다자간 안보 조약을 체결함으로써 기간 중 40여개 국가와 공식적 동맹 관계를 형성하였을 뿐만 아니라 대량 보복전략의 채용으로 핵무기의 독점내지 절대 우위를 견지하면서 공산주의 팽창을 봉쇄하려 했던 것이다.

이에 반하여 공산주의 건설의 실현 가능성을 실험 구도 상에 설정한 소련 역시 「마샬계획」의 동구 침투를 방지하기 위하여 「몰로토프 계획」을 세우고 여기에 동구 여러 나라를 가담케 하여 위성국들로 하여금 소비에트 연방의 건설을 돕도록 하였으며, 소련 위성국가들 간에 경제적 단일화를 도모하였다. 이로써 동구국가들의 소련에 의한 피동적인 변천과정은 크레믈린의 정치적·경제적 또는 군사적인 통합 조치에 대해 무조건적인 복종으로 일관되는 일원주의적 지배체제로 나타났고 세계를 이념과 체제의 동·서 대결 구조로 갈라놓은 결정적인 계기가 되었다.

---

21) 오재완, "북한핵에 대한 남북의 시각", 상게서, pp.94-98.
22) 김정선, 군사논단, (서울 : 한국군사평론가협회, 1994.7.1.), pp. 117-132.

어쩌면 인류에게는 제2차 세계대전 이후의 왜곡된 전 지구적 삶의 구도를, 그리고 이 반도의 민족에게는 해방 뒤의 오랜 삶의 형태에 일대수술이 가해져야 할 고통과 시행착오를 가져다줌으로써, 오늘날 제2차 대전의 유산으로 남은 분단국가들 중에서 유일하게 분단 상태로 존립하게 된 이율배반적 운명을 결정지어 주었다.

태고 때부터 인류 사회집단간의 투쟁은 거의가 동물적 본능으로 발생한 원시적 전쟁관에 바탕을 둔 무차별 전쟁관, 즉 전쟁의 승자가 패자를 지배한다는 「힘의 철학」 내지 「약육강식」 이란 사상은 어제 오늘의 새로운 논리가 아니다.

얄타회담(1945.2.)의 의미를 역사적 고찰로서 논증해 볼 때, 그 당시 소련은 독일이 항복할 경우 그로부터 3개월 후에 대일 참전을 하겠다고 공언한 것을 빌미로, 미국은 소련이 참전하게 되면 한반도와 일본에 대한 전후의 지배권이 소련에게 넘어갈지도 모른다는 우려 때문에 대세가 이미 미국의 승리로 기울어 졌음에도 불구하고 트루 만 대통령과 처칠 수상은 「사상 최대의 역사」라고 선언 하면서까지 핵 투발을 결행하였다. 이에 대해 핵무기의 연구·개발을 촉진한 맨하탄 계획(Manhatan Project)에 참여한 많은 미국 및 영국의 과학자들과 트루만 대통령의 보좌관들은 핵무기의 엄청난 효과를 예상한 나머지 일본에다 이를 사용하지 말고 핵 실험장에 일본인들을 초청, 입회시켜 무조건 항복의 충격을 주도록 할 것을 건의 하였지만, 결국 1945년 8월 6일 히로시마, 8월 8일 나가사키에 사상 초유의 핵무기를 투발하여 6만8천명과 3만8천명을 대량 살해함으로써 제2차 세계대전을 소련 참전 1주일 만에 조기 종결시켰다.

동시에 동·서 냉전 체제의 새로운 힘의 대결 구도로써, 핵우위 시대라는 서막을 가져온 결과를 초래하게 되었다. 그러나 1949년 이후 소련의 핵실험 성공과 또 다른 하나의 중국의 공산화 그리고 1950년의 한국전쟁 발발은 유럽 외부에 대한 제한된 간접적 공산 침공을 억제하는 수단으로 여겨온 핵우위의 효용성에 대하여 의문을 제기 하게 되었다. 왜냐하면, 미국의 핵전략은 핵전쟁을 예방하기 위해서는 상대비교 우위를 통한 핵전쟁 회피 전략으로서 단순히 「핵전쟁은 불가능하며 쌍방의 자살을 가져온다.」는 논리인데 반해, 소련은 「핵전쟁은 치를 수 있으며, 핵상황 하에서도 살아남고 승리할 수 있다.」는 핵전쟁 불가피론적 승전 전략이란 큰 차이로 인해 반세기에 걸쳐 집약된 미·소간의 핵무기 경쟁을 초래했다.

세계 47억 인구가 1인당 4.5톤씩의 TNT를 짊어진 핵의 인질로 전락한 오늘날의 위기 상황 하에서 폭발적인 인구 증가와 자원고갈 그리고 공해의 심화 현상에도 불구하고, 전 세계의 연간 군사비는 1조 달러에 육박하고 있다는 사실이다.

동·서양 공히 「지정학(地政學)적」 현실과 최근에 급변되는 「지경학(地經學)적」 상황인식을 지향하는 탈냉전 시대에도 불구하고, 핵전력중심의 군사력 증강만이 범세계적 세계 판세 작용과 제3세계의 패권 장악을 통한 자국 이익을 앞당길 수 있다는 미련을 버리지 않고 있는 한 완전한 핵군축에 이르기 위한 포괄적 핵실험금지(CTB)협정이 난항을 거듭하지 않을 수 없다. 비록 핵전쟁의 위험은 없어졌다 해도, 다발하고 있는 지역 분쟁이 핵전쟁으로 확전 되어 지구의 마지막 「아마겟돈」 전쟁이 될지도 모른다는 우려는 상존한다. START-II가 실현된다 해도 미·러 양국은 쌍방이 수분 내에 상대방의 인구와 산업시설의 대부분을 파괴할 수 있는 과잉 살상력을 갖고 있는 이상, 승자와 패자가 따로 없는 무섭고 순간적이며 용납할 수 없는 전면 핵전쟁 상황이 전개될 것이란 상호간의 심리적 위협에 의한 억제(deterence) 전략 논리는 건재 한다. 핵보유 강대국은 핵 피라미드의 정상에서 핵 주권을 누리면서도 「금단의 열매」 라고 하는 이 핵의 인질이 되어 판도라 상자(Pandora's Box)가 열릴까봐 NPT/IAEA체제를 견지하려 한다.

탈냉전 시대에도 핵을 방패로 삼고 재래형 군사력을 창으로 한 비핵 재래형 전쟁은 핵의 사각지대에서 끊임없이 계속될 것이기 때문에, 핵무기 보유 강대국이 세계 군사정세를 주름잡는 이른바 중무장된 평화(heavily armed peace) 존속이라는 어떤 단일 논리로도 설명할 수 없는 상황이 앞으로도 계속될 것이다.

지금 이 순간에도 150 KT 이하의 지하 핵실험만 허용하고 있는 핵실험 제한조약, 핵무기 비보유국에 대한 분열성 물질 및 기술 이전을 금지하는 핵확산 금지조약, 전략핵 전력의 양적 규제를 모색한 미·소간의 전략무기제한 협정에도 불구하고 핵무기는 수평·수직적으로 계속 확산되고 질적·양적으로 더욱 발전 확대되고 있으며 일부 핵보유국에 의한 대기권 실험도 계속되고 있다. 미 연방위기 관리국의 최근 제출된 자료에 의하면, 핵무기 효과 전면 전쟁이 아니더라도, 1MT급 핵탄두 1발이 미국 중부 상공에서 폭발한다면 지상 원점을 중심으로 한 수십 마일 이내의 인적·물적 피해는 물론이고 강전자파(EMP)로 말미암아 미국 전역에 발전소의 기능이 자동적으로 정지되고, 모든 전기·전자·통신기기는 일시에 작동이 멈추고 말 것이며, 만약 야간이라면 암흑 속의 교통과 통신 불통상황 하에서 대도시는 아비규환의 연옥을 방불케 될 것이라고 경고한 것을 북한의 핵무장과 관련하여 상기할 필요가 있다.

전 세계 핵무기 재고인 1만5천MT에 달하는 약 5만발의 핵탄두(1MT는 TNT 100만 톤의 위력과 같음)에 의한 살상효과는 상상하고도 남는다. 물론 핵무기의 누적적 체감효과 때문에 위력과 피해가 정비례하지는 않겠지만 히로시마의 핵무기 폭발 효과를 기준할 때 1만 5천 MT의 핵탄두 중 그 2/3인 1만 MT만 사용한다고 해도 1MT로 100만 명을 살상할 수 있으므로 1만 MT로는 1,000억의 인구를 살상할 수 있는 것이다. 만일 1만 5천 MT 전량을 폭발시킨다면 전 지구상 인구의 30배 이상을 일시에 살육할 수 있는 과잉 살상력일 것이라는 점이다.

핵무기의 효과는 열, 폭풍 및 방사능에 의한 인명살상 뿐만이 아니라, 이른바「죽음의 재」에 의한 잔류 방사능의 지속 효과를 생각하지 않을 수 없다. 즉 핵폭발 후 치명적인 방사능 동위원소로 지표면이 오염되는 바, 스트론튬은 90%가 붕괴되는데 95년, 세슘-137은 100년이 걸리므로 한 세기 이상 동물의 서식이나 생존은 불가능해지고, 대기권의 상층부에 생성되는 산화질소로 말미암아 오존층이 파괴되므로 태양의 강렬한 자외선이 지표면에 직접 닿게 되어 모든 생태계는 사멸하게 된다. 설사 일부 생물이 살아남는다 해도 생태계의 균형이 완전히 파괴되고 동·식물의 돌연변이로 성장 발육이 어렵게 된다.

그럼에도 불구하고 머지않아 석유 자원의 고갈과 더불어 원자력 발전이 대체 에너지의 주종을 이룰 것인 바, 핵연료의 부산물인 플루토늄을 재처리하기만 하면 바로 핵무기 제조 원료가 되기 때문에 금세기 말에 가서는 핵무기를 국제관리 하지 않으면 원자력 발전이 가능한 모든 국가는 핵무장을 하게 될지도 모른다.

평화와 전쟁이란 양면을 지닌 야누스와 같은 핵을 어떻게 관리하느냐하는 문제는 곧 인류가 평화와 복지를 추구하느냐, 아니면 전쟁과 파멸을 자초할 것이냐를 가름하는 중대한 문제로 대두되고 있다. 우리가 스스로 이 시점에서 칼을 쳐서 보습을 만들지 않으면,「소돔과 고모라성」과 같은 불세례를 면치 못할 것임은 너무나 자명하다.

탈냉전 시대의 안보정세 변화

제2차 대전 후 예측 불가능한 국제 정세 구도는 미국 경제력의 상대적 감퇴, 일본 경제력의 부흥, 독일의 재통일 및 우위의 서구 세력으로서 위상 확립, 제3세계 지역에 있어서의 경제·군사능력의 일반적 분산 등으로 인해 데탕트 체제 상황과는 국제체제가 크게 달라졌다.

그러나 가장 뚜렷하고 극적인 권력 변화는 소련 제국의 붕괴 및 분열이라고 하겠으니 이는 그들의 경제적 취약성과 동구로부터의 이탈에서 입증되었다고 단언할 수 있다. 즉 소련의 신사고 외교정책이 표방된 이후 동구 사회주의 전 국가들은 이미 기존 사회주의를 포기하고 다당제와 시장경제제도를 근간으로 하는 자본주의체제로의 체제개혁을 단행하게 되었으며, 이러한 사회주의권의 변화에 따라 세계체제는 탈 이데올로기화·경제중심화·다극화로 특정되는 새로운 국제체제로 전이하게 되었다.

이에 따라 지금 세계 각국은 이러한 시대정신에 부응하는 외교전략의 수립에 부심하고 있는데, 그 과정에서 각국은 기존의 동맹관계 자체를 재검토하는 방향으로 나아가고 있다. 이처럼 현시되고 있는 신 국제질서의 제 현상은 첫째, 탈냉전 시대의 도래와 함께 국제 관계의 기본질서는 「팍스트리아디카」 체제로 굳혀져가는 기미를 보이고 있는 가운데 세계체제는 이데올로기와 군사력 중심의 양극체제에서 경제력 중심의 3집단화(APEC, NAFTA, EEA)란 새로운 다극구조로서 바뀌어가고 있다. 필연적으로 동·서 냉전 체제에서 힘의 구심점 역할을 했던 미·소 양 초강국의 국제적 위상이 퇴락하고 외교력의 결정적 변수였던 군사력의 중요성이 감소된 이상, 군축수반과 더불어 국제무대에서 경제력의 제로섬(zero-sum)적 사고가 공존의 논리로 부상하면서, 각국의 「지정학적」 외교 전략도 실리추구의 「지경학적」 경제중심으로 정책방향이 전환되고 있음이다.

둘째, 국가간의 관계가 냉전시대에 비하여 경박해지고 2중성을 띠게 됨으로써 오늘의 우방이 내일의 적대국이 되고 그 반대 경우도 가능해지게 되었다. 즉 국가들 사이에 공통적으로 인지된 심각한 군사적 차원에서의 안보위협은 감소되었으나 더욱 빈번하게 편무적인 경제 이익을 추구하게 될 것이기 때문에 NATO와 같은 영구적인 다변적 동맹은 중요성이 체감되고, 페르시아만 위기시의 힘의 결합처럼 자국안보와 동반된 경제이권의 특별 쟁점에 대한 실제적 제휴(ad- hoc coalition)가 더욱 중요성을 더해갈 것 같다.

이처럼 경제력이 탈냉전시대에 있어서 국력의 가장 중요한 상징적 요소가 되고 있지만 아직도 냉전구도가 붕괴되지 않고 있는 한반도에 있어서는 핵 시대의 불순한 국제안보 환경에 능동적으로 대처하면서 생존과 번영을 도모 해야만 한다. 우리는 한국의 핵심가치인 민주주의를 안팎의 위협으로부터 지켜나가기 위하여 일정 규모의 군사력은 계속 유지되어야 하고 이를 뒷받 침하는 군사 잠재력을 보존해야 한다.

왜냐하면 한반도의 안보환경 자체가 강대국 지배 체제임을 부인할 수 없 는 세계정치 현실 속에 처해 있고 약소국들의 집단안보 체제가 미성숙한 현 시점에서 강대국과의 지역방위 체제를 형성하여 자국의 안보를 도모하지 않 을 수 없는 실정에 놓여있기 때문이다.

설상가상으로 오늘날 한국은 이른바 총체적 난국에 처하여 외우내환으로 경제적 충격파에 몸살을 앓고 있을 뿐만 아니라 사회적 불신과 갈등이 증폭 되고 있다. 이러한 상황 하에서 아·태지역의 획기적인 안보환경 변화와 남·북한 신뢰 조성조치가 수반되지 않는 한 쌍방의 군비 경쟁은 더욱 가속 화될 수밖에 없다. 만약 우리가 북한과 상대적으로 열세한 군사력을 만회코 자 계속해서 군사력의 확대 균형이나 양적 우위를 지향한다면 한국 경제의 어려움은 더욱 가중되지 않을 수 없을 것이다. 그러므로 탈냉전시대의 신세 계 질서 전개과정에서 한국이 직면하고 있는 국내외적 안보위협의 대응수단 인 군사력에 대한 적정규모와 관련하여 「어느 정도가 충분한가?(How much is enough?)」란 질문에 대답하기 위해서는 남·북간의 고위 회담을 통해 쌍 무적·다변적 신뢰조성 조치를 전제한 군사력의 단계적 축소균형과 질적 우 위를 지향한 군사전략적 차원의 상황판세를 정확히 재평가해야 한다.

북한이 이제 잠재적 핵능력(potential nuclear capability)에서 운용적 핵능력 (operational nuclear capability)으로 진일보한 상황 하에서 새로운 전쟁의 망령 이 재현될 가능성은 탈냉전시대에 있어서도 동북아 안보를 위한 다변적인 공동체 형성기운에 의문을 제시시킨 바도 없지 않으나, 먼저 통일 독일의 사례를 기초로 한국의 일부 학자들이 남·북한 통일의 비용을 산출한 바 있 는데, 무려 1조 달러를 상회하는 계산이 나왔다. 이는 한국의 경제 잠재력으 로 봐 도저히 감당할 수 없는 규모이기 때문이다.

한반도의 복합적인 집단 안보체제는 국제 질서의 태동에 따라 과거 미· 소 냉전체제의 산물로서 시대적 역동성을 민감하게 반영하여 왔던 동북아의

4강 및 남·북한의 상호간의 2자 및 4자 접근 방법(Two plus four approach)인 4자에 의한 남·북한 교차승인과 4강을 통한 남·북한의 교차 접촉의 틀은 어떤 형태로든 신 세계 질서라는 변화에 맞추어 추구할 수밖에 없다.

좀 더 정확히 표현하자면, 한국은 냉전시 북한의 중요한 외교적 결정의 대행자였던 구소련과 국교를 정상화했으며, 구소련의 국제적 지위를 대변하는 러시아와는 현재 양국 간의 국가원수의 교환방문과 연합군사 훈련을 운위하고 있는 단계로 양국 관계가 발전해있다.

그뿐만 아니라, 북한의 체제적 이념적 보루로 여겨졌던 중국과는 이미 국교를 정상화 했으며 중국도 대한반도 정책에서 점차 객관성을 유지하기 시작했다. 실례로, 최근 북한의 개정된 헌법 12조를 살펴보면 사회구성 계급의 변화에 대응해서「프롤레타리아(마르크스주의적)」개념을 부정하고「인민대중(주체 사상적)」개념으로 국가 본질의 규정을 변경한 것을 보아도「마르크스·레닌주의」의 쇠퇴로 인한 시대적 상황의 변화를 볼 수 있다.

이처럼 탈냉전 세계에서는 한반도를 비롯한 국가 간의 관계가 크게 달라지게 되었다. 상기에서 거론하였듯이 미·러 관계가 극적으로 변화되었고 독·러 관계도 바뀌었다. 여타 국가들도 비슷하게 냉전기류를 이탈하여 그들의 직접적인 국가 이익에 알맞은 새로운 관계를 정립하려는 움직임을 보이게 되었다. 결국 신 세계 질서는 냉전으로 특징 지웠던 바와 같은 압도적인 국가 간 괴리가 없으면서도 민족적, 종교적, 경제적 및 문화적 대립 관계의 혼란을 겪게 되었다. 다시 말해 신 세계 질서의 대두는 자국 생존을 위한 안보환경 변화에 있어서도 새로운 국제화, 개방화라는 탈이데올로기적 의식 전환을 초래케 된 것이다.

한반도 비핵화 선언의 역기능

지난날의 잘못된 관행과 의식의 원인을 깊이 분석하고 대책을 세우는 것이 세계 변화 추세를 대응코자 하는 국가 경쟁력 강화에 있어서 직면한 필연의 과제이다. 국가 경쟁력에 취약한 경제구조를 가지고 있는 우리는 분명히 위기에 처해있고 상기의 일련 과정들이 하루아침에 달라질 수 없는 일임을 어느 누구보다도 국민들은 잘 알고 있기 때문이다. 이 위기를 미래에 대한 도전으로 인식하고 적절한 응전을 하느냐 못하느냐에 따라 민족자존의 운명이 걸려있음을 감안할 때, 엄청난 국민적 노력과 고통분담이 절실하다.

특히 세계에서 유일한 냉전 지대로 남아있는 한반도에서 남·북간 외교적 담보 상태의 개선을 위하여 對북한 핵무장 포기 노력에 수반된 일환의 조처로서 노태우 전 대통령은 퇴임 직전에 한반도 비핵화를 선언하였다. 그 결과 우리는 민족적 사활이 걸린 잠재적 핵보유국으로서 향유할 수 있는 핵선택권이나 더 나아가 화석연료 고갈에 따라 어쩔 수 없이 핵전력의 생산·유지에 의존할 수밖에 없는 경제적인 효율성을 감안한다면, 핵전력 사용에 의해 필연적으로 방출되는 핵폐기물에 대한 환경오염을 정화할 수 있는 환경 보존의 자구책마저 스스로 포기한 꼴이 되고 말았다. 핵폐기물인 플루토늄이 공기 중에 방출됨으로써 소멸되는 기간은 대략 24,000년 정도 소요된다. 부언하여 북한의 통일전선 전술 차원의 정치 군사전략 심리전과 연계된 핵전략 오판에 따른 군사적 충돌로 전환될 개연성을 배제하더라도 비핵화 선언자체는 핵전력 사용시 방출될 수 밖에 없는 핵폐기물인 플루토늄에 대한 재처리 능력마저 포기한 것이다.

한국은 2006년까지 현재 운전 중인 9기를 포함하여 약 20기의 원자로를 가동하게 될 것으로 전망된다. 그러나 핵연료의 부산물을 재처리함으로써 핵연료 싸이클의 자급자족이 합법적으로 가능한데도 불구하고 우리나라가 세계 속에 처해진 환경 여건과 북한에 대한 한반도 비핵화 공동 선언을 끌어내기 위한 방편으로 우리의 축적된 플루토늄 재처리 능력을 포기 선언한 결과, 정화조 없는 화장실이나 다름없는 한국의 파행적 원자력 발전 시설을 이대로 방치할 경우 핵폐기물 처리장소를 「님비」(not in my back yard)현상 때문에 찾지 못함으로써 연탄재 때문에 연탄 아궁이가 파묻혀 버리는 어처구니없는 최악의 결과를 예상하지 않을 수 없을 것이다.

한편 국제 문제가 되고 있는 북한의 핵개발 및 운용과 관련하여 한국은 주변 강국들의 이해를 구해가며 한반도 비핵화 선언을 하는 마당에 일본의 처세술은 어떠한가?

미·일·러 3국 안보포럼에서 의장인 일본 외무성 특별고문 노부오마 츠나가는 러시아 국내 안정이 지역안보에 가장 중요한 문제인 점을 인식함과 동시에 북한 핵개발 의혹도 태평양 지역 안보에 위협이 되고 있음을 지적하면서도, 한편으로 일본은 향후 50년간 장기적 에너지 안보차원에서 석유대체라는 이유로 전략적 핵에너지 비축계획을 수립해야 한다는 등 야누스적인 양면성을 보여주고 있다.

북한의 핵개발로 인해 조성된 한반도 위기설은 차치하고라도, 반도를 둘러싸여 위치한 러·중·일 3국 자체는 자국 안보를 위해 핵보유 및 운용 등이 국제적 여건 상황의 조율에 따라서「핵전쟁을 방지할 필요성」및「유사 시 핵전쟁을 치를 준비의 가능성」을 동시에 강조하고 있는 반면, 유독 한 반도만은 핵개발을 해서는 안 된다고 강변하는데, 이는 NPT의 불평등성을 주장하는 북한의 입장을 오히려 강화시키고 있다. 진정 북한의 핵개발을 중 지코자 한다면 미국을 비롯한 주변 강국들이 한국의 비핵화 선언에 걸 맞는 핵개발과 운용에 관한 정책의 재정립이 필요하다.

실제로 최근 일본이 전략적으로 추진하고 있는 핵무기 제조용 플루토늄 비축 계획은 북한의 핵개발보다 더한 동북아 안보에 위협이 되고 있음에 대 하여 미국 핵통제연구소(NCI)가 '94년 1. 14.일자 발표논문에서 지적했다. 일 본은 핵무기 제조로 전용이 가능한 플루토늄·우라늄 혼합연료(MOX)를 비 축하는 것보다, 미국이나 러시아가 START-I 및 II에 의거 핵무기를 분해 폐 기할 때 생기는 핵무기 전환이 불가능한 저농축 우라늄으로 재처리된 핵연 료를 구입한다면, 경제적 이익은 물론이며 나아가 러·일 양국간 현안이 되 고 있는 쿠릴열도 반환문제 및 아·태지역 핵무기 확산금지와 관련해 일본 의 경제대국으로서 정치적·안보적 위상을 확보하는 길이 될 것이라고 지적 한 점을 주목할 필요가 있다.

북한의 핵무장 의지

유엔 안보이사회의 제재란 최악의 수준에 이르기까지 강·온 양면의 설득 과 압력에도 불구하고 북한이 왜 그토록 핵사찰을 완강히 거부하고 있는 것 일까.

북한이 막다른 골목에 이르는 시간을 끌면서까지 미국과의 직접 협상과 핵무기를 협상카드로 활용해 가며 핵개발 목표를 서두를 수 밖에 없는 북한 정세에 대해 관련국인 한국 정부를 비롯한 국제정치 분석가들의 단견으로 북한의 핵을 포기하는 대가로 미국으로부터 경제적 원조와 북·미간 국교 정상화 한다는 이른 바, 일괄 타결을 지지하는 식자들이 있다면 이는 잘못 된 자가당착적 논리이다.

예컨대 왼손에 들은 유엔안보리 제재 조치와 오른손에 들은 미 언론 전술 을 통한 대북강경 자세가 과연 북핵 사찰을 관철시키는데 효과적이고 궁극 적인 목표점인가 하는 점에 대해서는 다분히 회의적이란 것이다. 그러나 분 명한 것은 한·미 상호간 공조 체제가 북한을 설득 가능한 대화상대로 인정하고 대응 전략을 구사해 나간 것은 냉전적 사고방식에 젖은 과거의 대북 전략과는 큰 차이를 보인 것으로 상당히 고무적이며 발전적이라고 할 수 있으나, 북한이 비이성적인 폐쇄사회 집단이란 것을 전제할 때, give and take 가 동시에 이루어진다고 기대한다는 것은 커다란 오진일 수 있는 것이다.

최근 대북한 관계 개선을 위해서도 북한의 가변적인 상황 분석을 통해 정세 변화를 주의 깊게 살펴본다면, 1992년 10월의 김정일 메시지는「혁명적 당 건설의 근본 문제에 대하여」라는 내용 가운데「마르크스・레닌주의」에 연연하지 않고 수령과 당 그리고 인민 대중의 3 주체가 일심 단결한「우리식 사회주의」건설임을 강조한 것을 유념할 필요가 있다.

이는 벌써 북한은 변혁되는 세계 추세에 대처하기 위해 프롤레타리아 독재 국가에서 인민주의 독재국가로 국가의 본질적 개념이 변경된 것을 의미한다.

이것은 40여 년 동안 독재 권력을 향유해 온 소수의 기득권자들이 그들의 권력 창출을 가져다준 혁명사상「마르크스・레닌주의」(김일성 사회주의 개념) 체제가 밀려드는 자본주의 개방 물결에 의해 탈 이념화라는 세계추세의 보편화를 가속화시키면서 김일성 사회주의 체제가 무너질 경우, 그들은 설 땅을 일순간에 잃게 될 것임이 자명한 바 이를 두려워하는 것이다.

북한의 영구적인 체제 유지를 대변이라도 하듯 북한은 김일성 사후에 대비 시신을 영구 보존하기 위한 기념관 건립을 추진하고 있으며, 핵개발 의혹으로 국제적인 지탄을 받고 있는 북한이 오는 7월 방콕에서 열리는 동남아 국가연합 지역협의회(아시아 안보 포럼)에 출석할 수 있도록 해달라고 아시안 의장국인 태국에 참가를 희망한 배경에는「아시아 안보의 틀」에서 제외되고 있는데 대한 불안감을 나타낸 것이다. 결과적으로 이러한 주변 상황을 분석해 볼 때, 북한은 남한에 의한 흡수 통일이나 국제적 고립 핵전쟁의 개연성 등에 적극적으로 대응하기 위한 자구책으로 핵무장 의지를 견지하지 않을 수 없을 것 같다.

이렇듯 오늘날 불안정한 북한의 사회주의 체제는 물론 세계체제 변화의 핵심 내용을 이루고 있는 사회주의권의 변화 대세는 두말 할 나위 없이, 사회주의의 종주국 소련의 변화가 김일성 주체 사상을 요동시키게 됨으로써 우리식 사회주의의 필승 불패를 북한주민에게 가시적으로 입증하기 위한 유효한 최후의 비상 처방일 수밖에 없다.

패트리어트 미사일[23) 한반도 배치의 딜레마

미국의 군사적 위협이었던 소련의 소멸로 말미암아 미국은 경제적 약화에도 불구하고 유일한 초강대국의 위상을 확립하게 되었으며, 새로운 세계 체제는 종전의 군사적인 양극화가 다극화로 급격히 전위되어 이행되었지만 이러한 시대의 흐름과 역행하는 한반도의 냉기류와 냉전체제의 잔설이 언제 걷히고 녹아내릴지는 알 수 없다.

그동안 미국은 냉전기간을 통하여 한반도를 비롯한 동북아의 정치·경제적 발전을 위해 안보 우산(Security Umbrella)을 제공한 것은 틀림없으나, 이미 미국은 쌍둥이 적자를 해결하기 위하여, 러시아는 경제의 역성장을 해결코자 1989년을 고비로 군사력과 군사비의 지출을 삭감하기 시작했다. 일예로, 미·러는 INF 전폐, 전략무기 20~39% 감축, 전술 핵무기 폐지 등 단계적인 핵군축에 돌입했다.

이처럼 탈냉전 시대의 신 세계 질서개편의 흐름에 따라, 주한 미군의 3단계 철군 계획도 예정대로 진행될 수 밖에 없으며, 이 기간 중 주한 미군에 대한 방위 부담은 해마다 늘어날 수 밖에 없는 상황이다. 또한 한국도 21세기의 태평양 시대에서 주역을 담당하려면 국력에서 중요한 비중을 차지하고 있으면서도 경제적 가치로는 확대 재생산이 가장 적은 군과 관련된 전력 구조의 군축 재편을 신중히 고려해야 한다.

왜냐하면, 탈냉전 시대의 도래에도 불구하고 핵확산금지조약(NPT)에 가입조차 하지 않은 우크라이나, 벨라루시, 카자흐스탄 3국이 새로운 핵보유국으로 등장하는가 하면, 다수의 잠재적 핵보유국의 핵무장 의지가 한반도를 손

---

23) 첫째, 패트리어트 최대사거리 1백 50㎞, 유효사거리 70㎞에 비해 로동 1호 사거리는 약 1천㎞로서 한국 전역이 사정권 안에 들어 있다는 점. 둘째, 로동 1호 미사일은 50킬로 톤급의 핵무기나 VX화학무기 장착이 가능한 점. 셋째, 향후 핵전쟁은 정확한 정보로 인한 상황 판단에 의거 선제공격임을 감안할 때, 로동 1호 미사일은 공격용인 반면 패트리어트 미사일은 방어용이라는 점. 넷째, 패트리어트는 걸프전 당시 명중률 50% 미만, 탄두 표피(warhead)의 불완전한 퍼얼라이트 조직(pearlite structure)으로 인한 파괴율 90%에 불과한 점. 다섯째, 목표물에 되돌아오는 전파 처리를 통해 요격하는 X방사선 회절(X-ray diffraction : λ= 2d sin∅) 방식의 패트리어트 미사일은 탐지된 물체의 분석 소요시간 지체로 인해 상대방으로부터 쏘아올린 미사일이 거의 목표지점으로 날아왔을 때 방어 격추가 가능한 점.

쉽게 파국적 국면으로 치닫게 할 악순환의 핵확산 연결고리로 존재하는 가운데, 북한의 핵무장 가능성은 국제적으로 공인되기에 이르렀다. 이에 대한 일본의 반응은 오는 1995년에 있을 NPT 재검토시에 핵확산금지 조약의 무기한 연장에 동의할 수 없을지도 모른다는 입장을 밝히고 있다. 북한이 중·러 양국에 경제, 군사 등의 문제를 의존하던 과거와는 달리 핵문제를 야기 시킴으로써 변화불측한 국제 정세의 동태성에 대처하고 자국 내 어려운 여건 상황을 상쇄시키는데 있어서 정치 전략의 도구로 이용할 수 밖에 없는 현 체제를 볼 때, 남·북한 관계는 물론 한반도 주변정세에 긴장감을 감돌게 하는 것은 당연하다.

특히 탈냉전을 맞아 완전히 새로운 구도로 나아가고 있는 세계 경제 질서의 변화를 감안한다면, 북한 핵무장에 대응키 위한 주변 열강의 공조체제 못지않게 한반도의 생존과 직결되는 국가위기 관리차원에서 국내 정치·경제·안보체제도 강화되어야할 것이다.

만약 한반도에 새로운 전쟁이 발발하게 될 것을 상정할 때, 6·25 당시 상황과는 국제 체제가 크게 달라졌다. 아직까지 우리의 자력으로 억제가 실패시 방어할 수 있는 능력이 미흡한 현실에서 미국의 지원에 의존하지 않을 수 없으나 주한 미군의 증원부대 투입은 그 절차상 불확실성이 상존하고 있다.

월남전이 끝난 다음인 1973년 말에 제정된 전쟁 권한법(war power resolution)에 따라 전쟁 개입은 대통령이 의회의 사전 동의를 받아야 하고, 긴급시에 한하여 60일을 초과하지 않는 범위 내에서 의회가 추인토록 하되 30일은 연장할 수 있도록 되어 있는 바, 의회의 동의가 없는 한 대통령의 임의로 3개월 이상은 전쟁에 개입할 수 없도록 되어 있다. 따라서 미국의 對韓방위공약은 의회에서 동의하지 않을 경우 무의미한 것이다.

또한 침략자에 대한 자위 조치를 결의할 유엔안보이사회의 5개 상임이사국 중 2개국이 거부권을 행사할 사회주의 국가일 뿐만 아니라, 총회의 의석도 과반수 이상을 비동맹국이 석권하고 있기 때문에 평화를 위한 단합 결의가 불가능하다.

따라서 한국안보는 현실적으로 주변 4강의 이해와 갈등에도 불구하고 한·미 동맹관계의 강화를 바탕으로 한 집단안보 체제의 틀 속에서 순기능을 할 수 있도록 모색되어야 하는 숙명적인 의미 상관성을 지닌다.

설상가상으로 최근 대북한 핵무장 저지를 위한 국제원자력기구(IA EA) 핵사찰 협상과정에서 초강대국으로서의 위신이 실추된 미국이 한반도 위기설과 관련하여 다분히 무력시위 성격마저 띤 언론 전술을 통해 한반도 정세 악화는 물론 국제적 긴장감을 유발시키고 있다. 이에 대해 미 국가안보 방위분석가 모리스 말린에 의하면 일관성이 결여된 NPT 규정을 가지고 미국이 일련의 취하고 있는 對북한 핵개발 억제 종용은 국제적 감각이 실추된 함량 미달의 정책이며 어불성설이라고 클린턴 정부에 엄중히 경고한 바 있다.

NPT 규정을 살펴보면, 핵 보유국 뿐만 아니라 비핵보유국도 가입하도록 되어 있는데, 핵보유국은 비핵보유국에 대하여 핵무기 이양을 금하는 것은 물론이고, 비핵보유국은 핵무기를 제조하지 못하게 되어있다. 그러나 원자력의 평화적 이용에 대해서는 비핵보유국이라도 IAEA의 안전조치를 적용받는 조건하에 핵분열성 물질을 생산할 수 있으나, 핵보유국은 IAEA의 안전조치를 받지 않아도 된다. 한마디로 핵보유국에게 지나친 특전을 부여한 독선적인 불공평조약이란 것이다.

아·태 안보 전략전술 차원에서 심층 분석해 볼 때, 한반도라는 남·북한의 국부적인 지역 개념을 떠나 세계 최대 인구 밀집지역인 동북아에서 핵전쟁의 전초전을 야기 시킬 위협을 무릅쓰면서까지 미국이 북한에게 무모한 물리적 강경제재 조치를 강행한다는 것은 결과적으로 명분과 실리가 없는 비현실적 대응일 수밖에 없다는 것이다.

왜냐하면 한반도의 핵전쟁 발발시, 한반도 지역을 비롯한 동북아 전역으로 방사능이 누출되어 피해를 안겨줄 뿐만 아니라, 방사능 낙진은 계절풍을 타고 일본과 중국으로 확산될 가능성도 배제할 수 없기 때문에 한반도를 둘러싼 주변열강들이 핵전쟁이 일어나도록 방치하지만은 않을 것이다 라는 점이다. 그럼에도 불구하고 한반도에 대하여 미국의 득실계산에 따른 일련의 정치적 움직임은 오히려 자국의 이익을 챙기기 위한 고도의 전략적인 차원으로 한국의 제압이 곧 APEC 세력 분산화를 가져올 수 있다는 전제 아래, 미 언론을 동원 한반도 전쟁 위기감을 조성하지 않았나 유추해석이 가능하며, 일말의 의구심을 불러일으킬 소지가 다분히 있다. 소련의 소코롭스키는 초강대국의 핵전쟁관이란 국제정치 무대에 있어서 복잡한 정치 게임의 수단이란 전제 아래 「정치의 계속으로서, 전쟁의 기본 성격은 군사기술과 무기체제가 바뀌어도 변하지 않는다.」라고 주창한 말과 맥락을 같이한다.

1994년2월2일, 페리 미 국방장관은 미 상원 국방위 장관 임명 인준 청문회 증언을 통해 북한이 현재 건설 중인 2백MW급 원자로를 곧 완성하고 이 원자로에서 나온 핵폐기물을 이용, 더 많은 플루토늄을 생산해 수년 내 적어도 12개 이상의 핵무기를 제조하게 될 가능성이 있다고 지적했다. 그런가 하면, 찰스 톱 미 상원의원도 냉전 종식으로 미국에 대한 군사적 위협이 완전히 제거된 것은 아니라며, 북한이 빈에서 열리고 있는 IAEA와의 핵사찰 협의 진행에 저항할 경우, 미국은 한반도에 전술 핵무기 패트리어트를 배치할 것을 강력히 주장했다.

그러나 옛 소련 붕괴와 걸프전 이후 유일한 냉전 지대로 남아있는 한반도에 전술핵 패트리어트 미사일 배치 결정이 과연 한·미 양국 실익에 있어서 어떤 효율성을 가져다 줄 수 있을까.

더구나 한반도에 배치될 「미사일 잡는 미사일」 이라고 불리는 패트리어트 미사일과 북한의 로동 1호 미사일에 대한 자체 비교분석 결과 제기된 문제점을 요약해 볼 때, 과연 패트리어트 미사일의 한반도 배치는 합리적이고 논리적 측면에서 어떤 의미부여가 가능한가.

결과적으로 미국경제의 최대한 이익 확보라는 전제 아래, 한반도에 패트리어트 미사일 배치 문제 및 팀스피리트 훈련 재개 등은 미국정부가 미 군수업체와의 사전 교감 하에 이루어진 고도의 책략으로서 반대 급부적인 한국 내 율곡사업 부활의 당위성과 더 나아가 국제적 차원에서의 한·미간 결속이라는 「기본의 틀」 확약을 통한 APEC 상쇄를 노리는 미 대외정책 각본으로 오해 받을 우려가 있다.

북한이 결코 핵무장 능력과 의지를 시인하고 이를 포기 선언할 가능성은 지극히 희박하며, 중국이 유엔안보이사회에서 물리적 제재 조치 결의에 거부권 행사를 할 것이 확실한 상황 하에서, 패트리어트 미사일의 한국 배치는 일부 비판적인 시각에도 불구하고 수용하지 않을 수 없는 한국의 수동적이고 소극적인 안보 처방일 수 밖에 없다.

제5절 북한의 핵무기에 대한 한국의 독자적인 핵정책

미국은 종래의 전술핵무기에 의한 북한의 전쟁도발 억지 정책에서 벗어나 '비핵화 정책'과 '핵을 통한 억지' 정책을 병행하고 있다. 미국이 한반도에서 추진해 온 비핵화 정책은 두 가지 요소를 내포한다. 하나는 미국이 1950년대 후반부터 한반도에 배치해온 것으로 알려진 전술핵을 한국으로부터 철수한다는 것이며, 다른 하나는 남한과 북한이 다 같이 핵무기는 물론 핵재처리 시설을 갖지 못하도록 하는 것을 말한다.

1970년대 후반 닉슨 정부가 주한미군의 감축에 대한 선언을 하자 당시 박정희 정권은 핵무기 개발을 추진, 상당한 단계에까지 진전되기도 했으나, 미국의 저지에 의하여 포기하고 말았다. 과거 정부의 핵정책은 미국의 핵우산 아래서 국가의 안보를 유지하는 유약한 것은 아니었고, 자체적으로 핵무기를 개발하려 하여, 한때는 국제사회에서 남한이 핵확산의 위험 국가로 인식되었다.

미국은 1987년 이후 구소련 및 러시아연방과 일련의 실질적인 핵감축 협정을 맺어왔다. 특히 1991년9월 미국은 정치적 불안정으로 군사력 통제에 문제가 있는 소련으로 하여금 전술핵을 폐기하도록 유도하는 한편 자국 핵무기 체계의 구조개편을 위해, 해외에 배치해온 지상 및 전술핵을 전폐하는 조치를 취했다.

한반도내 핵 군비 통제의 전제 조건은 미국 핵무기 철수이다. 1991년 5월 22일 스칼라피노 박사는 "미국이 한반도에 배치한 핵무기는 전략적 차원의 것이 아니므로 더 이상 존재할 필요가 없는 것이다"라고 말함으로서 냉전시대에나 요구되었던 남한 내 핵무기의 역할이 더 이상 필요성이 없음을 천명하였다. 이후 부시 행정부는 한반도내 전술핵무기를 비롯한 국외의 핵무기 철수를 시사하였다. 1991년11월8일 남한은 한반도의 비핵화를 제의하면서 핵무기의 불제조·불보유·불저장·불배치·불사용의 5원칙24)을 발표하

---

24) 1991년 11월 8일 한국 정부가 발표한 '한반도 비핵화와 평화구축을 위한 선언'은 다음과 같은 내용으로 구성되어 있다. (1) 한국은 '핵확산금지조약'과 이를 바탕으로 '국제원자력기구'와 체결한 '핵안전협정'을 준수, 한국 내의 핵시설과 핵물질에 대해서 철저한 국제사찰을 받을 것이며 핵연료재처리 및 핵농축 시설을 보유하지 않을 것이다. (2) 한국은 평화적 목적을 위해서만 핵에너지를 사용하는 한편 핵무기를 제조, 보유, 저장, 배치, 사용하지 않을 것이다. (3) 한국은 '화학생물무기'의 전면적인 제거를 위한 국제적 노력에 적극 참여하고 이에 관한 국제적 합의를 준수할 것이다. (4) 북한의 핵개발 추진이 한반도와 동북아 평화에 심각한 위협요인이 되고 있어 북한의 핵개발 명분과 이유를 제거하는 국제적 여건을 조성하기 위해 동 선언을 발표하였다. (5) 이제 북한이 국제 사찰을 피해 핵무기를 개발하여야할 아무런 이유도 명분도 없으므로 핵안전 협정에 조속히 서명하고 핵재처리 및 농축시설 보유를 포기할 것을 촉구한다.

였고, 1991년 12월 22일 한반도 비핵화를 선언하였다.

북한의 핵개발에 대한 미국의 정책은 핵무기 개발 자체뿐만 아니라 핵물질에 대한 북한의 접근을 원천 봉쇄하려는 '총체적 금지'(Total Ban)정책으로 요약되고 있다. 1992년 4월 1일 미 국방부 칼 포드 제 1차관보는 미 하원 군사위원회 군사시설 소위원회에서 북한에 대한 미국의 제1목표는 "북한의 핵개발을 중단시키는 것은 물론, 앞으로도 핵물질25)을 영원히 보유하지 못하도록 하는데 있다." 고 말했다.

미국은 과거와 마찬가지로 현재도 한반도의 두 국가 즉 남·북한이 핵무기나 핵물질 자체를 보유하는 것에 대하여 강력하게 대응하고 있다. 이는 일본이 다량의 플루토늄과 농축시설을 가지고 있는 것과는 대조적인 것이며, 남한에 대한 불평등한 핵 정책임에 틀림없다. 남한정부는 북한의 핵무기 보유라는 사실에 기인하여 스스로 핵정책을 포기하고 미국의 핵우산 아래 모든 안위를 맡겨버리는 종속적인 정책을 취하고 있는 것이다.

이러한 핵정책은 북한의 핵정책과는 상반되는 것으로, 북한이 앞으로 국제기구의 핵사찰이나 남·북한 상호 핵사찰에도 불구하고 은닉된 시설을 이용하여 핵무기를 계속적으로 개발할 것으로 가정할 때, 미국에 대한 한국정부의 핵의 예속은 자명할 것이다.

북한의 핵무기 개발은 주한 미군의 핵에 대한 위협으로부터 체제를 수호하기 위한 것으로 볼 수 있고, 이는 남한에 있는 핵무기에 대한 대책이었다. 이와 관련하여 북한 위정자들의 핵무기에 관한 사고방식과 의도의 변화를 간접적으로나마 제시해 준 사례가 1990년 8월에 생겼다. 1990년 9월 한국과 舊소련간의 국교정상화라는 획기적인 결정에 앞서 이 문제를 북한 당국과 사전 협의하기 위하여 평양을 방문한 당시 구소련 외상 Sheverdnadze를 만나고 담판한 북한 외교부장 김영남은 소련을 위협하는 과정에서 다음과 같

---

25) 북한이 현재 보유하고 있는 플루토늄 양은 원자탄 4개를 만들 수 있는 양으로 추정할 수 있다. 이는 북한이 제시한 플루토늄과 사용 후 핵연료의 폐기물 용액을 조사한 결과로서 북한은 플루토늄 239, 240, 241 등의 각각 다른 종류를 가지고 있었다는 것이 증명되었고, 플루토늄에 묻어 온 아메라시움을 검토한 결과 이 핵물질들은 1989, 1990, 1991, 1992년에 걸쳐 연속적으로 생산된 것으로 밝혀졌다. 아메라시움은 반감기 진행 속도를 측정할 수 있는 원자로 핵물질들이 언제 만들어졌는지를 측정하는 잣대 역할을 해 주는 것이다. 한국일보, 1993.4.29.

은 내용의 발언을 했다. "북한은 앞으로 자체 방위에 관해서 새로운 대책을 세울 것이고 이 점에 관하여 소련은 책임을 질 수 밖에 없다." 라는 내용 이었다.

북한 핵개발의 정치적 저의를 천명 하는데 있어서 한 가지 확실한 것은 북한의 핵무기 보유에 관한 동기가 시간이 지나면서 변화했다는 사실이다. 처음에는 순수한 방어라는 단순 차원으로부터 시작했으나 다음에는 핵 모호 성을 이용하면서 대외 관계와 미국과의 협상을 추진하며 또 이를 통하여 좀 더 정치적이고 전술적인 효과를 겨냥한 핵카드로서 이용하겠다는 고차원적 전술로서 변천했다. 따라서 이것은 바로 북한 체제의 탈냉전시대 세계 정치 변화와 환경에 적극적이고 능동적인 적응능력과 배움의 재력(learning capacity)을 발휘했음을 입증한 것이라고 해석할 수 있다.

결과적으로 북한의 핵무기 개발을 결정함에 있어서 자체적인 기대감은 크 게 봐서 세 가지 가능성과 가설을 고안한 것이라고 볼 수 있다.

첫째는 체제 존속을 위한 전략(Strategy for Regime Survival)으로서의 탈냉 전시대 환경 하에서 핵무기 이용가치가 있다고 판단했다는 점. 둘째는 대외 관계와 특히 미국과의 협상용으로서의 가치(Negotiation Leverage and Bargaining Chip)때문에 핵무기를 개발 한다고 결정했음. 셋째는 안보, 군사 방위와 억제(Deterrence)라는 효율성 때문에 핵무기를 개발하고 보유한다고 결정했다고 볼 수 있다. 실제로 북한은 끊임없이 주한 미군의 핵 철수를 주 장하여 왔고, 탈냉전이라는 분위기에 맞춰 주한 미군의 핵무기가 지니고 있 는 전략적 목적이 상실했다는 이유로 1992년 12월에 한반도의 비핵화가 선 언됨으로써 주한 미군의 핵무기 철수가 북한의 주장을 달성시켰다. 주한 미 군의 돌연한 핵무기 철수는 전략적 목적이 상실되어서 라기 보다는, 오히려 북한의 핵무기 개발이 임박하기 때문에 북한으로 하여금 국제원자력기구의 핵안전협정에 서명하고 핵사찰을 받게 하기 위한 것으로 볼 수 있다.

현재 북한이 핵확산금지 조약을 탈퇴하여 영변의 핵시설에 대한 특별사찰 을 수락하지 않는 상황에서 남한만이 주한 미군의 핵무기를 철수하고 있는 실정이다. 만약 북한이 핵무기를 개발하고 있고, 또는 종래의 주한 미군의 핵무기가 담당하던 군사적 역할이 핵무기 철수로 인한 공백 상태에 있다고 볼 때, 남한의 안보 상태에 어느 정도 공백이 있는 것은 사실일 것이다.

이와 같은 상황에서 볼 때, 주한미군의 전술 핵무기는 북한의 전쟁 도발 방지 즉 핵의 전쟁 억지라는 핵무기의 역할보다는 한반도에서 핵무기의 경쟁을 유발하였고, 북한에 있어서 핵무기 개발의 커다란 유인으로 작용하였다. 북한이 핵무기를 개발하거나, 개발하였을지도 모르는 상황에서, 전략상의 목적이 상실했다는 이유를 들어 남한으로부터 전술 핵무기를 철수한 사실은 주한 미군의 핵이 가지고 있었던 전략적 목적에 대하여 많은 문제 제기를 하게 한다.

통상적인 핵무기의 역할이 핵의 공포에 의한 전쟁 억지에 있다고 할 때, 한반도에서 주한 미군의 핵무기가 존재하야만 하는 시점은 바로 현재의 한반도 상황인 것이다.

남한정부의 독자적인 핵 정책은 앞으로의 세계의 질서를 고려하여 수립되어야 한다. 핵 확산에 대한 금지는 불가능하다. 이는 핵 확산의 경로가 다양하며 자체적인 핵무기 개발 이외에 핵강대국들이 핵무기 보관에도 문제가 있으며, 전술 핵무기의 발달로 인하여 핵병기는 소형화되었기 때문이다. 또한 평화적인 핵개발은 자연적으로 핵무기의 개발로 이어질 것이다.

단지 핵무기만을 개발하지 않고 모든 핵무기 개발 단계를 완성하고 있는 국가들 즉, 통일 독일과 일본의 핵보유 동기가 증대될 것이고, 이들 국가의 핵보유는 핵의 다극화시대를 열고 비핵국가들에 대한 핵보유국들 이익을 위한 철저한 견제를 수행할 것이다.26)

따라서 미국은 우선적으로 북한의 핵무기 개발에 대하여 국제원자력기구의 핵사찰을 이용하여 북한의 핵개발을 저지하고, 다음으로는 유엔안보리에 의한 경제적 제재, 이후에는 군사적 제재까지도 불사하겠다는 강력한 의지를 보이고 있는 것이다. 미국과 북한의 핵에 대한 입장의 충돌은 불가피한 것으로 볼 수 있는데, 현재 미국은 북한의 핵확산금지조약 탈퇴로 인한 핵

---

26) 오재완, "북한의 핵에 대한 남북의 시각", 대륙연구소, 북한연구, 1992년 여름호, pp.97-98. 핵 보유를 시도하는 비핵국의 정책으로는 인도의 '일반원폭 핵정책' 즉, 'N-th핵정책', 이스라엘의 N-t와 N-th의 중간 형태인 '불투명한 핵무장 정책', 일본의 'N-t의 핵력개발정책' 등을 들 수 있다. N-th핵정책은 핵병기까지 개발 보유하는 것인데 반하여, N-t핵정책은 필요할 때 군사적으로 전용할 수 있도록 핵병기 바로 직전의 단계까지 모든 핵개발이 '핵의 평화적 이용'이라는 명분 하에 이루어지는 것을 말한다. 이스라엘은 그들의 핵개발 수준과 핵정책을 의식적으로 모호하게 하고 불투명성을 증가시켜 자국의 이익을 극대화시키고 있다. '지하실에 핵폭탄을 둔 것' 같은 핵정책은 생존권의 위협을 받는 급박한 상황에 있는 국가가 선택할 수 있는 유형인데, 북한의 정책은 이스라엘과 유사하다.

사찰 거부에 대해 유엔 안보리를 통한 경제적 제재를 검토하고 있고, 북한은 이와 같은 일련의 조치를 미국과 협상할 수 있는 빌미를 만드는 동시에 미국과 일본과의 관계개선이나 이들과의 경제원조, 남한과의 경제적 협력, 한·미 군사합동 훈련의 영원한 폐지와 영변의 핵시설에 대한 특별사찰 거부까지를 협상의 대상으로 내놓고 있다.

북한은 핵무기 개발에 대한 국제적인 압력에 대처하면서 비밀리에 핵무기를 개발, 핵 약소국이 가질 수 있는 핵무기 보유에 대한 NCND정책을 사용하여 최대한도의 정치·경제·군사적인 이용을 할 것으로 전망된다.

북한의 핵정책이 수십 년간에 걸쳐서 지속적으로 이루어져 왔고 실현의 단계에 있다는 사실은 북한이 여하한 국제적인 압력에도 불구하고 교묘히 핵무기 개발을 할 것이라는 사실을 뒷받침한다고 볼 수 있다.

북한이 핵무기개발을 포기할 것인가, 핵사찰을 통하여 북한의 핵무기 개발에 대한 포기를 확신할 수 있을 것인가에 대한 의문의 여지는 한반도에 비핵지대화 실현의 불가능성을 내포한다.27) 따라서 북한이 핵확산금지조약에 복귀하고 사찰을 받는다 하더라도 북한이 핵무기 개발 자체를 포기하거나 북한에 핵무기가 없다는 확신을 가질 수는 없다.

한반도의 군축은 북한의 핵무기 개발과 밀접하게 연결되어 있다.

남·북한 경제력의 차이는 군사비 지출에 있어서 북한을 재래식 무기에 있어서 열세에 놓이게 만들 것이기 때문에, 북한에게 있어서 이러한 상황을 벗어나는 유일한 방법은 대량살상 무기개발 뿐이다. 한반도의 군축은 북한이 핵무기 개발을 계속하는 한 불가능할 것으로 전망된다.

어느 1국이 핵무장 적대국이나 잠재능력을 가진 적대국, 또는 압도적인 재래식 군사력을 가진 적대국으로부터 군사적 안보적 위협을 받게 될 때, 그 국가는 그러한 적대국을 억지하거나, 억지가 실패할 경우 전쟁에서 승리를 쟁취하기 위하여, 또는 강제수단 최후의 수단으로 사용하기 위하여 핵무기를 선택하여 왔기 때문이다. 또한 세계 여러 나라들은 핵을 이용하여 국력 격차의 해소, 국위 선양, 외교력 강화 등을 꾀하고 있다. 이와 더불어 지구의 환경 파괴와 에너지 부존자원의 제한성으로 인해 핵의 평화적 개발은

---

27) 국제원자력기구의 핵사찰 제도의 기본 가정은 '비적대적'인 사찰 실시이다. 이는 수검국의 주권 침해를 최소화 하는 방향으로 수검국이 제출한 자료에 부분적으로 의존하여 실시되는 것을 말한다.

불가피하다.

핵무기는 과학적 전문 기술과 기술개발의 상징이고 국가의 국제적 위신과 자율성의 원천으로 간주되고 있다. 또한 핵무기는 세계적인 부와 권력 분배의 불공평에 맞서는 제3세계 등 잠재적인 핵 확산국에 있어서 중대한 유인이 되고 있으며, 이는 국제 정치에 있어서 중대한 지렛대와 현 국제 질서를 재편할 수 있는 수단이 될 수 있다.

구체적으로 핵무장 능력에 대한 과시나 잠재적인 핵무장 능력은 선진국들의 주의를 끌거나 경제 원조의 증가 및 정치적 지지의 증대를 위한 수단으로 간주된다.[28]

한 예로서 서방 산업국들의 인도에 대한 원조가 핵폭발 이후 1개월 이내에 2억불까지 증가하였다는 사실은 핵 잠재력을 지니고 있는 한편 경제적 원조를 구하는 국가로서는 상당한 매력을 느낄 것이다.

핵무기의 보유가 지역적인 군사협상, 유엔 안보리, 유엔 총회, 유엔 전문기구와 같은 국제정치 토론장에서 큰 영향력을 행사할 수 있다는 기대가 만연되어 있는 것은 사실이다.

현재 북한의 국제적인 위치와 외교적인 발언권은 사회주의 붕괴 이후 경제의 낙후만큼이나 실추되어 있는 상태이고, 핵무기의 보유나 핵무기 보유 가능성에 대한 강력한 시사는 미국의 핵패권 국가에 대한 강력한 도전이고 또한 강대국들과의 외교에 있어서 상당한 영향력으로 작용하고 있다.

이를테면 북한은 국제 외교, 군사적으로 당면한 열악한 현실을 타개하기 위한 유일한 방편으로 핵무기 개발이야말로 사회주의 몰락이라는 세계사적 변화에 대한 적절한 대응책이라고 믿고 있다는 점이다.

따라서 북한은 핵무기를 보유함으로써 실질적인 군사력의 우위를 확보하고 미국과 남한에 대해서 외교, 군사적으로 유리한 위치를 차지하려고 한다.

---

28) Potter William C, Nuclear Power and Nonproliferation (Cambridge, Massachusetts : Oelgeschlager, Gunn & Hain Publisher, Inc, 1982) pp.136-138. 포터 (William C. Potter)는 국내 정치적 유인으로써 경제적 파급, 관료 및 국내 정책, 기술적 타성을 들고 있다. 즉, 경제적 이익을 획득하고자 하는 열망, 소비적 핵계획으로 이익을 보는 입장에 있는 산업적, 과학적 및 군사적 단체들의 압력과 대중의 지지 및 대내외 정책 실패로부터 국민의 관심을 딴 곳으로 돌리고자 하는 정치가들의 압력, 그리고 군사적 및 정치적 필요성에 선행해서 취해진 기술력에 의해 핵확산 결정이 나오게 될지도 모른다는 것이다.

더구나 현재 북한의 외교적 고립과 경제난을 감안할 때 남한과의 재래식 무기경쟁을 더 이상 할 수 없는 상태에 있으며 남한의 경제적 우위가 군사적 우위로 이어지는 것을 우려하여 적은 비용으로 남한과의 군사적 균형을 유지할 수 있는 유일한 수단을 핵무장이라고 생각하고 있다.

다시 말해 북한의 핵무기 개발이 재래식 무기 구입에 드는 군사비 지출을 줄이고 남한에 비하여 군사적인 면에서 우위에 설 수 있는 유일한 방법이기 때문이다.

이와 같이 북한의 핵무기 개발은 남한에 전술 핵무기가 존재할 경우에는 북한이 지니고 있는 핵무기의 약세를 극복하고, 한반도에서 핵전쟁의 억지를 유지하고, 재래식 무기에 의한 전쟁을 의미할 수도 있다. 즉 북한이 핵무기를 보유함으로써 한반도에서의 핵전쟁은 상호간의 자멸을 의미하고, 북한이 남한을 재래식 무기로 공격할 경우 핵전쟁은 억지되고 북한은 재래식 무기에 의한 남침을 생각할 수 있다는 것이다. 그러나 남한에 핵무기가 존재하지 않는 경우에 있어서 북한의 핵무기 개발은 한반도에서 핵무기 경쟁과 동시에 재래식 무기의 경쟁이라는 이중적인 군비 확장의 결과를 초래하게 될 것이다.

이러한 군비 확장의 위험에도 불구하고 북한이 계속적인 핵무기 개발을 하고자 하는 것은 핵무기를 보유함으로서 가지게 되는 이익에 대한 기대에 의한 것이다. 따라서 북한의 핵무기 개발은 여하한 상황에서도 계속될 것으로 전망할 수 있다.[29]

북한은 핵무기에 대하여 부인(deny), 지연(delay), 은닉(disgues)이라는 3D 정책을 취하고 있으며, 이는 핵개발 국가들이 전형적으로 취하는 정책으로서 북한은 계속적으로 핵무기 개발 가능성을 이용하여 국제사회나 남·북 관계를 자신에게 유리한 국면으로 이끌어 갈 것이다.[30]

---

29) 북한의 핵문제를 둘러싸고 미 상·하 양원에서는 1993년에 들어서 6차례의 청문회가 열렸다. 전문가들의 증언 외에는 행정부에서는 워런 크리스토퍼 국무장관, 제임스 울시 CIA 국장이 여러 차례 북한의 핵 위험성을 지적하였다. 증언자들은 대체로 북한의 핵개발이 국제적인 협상 카드로 쓰기 위한 것이라기 보다는 궁극적으로 핵을 갖겠다는 거의 맹목적인 발상에서 나온 것이라고 증언하였다. 한국일보, 1993.4.27.
30) 게이츠 CIA국장은 1992년2월25일 하원 내무위에서 북한이 핵개발을 은폐하기 위한 계획을 가지고 있으며 수개월 내지 1-2년이면 핵분열 물질을 생산하고 핵무

이를테면 북한은 일단 남한에서 주한 미군의 전술 핵무기를 철수시키는데 성공하였고, 이후 일련의 조치에 대한 상응 조치로서 남·북 대화가 중단되고 한·미 군사훈련이 재개되자, 이에 대하여 강경하게 대응함으로서 미국을 곤경에 처하게 하였다.

핵개발을 둘러싼 미국과 북한의 대응은 핵개발을 생각하고 있는 다른 국가들의 선례가 되어 미국으로서는 포기할 수 없는 상황에 봉착하게 된 것이다. 미국은 이후 북한의 핵개발을 금지시키기 위하여 정치·경제·외교·군사적인 모든 수단을 동원할 것으로 보인다.

북한은 미국의 위와 같은 대응을 핵패권주의에 입각한 핵의 불평등으로만 인식하기 때문에, 현실적인 상황에서 미국의 압력은 불가항력으로 작용할 것이다. 또한 경제적 어려움을 겪고 있는 북한에게 있어서 경제 제재는 곧 북한에 대한 원유 공급의 중단 및 북한 경제의 파탄을 의미하는 것은 자명하다. 북한은 이후 실질적인 경제적 제재가 이루어지기 전에 핵확산금지조약 탈퇴를 번복할 것으로 보이고, 최대한의 시간적 여유를 확보하기 위해 마지막까지 버틸 것이다. 이는 핵사찰이 재개되면 핵무기 개발에 대한 현저한 타격이 가해질 것이므로 핵무기를 개발할 시간적 여유를 확보하자는 것으로 볼 수 있다.

이어 북한은 핵사찰의 한계성을 이용하여, 특별사찰이 이루어진 적이 없다는 사실을 감안, 특별사찰의 강도를 약화시킨 후에 최대한도로 핵개발 시설의 노출을 억제하고 은닉할 것이다. 그리고 북한은 은닉된 시설을 이용하여 핵무기 개발을 계속하는 동시에 핵확산금지조약 탈퇴 번복으로 인한 개선된 여론을 이용하여 남·북 협상의 우위를 확보하고, 핵통제 공동위원회에서 유리한 위치를 점용, 북한이 주장한 방향으로 남·북한 핵사찰을 이끌어 가던가, 아니면 남·북한 핵사찰을 지연시킬 것이다. 북한은 국제사회에서 미국 및 일본과의 관계를 개선하고 이를 이용하여 경제적 활성화를 꾀할 것이다. 즉, 북한은 핵무기 보유 가능성이나, 핵무기 보유에 대한 정보를 이용하여 현재 핵강대국인 미국을 상대로 게임을 벌이고 있는 것이다.

기까지 보유할 것이라고 증언하였다. 라스카시 사령관은 3월 4일 상원 군사위에서 북한이 올 여름에는 핵물질을 생산하여 빠르면 1993년 초에 핵장치를 개발하고, 1994년에는 운반 체제까지 갖춘 완전한 핵무기 체제를 보유하게 될 것이라고 증언하였다. 조선일보, 1992.3.10.

이에 대해 옐친 대통령은 1992년6월17일 부시 대통령과의 정상회담에서 '한반도 핵문제에 대한 공동성명'[31]을 발표, 남·북한 간에 체결된 '한반도 비핵화에 관한 공동선언'의 완전한 이행과 남·북한 상호 핵사찰의 수용을 북한 측에 촉구하였다.

또한 러시아 국방부 기관지 '크라스나야 즈메즈다'지도 1992년 7월29일 북한의 핵무기 개발이 사실이라면 이는 미·한·일과의 대화에서 핵무기를 '카드'로 이용하려는 속셈을 내포한 것으로 북한은 극히 위험한 게임을 벌이고 있는 것이라고 평가한 바 있다.

자체적인 핵정책을 수립하지 못하는 남한의 입장에서 볼 때, 북한의 핵개발에 대하여 비핵화 정책 즉, 약소국형 핵안보 정책을 선택하고, 미국의 핵정책에 따라 북한에 대한 국제기구의 핵개발저지에 의존하며, 북한이 핵무기를 개발할 경우에 대한 아무런 대책을 수립하지 못하고 있는 실정이다.

더구나 이번 북·미간의 제네바 회담을 기하여 핵문제 해결을 위하여 타협안을 채택했으며 이러한 여건 하에서 미국이 요구하는 북한의 핵개발의 동결과 포기를 원칙적으로 받아들이는 대신 북한은 미국으로부터 경수로 건설과 북·미간 외교관계 수립을 위한 연락사무소의 설치라는 실질적인 소득을 받아냈다. 한국 정부의 관심사인 경수로 지원은 북한이 미국에 경수로 지원 결정을 일임함으로써 사실상 한국이 건설과 기술, 재정을 주도하는 한국형 경수로를 받아들이게 됐다. 또 미국 정부의 지대 관심사인 폐기 연료봉 처리 문제는 일단 북한이 건식 보관한 뒤 경수로 1기 건설이 완공되면 제3국으로 이전키로 한다는데 합의를 보았다.

북한정부는 경수로가 건설이 완료되고 가동하기 전까지는 핵개발을 동결은 하지만 완전 포기는 안한다는 중요한 원칙을 세웠고 또한 미국으로 하여금

31) 부시 미 대통령의 전술핵 선언요지는 다음과 같다. 첫째, 미국의 지상 및 해상 발사 전술핵이 전면 폐기 될 것이며, 이에 따라 유럽과 한반도에 배치된 미국의 지상 전술핵 들이 제거될 것임. 그러나 미국은 공군용 전술핵은 폐기대상에서 제외하고 있음. 둘째, 미국은 전략 핵무기와 관련, 전략 공군의 24시간 비상대기 태세를 해제하고, 그간 미국이 개발해온 이동식 대륙간 탄도탄의 개발 및 배치를 포기하기로 하였으며, 전략핵 현대화 계획을 소형의 핵탄두 체제에만 국한하기로 하였음. 셋째, 미국은 핵무기에 의존하지 않는 방식의 탄도미사일 방어체계를 확충할 계획이며, 이를 소련에도 건의하였음. 넷째, 미국은 소련에게 이에 상응하는 핵감축을 실시할 것을 촉구하였다.

원유와 연료 제공의 보장을 받아냈다. 또한 양측은 주요 쟁점이었던 특별사찰 문제와 관련, 합의문에는 구체적으로 특별사찰을 명시하지 않되 북한의 "과거 핵투명성 확보"라는 표현으로 대신 키로 합의를 보았다. 북·미 양측은 앞으로 실무회담을 속개하고 경수로의 핵심부품이 북한에 반입되기 전까지 북한이 "특별사찰"을 받는다는 원칙을 확인했으며 미국은 국제 컨소시엄 코리아에너지개발기구(KEDO)를 구성하고 경수로 지원을 보장한다는데 합의했다. 이러한 현실 하에서 북한의 핵개발은 우선 의혹 자체에 대한 해결과 관리 방식을 수립하기에 이르렀다. 하지만 핵의 완전한 해결은 아직도 미연하고 요원하다고 하겠고 북한의 핵개발 정책은 계속하여 외부 세계에서 지대한 관심사가 되어 있으나 확실한 증거와 사실을 알 수 없는 것이 현실이다.

이번에 성립된 북·미간의 합의문에 따라서 김정일 체제는 앞으로 5년 내지 10년간은 핵무기 잠재국 또는 보유국으로 남아 있을 것이다. 이것은 경수로 1기 건설이 완공되기까지는 최소한 5년이 걸리고 경수로가 완전 가동되기까지는 최대한 10년의 시일이 요할 것이며 그 기간 중에는 북한 핵투명성이 완전히 해결되지 않을 것이라는 전제에서 도출되는 결론이다.

북한의 핵개발은 김정일 체제의 존속과 정치적 성패와도 직결되는 새 시대의 상징적인 산물로서 앞으로 계속하여 남·북 관계에 있어서 논의의 대상으로 등장하고 한반도의 난제로서 존속할 것이다.

다가올 세계 질서의 핵의 다극화 시대를 고려해 남한의 핵정책은 수정되는 것이 마땅하고, 일본과 같이 원자력의 평화적 이용과 경우에 따라 안보상의 이유로 핵정책을 필요에 의하여 선택할 수 있는 방향으로 대안적인 정책을 수립하는 것이 핵강대국에 대한 핵의 예속에서 벗어나는 길이며, 앞으로 남한이 국제 사회에서 핵강대국들과 동등한 위치를 확보할 수 있는 방안인 것이다.

향후 북한의 핵개발에 대한 한국 정부의 정책 방향성을 제시해보면 다음과 같다.

첫째, 북한의 핵무기에 대한 해결은 평화적으로 해결되어야 한다. 이는 북한의 핵무기를 해결한다는 목적 하에 영변에 대한 군사적 제재를 가하는 경우 한반도는 방사능에 오염되어 생태계의 위협을 초래할 것이기 때문이고, 또한 군사적 해결은 북한의 강경한 대응을 유발하여 한반도에서 전쟁을 수반할 수도 있기 때문이다. 따라서 북한의 핵무기 개발 문제에 대한 최종적인 해결 방안은 남·북한 상호사찰에 의한 핵무기 개발에 대한 검증이 될 것이다. 남·북한 상호사찰은 핵통제 공동위원회에서 다루어지고 있으므로, 결국 한반도의 핵문제는 남·북한이 당사자로 나서 해결하여야 한다. 현재 한국에는 북한의 핵사찰에 대비할 아무런 제도적 장치나, 북한의 핵무기에 대한 정보를 입수할 기구도 미비하다. 남한은 이러한 사실을 염두에 두고 앞으로 핵정책은 체제의 안보를 전제로 하여 이루어져야 한다. 북한의 핵무기 보유 여부에 대한 확증이 없는 한 북한이 핵무기를 보유하고 있다는 가정 하에, 모든 시나리오를 가상하고 이에 대하여 만반의 준비를 하여야 한다.

둘째, 북한의 핵무기에 대한 미국의 대응책은 핵의 제3세계로의 확산을 방지하려는 의도에서 매우 강력할 것으로 보인다. 이는 미국의 對북한 정책 추진에 대한 러시아와 중국의 보조나 묵인을 확보하려는 다자주의적 접근을 유도하는 것이다. 따라서 미국은 동북아 주요 국가들 간의 對북한 정책을 조정하고 이들과의 공동보조를 통한 이니셔티브를 병행 추진하는데 있어서 북한을 정치·경제·외교적으로 국제 사회에서 고립시키는 것도 불사할 것이다.[32] 왜냐하면 미국이 한반도내 전술 핵무기를 철수시켰음에도 불구하고 '한반도내 외국 핵무기 반입 및 사용'의 문제를 둘러싼 북한과 미국간의 갈등이 호전되지 못하는 것은 미국이 한반도를 비롯한 동북아에서 '핵을 통한 억지'라는 종래의 정책을 고수하고 있기 때문이다.[33] 그러나 중국은 다른 국가들과는 달리 국제기구 즉 안보리가 북한 핵문제 해결에 개입하는 것을 원하지 않고 북한의 핵문제는 남·북한 당사자 간의 협의에 의하여 해결되기를 바란다. 구소련의 붕괴이후 사회주의국가로서 북한과 중국의 관계는 밀접하고, 북한에 대한 중국의 외교적 영향력도 강한 것으로 볼 수 있기 때문에 남한은 중국과의 외교적인 노력을 기울여 중국을 남한에 유리한 쪽으로 유도하는 동시에 북한의 설득을 종용해야 한다.

---

32) 미 클린턴 행정부의 클린턴 독트린이라고 알려진 대외 정책의 두 가지 목표는 러시아의 민주화와 경제 재건을 위한 지원과 세계의 핵무기 확산방지이다. 클린턴 행정부는 북한을 핵무기 확산 위험지역으로 간주하고 동시에 한반도를 지역분쟁 가능지역으로 인식하고 있다. 클린턴 행정부가 밝힌 인권문제와 연계되어 대북한 정책이 강화될 것을 예상할 수 있다.
33) 이삼성, "미국의 대한반도 정책 : 한국안보와 남·북한 통일문제를 중심으로", 민족통일연구원, 연구보고서, 1992.8., pp. 90-94.

이는 한반도에서 국지적인 전쟁을 방지하고 민족적 이익을 확보할 수 있는 것이다. 따라서 남한정부는 북한이 국제사회에서 고립되는 것을 막아야 한다.

셋째, 북한이 상당량의 천연 우라늄을 보유하고, 정련시설까지 갖추었다는 점을 감안할 때, 우라늄 광까지는 불가능하더라도 천연우라늄이 정련된 엘로우케익은 검사대상이 되어야 한다. 정련된 우라늄 출하량을 지속적으로 확인하기 위해서는 우라늄 정련 시설에 대한 상주 감시가 불가피하다. 따라서 미신고 핵시설과 핵물질의 소재를 파악하기 위해 효과적인 정보수집 장치가 제도화되어야 한다. 남한은 인공위성 등 고도의 원거리 정보수집 기술을 보유하고 있지 못하므로 이에 대한 투자와 아울러 상업용 인공위성을 사용하는 방법도 고려해야 한다.

넷째, 한편 한국에서 주한 미군의 한반도에 배치한 전술 핵이 전쟁억지력으로써 작용하고 있다. 결국 전술핵의 철수는 주한 미군의 철수를 의미함으로써 한국으로서는 적극적인 자주국방 정책의 일환으로 독자적인 핵무기를 개발할 필요가 있는 것이다. 미국과의 재래전 경험이 있는 북한은 미국의 지상군이나 공군력을 전쟁 억지력으로 보지 않고 미군이 보유한 남한 내의 핵을 가장 큰 전쟁 억지력으로 보고 있기 때문이다.

한국이 독자적으로 핵무기를 보유하게 된다면 주한 미군 철수로 인한 힘의 공백을 메울 수 있으며, 미군 철수로 인한 북한의 오판 가능성을 없앨 수 있는 것이다. 한국의 국가 안보와 생존권 보장을 위해 독자적인 핵무기 개발은 따라서 절대 필요한 것이다.

또한 한국이 독자적으로 핵무기를 보유하게 된다면 국제적으로 정치적 영향력이 커지게 된다. 주한 미군이 한국에 핵을 배치하고 있는 목적은 첫째로 북한에 대한 전쟁 억지력 행사에 있으며, 둘째로 한반도에의 핵 확산을 저지하기 위한 것이다. 미국의 이러한 목적 때문에 1975년에 한국과 프랑스간의 핵연료 처리시설 구입계약이 미국의 압력에 의하여 취소되었고, 1971년 주한 미 7사단 철수를 계기로 박 대통령이 핵무기 개발을 강력히 추진하자, 이에 대해서도 제동을 함으로써 한국의 독자적 핵무기 개발은 유보되었다.

프랑스의 드골 대통령이 독자적인 핵무기를 개발한 것은 소련의 세계 적화 전략의 억지도 있었지만은 국제적으로 프랑스의 정치적 발언권을 높이고자 하는 의도가 강하게 깔려 있었다. 이와 같이 한국이 스스로 핵을 보유하게 됨으로써 이에 상응하는 국제적 발언권을 얻게 될 것이며, 결국 미국을 비롯한 일본, 중국, 소련에게는 달갑지 않은 사실로 받아들여질 수밖에 없을 것이다.

한국이 핵무기를 보유해야 하는 또 다른 이유로는 국방비의 절감을 들 수 있다. 즉 핵무기를 보유함으로 인해 자주국방 수립에 있어서 재래식 무기에 드는 비용을 현저히 줄일 수 있다.

핵무기의 보유는 최저 비용으로 최대의 전쟁 억지효과를 거둘 수 있는 것이다. 물론 핵무기 보유로 인해 민족의 생존권이 크게 위협을 받을 수도 있겠으나 현재 미국이 한반도에 배치한 핵만으로도 우리 민족의 생존권은 위협받고 있으며 남·북이 보유하고 있는 재래식 무기만으로도 한반도 전체를 쑥밭으로 만들기에 충분하므로 그와 같은 우려는 필요 없는 것이다. 따라서 한국은 당연히 그에 대응하기 위해서라도 독자적인 핵무기 보유가 필요한 것이다. 남·북한의 상호핵무기 보유는 한반도에서 긴장과 전쟁의 위협을 제거해 줄 수 있을 것이며 불필요한 군비 경쟁을 종식시킬 수 있을 것이다. 이렇게 볼 때 한국이 독자적인 핵무기를 보유하는 것은 그 부정적인 효과보다는 긍정적인 효과가 더 크다는 것을 알 수 있다.

제 2 장
한 · 미 군사 체제의 변화와 일본의 군사 대국화 추이

제1절 한·미 군사체제의 역사적 조명과 한반도 군사정세

한국과 미국 간의 공식적인 외교 관계는 1882년 5월에 체결된 '한·미 수호통상조약'에서 비롯된다. 그러나 同 조약은 1차적으로 미국의 조난 상선의 선원을 보호한다는 목적과 좀 더 확대 해석한다면 일반적인 우호와 통상 관계의 유지 이외에 양국 사이에 안보, 군사적 측면은 포함하고 있지 않다.1) 물론 同 조약 체결까지의 과정에서 몇 번의 군사적 접촉은 있었지만 그것은 양국 간의 공식적인 외교 루트를 성사시키지는 못했다. 예를 들면 1866년 미국의 상선 제너럴셔먼(General Sherman)호가 수심이 얕은 대동강을 거슬러 올라와 조선과의 교역을 강요하였지만, 오히려 조선 조정과 마찰을 일으켜 마침내는 주민들에 의해 24명의 승무원과 함께 배가 강의 한복판에서 소각되었다. 이를 계기로 미국 정부는 1871년 5월 미국 해군의 아세아 함대 총사령관이던 로저스(John Rogers)제독이 이끄는 5척의 군함들로 구성된 원정군을 강화도에 파견하여 수호 협상을 요구했으나, 함대는 강화도 수비군과 교전 끝에 전사자 3명과 부상자 10명을 내고 퇴각함으로써 이른바 '신미양요'라는 역사의 에피소드로 남게 되었다.

그 후 1876년 일본이 조선과 병자 수호조약을 체결하는 데 성공하자 이에 자극을 받은 미국은 1878년4월 상원에 조선과의 수교를 권면하는 결의안을 제출하게 되고2) 마침내 미국 정부로부터 조선과의 수호통상조약 교섭 지시를 받은 슈펠트(Robert W. Shufeldt)제독이 1880년4월 일본의 나가사키 항에 도착하였다. 슈펠트 제독이 일본으로 간 것은 조선이 아직 서양 국가들과는 관계 갖는 것을 꺼려하고 있다는 점을 고려, 일본의 중개 역할을 기대했기 때문이었다. 그러나 이 같은 미국의 의도는 조선의 일본에 대한 감정이 좋지 않았기 때문에 기대하기 어려웠다.

슈펠트 제독으로서는 다른 방도를 찾아야 하는 어려운 상황이었다. 이때

---

1) 이영우, 미국의 한반도 군사정책 변화와 역사적 고찰 전망 (서울 : 국대원안보문제연구소, 1985), p. 22.
2) 동 결의안은 당시 미 상원 해사분과 위원회장인 싸전트(Aron A. Sargent)의원에 의해 제출되었으며, 여기에는 그는 조선과의 수교 목적을 ; i) 통상, ii) 피난 선원의 보호, iii) 채광권의 획득, 그리고 iv) 러시아의 한반도 진출 억제 등으로 요약하고 있다. 이 결의안은 법안으로 의결되지는 못하였다. 정용석, 미국의 대한정책(서울 : 一潮閣, 1976), pp. 25-26.

청나라의 대 정치가인 이홍장이 그를 천진(天津)로 초청하였다. 이홍장으로서는 미국을 비롯한 열강들을 한반도로 끌어들여 그 국가들의 힘으로 러시아와 일본의 한반도 지배권 구축을 막으려는 이른바 이이제이정책(以夷制夷政策)을 구사하고자 한 것이다.3) 곧 이어 슈펠트 제독과 이홍장은 조선 측의 대표자도 없이 조선과 미국 간의 수호통상 문제를 교섭했고, 그 결과 조약의 초안이 작성되어 조선으로 보내졌다. 마침내 1882년5월22일, 조선정부 대표와 슈펠트 사이에 수호통상 조약의 조인식이 거행되었다.4)

이 조약은 총 14개 조항으로 구성되어 있으며, 주요 내용으로서는 제3국으로부터 부당한 압력을 받을 때 다른 국가는 이 압력을 받는 국가를 위해 중재 할 의무를 진다는 규정, 최혜국 대우와 외국인 고용에 관한 규정, 영사관 설치 및 치외법권에 관한 규정 등이었다. 그러나 이중 가장 중요한 조항은 중재의 규정이라 할 수 있다. 조선정부는 일본, 러시아, 청국 등 주변 열강에 의한 위협이 증가하는 소용돌이 속에서 미국이 이 조항을 충실히 이행함으로써 열강들 사이에서 견제와 균형 역할을 담당해 주기를 바랐다.

조선정부는 1884년 갑신정변 후 청·일간의 군사대립, 1885년 영국의 거문도 점령, 1894년 청·일 전쟁, 1904년 러·일 전쟁 등의 사태에 직면하여 미국의 중재를 요청했었다. 그러나 미국은 조선 측의 중재요청에 대해 냉담하였다.

미국의 목적은 조선의 독립과 안전 유지가 아닌 다른 데에 있었기 때문이다. 당시 미국이 조선과 수호통상 관계를 맺고자 한 주 목적은 중국에의 항해 도중에 생긴 조난선의 선원 보호 및 음식물 공급 등 필요한 협조를 보장받고, 또 가능하다면 통상 관계를 열려는 것이었다. 이를 볼 때 당시 미국의 관심은 주로 경제적인 것으로 전략적인 가치를 부여한 것은 아니었다. 따라서 미국의 이 같은 목적에 부합되지 않는 한, 조선의 미국에 대한 기대는 한낱 짝사랑에 불과한 것이었다. 미국의 전략적 관심은 러시아, 청 그리고 일본 등 3국에 의한 아시아에서의 세력 균형의 추구에 있었다고 보아진다.

미국은 1895년 일본이 청나라를 물리치고 조선에서 우위권을 확보하게 되자 중립이라는 명분하에 일본을 자극하는 행위를 하지 말 것을 미국 공사

---

3)최문형, 제국시대의 열강과 한국 (서울 : 민음사, 1990), p.44.
4)Robert R. Swartout, Jr. Mandarins, Cunboats, and Power Politics : Wen Nickerson Denny and the International Rivarty in Korea (Hawaii : Unive- rsity of Hawaii Press, 1980), pp.31-32.

알렌(Horace N. Allen)에게 지시하였고, 1896년에서 1898년 사이에 러시아가 한반도에서 우위권을 장악하게 되자 침묵을 지켰으며, 1904년 러·일 전쟁에서는 러시아의 극동 진출을 저지하기 위하여 영국과 동맹 관계에 일본을 지지하였다. 특히 1905년에는 미국 국무장관 태프트(William H. Taft)와 일본 수상 카쓰라 사이에 비밀조약을 통해 필리핀에 대한 일본의 불개입을 보장받는 대가로 조선에 대한 일본의 지배를 묵인한 소위 카쓰라 - 태프트 밀약은 한국을 협상의 미끼로까지 이용하고 있는 것을 보여주고 있다.

따라서 1882년부터 1905년까지 기간 중 미국은 일본, 청국, 러시아와 조선 간의 관계에서 야기된 문제에 정치적, 군사적인 직접 개입을 하지 않았으며, 결국 이 기간 중 양국 간에 직접적인 군사 관계는 형성되지 않고 있다. 마침내 1905년 11월, 미국은 조선에 있는 외교관들을 모두 철수시킴으로써 조선에 대한 일본의 보호령을 받아들이기에 이르렀고, 이때부터 끝날 때까지 한·미간에는 아무런 외교 관계가 없었으며, 미국은 한반도를 일본 제국의 일부로 취급하는 것이나 다름없었다. 이로써 한·미 관계의 역사에 큰 공백이 생기게 되었다.

근대 민족국가의 내용을 크게 민족 체의 통일(Unification of Natio- nality)과 민족의식의 동질성(Homogeneity of National conscious ness)이란 두 측면으로 파악할 때 한민족은 그 어느 하나 충족하지 못하고 새로운 역사의 타율에 의한 국토 분단의 모순이 근대 민족국가의 실천에 심각한 지장을 주었다. 새로운 역사의 타율은 1943년 3월 워싱턴에서 제기되었으며, 그 내용으로는 만주와 대만은 중국에 반환되어야 하며 인도차이나와 한국은 신탁통치(International trusteeship) 아래 놓여져야 한다는 것으로 탁치 위원국으로 미국과 중국 및 소련을 거명했다.

그 후 2차 세계대전 중인 1943년11월 말 카이로 회담에서 미국의 루즈벨트 대통령이 제의하고 영국의 처칠 수상, 중국의 장개석 총통의 합의하에 전후 한국을 적절한 절차(in due course)에 의해 독립시킨다는 내용이 처음으로 선언문에 삽입됨으로서 한국 문제가 국제무대에 관심사로 떠오르게 되었다. 당시 루즈벨트의 특별 보좌관 헤리 홉킨스가 마련한 초안에는 한국의 독립은 가장 조속한 시일 내에(at the earliest possible moment) 부여된다고 명기되어 있었으나 루즈벨트가 적당한 시기에(at the proper moment)로 고쳤고 문장에 능한 처칠이 "in due course"로 다듬었다. 루즈벨트의 이러한 의견은 "한국인들은 아직 독립 정부를 유지하고 운용할 능력이 없기 때문에 약 40

여년 정도의 신탁통치 하에 두어야 한다."는 데 동의했다고 전했다. 연합국들의 한국에 대한 신탁통치 문제는 그 후 1945년 2월 4일부터 일주일간 개최되었던 알타(Yalta)회담에서도 긍정적으로 다루어졌다. 이로써 한국에 대한 신탁 통치는 기정사실화 되었다. 그러나 루즈벨트 대통령은 이 회담에서 스탈린에게 1905년 이전 소련이 만주지역에서 향유하였던 기득권을 인정해줌으로서 장차 소련이 한반도에 대하여 우선권을 주장할 수 있는 명분을 마련해 주었던 것이다.

1945년 7월에 열렸던 포츠담 회담에서도 미국은 한국독립문제에 대하여 소극적 입장을 취했다. 왜냐하면 홍콩과 인도지나지역에 대한 신탁통치를 반대했던 영국을 의식한 나머지 미국은 한국에서의 신탁통치에 대한 구체적 대안을 제시하지 못하게 되었던 것이고, 또한 미국이 한국의 신탁통치 안을 구체화할 때 소련이 홋카이도에 대한 신탁 통치 안을 주장하지나 않을까 하는 두려움에도 그 이유가 있었다.

1945년8월6일 히로시마에 세계 최초의 원자폭탄 투하에 이어 8월 8일 소련의 대일 선전포고, 8월 9일 나가사키에 두 번째 원자폭탄 투하 후 8월 10일 일본 정부의 연합국에 대한 항복 발표 등 일련의 급속한 사태 발전은 미국에게 일본의 지배하에 있는 한국과 기타 영토에 관한 처리가 갑자기 긴급한 문제로 대두되었다.

이때부터 연합국 특히 미국은 아시아에 있어서 일본의 점령 아래 있던 식민 지역의 처리 문제에 유의하게 되었고 이 과정에서 한국의 장래에 관해 고려하기 시작하였다.

미국의 극동지역 전후처리 문제와 한국 문제들을 처리함에 있어서 대체로 다음의 요소들이 작용하였다. 첫째는 일본이 장차 팽창정책을 재개하지 못하도록 그 힘을 대폭 축소시켜야 한다는 점이고, 둘째는 미국이 관동군을 비롯한 일본의 전력을 과대평가한 나머지 소련군의 극동 참전을 적극 권장하였고, 셋째는 제2차 대전 중 수립된 소련과 연합국 사이의 협조가 전후에도 계속되리라 믿었다. 마지막으로 루즈벨트 대통령의 독자적인 개인 외교와 그 영향이 트루먼의 전시 회담에 있어서 국무성의 의견보다는 지나치게 군부의 의견에 의존하게 했다는 것이다. 여기서 첫 번째 요인으로 인해 한국을 비롯한 일본 점령지역의 독립을 약속하게 되었고 두 번째 요인으로 인해 소련에게 戰後 처리에 관한 불필요한 양보를 거듭하여 한국 문제를 비롯한 극동 문제에 소련의 개입을 가져오게 되었다. 또한 셋 번째의 잘못된 믿음 위에서 戰後 처리에 관한 협정이 이루어져 이 셋 번째 요인은 승전국인 연합국측이 기존의 식민지였던 약소국가들의 처리를 마음대로 해버린 결과를 가져옴으로써 한민족의 불행한 역사를 결정짓는 주된 요인이 된다. 설상가상으로 스탈린과 우호 관계를 유지하던 루즈벨트의 죽음과 뒤따른 트루먼과 스탈린의 불화가 전쟁이 끝난 후 세계를 냉전시대로 접어들게 한다. 이 냉전시대는 戰後 분단된 국가에게는 엄청난 불행 즉 미·소의 분할 점령, 분열국가 창출, 민족간의 전쟁, 첨예한 남·북 대결, 일시적 화해와 재대결을 알리는 신호탄이 된다. 더욱이 제2차 대전의 피해국인 한국은 서방 열강의 아시아에 대한 무지 속에 국토를 양단 당하는 비극을 당하게 된다.

1945년8월10일-11일 밤에 미국 육군성 일반참모부 작전과 장교들이 연합군 최고사령관인 맥아더 장군에게 보낼 '일반명령 제1호'를 기안하기 위해 긴급히 모였다. 그들은 극동지역에서 일본군의 항복을 누가 접수할 것인가를 논의한 끝에, 소련이 받아들일 수 있는 범위 내에서 가능하면 북쪽으로 어느 선을 지정하여 미국과 소련 양국의 군대가 일본군의 항복을 받고 무장해제를 시키도록 해야 한다는 데 의견을 같이 하였다.

구체적인 선(線)의 설정 문제는 본스틸(Charles H. Bonsteel)대령과 러스크(Dean Rusk)중령에 의해 검토되기 시작했다. 그들은 소련군 부대는 한반도에 쉽게 도착할 수 있는 거리 내에 있으나, 미국군 부대는 수백 마일 떨어져 있다는 사실을 인식하고 있었으며, 이 같은 불리한 여건 속에서 소련의 마수에 떨어지게 될 한반도 지역을 가능한 한 최소화하는 것이 현명하다고 생각하였다. 그들은 처음에는 서울 북방의 도계를 따라 점령 경계선을 설정하려고 했으나, 당장 가용한 한국 지도를 보고는 38도선이 한반도를 대략 반으로 나누면서 서울을 남쪽에 포함하고 있음을 알고 이 선을 일본군의 항복을 접수하기 위한 점령 경계선으로 설정하였다. 그에 따라 그들은 38도선 남쪽에 위치한 일본군 부대는 미군에 항복하는 반면, 그 북쪽의 일본군 부대는 소련군이 항복을 접수하도록 하는 조항을 '일반명령 제1호'의 초안에 포함시켰다.

38선이 일본군의 항복접수를 위한 분획 선으로 설정된 후, 연합군 최고사령관인 맥아더는 하지(John R. Hodge)중장을 38도선 이남의 일본군 무장 해제를 위한 점령군 사령관으로 선택하고, 제6,7,40보병사단으로 구성된 제24군단을 점령군으로 편성하였다. 이어서 트루먼 대통령의 재가를 받아 맥아더에게 전달된 일반명령 제1호(General Order No.1)가 1945년 9월 2일 공포되었고, 이로써 일본군의 무장해제를 위한 미군 진주가 공식화 되었다.

먼저 미군 선발대 37명이 9월6일 미군 진주를 위한 준비를 위해 군용기편으로 김포에 도착하였다. 그리고 이틀 후인 9월8일 하지 중장이 이끄는 미 제24군단 예하 제7사단 병력 약 15,000명이 군함 편으로 인천에 상륙, 9월9일 서울에 진주하여 일본군으로부터 항복을 접수하였다.

9월10일 서울에 '주한미군사령부'를 설치함으로써 본격적인 군정 작업에 들어갔다. 군정 업무는 9월 12일 아놀드(Archibald V. Arnold)소장이 군정장관으로 임명되면서 시작되어 각 지방의 경우 미군의 전술부대가 지방행정 기능을 접수하면 이어 군정위원을 파견함으로써 실시되었다. 뒤이어 역시 일본에 진주해 있던 제40사단이 9월말 부산에 입항했고, 미 제24군단 예하 제6,7,40사단이 同년 10월 말경까지 남한 각지의 행정기관과 관청을 접수하여 전술 군대의 군사적 점령이 종결됨으로써 실제적인 군정은 전국적으로 실시되었다.5)

군정시기의 한·미 군사관계는 창군을 둘러싼 미 군사고문단의 역할에서 살펴볼 수 있다. 미군정은 1945년9월 중순부터 한국인 경찰을 모집하기 시작하여 同년 10월 21일에는 군정청에 '경무부'를 창설하고 국립 경찰을 발족시키는 것을 필두로 하여, 11월 13일에는 '군정법령 제28호'를 선포하여 국방사령부(Office of the Director of National defense)를 창설하였다. 이 기구는 앞서 창설된 경무국과 새로이 육군과 해군의 2부로 구성된 군사국(Bureau of Armed Foces)을 통합한 것으로, 남한에서 미군을 감축하는 대신 경찰과 비슷한 경비군을 창설한다는 의도에서 마련된 것이었다.6) 미국은 1945년11월 말 총 7만여 명에 달하는 미군 병력을 38도선 이남지역에 진주시켰으며, 남한 지역에 대한 군사점령 정책을 실시하였다.

이렇게 됨으로써, 미국은 러·일 전쟁(1904-1905)이후 한반도에 대한 일본의 독점적 지배를 인정하고 한반도를 떠난 뒤 40년 만에 다시 돌아오게 되었다. 미국의 한반도 복귀는, 상업적 이해관계에 바탕을 둔 이전의 관계와는 달리, 대규모 군대를 진주시킨 군사 관계의 시작이었다. 한·미 군사관계의

---

5) 남한에 있어서 미군정의 전개과정은 E.Granat Meade, American Military Goverment in Korea (New York : King's Crown Press, 1951) 참조, 아울러 한용석, 創軍, (서울 : 박영사, 1984), pp. 154-155의 도표 참조.
6) James F. Schnabel, Policy and Direction : The First Year ; 육군본부譯, 정책과 지도 (유엔군 戰史 제3집, 1974), p. 53.

역사가 시작된 것이다.

초대 국방사령부 부장으로 임명된 쉬크(Lawrence E. Schick)준장은 당시 한국인 군사경력자들(이응준, 원용덕 등)의 자문을 받아 남한의 국립경찰 능력을 보강하고 차후 독립정부 수립시를 대비한다는 의미에서 3개 사단 규모의 국방군을 창설한다는 요지의 「국방군 계획안」[7]을 성안하기에 이르렀다. 그러나 이러한 병력 규모는 당시 남한 인구 2,100만 명에 비하면 절대적으로 부족한 숫자였으며, 장비 또한 미군이 2차 대전 중 사용하다가 남은 것을 미국 정부의 계획에 따라 공급한다는 것이어서 그 실효성마저 의심스러운 것이었다. 이러한 의심은 同 계획이 미국의 국무, 육군, 해군성 조정위원회(SWNCC : State War Navy Cordinating Commitee)에서 남한의 국방군 창설 문제는 다른 강대국(특히 북한에 진주한 소련)과의 정치적 해결을 통해 이루어질 수 있는 문제이기 때문에 결정할 수 없다는 방침이 알려지면서 그대로 현실화되었다.

이로써 군정 당국은 한국 국방군의 창설을 보류하기로 한 본국의 방침에 따라 이에 대체 방안으로서, 남한 내의 치안 담당만을 위주로 하는 국방경비대(조선경비대)를 창설하기에 이르렀다. 그러나 미 군정당국은 1946년1월15일 경비대 창설에 착수하여 1947년 중반에 이르러서야 겨우 15,000명을 편성했다. 또한 1947년10월 미 육군성이 한국군 창설에 관한 제안을 했음에도 불구하고 당시 점령군 사령관이었던 맥아더 장군은 한국군 창설은 UN 총회가 견해를 표시할 때까지 연기되어야 할 것이며, 따라서 한국군 창설은 시기상조이며 오히려 경비대의 규모를 5만 명으로 증강시키는 것이 바람직할 것이라고 제안[8]하는 등 군대 창설에는 대단히 소극적인 태도를 견지했다.

한국 문제해결을 위한 미국의 정치적 노력은, 이미 한국 문제가 유엔 총회에 상정되어 있는 터여서, 유엔에서 소련과의 외교적 경쟁으로 나타났다. 미국 안은 1948년3월31일 이전에 남·북한에서 인구비례에 의한 총선거를

---

7)이 계획은 i)현재의 국립경찰을 증강하기 위하여 국방군을 창설하여 이를 점차 발전시킨다. ii)국방군은 육군과 해군으로 구분하여 육군에서는 3개 사병사단으로 구성된 1개 군단을 편성, 공군은 1개 수송비행 중대와 2개 전투비행 중대로 편성, 총 병력은 45,000명으로 한다. iii)해군은 5,000명으로 제한한다는 등의 내용을 골자로 하고 있다. 육군본부, 創軍前史 (兵書硏究 제11집, 1980), p. 300.

8) Robert K. Sawyer, Military Advisors in Korea : KMAG in Peace and War (Washington : USGPO, 1962), PP. 28-29.

실시하여 정부를 수립하고, 정부수립과 더불어 점령군을 철수시키자는 것이었다. 이에 반해 소련 안은 먼저 외국군이 철수하여 한국 민 스스로가 외부의 간섭 없이 자신들의 장래문제를 결정할 수 있도록 놓아두자는 것이었다.9) 이러한 미군 측의 태도는 1947년11월 유엔총회의 「대한민국정부 수립 후 90일 이내에 미·소 양군을 철수시기자」 는 결의로서, 기정사실화 되어 있었던 것이다.

다음 단계로 미국 행정부는 한국에서 어떤 정책을 수행해야 하는가를 심도 있게 검토하기 시작했다. 국무, 육군, 해군, 공군 성 조정위원회(The State-Army-Navy-Air Coordinating Committee, SANACC : 1947년 공군성이 독립된 후 SWNCC의 후신으로 생긴 협의기구)산하 극동 소위원회가 이 일에 착수하였으며, 1948년3월25일 SANACC 179/39 보고서를 작성하였다. 이 새로 작성된 보고서의 주제는 미국과 장차 한국의 새 정부와의 관계였다.

이 보고서는 합동참모본부의 동의를 받아 4월2일 새로 발족된 국가안전보장회의(National Security Council, NSC)에 제출되어 약간의 자구 수정을 거친 후 "한국에 관한 미국의 입장"이라는 제하의 국가안보회의 정책보고서 NSC 8로 채택되었다. 트루먼 대통령에 의해서도 1948년4월 「한국에 있어서의 내분 또는 어떤 외부의 세력에 의해 취해진 행동이거나 간에 미국으로서는 전쟁 개입의 위협으로 간주되는 사태에 피할 수 없이 개입되어서는 안 되다」 는 정책을 승인했고, 4월 8일에는 「연말까지 철수할 수 있는 조건을 만드는데 노력하라」 는 지시를 내렸다.

NSC 8에 따르면, 주한미군의 철수완료시기는 1948년 12월 31일로 되어 있다. 합동참모본부와 육군 성 등 군부는 이 계획된 일정에 따라 주한미군의 철수를 완료할 것을 요구하였다. 군부는 불충분한 병력과 미군의 한국주둔에 따르는 위험성을 이유로 들면서 주한미군 철수계획의 조속한 시행을 요구하였다. 그러나 남한에서의 반란 발생, 남한 국회의 철수연기 요청, 국무성의 조기철군에 대한 신중론 등으로 미국정부는 철수 마감일정을 1949년 6월 30일로 변경하였다.10)

한편 예상대로 소련이 유엔총회의 결정에 따르지 않고 유엔 한국 임시위

---

9) 온창일, 전게서, p. 22 : UN Document A/C. 1/218, October 17, 1947.
10)NSC 8/2, "The Position of the United States with Respect to Korea," March 22. 1949, FRUS, 1949, VII. pp. 969-978.

원단의 입북을 거부하자, 미국은 처음 계획보다는 다소 늦게 1948년5월10일 남한지역 내에서 선거를 실시하였다. 당선된 후보들은 국회를 개회하였고, 헌법을 승인하였으며, 이승만을 대통령으로 선출하였다. 1948년8월15일 대한민국 정부가 공식 출범하였고, 이로써 미국의 군정은 종결되는 단계로 접어들었다.

미국정부는 최종적으로 이승만 대통령의 동의를 구했다. 여기에 대하여 이 대통령은「미군의 철수를 원칙적으로 반대하지 않는다. 다만 한국군만으로 국토를 방위할 수 있을 때까지 미군은 그 철수를 연기해야 한다.」고 주장했다. 이에 이승만은 미국이 10만 명의 정규군과 10만 명의 예비군을 지원할 것과 해안경비정, 항공기 및 수송 장비 등의 지원을 요구했다. 또한 그는 한 · 미 우호조약을 재확인하거나 새로운 상호방위조약을 체결할 것을 주장하였고, 한국이 미국의 방위선 내에 위치하고 있음을 확약할 것을 요구하였다. 그러나 미국 정부는 불안해하는 한국 민의 눈길을 외면하고 주한미군의 철수를 시작하였다. 주한미군의 철수는 1948년 9월 15일부터 본격적으로 개시되어 12월 달에는 16,000명으로 감축 되었고, 1949년1월 달에는 7,500명만이 남았으며, 1949 6월29일 군사고문단 500명만을 남긴 채 주 한미군의 마지막 부대를 출발시킴으로써 계획대로 철수를 완료하였다. 6월 30일 자정을 기해 주한 미군사령부의 기능도 중단되었다.

미국정부는 주한 미군 철수의 공백을 보완하기 위해 한국주둔 미군이 보유하고 있던 무기와 장비를 한국군에 이양하고 또 별도의 군사원조를 제공하는 조치를 강구하였으나, 이는 한국이 필요로 하는 수준으로 하여금 북한에 의한 대규모 전면 무력침공을 저지할 수 있을 정도의 군사력을 보유토록 하는 차원이 아니라, 내란 혹은 소규모의 국경 충돌을 저지할 수 있을 정도의 군사력 수준에서 제공되도록 되어 있었다.[11] 미국은 장차 한반도에서 공산주의의 침략이 발생하는 경우에 대처할 상호방위 조약이나 계획도 없고 한국군에 대한 적절한 군원 보장도 없이 단지 소규모 훈련 계획과 기존 군사장비만 남긴 채 떠나버렸던 것이다.

더욱이 애치슨(Dean G. Acheson) 국무장관은 1950년1월12일 미국 언론협회(National Press Club)에서 한국을 미국의 극동 방위선에서 제외시킨다는 연

---

11) U.S. congress, House, Committee on Foreign Affairs, Background Inf- ormation on Korea, 81st Congress 2nd Sess, 1950, p. 3.

설을 함으로써 한국과의 절연을 선언하였다. 그는 일본 방위의 중요성과 그 것을 위한 미국의 의지를 밝힌 다음, 미국의 극동 방위선이 알류산 열도를 지나 일본을 거쳐 류쿠와 필리핀으로 이어진다고 설명하였다. 그리고 그는 그 밖의 지역에서 침략 행위가 발생할 경우 일차적인 책임은 침략을 당한 당사국과 그 국민에게 있고 그 다음은 유엔 헌장에 따라 전 문명국이 져야 할 책임이라고 언급했다.12) 결과적으로는 제2차 세계대전의 종결과 더불어 시작된 한·미 군사관계는 상호적 관계라기보다는 미국의 필요와 전략 판단 에 기초한 세계전략 수행차원에서 설정된 일방적 관계로 규정할 수 있겠다.

1940년대 후반 미·소를 중심으로 한 냉전 체제가 심화되는 기간에도 미 국은 그들이 직접 대결하고 있었던 한반도에 대한 관심보다도 미국이 전통 적 이해관계를 존중해 왔던 유럽 지역에 더 많은 관심을 기울였다고 할 수 있다. 이 당시 미국 전략 개념인 총력전(Total War)는 미국이 직접 개입하는 두 가지 경우만을 가정했다. 하나는 소련이 미국의 본토를 직접 공격하는 경우이고 다른 하나는 소련이 먼저 유럽을 공격하는 경우이다.

따라서 전후감축으로 인하여 야기되었던 유럽지역의 열세한 군사력을 충 당하기 위해서는 전략적 가치가 낮다고 판단되었던 한반도에서 미군을 철수, 유럽 지역에 배치해야 한다는 주장이 우세하게 되었다.

이러한 유럽 우선 정책은 트루만 독트린(Truman doctrin)이 한반도의 경우 에 역설적으로 해석, 적용되는 결과를 초래하였다. 이 정책은 케난(George Kannan)에 의해 정당화 되었는 바, 그는 한국이 지리적 위치로 인하여 미국 의 안보에 영향을 미치지만 그렇게 직접적인 것은 아니라고 판단하고, 유사 시에는 미 해군이 독점하고 있는 전략 핵무기로써 어떠한 공격도 방지할 수 있다는 소위 '도서공군력' 중심의 전략개념을 내세웠다. 이러한 전략의 배경 에서 1948년 9월부터 1949년 6월에 이르는 기간에 500여명의 군사고문단만 잔류시킨 채 미군은 전부 한국에서 철수했다.

이러한 맥락에서 볼 때 이 시기에 미국은 한국의 생존과 장래문제를 직접 걱정하기보다 세계 전략 수행 맥락에서 다루었다. 미국에게 있어 한국은 독 립적 관심 내지는 이해관계의 대상이 되지 못하고 전 세계 범주속의 작은 부분에 불과하였다.

---

12)Dean Acheson, "Crisis in Asia an Examination of U.S. Policy," Dept of State, Bulletin, 23 January, 1950, pp. 111-118.

따라서 미군의 한반도 진주는 갑작스러운 일본의 항복으로 인해 생긴 공백 상태를 메우기 위한 것이었으며, 당초부터 머물러 있기 위한 것이 아니라 일본군의 항복 접수라는 군사적 편의와 소련과의 냉전 수행을 위한 것으로 소련의 전 한반도 점령을 예방하기 위해 군사적으로 고려한 임시방편적 조치였던 것이다.

물론 미국은 한국이 자유롭고 독립된 통일국가를 이루게 되기를 바라고 공산주의 노선에 따라 통치되는 것을 반대하였지만, 자신의 국가 이익을 손상시키면서까지 한국의 완전한 독립과 통일을 이룩해 줄 준비는 되어있지 않았던 것이다.13) 또한 미국의 군사점령 정책도 북한에 진주한 소련군을 자극하지 않고 가급적 국내 치안 유지라는 목적에 그 기능을 한정시키는 소극적인 것이었다.

이 같은 정책은 한반도가 자신들의 핵심적 이익(vital interest)이 걸려있는 지역으로 보다는 오히려 자신들의 對소·對중국 정책의 효과적인 집행에 직결되어 있는 파생된 이익(derived interest)지역으로 판단한 것에서 기인된 것이다.14) 즉 한반도는 자신들의 본질적 이익은 아니지만 對소 관계를 고려할 때, 남한 지역에서 만이라도 자신들이 영향력을 독점함으로써 다른 강대국의 영향력 하에 놓이는 것을 방지하고자 하는 의도에서 비롯된 것이다.

이제 더 이상 왈가왈부할 필요가 없다. 왜냐하면 한국이 아무리 강력하게 미국에 대하여 본질적 이익의 대상으로 보아 달라고 요구한다고 해서 그렇게 보아줄 미국이 아니기 때문이며, 또한 상황변화가 오면 그 상황에 따라 한국이 전략상 중요하다면 소극적으로 보아 달라고 해도 본질적인 만큼 중요한 가치에 설정될 것이기 때문이다.

한·미 군사관계는 1950년6월25일 한국 전쟁과 함께 새로운 전기를 맞이하였다.

북한의 무력침략이 일어난 시간은 워싱턴 시각으로 6월24일 토요일 오후였고, 워싱턴 정가에 북한의 공격 소식이 알려지는 데는 몇 시간이 걸렸다. 애치슨 국무장관은 6월24일 밤 11시(워싱턴 시간)가 거의 되어서야 러스크(Dean

13)Soon Sung Cho, Korea in World Politics 1940-1950 : An Eualuation of American Responsibility (Berkeley and Los Angeles : University of California Press, 1967), pp. 72-73.
14) Ralph N. Clough, East Asia and U.S Security (Washington D.C. : Brookings Instibution, 1975), pp. 29-34.

Rusk) 극동담당 차관보로부터 한국 사태에 관한 보고를 받았다. 애치슨 장관은 11시 20분경 미조리 주에서 주말을 보내고 있는 트루먼 대통령에게 이 사실을 보고하면서, 다음날 일요일에 유엔 안전보장이사회의 긴급회의를 소집하여 이 문제를 다루도록 하겠다고 건의하였다. 트루먼 대통령은 이를 즉시 승인하였으며, 미국의 요청에 따라 유엔 안보리 긴급회의가 소집되었다. 유엔 안보리는 소련 대표가 불참한 가운데 북한으로부터의 무력공격은 평화의 파괴 행위이며 적대 행위라고 규정하고 공격을 중지할 것과 북한군은 즉시 전쟁 지역으로부터 철수할 것을 요구하는 결의안을 채택하였다.15)

6월25일 저녁에 군부 지도자들과 국무성 고위 관리들이 참석한 가운데 열린 제1차 블레어 하우스(영빈관 : 당시 백악관이 수리 중이었기 때문에 대통령은 이곳에서 집무 중)회의에서는 트루먼 대통령과 애치슨 국무장관이 한국 사태에 대해 적극적인 대응태세를 취할 의사를 보인 반면, 군부 지도자들은 종전의 한국에 대한 정책을 고수하여 북한의 전면 남침이라는 돌발 사태에 직면하고서도 한국이 미국의 전략적 요충지가 되지 못한다는 종래의 입장을 바꾸지 않았다.16) 여러 의견과 건의를 다 듣고 난 트루먼 대통령은 한국에 추가적인 군수 물자를 지원할 것. 현지에 조사반을 파견하여 정확한 상황을 파악할 것. 7함대를 대만 해협에 파견할 것. 극동 지역에 있는 소련 기지를 완전히 무력화시킬 수 있는 계획을 세울 것. 유엔의 명령이 발표될 때까지 그 이상의 행동은 삼갈 것 등을 지시했다.17) 이 같은 내용은 맥아더 극동군 사령관에게 지령으로 하달되었다.

북한이 유엔의 결의를 받아들일 가능성은 전혀 없고 한국군의 전면적 붕괴와 서울 함락이 임박했다는 현지로부터의 전황 보고에 따라 워싱턴 당국은 새로운 대응책을 강구하기 위해 다음날인 6월26일 저녁 9시 30분에 두 번째 블레어 하우스 회의를 가졌다. 트루먼 대통령과 회의 참석자들은 지체 없이 미국의 해군과 공군 부대를 38선 이남 지역에 투입하기로 결정하였다.

---

15) Dept. of State, United States Policy in the Korean Crisis, Publication No. 3922, Far Eastern Series 34 (Washington, D.C., 1950), p. 15.

16) 국방부 전사편찬위원회(역), 미국 합동참모본부 사, 제3집, <한국전쟁(상)> (서울 : 국방부 전사편찬위원회, 1990), p. 70 : Dean Acheson, Present at the Creation (New York : W. W. Norton, 1969), pp. 405-406.

17) Harry S. Truman, Memoirs II : Years of Trial and Hope (Garden City, N.Y : Double day & Co., 1956), pp. 334-336.

그리고 이 결정은 곧 맥아더 장군에게 하달되었다.18)

6월29일 오후 7시 백악관에서 긴급 국가안보회의가 열렸다. 서울이 함락되는 등 전황이 더욱 더 악화되어 가고 있고, 전쟁 이전의 경계선을 회복하기 위해서는 미국이 지상군 투입이 불가피하다는 현지로부터의 보고가 있었기 때문이다. 이 회의에서는 "지금 한국에서 취해지고 있는 현행 방책이 성공을 거두지 못할 경우에 군사적 견지에서 어떤 방책을 강구할 것인가?"에 대해 합동전략 기획위원회가 검토한 건의 사항들이 토의 되었다. 합동전략 기획위원회는 38도선 이북으로의 군사작전 확대와 제한된 육군 병력의 사용을 권고한 보고서를 합동참모본부와 국방장관의 승인을 받아 이 회의에 상정하였다. 그리고 참석자들은 한국에서의 해·공군 활동을 질적, 양적으로 강화하고 지상군 전면 투입 이외의 모든 수단을 강구하기로 결정하였다. 이 결정사항은 곧바로 동경의 극동군 사령관에게 하달되었다.19)

6월30일 오전 9시 30분, 백악관에서 넷 번째 회의가 열렸다. 이 회의는 6월29일 한국의 전장을 직접 정찰하고 동경에 돌아온 맥아더 국동군 사령관이 극악한 상태에 있는 한국의 상황을 워싱턴에 알려오면서,20) 지상군의 투입을 강력히 요구함에 따라, 이에 대한 지침을 마련하기 위해 열렸다. 트루먼 대통령은 1개 연대의 사용 권한을 이미 맥아더 장군에게 부여했음을 참석자들에게 알리고 추가적인 부대 파견과 한국으로 파견하게 될 사단의 수에 제한을 두지 않고, 맥아더 장군에게 그 휘하의 지상군 부대를 운용하는데 완전한 권한을 줄 것을 제의하였다. 회의 참석자들은 모두 이에 동의하였다. 합동참모본부는 이 같은 결정 사항을 동경의 맥아더 장군에게 하달하였다.21)

이 같은 네 차례의 회의를 거쳐, 워싱턴 정책 결정자들은 그동안 전략적 가치가 없어서 버리는 편이 낫다고 생각했던 한국에 지상군의 전면적 파견을 결정하게 된 것이다. 그렇다면, 미국은 왜 개입을 원치 않고 있던 나라에

---

18) 맥아더 장군에게 하달된 주요 내용은, 국방부 전사편찬위원회, 전게서, p. 92 : Msg, JCS 84682 to CINCFE. 29 June, 1950.

19) 극동군 사령관에게 내려진 명령의 주요내용은, 국방부 전사편찬위원회, 전게서, p. 92 : Msg. JCS 84682 to CINCFE, 29 June, 1950, CM IN 8776 참고.

20) 맥아더 장군의 보고 내용은, 국방부 전사편찬위원회, 전게서, pp. 94-96 : Mag, CINCFE C 56942 to DA for JCS. 30 June, 1950, CM IN 8776 참고.

21) 맥아더 장군에게 하달된 명령의 주요 내용은, 국방부 전사편찬위원회, 전게서, pp. 99-101 참고.

그처럼 신속히 전면적인 참전을 하기로 결정한 것일까? 이는 공산 침략을 초기에 분쇄하지 않으면 계속적인 세력 팽창을 하게 되어 결국 미국이 핵심적 가치로 생각하는 일본의 방위에 심각한 위협을 줄 수 있을 것이라는 인식에 기초한 행동이었다. 즉, 미국은 한국의 안보를 일본의 방위를 위한 주변적이고 보조적인 성격으로 파악한 것이다. 그래서 미국의 전쟁 목표는 선세 변화에 따라 동요될 수밖에 없었던 것이다.

이에 따라 1949년6월29일 주한 미군의 완전 철수가 있은 지 1년 만에 군사개입이 다시 이루어지게 된 것이며 미국은 7월에 첫 군대를 파병한 이래 전쟁기간 동안 병력 규모를 급격히 증가시켜 가장 많았을 때에는 7개 육군 사단과 1개 해병 사단으로 구성된 총 32만 5천명을 파병시켰다.22) 전쟁기간 동안에는 한국과 미국의 병참 체제가 결합되어 한국군과 유엔군은 정규 미 국방 예산에서 구매하는 장비와 설비를 제공받았다. 따라서 1954년까지 미국은 공식적인 군사원조계획 없이 한국에 군사 장비를 제공했다. 이 기간동안 한국의 국방예산은 급격히 증가했지만 미국이 지불한 250-260억 달러에 달하는 경비의 작은 부분에 불과했다. 따라서 한국의 군사 비중에서 미국의 군사원조가 차지하는 비율은 극히 높았던 것이다.

1950년 7월에 이 대통령과 맥아더 사령관은 전 한국군의 작전 지휘권을 유엔군 총사령관에게 위임한다는 내용의 서한을 교환하였다. 그리고 중국이 한국 전쟁에 개입한 뒤에 트루만(Harry S. Truman) 대통령은 다음과 같이 강경한 내용의 성명을 발표하였다. "만약 한국에서 중국의 침략이 성공할 수 있다면 우리는 이것이 아시아 유럽을 거쳐 우리의 지역까지 확대될 것을 예상할 수 있다. 우리는 한국에서 우리의 국가안보와 생존을 위해 싸우고 있는 것이다." 요약해 보자면 중국이 주된 적임을 확인한 미국은 일본을 성장시켜 세력 균형을 유지하려는 노력을 본격적으로 추진하기 시작하였으며, 이를 위한 당분간의 세력 공백을 한국 및 일본 등 동북아세아 제 국가에 미군을 주둔시켜 공산 세력의 팽창 위협에 대처하려 했던 것으로 이해된다. 1952년 11월의 대통령 선거에서 한국 전쟁의 종식을 중요한 선거공약으로 대두되게 하였다. 대통령에 취임한 아이젠하워(Dwight D. Eisenhower)는 한국

---

22) 한국전쟁 기간 동안 미군의 년도 별 참전규모는 1950년 214,000, 1951년 253,000, 1952년 266,000, 1953년 325,000명 등이다. 오관치, 차영구, 황동준 공저, '한·미 군사협력관계의 발전과 전망' (서울 : 세경사, 1990), p. 56.

민의 반대에도 불구하고 그의 선거 공약대로 1953년7월 휴전을 통하여 전쟁을 마무리 지었다.

한국전쟁이 1953년 7월에 휴전에 들어간 뒤에 한국과 미국은 1953년 10월 1일에 워싱턴에서 상호방위조약을 체결하였다. 이는 한·미 양국을 밀접한 관계로 이끄는 획기적인 계기가 되었으며 이로써 한·미 군사관계에 제도적 기반이 마련되게 된 것이다. 이 조약의 핵심 내용이라 할 수 있는 제3조는 "각 당사국은... 타 당사국에 대한 태평양 지역에 있어서의 무력 공격을 자국의 평화와 안전을 위태롭게 하는 것이라고 인정하고 공동의 위험에 대처하기 위하여 각자의 헌법상의 절차에 따라 행동할 것을 선언 한다"라고 규정하고 있다.23) 이 조약은 북대서양조약기구(NATO)방식 대신에 소위 먼로 독트린(Monro Doctrine)방식을 따른 것으로 그 어느 일방의 당사국이 침공을 받았을 때에 다른 쪽도 전쟁에 가입한다는 것을 약속하고 있지는 않고 단지 헌법상의 절차에 따라 상호 원조를 제공할 것을 규정하고 있다. 이와 같은 한계성을 가지고 있기는 하였으나 이러한 한계점은 양 당사국의 대통령이나 국방장관을 비롯한 고위 안보정책 결정자들이 한국 안보를 위한 공약 이행을 거듭 천명함24)으로써 보완되어져 왔다. 이 같은 점에서 이 조약은 효력 발생이후 오늘날에 이르기까지 한·미 안보협력 관계의 제도적 기반이 되어왔고 한국 안보체제의 초석으로서 기능해 왔다.

미국은 이 조약에 규정된 공약을 이행하기 위해 적정규모의 미군을 한국에 계속 주둔시켜 왔고, 대규모의 경제 원조와 군사 원조를 한국에 제공하였다. 주한 미군은 한국전 기간 중 총 8개 사단, 36만의 병력을 지원하였으며 휴전이후 1957년까지 기간 중에도 주한미군은 2개 사단, 6만 명의 수준으로 유지되었으며 對韓 군사원조는 한국의 총 군사비의 76.6 % 수준을 이루었다. 우선 군사적 측면에서 볼 때 주한 미군은 평시에는 최신 장비를 갖춘 적정 규모의 지상군과 공군력을 한국에 제공해 주고, 전시에는 계획된 미국의 증원 병력과 자산을 한국이 이용할 수 있도록 보장하는 역할을 해왔다. 따라서 주한 미군은 평시에는 한국의 방위능력을 강화시켜 주고, 전시에는 전쟁지속 능력을 향상시켜 주는 역할을 하게 된다. 또한 주한 미군은 북한에 대한 최신 군사 정보를 수집하여 한국에 제공해 주고, 한국군의 최신

---

23) John spanier, Games. National Play, New York : Praeger, 1972, pp. 63- 64.
24) 국방대학원, 안보총서, 제6집, 「미국의 전략과 군사력」, 1976, pp. 64-69.

군사장비 획득 및 새로운 군사교리 습득에도 기여했다. 특히 주한 미군 전력이 없었다면, 한국은 독자적으로 전력을 증강하기 위해 어마어마한 비용을 추가적으로 지출해야 했다. 안보적 측면에서 볼 때는 주한미군은 한·미 상호방위조약의 확고한 이행 의지를 과시함은 물론, 한·미 연합방위 전력을 형성하여 한국의 對북한 군사력 열세를 보완하는 요소가 되어 왔다. 또한 주한미군은 한반도 유사시 미국의 자동개입을 보장하는 인계철선(trip wire) 역할을 함으로써 북한의 對남전쟁 도발을 억제해 왔다. 뿐만 아니라 주한미군은 한반도 휴전 협정체제를 유지·관리해 왔고, 동북아 지역의 세력균형을 유지함으로써 한반도의 평화와 안정뿐만 아니라 지역의 안정에도 기여해 왔다. 끝으로 경제, 사회적인 측면에서 볼 때도 주한 미군은 중요한 역할을 수행 하였다. 한국은 주한 미군 없이 독자적으로 북한의 군사 위협에 대처해 왔다면, 엄청난 규모의 국방비를 지출해야 했을 것이며, 그로 인해 오늘날과 같은 경제 발전은 이룩될 수 없었을 것이다. 또한 주한 미군의 주둔은 한국의 국방 역량이 보잘 것 없었을 때 한국 국민들에게 안보 자신감을 갖도록 했음을 부인할 수 없다. 그러나 소련의 팽창주의를 억제해야 한다는 선(線)방위 개념이 존재하던 시대였기 때문에 소련에게 미군의 결의를 보이는 전시 효과적 목적으로 한국방위에 임하였다고 할 수 있을 것이다.

1957년부터 1960년까지의 미군 전략은 핵억제 전략이 근간이 되어 있었으므로 한국 방위는 전략상 별로 큰 의미가 부여될 수 없었다. 다만 대량보복 전략시대와 다른 점이 있었다면 제2공격 능력의 중요한 부분을 이루는 일본의 폭격 지대의 보호의 목적과 미사일의 전진배치 기지로서 가치를 인정하였기 때문에 한국 방위에 대한 중요도가 조금은 달라졌을 것이다.

1960년대에 들어서서 미·소간의 냉전은 쿠바 미사일 위기를 기점으로 약화되기 시작하였으며, 미국의 주된 관심은 제3세계에서의 민족해방 전쟁이나 민중봉기 등을 통한 공산주의 세력의 간접 침투에 효과적으로 대응하는 것이었다. 이러한 국지전에 적극 대응한다는 의미에서 유연반응전략(Flexible Response)이 모색된 것이다. 즉 월남전과 같은 국지전에서는 과거와 같은 핵무기의 우위를 바탕으로 한 대량보복 전략은 실효성을 상실한 것이다. 또한 이러한 냉전체제의 기반이 되고 있는 양 초강대국의 국내정치 경제체제 자체가 점차 어려움을 겪게 됨에 따라 냉전체제에 대한 지지 기반이 약화되어 갔다.

1961년 케네디 대통령이 집권을 하면서 대두된 유연반응전략은, 미·소간의 핵 균형이 어느 정도 이루어진 경우, 핵 보복 능력은 서로 상쇄되고 재래식 군비만이 실제적인 대결 수단이 된다는 것이다.

유연반응 시대에서는 대량보복 시대에 비해 한국의 전략적 비중이 다시 상승되었다. 왜냐하면 국 지역에 대비할 일반 목적군의 전진배치가 중요하기 때문에 중국이나 소련의 팽창을 국지적으로 대응하기 위한 병력배치 거점으로 한국의 중요성이 높아졌다.25) 이에 따라 미국은 소련의 핵전력의 증강과 함께 불가피하게 야기되었던 대량보복전략의 한계를 극복하기 위해서 케네디 행정부는 유연반응전략을 채택하여 전과 달리 통상전력에 새로이 비중을 두어 2와 2분의 1전략을 구상하게 된다.26) 이와 함께 쿠바사태 이후 냉전 분위기의 완화, 동맹국들의 경제적 회복 또는 성장, 미국의 경제력의 상대적인 약화에 따라 대외 원조는 무상 군사원조에서 점차 대외군사판매의 형식으로 넘어가게 되었다.

1961년 한국에서의 반공정권의 등장은, 미국으로 하여금 한국이 이러한 공산주의자들의 간접침투에 상대적으로 취약하지 않다는 인식을 가지게 하였으며, 이는 곧 대한 군사원조(MAP)에서 대외 군사판매(FMS)로 원조유형을 변환함으로써 한국에 대한 실질적인 군사원조는 감소하였다고 볼 수 있다. 그러나 1955년-1960년 기간 동안 미국의 직접적 군사원조가 한국 총 군사비의 60%, 간접적 군사원조가 20%를 차지하는 등 한국 국방재원의 80%가 미국의 군사원조에 의해 충당되었다. 1961년에는 그 비중이 약 70%에 달했으며, 이러한 수준은 한국의 월남전 참전에 따른 특별 군사원조 수혜로 인해 닉슨 독트린이 발표되기 직전인 1968년까지 그대로 유지되었다. 1969년 그 비중은 50% 수준 이하로 떨어졌고, 1974년에는 10% 수준에 불과했다. 이처럼 1950년대-1960년대 기간 동안에는 한국 국방 재원의 절반 이상이 미국의 직·간접적 군사 원조에 의해 충당되는 등 한국의 방위는 미국에 의존된 상태였다. 이와 같이 볼 때 한국전쟁 후 1960년대까지의 미국의 對韓 군사정책은 일본방위의 기존 틀 속에서 형성되었다고 할 수 있다. 한국의 안보를 일본안보의 수단시 한 정책은 1965년 한·일 기본조약 체결과정의 배후에서 작용하였던 미국의 영향력, 그리고 同 조약을 통하여 한국의 안보

---

25) 이상우, 한국의 안보환경, 제2집(서울 : 고시연구소, 1980), p. 142.

26) 2와 2분의 1전략은 "하나는 유럽지역, 다른 하나는 아시아지역에서의 두 개의 주요 긴급사태와 하나의 소규모 긴급사태 및 바다에서의 싸움에 동시적으로 대처하는 것"을 의미한다.

부담을 일본에 분담시키려 했던 미국 측의 태도에서 볼 수 있다.

1960년대 후반에 들어서서 이러한 추세는 보다 강화되어 첫째로 지속적인 핵 군비 경쟁을 통하여 미국의 소련은 戰後 처음으로 서로 상대방에 대하여 억지력을 가지게 됨으로써 미·소간의 핵 군비 제한의 필요성은 보다 증가하였다. 또한 두 초강대국의 국내정치 경제체제는 보다 눈에 띄게 냉전 체제의 유지를 어렵게 만들었다. 특히 미국은 월남전의 전면적인 개입을 통하여 국내에 있어서의 반전 분위기의 고조와 국내 경제의 어려움이 심화되어 소련과의 관계 개선에 대한 요구는 대단히 강하여졌다. 그러나 한국은 언제나 미국에 대하여 본질적인 이익의 대상으로 가치를 부여해 주기를 바래왔고 또 바라고 있다. 이러한 상황이 최근에 한·미간의 긴장을 초래하였다. 최근에 고조되는 한·미간의 긴장은 미국이 생각하는 한국의 비중과 한국이 기대하는 미국의 對韓 협조 사이의 견해차에서 생기는 것이라 볼 수 있다.27)

미국은 한국을 본질적인 이익 대상으로 생각하지 않고 오직 자국 전략이 요구하는 상황에 따라 필요한 범위 내에서만 이익을 발견하는 상황적 이익 대상으로 가치를 부여하고 있는데 대하여 한국은 미국이 한국을 본질적 이익 대상으로 가치를 부여해 줄 것을 기대 하는데서 발생되는 갈등이라고 볼 수 있다는 것이다.

1968년 대통령 선거에서 당선된 닉슨 대통령에게는 반체제 및 반전사조의 근원을 치유해야 하는 심각한 문제에 직면하게 되었다. 즉 국내적으로는 미국 본래의 청교도적 생활 분위기를 진작하는 것이고 국제적으로는 군사 개입의 부담을 줄이고 월남전을 종식시키는 것이다. 닉슨 대통령은 반체제 및 반전 사조의 외적인 요인을 치유하는데 정책 방향을 설정하였다. 이러한 대외정책을 수행함에 있어 적격자라고 생각했던 헨리 키신저(Henry A. Kissinger)를 안보담당특별 보좌관으로 기용했다. 키신저는 그의 논문에서 미국의 외교정책 방향을 「미국은 앞으로 군사 방위를 해당 국가와 분담해야 하며, 지역적으로 방위책임을 증대시켜야 한다.」28)고 지적함으로써 닉슨 독트린 하(1960년 이후)에서의 미국 전략 속에서 한국의 비중은 다시 격하되었

27) 이상우, 전환기에 있어서의 한·미 관계의 재평가, 「한·미 관계의 안보적 측면」, 연세대학교 사회과학연구소, 1977, 66면.

28) Henry A. Kissinger, "Cental Issue of American Foreign Policy" Agenda for the Nation(Washington The Booking Institution, 1968), Kissinger, American Foreign Policy Three Eassays(New York : W. W., Norton, 1969), pp. 56-57.

다. 왜냐하면 중·소의 불화를 전제로 동북아에서는 대규모 재래식전쟁이 없을 거라고 단정했기 때문이다. 따라서 한국은 일반 목적군의 전진 배치기지로서의 의미가 해소됐으므로 오히려 한국에 군대를 주둔시키는 것은 부담만 된다고 까지 여겨지기에 이른 것이다.

닉슨 대통령은 아시아 및 유럽 순방에 나서는 길에 1969년 7월25일 괌 섬에 들렀다. 여기서 후에 닉슨 독트린이라고 불리는 미국의 대아시아 기본정책을 발표했다. 즉,「닉슨 독트린」이었다.

닉슨 독트린의 주요내용은 (1)아시아로부터 미군 부대 철수, (2)아시아 동맹국의 자조능력 강화, 그리고 (3)이를 위한 지상군의 직접 개입 회피와 핵우산에 의한 보장 등으로 요약된다. 이것은 월남전의 장기화에 따르는 미국내의 반전 분위기의 고조, 중·소간의 분쟁 격화, 그리고 일본을 위시한 아시아 제 국가들의 정치, 경제적 발전을 반영하는 것으로서, 미국이 중국과의 접근을 통해 군사적으로 아시아로부터 후퇴하여 생기는 힘의 공백을 대체하는 한편, 일본을 포함한 아시아 지역 국가들에게 방위 노력을 분담시켜 미국의 국지전 개입에 신축성을 부여하겠다는 판단에 의거하여, 아시아 지역의 국지전에 대한 미국의 직접 참전을 미국의 전략 개념에서 제외한 것이다.

따라서 미국은 이때부터 아시아 지역으로부터의 이탈을 추진하는 한편, 이 지역에서의 국지전에 대해서는 현지의 재래식 전력과 미국의 해·공군력을 조화시킨 통합전력(Combined Force)으로만 대처하게 함으로써, 미국은 필요에 따라 개입할 수 있는 선택적 개입의 여유를 확보할 수 있도록 하기 위한 전략을 모색한 것이다. 닉슨 대통령은 이러한 새 전략의 구상의 기본 방향에 따라 그는 구체적으로 실천에 옮기기 시작했다. 국방비를 1968년에 비해 42.5%나 대폭적으로 줄였고, 군사 지출보다 사회복지, 교육, 환경개선 등의 국민 생활면에 더 많은 예산을 배정하였다. 그리고 그는 닉슨 독트린의 실천에 박차를 가하기 시작했다. 1971년 봄까지 50만 주월군 중에서 30만을 감축하고, 한국에서는 1971년 여름까지 20,000명의 주한 미군을 철수시킬 계획을 세웠다.

주한미군의 감축계획이 알려지자, 한국정부와 여론은 적극 반대하고나왔다. 주한미군의 감축협상이 진행되기 시작하자 한국여론은 1965년 한·미 합의사항과 1966년의 「브라운각서」[29]등을 들어 주한미군의 감축계획은 배

---

29) 1965년 여름 한국군의 월남 증파에 즈음하여 한·미 정부는 사전 동의 없이 주

신행위라고 비난했고, 한국정부는 북한의 호전성을 들어 적극적으로 반대했다.[30] 그러나 미국은 남·북한의 국방력을 비교할 때, 북한의 남침가능성은 희박하고, 중·소 대결의 격화가 북한의 남침을 더 어렵게 만들고 있을 뿐 아니라, 1960년대 후반기부터 급성장하기 시작한 한국의 경제력 또한 북한의 남침억제에 기여할 것이라고 주장했다.

결국 미국은 예정대로 1971년6월 말까지 약 32만에 달하는 병력을 아시아로부터 철수시켰으며, 이 중에는 주한미군 61,000명 중 주한 미 육군 제7사단 중심의 전투병력 2만 명을 철수시켰다. 또한 미국은 한국이 경제력 신장과 국방능력의 향상으로 보다 많은 군사역할을 감당할 수 있을 것으로 판단, 한국에 대한 무상 군사원조를 대폭적으로 삭감함과 더불어 공동 방위를 위한 한국의 역할 증대를 요구하였다. 물론 미국의 이러한 정책 전환은 70년대 한국의 경제적 성장을 반영하는 것이기도 하였지만, 연합전술 전략의 추구로의 미국의 세계전략 혹은 對동북아 정책의 변화를 반영하는 것이기도 하였다.

특히 1975년 주한유엔군 해체결의에 따라 그 대응책으로 1977년7월25일 제10차 한·미 안보 협의회를 거쳐 1978년11월7일 창설된 한·미 연합사령부(Combind Force Command)는 현 주한미군과 대부분의 한국군에 대한 작전통제권을 갖고 있다.[31] 이러한 한·미 연합사의 편제는 한·미 연합사령관을 주한 미군사령관이, 부사령관을 한국군 장성이 맡고 있으며, 그 산하 지상군, 공군, 해군 중 지상군과 공군은 미군사령관이 그리고 실제 전투 부대가 한국에 주둔하고 있지 않은 해군은 한국 해군제독이 맡고 있다. 비록 한국군의 작전 통제권을 한·미 연합통제 하에서 연합사령관이 갖고 있다고는 하나 유엔군사령관, 주한미군사령관, 미8군사령관을 겸임하고 있기 때문에 사실상 한국군에 대한 미군의 작전지휘체제는 그대로 존속되고 있는 실정이다.

이와 같은 한·미 연합사 체제로 한국의 고위 군 관사들이 작전 결정에 참여하고 있으나, 미국과의 우선적인 협의 없이 독자적으로 전략을 수립할 수는 없게 되어 있다. 그리고 주한 미군의 전투 부대가 1개 사단 정도에 불

한미군 철수나 감축을 시키는 조치를 취하지 않기로 합의했다. 1966년 봄 한국이 두 번째의 전투 사단인 백마부대를 파월하는 것과 때를 같이하여 후일 "브라운 각서"라고 불렀던 각서를 수교했다. 한국일보, 1970년9월13일.

30) Los Angeles Times, 1970. 8. 28.
31) 국회도서관, 「한국 외교관계 자료집」, (1976), pp. 56-75.

과한데도 불구하고 한국의 65만 대군의 작전 통제권을 연합사령관이자 유엔 사령관이 가지고 있는 것은 한국군이 주한 미군과 특히 미국의 병참 지원에 의존하고 있기 때문[32]이지만, 자주 국가로서 외국군에 의존한다는 것은 장기적으로 해결되어야 할 문제이다. 그러나 1976년부터 실시된 '팀스피리트' 합동 훈련을 통해 한·미 양국은 지휘, 통제, 통신 및 정보체계에서 상호협력을 증대시켜 나갈 수 있었다. 또한 한·미 양국은 1960년대 말에 한반도 내외에서 고조된 긴장상태에 대비하기 위한 조치로 마련한 한·미 연례 안보회의와 한·미 군사위원회(MCM)등을 통해 한반도의 군사상황에 대한 정보와 평가를 교환하는 동시에 그에 기초해서 쌍방의 군사력을 증강시키는 협력 체제를 유지해 왔다.

이렇듯 한국은 북한의 남침 위협에 대응한다는 목적의식을 가지고 주권 행사에 속하는 작전 통제권을 양보하는 불이익을 감수할 수밖에 없었다. 따라서 한국 정부는 이러한 현재의 한·미 연합사를 미군철수 이후 한국군에 대한 작전 통제권이 한국에 반환될 때까지의 과도 기구로 간주하고 있다.[33] 즉 미국은 이를 빌미로 한국이 전쟁 예비 비축 탄의 저장관리, 미군 전용 탄의 저장관리, 연합방위 증강사업 (Combined Defense Improvement Project, CDIP)에 투자할 것을 요구하기 시작하였다.

이러한 변화추세는 한·미 관계에 의미를 부여하는 상황 변화 때문이다. 과거 냉전시대에는 특히 미국이 대공봉쇄 전략, 유연반응전략을 추구할 때 까지의 맥락에서는 미국이 한국에 갖는 상황적 이익에서도 한국의 중요성을 인정할 수밖에 없었고, 따라서 그것이 어떤 이익에 기초하였던 결과는 「한국이 중요하다」 는 판정을 내리고 있어 한국은 거기에 절대적인 불만이 없었다. 그리고 그 이익 상태를 구분할 필요가 없이 느껴왔던 것이다.

이상과 같은 미국의 전략 변화에 따라서 오늘날 미국의 안보 이익은 한국에서 강대국 간의 전쟁이 유발되는 사태를 막는다는데 국한되고 있다고 할수 있다. 다시 말해서 남·북한 간에 전쟁이 발발되면 중국과 소련의 개입 가능성이 있기 때문에 남·북 간에 전쟁을 막아야겠다는 소극적 이익이 발견될 뿐이라는 것이다. 이러한 전략상의 관점에서 볼 때 한국전 재발시의

---

32) Stuart E. Johnson,「미국의 대동북아 전략」, 국방대학원역, (서울 : 국방대학원, 1979), p. 239.

33) Kwang-IL Back, Korea and the United States, (Seoul : Research Center for Peace and Unification of Korea, 1988), p. 187.

미국의 대처 방안에 어떤 한계가 있음을 시준해 주고 있다고 하겠다. 이러한 1970년대의 주한 미군의 감축은 복잡해질 한·미 관계의 신호탄이었고, 대미 신뢰도에 의문을 던져 주는 또 하나의 사실이 밝혀졌다. 그것은 1976년 미 대통령 선거에서 카터 후보가 포드 당시 현직 대통령과 대결을 할 즈음 그의 선거공약 중 하나로 주한 미 지상군 철수 정책을 제기함으로써 한반도의 파고를 높게 했던 카터 미 대통령은, 대통령 취임 직후인 1977년3월 주한 미 지상군의 철수 계획을 '81년 ~ '82년 사이에 한국에 파병되어 주둔 중인 미 지상군 병력을 전면 철수 시키겠다고 했다. 주한 미 지상군 철수 구상은 카터의 창안이 아니고 닉슨의 괌 독트린의 연장이라고 보아야 하겠지만, 선거 공약에 포로가 된 카터가 대통령에 당선되자 그의 이 선거공약은 미국의 새로운 대외 정책으로 부상하게 되었다.

카터 대통령은 1977년 1월 20일 대통령에 취임하자 미 정부 내 관계기관에 대해 주한 미 지상군 철수에 관한 계획 수립을 검토하도록 지시했고, 동 3월 8일 워싱턴을 방문한 박동진 외무장관에게 향후 4~5년에 걸친 주한 미 지상군의 점진적인 철수 방침을 통고하였다.

이 문제는 한국정부와 아주 신중한 협의와 미국 내의 의회 및 군부로부터 조언을 받지 않고 철군을 성급하게 추진한데서, 미 군부를 위시한 미 행정부 및 정계 등의 반대여론에 부닥쳤다. 철군정책이 반대에 부닥치자, 카터 대통령은 5월 하순 필립 하비브 미 국무차관과 조지 브라운 미 합참의장을 한국에 특사로 보내 한국의 의중을 타진하도록 했다. 이 특사는 박 대통령을 비롯한 한국의 고급 당국자들과 일련의 회담을 갖고, 주한 미 지상군의 철수 방침에 관해 설명하면서 한국 측의 의중을 타진했다. 그러나 두 특사의 방한 회담은 미국정부의 철군방침을 협의하는 것이라기보다 오히려 통고하는 요식 행위의 의미 밖에는 없는 것이었다고 하겠다.

이에 대해 한국 측은 미국정부의 철군방침이 수차례 공식적으로 표명된 이상 이를 기정사실로 받아들이겠다는 입장을 취하고, 「선 보완 후 철군」을 주장했다.

하비브와 브라운 두 특사는 동 5월27일 이한하면서, 성명을 통해 「미 지상군 철수는 한국의 안보를 위태롭게 하지 않는 방식으로 실시될 것」이라고 밝히고, 선 보완 후 철군 문제에 대해 「카터 대통령의 입장은 철수와 보완을 병행하는 것」이라고 밝혀 한·미간에 이견이 있음을 시사했다. 이후 한·미 양국은 同 6월 중순부터 군사 실무위원회와 외교 실무위원회를 구성하고 철군에 따르는 외교·군사문제에 관한 실무 협의회를 개시, 7월 하순의 제10차 한·미 안보회의 까지 계속됐다.

　제10차 한·미 안보 협의회는 한국 측 대표 서종길 국방장관과 미국측 대표 브라운 국방장관이 참석한 가운데 7월25일 국방부 회의실에서 열렸다. 이 회의에서 제1단계 6,000명 철군을 문서화함으로써 대내·외적으로 문제가 됐던 주한 미 지상군 철수 문제를 일단락 지었다.

　이 회의가 끝나고 제10차 한·미 안보협의회 개막 공동성명을 통해 「한국방위의 작전 효율화를 위해 미군 제1진 철수가 완료되기 전에 한·미 연합사령부를 설치키로 합의했다」고 발표하고, 또한 「미국은 한국에 대해 우선적인 무기 공급, 장비 이양, 대외 군사판매 추가제공, 주한 미 공군의 증강 등을 약속했다」고 밝혔다.

　이에 따라 주한 미 지상군은 카터 행정부의 계획대로 철수가 진행되었고 1977년 9월 미 국무성은 6월부터 8월 사이에 1,000여명의 병력을 철수했다고 밝혔다. 그리고 결국 미국은 1978년 말까지 주한 미 지상군 6,000명을 철수키로 했던 것이다. 카터는 1978년4월 공식 성명을 통해 1978년 중의 제1진 철수규모를 당초의 6천명에서 3,400명으로 축소 조정한다는, 철군계획의 일부 수정을 발표했다. 카터 대통령의 주한미군 철수계획 수정안에 따라 1978년 12월까지 3,400명의 주한미군 철수를 완료하였다. 1979년에 들어서서 동북아 정세 파악에 새로운 정책 입안들이 시도되었고, 同년 6월에는 미국의 對북한 군사력 재평가 작업이 완료되었다. 재평가된 정보에 의거하여 한국을 직접 방문하고 돌아간 카터 대통령은, 동년 7월 20일을 기하여 주한미군 철수 계획의 사실상 백지화인, 1981년까지의 주한미군 철수 동결 조치를 발표하였다.

　1980년 선거에서 보수적인 레이건의 승리는, 우유부단한 카터 행정부의 대외 정책에 대한, 미 국민의 거부반응으로 볼 수 있다. 1980년대 신 냉전이 시작되면서 한국은 미국의 '긴요한 이해상관지역'에서 '사활적 이해 상관지역'으로 격상되었다.34) 미국은 주한미군을 對소 전쟁을 위한 군사력으로 그 역할을 명백히 한 것이다. '동시다발 보복전략'으로 알려진 레이건의 군사 전략으로서는 미국의 안전 보장을 확보할 수 없다고 판단하고 "힘의 우위"

---

34) 김영환, "친미론과 용미론과 반미론," 90년대 한국 사회의 쟁점(서울 : 한길사, 1989), p. 81.

확보와 대소 강경태세를 취하기 시작했다.

특히 레이건 행정부는 점증하는 소련군의 극동진출에 대응하기 위한 전략적 포석으로 주한 미군의 질적 증강과 더불어 한국과의 군사협력관계를 긴밀하게 유지시켜 나가는 데 관심을 두었다. 이를 위해 한국과 미국 두 나라는 이전부터 행해 온 합동군사훈련인 CPX와 '팀스피리트' 훈련 등을 강화시켰다. 결과적으로 이러한 변화는 미국의 국제정치 경제체제에 있어서도 정치적인 면에서는 보수화의 추세 속에서 강한지지를 얻을 수 있었고, 경제적인 면에 있어서는 상대적인 경기 회복과 함께 새로운 정책전환을 지원하여 나갈 수 있었다.

레이건 행정부는 핵전략의 차원에서는 1970년대의 본질적 대등전략이나 상쇄전략을 넘어서 군사력 우위 확보 전략을 채택하여 그 구체적인 대안으로서 핵전력 증강과 전략방위구상(Strategic Defense Initiative)을 추진하였다.

이와 함께 미국은 1970년대의 1과 2분의 1전략[35] 개념 대신에 소련의 군사 행동에 대응해서 동시에 여러 지역에서 전선을 형성하는 동시 다면 전쟁 개념을 구상하고 이에 따라 공격적 방어 전략이라고 부를 수 있는 공지전 독트린, 해양 전략과 같은 적극적인 군사정책을 추구하는 한편 주한 미군의 역할에 대한 재평가 분위기, 한·미 군사관계를 규정짓고 있는 제반 법적·제도적 관계의 개선요구, 작전통제권 환원 등, 한·미 연합지휘체제에 있어 한국 입장과 역할의 조정 필요성은 한국 내에서보다 미국 내 조야에서 더 구체적으로 제기되었다. 그러나 1985년 집권한 제2혁명 세대인 고르바쵸프(Mihlcail S. Gorbachev) 소련 대통령에 의해 실시된 페레스트로이카(Perestro-ika)와 글로스노스트(glasnost)라는 개혁개방 정책을 추진하면서 미 ·소간의 신 냉전 체제는 거대한 변혁을 맞게 되었다.

고르바초프의 이러한 정치적 평화공세는 군사적 우위 확보전략의 일환이며 군사적 우위는 정치적 영향력의 확대를 뜻하는 것이다. 이것은 정치적 수단과 군사적 수단을 연계시킨 강·온 또는 화·전 양면의 공세전략 하에

---

35) 1과 2분의 1전략은 "유럽지역 또는 아시아지역 가운데 어느 한 지역에서의 대규모 공격에 미국이 대처하는 동시에 아시아 지역으로부터의 위협에 대처할 수 있도록 동맹 제국을 지원하고 또한 기타 지역에서의 긴급사태에 동시적으로 대처하기 위해 평시에도 일반목적 부대를 유지한다는 것"을 골자로 한다.

서 소련이 대외 정책의 기본 수단으로 추구해온 '군사력의 정치적 활용'과 맥을 같이 하는 것이다. 이런 관점에서 고르바초프의 신사고에 의한 개혁과 개방정책, 그리고 군축 평화 공세는 공산주의의 기본 혁명 전략의 포기가 아닌, 오히려 이를 뒷받침하기 위한 자체 역량강화에 있다고 보아야 한다. 소련의 국내 경제 개혁을 수행하기 위해 국방비를 절감하고 서방국가들의 對소련 경제 협력 분위기를 조성하며 미국의 핵전력과 해외주둔 군사력의 감축을 촉진시키고, 동북아에서 對소 견제로서의 한·미·일 군사협력 관계를 차단함으로써 서방 동맹 관계의 이완 및 약화를 도모하여 상대적 우위의 확보 전략의 일환으로 소련의 대외 정책을 파악해야 할 것이다.

예를 들어 고르바초프가 1988년12월 유엔총회 연설에서 소련군 50만 명의 일방적 감축 계획을 선언한 것은 그가 주장하는 '합리적 충분성'36)원칙에 따른 과잉군비 지양조치로 볼 수 있으나, 對서방 군비태세 면에서 볼 때 실질적 군축 효과보다는 군축 분위기를 고조시키기 위한 정치적 파급효과를 노린 것이라 보는 것이 타당할 것이다. 특히 아시아·태평양 지역과 관련해 소련이 제시한 아시아 주둔군 20만 명 감축은 중국과의 관계 개선을 목표로 한 중·소 국경지역에 배치된 병력으로서 동북아지역 군사력은 포함되지 않음으로써, 실질적으로서는 극동의 소련 군사력은 변함이 없었다. 최근 소련은 극동 지상군 20만 감축계획을 밝힘으로써, 더욱 동북아지역 국가들에게 평화공세를 취하고 있다. 그러나 소련의 극동군사력의 핵을 이루고 있는 해상병력, 즉 해상 핵 억지력의 감축 없이 단순한 극동지상군의 감축만으로는 현재의 동북아 군사정세에는 아무런 영향을 끼칠 수 없는 것이다. 결국 위와 같은 감축의 제의는 동북아국가인 한국·일본·중국 등과의 관계개선을 위한 정치적 제스처일 뿐 소련이 그동안 추구해 온 세계적화 전략으로서의 남진 정책을 포기한 것이 아니다.

소련은 그들의 정치·군사의 통합성에 의거하여 외교적 접근(회유)과 군사적 접근(위협)이라는 이중적 전략을 행사하고 있는 것이다. 동북아에서 소련이 취하고 있는 일련의 정치적 평화공세는 세계 적화의 목적을 달성하기 위

---

36) 고르바초프는 1986년 2월, 제21 전당대회에서의 연설을 통하여 합리적 충분성 (reasonable sufficiency)개념을 최초로 언급했다. 즉, 소련이 유지할 적정 군사력 규모는 "침략을 격퇴하는 데는 충분하나 공격 작전을 펴기에는 불충분한 군사력"이라는 것이다. U.S. Department of Defense, Soviet Military Power : An Assessment of the threat, 1988, pp. 11-12.

해 이중적인 전략, 즉 회유와 위협의 전략을 가지고 동북아지역에서의 미국의 영향력 약화와 그에 따른 정치적·군사적 영향력을 강화하려는 것이다.

현재 소련의 극동 군사력은 사상 최강의 수준으로 강화되어 있다. 종전까지 유럽 배치에 우선을 두어 오던 신형무기 배치방침을 극동지역 우선 배치로 전환하고 있어 강력한 재래식 전력과 핵전력으로 전 아시아·태평양지역 및 미 본토에 대한 공격능력을 유지하고 있다.37) 특히 소련과 중국의 관계 정상화, 북한과의 군사적 밀착관계로 한반도 주변에서 군사 활동을 더욱 활발히 추진하고 있다. 즉 북한에 신형 무기 공급, 북·소간의 해·공군 연례 합동훈련 실시, 소련 폭격기의 북한 상공 비행, 소련 함정 및 항공기의 북한 기지 이용 등이 그 것이다.

동북아지역은 아태지역의 중심지로 미·일·중·소의 이해관계가 직접 대치되는 곳으로 동북아 지역에 대한 주도권은 아태지역 전체에 대한 주도권과 직결됨으로 유럽의 경우와 다르게 정치·경제·군사 전략적 중요성이 높음으로 인해 4대 강국의 영향력 확대 노력은 강화될 것임에 틀림없다. 이러한 시점에서 동북아에서의 세력 균형자로서의 역할을 담당하는 미국이 한반도에서 철수한다면 이 지역 군사 안보에 심각한 영향을 줄 것임에 분명하다. 즉, 소련의 남진 정책이 포기되지 않은 상황에서 현재까지 세력 균형자로서의 미군의 철수는 장기적으로는 이 지역 긴장완화에 도움을 줄 것임에는 틀림없으나, 지금 당장에 있어서는 소련의 對동북아 전략에 변화가 없는 이상 오히려 한반도와 그 주변에 소련의 군사적 영향력 강화에 도움을 줄 뿐인 것이다.

그럼에도 불구하고 주한 미 대사를 역임했던 글라이스틴과 미 국무부 대변인을 지냈던 롬버그는 1987년 여름호 <포린 어페어즈> (Foreign Affairs)지에 게재된 "한국 : 아시아의 패러독스"라는 논문에서 "결국 미국은 장래에 주한 미 지상군을 철수하게 될 것이며, 동시에 한국을 미국의 전략에 이용하고자 하는 생각을 청산할 필요가 있을 것이다"38)라고 언급함으로써 미국의 조야에 주한 미군의 철수 분위기가 상당히 성숙해 있음을 시사하였다.

미국 케이토연구소(Cato Intitute)의 연구원 더그 밴도우는 "미국은 5년 내

---

37) 소련은 1984년 이후 akula급 최신 공격형 핵 잠수함 3척을 건조하여 이 중 2척을 이미 태평양 함대에 배치했고, 공군력에 있어서도 Backfire기에 이어 1988년부터는 최신 전폭기인 blackjack을 극동에 배치하고 있다. (日産經紙, 1989.2.26.)

38) William H. Gleysteen, Jr., & Alan D. Romgerg, "Korea : Asian Para- dox," Foreign Affairs, Vol. 65, Summer 1987, p. 1048.

에 지상군과 공군을 한국에서 철수하고, 1953년의 상호방위조약을 폐기해야 한다"[39]고 주장함으로써, 미국 내에서 가장 급진적인 주한 미군 철수론자들을 대표했다. 심지어는 현직에 있는 고위 안보·국방 관사들까지도 그러한 가능성을 시사 하였다. 예를 들면 체니 국방장관은 1989년 6월 의회의 증언을 통해, 현재로서는 주한미군의 감축 계획이 없으나 부시 대통령의 유럽주둔 미군 3만 명 감축제의가 궁극적으로는 한국에 대해서도 발전될 가능성이 있음을 시 사 하였다.

이 같은 미국 내의 한·미 군사관계 조정 필요성 여론은 미 의회에서 법안 형태로 구체화되기 시작했다. 미 상원군사위원회 및 동맹방위 소위원회의 위원장인 레빈(Carl M·Levin)은 1989년1월 중 한국 및 일본의 주둔 미군과 태평양사령부를 방문한 후 작성한 보고서에서 미국의 한국에 대한 안보공약을 준수한다는 상징으로 1개 여단 병력만 주둔시키고 나머지 병력은 전부 철수해야 한다는 입장을 밝혔다.

또한 미 상원 세출위원회 국방 소위원회 소속 범퍼스(Dale Bumpe- rs)의원은 1989년 6월 23일 의회에 제출한 이른 바 1989 주한미군 재조정 법안(United States Forces in Korea Realignment Act of 1989)에서, 1992년9월30일 이전에 주한 미 지상군을 21,000명 이하로 감축할 것과 적어도 1990년10월1일 이전에 감군이 개시되어야 한다는 주장을 피력하였다. 이 법안은 제출된지 3개월 후인 9월 26일 "감군에는 반대하되 한국의 방위비 분담은 늘리는" 내용의 스티븐스 수정안의 형태로 상원을 통과하였다. 1989년7월31일 샘넌(Sam-Nunn), 워너(John Warner), 맥케인(John McCain) 등 다수의 의원들이 공동으로 발의한 한·미 안보 관계에 관한 수정안(제533호)은 미국 내에서 있어 한·미 군사관계의 변화를 둘러싼 논의의 최종적 결 산물이었다. 일명 넌 워너 수정안으로 불리는 이 법안은 대통령으로 하여금 주한 미군의 부분적, 단계적 감축과 관련한 한·미 양국 정부 간의 협의사항과 결과에 관하여 1990년 4월 1일 이전까지 제1차 보고서를, 그리고 이 법안의 발효 후 1년 이내에 제2차 보고서를 제출하도록 명시하고 있다.

이 법안은 미국은 동아시아 및 한국에 있어서의 주둔 군사력의 위치, 전력구조, 임무를 재평가해야 하고, 한국은 자신의 안보를 위해 보다 많은 책임과 비용을 부담해야 하며, 한·미 양국은 주한미군의 부분적, 점진적 감축

---

39) Dough Bandow, "Korea : The Case fo Desengagement", Policy Analysis.

의 필요성과 가능성에 대해 협의해야 한다는 것을 그 바탕으로 하고 있다.

샘넌 워너 수정안은 그 이전에 제기된 칼 레빈 의원의 주장이나 범퍼스 법안에서와 같이 '무조건적 주한미군 감축'을 제시하고 있지는 않으나, 매우 교묘한 형태로 미국의 대한 군사정책 방향을 규정하고 있다. 즉 이 수정안은 주한 미군 감축 및 역할 변경과 한국의 방위책임 분담 정도를 농시에 문제 삼음으로써 궁극적으로는 주한 미군 문제를 자국의 의도대로 해결하면서 한국의 방위비 분담 규모도 증대시키려는 기본의도를 그 저변에 깔고 있다.

이에 대해 노태우 대통령이 1989년10월13일, '뉴욕타임즈'와의 회견에서 주한 미군의 주둔 비용을 대폭 증액할 용의가 있음을 밝힌 것은 이를 잘 뒷받침 한다.

한국이 북한의 65%의 전력 수준이라는 현실에서 우리에게 주한미군은 꼭 필요한 존재이지만, 미국의 입장에서 보면 주한 미군은 한국의 이해와는 무관하게 자국의 전략적 이익을 위해 배치된 것이다.

미국은 아시아·태평양지역의 군사적 재편의 일환으로 주한 미군의 전력 재평가 작업을 하면서, 거의 구체화되고 있는 주한미군 일부 병력의 감축을 이용하여 주한 미군의 주둔 비용을 한국에게 전가하는 문제에 있어 NATO 국가들과 일본에 이어 한국을 주요 방위비 분담 대상국으로 지정, 한국의 적극적 협력과 기여를 요구하고 있다. 미국은 한국이 괄목할만한 경제 성장과 방위력의 신장에 비해 공동 방위를 위한 '적정한 몫'(fair share)을 부담하지 않고 있다고 보고 다방면에서 요구 압력을 가해오고 있다. 예를 들면, 연합방위 증강사업의 지원 확대, 미국 장비에 대한 정비지원 제공, 미군용 전쟁예비 물자의 저장관리비 분담, 미군 군사건설사업 지원, 주한 미군부대 내 한국인 고용원 인건비 지원, 전시 접수국 지원(Wartime Host Nation Support ; WHNS)협정 체결을 통한 전시 부담 확대 등이 그것들이다.

결국 한국 정부가 주한 미군의 주둔 비용을 거의 전부 분담하지 않는 한 미 의회에서 주한미군 철수논의는 계속될 것이다. 이제까지 주한미군의 주둔·철수문제는 한국의 의사에 관계없이 미국의 자의적인 필요에 따라 이루어져 왔다. 주한미군 주둔비용 협상문제 뿐만 아니라 대미 외교에 있어서의 지나친 저 자세는 대외적으로 그다지 좋아 보이지 않을 뿐더러 한국 측에 유리한 협상 결과를 이끌어 내리란 보장도 없다. 따라서 한국은 주한 미군의 주둔·철수 문제는 민족의 이익에 종속된 하위의 문제임을 상기하고, 계속적인 대미 저자세로 과중한 방위비 분담을 받아들이면서까지 주한 미군의 발목을 붙잡아 왔던 이제까지의 태도를 반성해야 할 것이다.

주한미군은 미국 측 입장에서 볼 때 對러시아 봉쇄를 목적으로, 중국에게는 실용주의 노선을 성공적으로 인도해 주는 안전판(safety value)역할을 제공하고, 일본에게는 핵무장의 방지 및 러시아로부터의 위협을 차단해 주고 있으며, 한국에게는 한반도에서의 돌발 사태를 방지하고 자유 민주주의 체제를 수호하는 미국의 범세계적 노력의 상징으로서, 우방국에 대한 미국 안보 공약의 신뢰성을 실질적으로 증명해 주는 역할을 하고 있다.40)

그러나 점진적으로 주한 미군의 주둔에 대한 정당성 문제가 거론되고 있는데 이는 세계적 안보환경의 변화 및 미국의 경기침체, 그리고 한국의 국력신장 및 민주화 발전 등에 기인한다고 할 수 있겠다.

국제적 안보환경이 유동적이고 복잡한 안보균형 상태로 전환되고 있으므로 미국은 봉쇄 정책 이후의 새로운 전략 개발이 요청되고 있다. 더욱이 국내의 경제적 문제와 신 고립주의적 경향은 해외미군의 감축을 불가피하게 만들고 있어 미군의 경량화와 기동화 그리고 주둔군 역할의 다목적 화 및 광역화에 따른 군의 축소, 구조개편 및 관리의 효율화 필요가 절실하게 되었다. 이러한 대내외적 안보환경의 변화와 이에 대응하기 위한 미 군사력의 재평가 및 재배치에 따른 주한미군의 규모, 구조 및 배치에 있어서의 변화는 불가피하다.

특히 1980년대 급성장한 재야 운동권의 주한미군 철수에 관한 모순 된 논리를 경계해야 한다. 1980년 광주민주화 항쟁 이후 1988년의 청문회를 통해 광주 항쟁의 내막이 국민 대중에게 알려지면서, 미국은 한국 국민들로부터 누려온 도덕적 정당성을 상당 부분 상실할 수밖에 없었다. 여기에서 한 술 더 뜬 재야의 주장은 미국이 한반도 분단의 원흉이며, 주한 미군이라는 식민지 군사 지배를 통해서 조국을 영구 분단할 뿐만 아니라, 전쟁위협을 내세워 민족민주운동세력의 자주적 평화통일을 가로막고 있다는 것이다. 그리고 한국은 제국주의 시장 권 방어를 위한 반공 군사블록의 첨병으로 기능하고 있음과 동시에 미 군수산업체의 최적의 판매시장이며, 주한 미군의 한반도 주둔은 미국의 세계 전략에 의한 對소 봉쇄라는 냉전적 발상에서 비롯된 것이기에, 현재의 전반적인 국제 정세가 평화 정착의 길로 나아가는 시

---

40) U.S. Goverment, Foreign Broadcast Information Service(FBIS), Daily Report ; East Asia & Pacific, 1974. 11.14. pp. 21-23 및 허담 연설.

점에서 더 이상 미군이 한반도에 주둔할 명분이 없다는 것이다. 따라서 주한 미군은 하루빨리 철수해야 한다는 것이 이들의 주장이다.

　재야 운동권의 주장은 일면 타당성을 가지고 있는 것이 사실이다. 미국은 국가 권력이 군수산업체의 강력한 영향력 아래 있는 이상, 세계 도처에서 벌어지는 크고 작은 분쟁들은 미 군수산업체의 생명줄 이 되고 있다. 155마일에 불과한 휴전선에 150만이 넘는 군대가 대치하고 있는 한반도는 그들의 가장 유력한 시장임에 틀림없다. 그리고 한국은 對북한 전쟁 억지력으로서 주한 미군을 필요로 하는데 비해, 미국은 對소 팽창저지, 동북아지역 방어의 측면에서 주한미군을 파견하고 있는데 양측의 이해관계 대립의 소지가 있다. 하지만 비난에도 불구하고 주한미군의 존재, 한국군의 상대적 힘과 능력, 유엔평화 유지기구의 존재, 남·북한에 대한 일본·중국·소련의 개별적인 간접적 영향력 등이 한반도에서 전쟁을 억지하는 요인으로 작용해 왔다. 이들 요인 중에 특히 주한 미군의 존재는 남·북한의 군사력 균형에 절대적으로 기여함으로써 한반도에서의 전쟁 가능성을 억제해 왔다.

　북한은 기회가 있을 때마다 주한 미군의 철수를 주장해오고 있다. 북한의, 한반도에 대한 일관된 입장은 주한 미군이 즉각적으로, 그리고 전면적으로 철수되어야 한다는데 있다. "미군의 주둔은 한국을 완전한 식민지화 기지로 전락 시켰다"고 주장하고 "한국 정부는 미국의 지지에 의해서만 권력을 유지할 수 있다"고 북한은 주한 미군에 대한 불만을 노골적으로 표시하고 있다.

　북한의 주한 미군의 철수 필요성에 대한 주장은 그들이 주한미군을 남한 적화에 가장 큰 장애요인으로 인식하고 있기 때문이다. 이런 상황에서 미군의 한반도 철수는 북한에 대한 남침의 가장 큰 장애 요인을 제거해 줌으로써 북한이 심리적으로 자신감을 얻어 자칫 오판의 가능성을 심어 줄 우려가 있는 것이다.

　더욱이 한반도가 전후 미·일 동맹체제의 한 축을 이루면서부터 한국은 일본의 적화를 막는 방파제로 여겨져 왔다. 즉, 이러한 방파제로서의 핵심적인 역할을 주한미군이라고 일본은 생각해 왔다. 때문에 일본의 입장은 주한 미군 없이는 현재의 미·일 안보체제는 불안정해질 것임을 우려하고 있다.

　주한 미군의 철수에 대해 일본은 당연히 소련에 대한 경계심을 더욱 기울일 것이고 그에 따른 불안감으로 2차 대전 이후 현재까지 증강추세에 있는 일본 방위력을 더더욱 빠른 속도로 확대 강화시킬 것이다. 이러한 일본의 군사력 강화는 그것이 對소 견제력으로 작용한다고는 하지만 동북아 주변의 국가들에게는 커다란 위협이 아닐 수 없다.

2차 대전 당시 쓰라린 경험을 한 한국·북한·중국이 일본의 군사대국화를 심각한 상황으로 인식, 對日 경계심을 고조시킴으로써, 자체 군사력을 키우지 않을 수 없는 것이다. 동북아에서의 일본의 재무장은 결국 이 지역의 군사안보구조 자체를 개편하게 하는 역할을 하게 함으로써, 이 지역 안보상황에 불안 요인으로 작용하게 될 것이다.

현재 일본의 방위력은 육상자위대가 15만6천2백16명, 해상자위대가 4만4천4백10명, 항공자위대가 4만6천4백5명, 통합막료회의 1백60명 등 총 24만7천1백91명을 유지하고 있다. 자위대 전력은 육상자위대가 1대 기갑사단을 포함, 모두 13개 사단으로 이루어져 있으며 해상자위대는 1백 60척의 함정을, 항공자위대는 390대의 항공기를 각각 보유하고 있다.41) 이 같은 일본의 군사력은 공군력만을 살펴보더라도 미국의 본토를 지키는 전술 항공기의 수가 300여대 정도에 불과하다는 사실로 볼 때 일본의 군사능력은 이미 막강한 수준으로 강화되어 있음으로 알 수 있다.42) 현재의 이러한 막강한 군사력을 보유하고 있음에도 불구하고 일본 정부는 내년부터 방위 예산을 연평균 3.5%이상 늘어난 총 23조 엔대를 확보할 계획인 것으로 알려졌다.43) 즉 91년도부터 시작된 차기 방위력 정비 5개년 계획기간 중에 공중조기 경보체제, 공중급유기, 다단계 로켓 시스템(MLRS) 등 최신예 장비를 새로 도입한다는 것이다.

일본정부의 이러한 계획은 동·서 긴장 완화에 따른 미국과 소련을 비롯한 주요 국가들이 국방 예산을 대폭 삭감하는 등 세계적으로 진행되고 있는 군축 추세에 어긋나는 것이며 특히 연평균 3.5% 이상의 국방 예산 증가율은 일본의 경제 규모를 고려해 볼 때 다른 주요 국가들에 비해 매우 높은 것이다. 또한 최신예 공중조기 경보통제기와 공중 급유기가 도입되면 일본의 공중 방위능력은 양·질 양면에서 비약적으로 향상될 것이 분명하며 앞으로 보다 광범위한 지역 방위 역할을 담당함으로써 동북아지역 내에서의 군사력 균형과 지역방위에서 일본의 비중과 영향력이 증가될 것임에 틀림없다.

미국은 한반도로부터 미군을 철수시키고 거기서 생긴 힘의 공백을 일본의

---

41) 한국일보, 1990.2.6.
42) 이호재 편, 한반도 군축론 (서울 : 법문사, 1989), pp. 75-76.
43) 한겨레신문, 1990.6.8.

군사력으로 메울 가능성도 배제할 수 없다. 즉, 미·일 방위조약을 확대하여 동북아지역 안보차원에서 한반도 내에서까지 일본의 역할을 강화시킬 수도 있는 것이다. 이 점이 바로 주한미군의 철수를 우려하는 한 요인인 것이다.44)

일본은 현재 주한미군의 주둔여부와는 관계없이 군사적 재무장을 하고 있으며 앞으로도 계속 그 기세를 늦추지 않을 것이 틀림없다. 이러한 상황에서 주한 미군의 철수는 일본의 군사력 증강에 대해 정당성, 즉, 명분만을 부여해 줄 것이며 동북아에서 일본의 영향력을 더욱 강화시킴으로써, 이 지역에 새로운 불안요인으로 작용하여 동북아지역의 안정에 큰 위협으로 다가올 것이다.

이와 같은 여러 정황으로 미루어 보아 민족의 자주란 측면에서 주한 미군 철수는 당연하지만, 주한 미군 철수로 인한 남·북 전력격차의 공백을 메우는데 소요되는 막대한 인적·경제적 부담을 고려한다면, 당장 주한미군 철수 주장은 현실적인 설득력이 없다.

또한 재야 측에서는 한국이 한반도평화의 안전핀으로서가 아니라, 한반도 긴장 격화의 주범이었다고 주장하지만 안보의 시각에서 보면 미국을 중심으로 한, 동북아 군사질서의 유지를 위한, 한반도에서 억지기능이 결과적으로 한반도에서 직접적인 무력충돌이 발생하지 않는 데에 기여했다는 것을 부정할 수 없을 것이다. 즉, 미국 전투부대의 한국 주둔은 한반도의 군사적 불확정요인(Uncertainty)에 대한 담보인 동시에, 미국이 한국의 안전보장 뿐 아니라 전반적인 동북아평화의 지속에 깊은 관심을 가지고 있다는 것을 과시하기 위한 것이다.

요컨대 신 데탕트는 소련·동유럽의 국내적 정치·경제개혁에 따른 변화와 중국의 경제개혁 추진 및 일본·서유럽 등의 국제적 역할증대 등과 아울러 미국의 재정 및 무역적자에 따른 국내 정책의 딜레마가 심각하게 받아들여지고 있는 상황에서 도래한 것이라 할 수 있으며, 특히 고르바초프 등장 이후 소련의 변화는 그 기폭제가 되었다.

한편 제2차 세계대전 후 줄곧 자본주의 국제경제 질서의 수호자로서 역할을 다해 온 미국은 오늘날 경제력의 상대적 저하로 그 세계적 역할을 수행함에 한계를 드러내게 되었으며 이 같은 미국경제력의 약화 현상은 "세계를

---

44) 하영선, 한반도의 전쟁과 평화 - 군사적 긴장의 구조 (서울 : 청계연구소, 1989), pp. 176-178.

주도하는 미국 경제"를 "세계에 적응하는 미국경제"로 변화시켜 놓았다.

세계의 신 데탕트 분위기는 미국과 소련간의 갈등해소, 유럽에서의 군축 평화분위기 고조, 전 세계적 지역 분쟁의 정치적 해결 및 해소 추세 등을 특징으로 하고 있다. 이 같은 상황에서 미국의 대외 안보 및 군사 전략은 결국 국가 지원의 한계를 인식하고 제한된 범위 내에서 그 활용을 극대화하는 방향으로 모색하게 되었으며 이에 따라 미 행정부는 국방예산의 효율화를 위해 고도정밀 장비의 개발과 홍보에 예산을 우선적으로 배분하고 불요불급한 사업을 폐지하는 동시에 미국 내 군사기지를 축소하고 병력을 감축하는 방안을 강구하고 있는 실정이다. 또한 미국은 더 나아가 대외군사 개입을 억제하고 방위공약에 대한 재평가 작업을 진행함과 더불어 해외주둔 미군의 점진적 축소를 계속적으로 추진하고 있다.

이러한 세계적인 신 데탕트 환경과 더불어 미국의 세계 전략의 변화에 따라 한반도를 둘러싼 동북아에서의 군사력 감축에 관한 국제정치적 이슈가 등장하게 되었으며 한·미 군사관계에 있어서도 주한미군의 감축은 물론 작전통제권 환원문제, 방위비 분담 등 지금까지 지속되어 온 근본적 관계가 불가피하게 된 것이다. 다시 말해 미국은 전략적 측면에서 동유럽의 민주화, 蘇연방의 해체, 바르샤바 조약기구(WTO) 해체 등 감소된 "위협적인 환경"은 더 이상의 해외 군사개입이 없을 것이라는 기본 가정을 설정하여 한반도에서의 핵전쟁 가능성을 낮게 평가하고 대외 군사개입을 제한하며, 제한된 예산을 고도기술 장비에 우선적으로 배분 및 불요불급한 사업폐지와 병력감축 그리고 장기적으로 전진기지전략에서 원거리 증원능력 중심으로 전환 등 전방배치 전력의 기동성 향상(경량화)을 추진하고 있다.

또한 미국은 경제·무역 경쟁의 중요성을 재인식하고 국방비 증가로 인한 경제발전 저해를 막기 위해 여러 방편으로 방안을 모색하고 있다. 이것이 결국에는 국가안보에 기여하고, 나아가 경제안보에 직결된다는 새로운 전략적 사고를 형성하고 있다.

미국경제는 1945년 세계 경제에서 차지하는 GNP 규모는 50%였는데 1987년에는 23%로 감소되어 생산성 낙후와 대외 경쟁력 약화 등 경제적 주도세력으로 영향력을 잃어가고 있으며, 레이건 노믹스의 결과로 누적된 3조억불에 이르는 연방재정 적자와 대외부채로 미국은 더 이상 군비를 증강시킬 의사가 없으며 군축으로 해결하고자 하고 있다.

이러한 경제적 악조건 하에서 국방비는 연평균 10.5%의 증가로 미국 경제에 커다란 영향을 미쳤으므로 현실적으로 미국은 국방 예산을 감소시키고자 노력하고 있다. 1992년도의 국방부 예산은 인플레이션을 감안하여 91년도 보다 1%, 90년도 보다 12%, 85년도 보다 24% 낮은 수준이다.45) 96년도에 가면 계획된 실질적 감소율의 누적치는 85년에 비해 34% 낮은 비율이 될 것이며46), 1992년에는 GNP의 4 · 7%를 국방비로 지출하게 되는데, 이 비율은 1977년도 수준과 맞먹는 것으로, 지난 50년 동안 최저 수준이 되며, 그 추세는 지속적으로 하향세에 있을 것이다.47) 이렇게 되면 결과적으로 더 작은 규모의 군대를 가질 수밖에 없으며, 외국주둔군에 대한 감축 및 철수는 불가피하다.

이에 대처한 부시 행정부는 주한미군 철수의 불가피성과 '80년대에 들어와 급격히 고조되고 있는 반미 감정의 문제는 미국 측이 한국군의 작전 통제권을 계속 보유한다는 것이 한국 민의 민족주의 자존심을 상하게 하는 것이기 때문에 한국 민의 반미감정을 완화시키기 위해서라도 한국군에 작전통제권을 반환할 의사가 있음을 강력히 시사하고 있다. 즉, 국제정세의 변화와 미 국방 예산의 감축 그리고 한국의 경제성장 등의 이유로 주한미군 철수에 따른 작전통제권의 반환을 요구해 오고 있는 것이다.

이 같은 미국의 요구에 대해 한국은 이미 많은 부분에서 기여하고 있는 것으로 알려져 있다. 방위비 분담과 관련하여 한국은 1991년에 1억 5천만 불을 지원한데 이어 1992년에는 1억8천만 불로 증액 지원키로 합의하였으며 걸프 전쟁과 관련하여 한국은 5억불의 재정과는 별도로 의료지원단과 공군 운송단을 중동지역에 파견하였다.

이상에서 보듯이 한 · 미 군사관계는 국제환경의 변화와 양국의 현실인식에 따라 발전해 왔다. 특히 1980년대 중반이후 한 · 미 군사관계는 새로운 전환기적인 국면을 맞고 있다. 과거의 일방적이고 수직적인 보호 · 피보호

---

45) The figures presented in this paragraph are based DoD budget requ- ests available at the time of drafting, not the final approved congressional authorizations.

46) Dick Cheny, Secretary of Defense, "A recipe of Lean, high Quality Force", (based on a prepared Statement to the Senate Armed Service Committee, February 21, 1991), Defense 91, March/April 1991, p. 13.

47) Dick Cheny, Secretary of Defense, " A New Defense Strategy for Changing Times", (based on prepared Statement to the Senate Armed Serviced Committee, February 21, 1991), Defense 91, March/April 1991, p. 3.

관계에서 상호 보완적이고 수평적인 동반자 관계로 전환 발전되고 있는 것이다. 한국이 군사원조를 받았던 과거와는 달리, 이제는 한국이 주한 미군의 주둔 경비를 지원해 주는 상황이 조성되고 있는 것이다.

1990년대에 접어들면서 유럽은 상대적인 전략적 안정이 달성될 것으로 판단되는 반면, 동북아지역은 정치·경제적 중요성 증대와 함께 새로운 시대를 지향하는 전환기적 혼란과 불확실성이 증대될 것으로 예측된다. 즉 새로운 아·태 시대의 도래에 즈음하여 표면적으로는 주변 4강의 화해와 긴장 완화의 노력이 진행되고 있으나 내면적으로는 기존의 군사적 이점을 유지하기 위해서 오히려 전략적 우위선점 경쟁이 첨예화될 가능성도 배제할 수 없다.

최근 이 지역 내에서 각 국은 군사 전략상의 상대적인 이점을 확보하기 위해 군사 분야의 양적 감축은 하고 있으나 질적 개선과 증강을 지속적으로 추진함으로써 지역 안보상의 불확실성이 줄어들지 않고 있으며, 군사적으로 긴장 완화를 추구하면서도 불안정이 내재하는 이중적 특성을 지니고 있다.

본질적으로 이 지역은 주변 4강의 이해관계가 유일하게 직접 대치하고 있는 지역으로서 각 국은 기존의 전략적 이점을 유지하려는 입장을 근본적으로 변경시키지 않으려고 노력하고 있다. 또한 한국전쟁이후 남·북한은 각각 남·북방 3각 관계의 전략적 동맹 관계 속에서 경쟁적으로 군사력을 증강해 왔고, 이에 따라 이제 한반도에는 160만 명 이상의 대병력이 대결하고 있다.

미국은 전체 군사력의 6.3%를 태평양에 배치하여 반응 능력을 보장하고 군수 기지를 제공하며, 미군의 전방 전개주둔은 1992년 이후에도 지속될 것으로 보고하고 있다. 한반도에 관해서는 군사적 균형을 고려하면서, 지상군과 일부 공군을 감축시켜 주한미군의 주도적 역할에서 보조적 역할로 전환 및 방위비 분담 증액을 요구하고 있다. 이를 바탕으로 미국은 미군 병력 25% 감축 계획의 약 7,000명의 주한 미군을 포함한 1만 4천명 가량의 아시아 주둔 미군병력을 철수시키기 시작했다고 미 국방부 소식통은 밝힌 바 있다. 또한 한·미 양국 정부는 향후 1-2년 내에 주한 미 공군의 운영체계를 오산과 군산 기지로 통합하고, 대구·광주·수원에 분산되어 있는 3개 공군 기지는 폐쇄, 유사시 미 증원군의 전개를 위한 한·미 공동작전 기지로만 활용할 것이라고 발표한 바 있다.

이로써 주한미군은 지난 한국전쟁 이후 54년과 71년, 그리고 78년에 이어 4번째로 철군 채비를 서두르고 있다. 주한 미군과 관련, 미국의 '루스벨트

센터'가 1년 전 실시한 여론 조사에 따르면 조사대상 미국인들의 61%가 극소수의 병력을 제외한 미군의 전면 철수에 찬성하고 있는 것으로 드러났다.[48] 미국은 이미 한국으로부터 군대를 철수시킨 경험이 있다. 1949년 약 5백명의 군사 고문단만 남기고 한국에서 미군 전투부대가 전면적으로 철수함으로써 한국에 대한 미국의 관심은 분명히 희박해졌고, 이것은 한국전의 거의 직접적인 발발요인이 되었다.

미국 내의 주한미군 철수론은 부분적으로는 최근 한국과의 무역마찰 등으로 고조되고 있는 반한 감정에 기인한 것이기도 하지만, 베트남에서의 패전체험에 그 뿌리가 있다고 볼 수 있다. 베트남에서의 개입은 미국에게 돈과 인명에 있어서의 엄청난 손실을 초래했다. 특히 한국과 같이 군사적 긴장이 높은 곳에 미 지상군을 주둔시키는 것이, 미국을 국지적 분쟁에 자동적으로 개입시킬 수 있는 사태를 가져올 수 있다는 데 미국인들은 불안함을 느낀다.

카터 전 미대통령이 1976년 대통령 선거전에서 주한미군 철수를 주장하면서 대통령에 당선되었던 것은[49] 미국 내의 주한미군 철수론자들의 이러한 불안을 대변해 주는 것으로 볼 수 있다.

하지만 카터는 겨우 3,670명만 철수시키고, 1979년7월 주한미군 철수중단을 발표했다. 철수를 중단했던 이유를 분석해 본다면, 미국 내의 주한 미군을 바라보는 일반적인 시각과 대체로 일치한다. 미국 내의 주한미군 철수 반대론자들이 내세우는 표면상의 명분은 주한 미군이 북한의 남침에 대한 가장 확실한 억지력의 기능을 갖고 있다는 것이지만, 보다 솔직하게는 한국에 있는 미 지상군이 현실적으로 미국에게 가장 확실한 방법으로 미국이 한반도에 대한 정치적·경제적 영향력을 행사할 수 있게 한다는 사실에 있다. 더 나아가 동북아 전체에 있어서 미국 자본의 자유로운 활동과 그 안전성을 유지하는 일에, 미국 자본의 상당 부분이 이해관계를 가질 것이고, 주한 미군이 다소간에 미국의 국방 부담이 되는 일이라 하더라도 그것이 미국 자본

---

48) 이두원, "미국의 대한 안전보장정책의 변화 가능성", 국토통일원편, 「제4회 한반도 통일문제에 관한 국제학술 심포지움 논문집」, (1988. 9), pp. 13-17.
49) 신재갑, "1. 한국전쟁과 한미관계의 성격 : 전쟁의 원인, 과정, 결과에 비추어 본 양국 관계의 역사적 성격," 안병준(편), 한국과 미국 1 : 정치·안보관계 (서울 : 경남대학교 극동문제연구소, 1988), p. 43.

에 기여하는 측면이 훨씬 크다고 간주하는 것이다. 그리고 주한미군이 미국에 재정 부담이 된다고 해서 군대를 미국 안으로 철수시킬 경우 미국의 재정 부담이 줄어드는가에 문제가 있다. 어차피 유지되어야 할 미국 군대 규모의 일부분을 한국에 전진 배치시킴으로써 주둔 비용의 상당 부분을 한국 정부가 지고 있는 처지에서 주한미군이 미국에 재정 부담을 준다는 논리는 설득력이 없다.

카터 행정부 시절의 미국 내의 철군론은 당장의 주한 미군 주둔에 소유되는 비용보다는 유사시 미국이 전쟁에 자동적으로 개입됨으로써 초래될 비용에 초점이 맞추어진 것이었다.

이에 비하면 부시 정권의 철수론은 지금 당장의 주한 미군 주둔 자체에서 비롯되는 비용에 초점이 놓여 있다는 점이 70년대의 철수론과는 다른 점이라고 할 수 있다.

그러나 향후 전망은 주한 미군 주둔정책을 중심으로 한 대한 군사정책 결정은 미국의 재정적자 문제와 한국의 방위비 분담, 전 세계 및 동북아시아에서의 對소 관계, 남·북한 관계 및 북한의 태도, 대북 군사균형 달성 등 여러 요인의 결합으로 이루어질 것으로 예상된다.

이러한 요인 가운데 어느 것에도 당분간 획기적 변화가 있기는 힘 들것으로 보인다. 경제적으로 보아 미국의 재정 적자가 극도로 악화된다거나 한국에 대해 방위비 분담이 전면적으로 중단되기는 힘들 것이며, 국제정세 면에서도 미·소의 해외 군사력이 전면 해소되는 획기적 해빙의 상황이나 남·북한 간의 관계개선 등이 순식간에 이루어지기는 힘들 것이다. 결국 이 같은 요인들은 점진적인 변화의 과정을 겪게 될 것이며, 이러한 점에서 미국의 對韓 군사정책 결정은 과거와는 달리 한·미 양국 간에 상당한 협의와 조정이 가능할 것으로 보인다.

미국의 이익 권은 이제 유럽 권에서 떠나 아·태지역으로 이동되어져 있기 때문이다. 주한 미 2사단은 아시아에서 유일한 미 육군기지이며, 한국으로부터 방위비 지원 때문에 비교적 싸게 운영되고 있다. 아·태 지역에서 증가하고 있는 미국의 이익을 보호하기 위하여 한국의 미군기지는 매우 유용하다. 주한 미군이 없다면 남한의 항구는 한·소간의 관계개선으로 소련이 이용할 수 있게 될 것이며, 이는 소련 해군에게 넓은 태평양을 제공하는 것을 의미한다. 이러한 싼 비용으로 미국의 이익에 절대적으로 기여하는 주한미군을 유지비용 때문에 철군해야 한다는 현재의 미국 내의 주한미군 철수론은 미국의 현실적인 정책 담당자들에게 별 호소력을 가지지 못할 것이다.

따라서 현재 미 공군기지의 재조정과 일부 병력의 철수는 미국 국방비의 절감의 일환으로 주한 미군의 군살을 빼기 위한 조치에 불과한 것이며, 정책의 수정이나 변경이라기보다는 병력 배치를 조정한다는 실무적인 의미가 너욱 크나고 봐야 할 것이다. 결국 사국의 급박한 국내경세 사정과 다소 배치되는 이 같은 방향에 대해 미국은 일본, 한국 등의 방위 분담을 증대시킴으로써 해소해 나가려는 정책을 추진하고 있다. 이에 따라 미국은 경제력이 크게 증대되고 있는 이들 국가에 대한 자국 병력의 주둔 비용이 적지 않다는 점을 고려, 재정적자 해소의 차원에서 방위비 분담의 대폭적 증대를 요구하고 있다고 보고 있다. 이러한 맥락에서 볼 때 미국의 대한 방위 분담 압력은 미국적 체제의 유지를 위한 비용 즉 경제적 위기의 근본적 원인은 감세 정책과 과도한 군비 지출로 인한 재정 적자로 야기된 만큼, 세금 인상(국내 정치적 이유로 실행 가능성이 없음)과 현재 추진 중인 국방예산 감축 정책으로 인한 동맹국 간의 갈등과 마찰은 더욱 심화될 뿐이다. 따라서 미국의 재정적자의 제거는 부채 상환이 되는 무역적자와 대외 소득을 향상시켜[50] 실추된 미국의 번영과 영광을 회복시킬 수 있을 것이다. 결국 미국의 對韓 시장개방 압력은 "쌍둥이 적자" 등 미국 내의 경제 문제가 호전되지 않고, 한국의 대미 무역불 균형이 시정되지 않는 한 계속되지 않을 수 없다. 이와 관련 1991년11월 한국을 방문한 칼라 힐스 무역대표는 지적 소유권 보호, 서비스 시장의 개방 확대, 투자제한 철폐, 정부 보조금 제도의 철폐, 농산물 무역 제한 조치의 제거 등을 현안 과제로 지적하면서, 특히 쟁점이 되고 있는 "농산물 시장을 개방하지 않으면, 한국산 공산품의 미국시장 진출을 차단하겠다." 며, 미 의회의 압력에 대한 행정부의 재량권에 한계가 있음을 분명히 함으로써 시장개방 압력을 표면화 하였다. 또한 1989년9월 방한한 모스배커 상무장관도 "한국의 상품과 용역이 자유롭게 미국에 진출하는 것처럼, 미국상품과 용역도 한국시장에 들어 갈 수 있어야 한다."며 시장 개방을 역설하였다.[51]

이와 같이 최근 미국은 한국의 영세업자들이 담당하고 있는 육상 운수업에

---

50) Robert Gilpin, "레이건 이후의 미국 정책', 국방대학원역, 「안보문제시리즈 87-89」, pp. 33~67.
51) 박세훈, "한미통상교섭의 막전막후", 「월간조선」, (1989. 11), pp. 154~164.

까지 개방을 요구[52]하는 등 UR 다자간 무역협상을 통해 전 부문의 시장개방 압력을 추진하고 있다. 특히 UR 협상 타결에 큰 쟁점이 되고 있는 농산물 부문에 대해서는 식량안보차원에서 재정압박을 감수하면서까지 수출에 보조금을 지급하고, 수입에 과징금을 부과하는 등 철저한 수입 규제로 농업 정책을 추진하고 있는 한국·일본·EU의 거센 반발을 야기 시키고 있다. 그러나 한편으로는 미국 정부는 대외적으로 이 같은 UR협상의 타결을 강력히 추진하면서, 안으로는 자국의 농산물 생산과 수출을 적극 지원하는 새로운 법제정을 서두르는 등 和戰양면 작전을 계획하고 있는 것이다.[53] 물론 대미 무역대상 국가들의 시장개방을 통해 더 많은 상품을 수입한다면, 미국의 무역 적자는 사라질 수 있을지는 몰라도, 한국과 일본 그리고 유럽 등의 보호무역 국가들이 미국 무역 적자의 20%에 불과[54]하다는 점과 미국의 재정 적자가 계속되는 한 시장 개방이 미국 무역 적자에 미치는 영향은 그리 크지 못할 것이다.[55]

미국의 재정적자가 해결되지 않는 한 對韓 시장개방 압력은 가속화 될 것이며, 시장개방에 따라 후유증은 심각할 것이다. 이런 점에서 한국의 대외통상 관계는 대미 일변도의 통상 관계를 탈피하고, 상호 의존적인 관계로 발전시켜 나가야 할 것이다. 그러나 무엇보다도 먼저 고려하여야 할 점은 한국의 안보상의 약점을 이용하여 주한 미군의 단계적 철수로 시장개방 압력을 가하고, 이에 끌려 다니는 식의 한·미 관계에 문제가 있는 것이다. 이에 대한 국가안보 차원에서 대응전략이 절실한 것이다.

일례로 최근 미국은 경제적 위기의 해결 방안으로 미 의회의 국방예산 감축과 관련한 해외 주둔군 감축을 비롯한 군비 축소에 따른 동맹국(특히 한국)의 방위분담 압력으로 연방 재정 적자를 줄이고, 해외 시장개방 압력으로 대외무역 적자를 해결하려는 정책을 빌미로 하여 한국이 주한미군에 직·간접으로 제공하고 있는 연간 약 22억 달러(1조 6천억원) 상당의 현 방위비 분담을 증액할 것을 강요하고 있는 것이다. 이에 대한 미국의 입장에서는 한국이 연간 22억 달러를 분담하는 것으로 되어있으나, 간접적인 지원을 제외하고 나면 실질 부담액은 2억 7천만 달러에 불과하며, 이것마저도 절반 이

---

52) 중앙일보, 1991년 6월 27일자, 3면.
53) 중앙일보, 1991년 8월 1일자, 3면.
54) The New York Times, April 18, 1987.
55) Robert Gilpin, op. cit., pp. 46-47.

상이 한국 노무자의 현지 용역 조달비로 한국 경제에 환원된다는 것이다.

그러나 한국의 주한 미군에 대한 지원 규모는 서독과 일본 같은 선진국의 경제력을 감안할 때, 오히려 부담이 큰 것을 주목하지 않을 수 없다. 한국의 미군 1인당 비용 분담액의 절대액이 오히려 큰 것은 물론이고 이들 선진국의 GNP와 국방비 규모를 고려할 때, 상대적 부담 비중은 엄청난 격차를 보이고 있다. 이와 같은 상황에도 불구하고 미국은 한국이 미국과 같은 수준(7.2%)으로 국방비를 지출함으로써 방위 분담을 늘려야 한다고 강요하고 있다.

미국의 요구는 ①유사시 3해협 봉쇄와 1천마일 해상작전에 따른 군사비 증액과 군비 확대, ②원유 수입의 48%를 의존하고 있는 페르시아 만에 이르는 해로 안보를 위한 군사적 기여로 인한 연간 2천만 달러 부담, ③태평양 안보를 위해 필리핀의 경제 건설에 필요한 적정 규모의 원조 요청 등으로 나타나고 있다.

결국 한 나라의 공동 방위를 위한 그 나라가 처한 정치·경제적 여건 및 위협의 인지에 따라 그 정도가 달라질 수밖에 없는데, 한국과 같은 분단국으로서는 방위비 분담 비용이 과중하더라도 당분간은 주한 미군의 주둔을 보장해야 할 입장인 것이다.

이상과 같은 미국의 對韓 군사정책은 국제 정세의 변화로 한국의 전략적 가치를 평가 절하하고, 경제적 위기로 주한미군철수를 내세워 극동아시아에서의 미국적 체계의 유지를 위한 방위분담 증액 요구를 해 오고 있는 현 시점에서 주한미군 철수와 방위분담 증액 문제는 국가안보 차원에서 우리의 군사 전략은 중기 목표로 1996년까지는 한·미간의 군사관계를 의존적 동맹 관계에서 수평적 동맹 관계로의 전환이 목표이나 장기 목표인 1997년 이후에는 주한 미군의 단계적 감축을 수용하되 해·공군 위주의 연합작전 태세를 유지하는 것으로 되어 있으며, 우리의 자주국방 능력이 제고될 때 까지는 미국의 군사력에 의존하지 않을 수 없는 현실이다.

결론적으로 말하면, 주한 미군의 우선적 역할은 미국의 국가 이익을 위한 것이지만, 그것이 우리의 국가이익과 공유되는 부분이 많은 이상, 한반도에서의 평화 정착을 위한 여건이 성숙될 때까지는 과도기적으로 한반도에서의 주한 미군의 주둔을 인정할 수밖에 없을 것이다. 거기에다 미국은 이제까지 한국 정부의 의사에는 별 유념 없이 거의 독단적으로 주한미군의 주둔, 철수, 감축을 실시해왔다. 따라서 미국은 주한 미군의 주둔 비용의 거의 전부를 한국 정부가 부담할 때까지 주한 미군의 감축·철수 논의를 계속할 것이다. 한반도의 분단에 미국이 일정 정도의 책임이 있는 이상, 미국은 자신들의 예산상의 이유만으로 주한 미군의 감축을 논의할 것이 아니라, 약소민족의 이익도 조금은 고려해야 할 도의적 책임이 있다. 필리핀은 매년 미국에게서 미군 주둔료를 받아내고 있다. 한국정부는 주한미군 주둔비용부담 협상에 있어, 주한 미군은 미국 측의 전략적, 정치적, 경제적 필요에 따라 주둔해 있다는 사실을 감안, 의연한 자세로 협상 테이블에 임해야 할 것이다.

제 2 절 일본의 군사대국화 가능성 요인

제2차 대전을 자유 민주주의 진영의 승리로 이끈 미국은 전후에 있어서 유럽을 위시하여 전 세계적인 규모에서 전쟁피해 복구는 물론 군사적 안정과 경제적 발전의 지도적 역할을 하여온 것은 이미 상식화되어 있다.

미국은 2차 대전 후 소련을 위시한 공산주의 세력의 팽창을 억제 및 봉쇄하기 위하여 세계의 수많은 나라에 군사경제 원조를 하며 방대한 해외군사기지를 유지하고 자유진영의 안정을 달성하여 왔다. 동시에 안정된 국제통화·금융·무역체제를 유지하기 위하여 미국의 재력을 주축으로 하는 브레튼 우즈 국제통화 체제(IMF)를 구축하고 일본 및 유럽을 포함한 기타 국가들에게 풍부한 산업자금을 공급하고, 방대한 미국시장을 개방 제공함으로서 일본 및 유럽을 포함한 기타 국가들의 급속한 경제적 발전을 지도하여 왔다.56) 對美 협조라는 기초 위에 일본은 미국과 안전보장 조약을 체결하여 안보 문제는 기본적으로 미국에 의존하였고 무역을 통해 활로를 찾는 데 있어서도 경제적으로 가장 풍부하고 기술적인 면에서 가장 진보한 미국에 통상 외교의 중점을 두었다. 사실상 이 시기의 일본은 패전의 무장 해제상태가 지속되던 때이며 미국은 한국에서 군사작전을 지원하기 위하여 일본의 기지가 필요했고 또한 일본 자체가 공산세력에 의하여 침략 또는 내부 붕괴를 당하지 않도록 지원해야 할 입장에 있었기 때문에 미·일간의 안보조약은 대등한 조약이 될 수 없었고 미국이 보호자적 입장에서 일본을 군사적으로 지도 지원하는 형태의 특징을 갖게 되었다.

이렇게 1950년대에 있어 미국은 전후 일본의 정치·경제구조를 재건하는 데 주역이 되었다. 따라서 일본은 아시아에 있어서의 미국의 안보 이익 속

---

56) 민준식, 「미국경제의 위기」 (서울 : 매일경제신문사, 1987), pp. 22-29.

에 일본의 보호가 포함되어진 상태에서 미국의 정책에 합치하게끔 그의 국익을 조화시킨다는 것은 바람직한 것이었다. 1952년4월28일, 샌프란시스코 강화 조약과 미·일 안보조약57)이 체결되면서 일본에서의 미국의 점령은 점진적으로 정리되어 갔다.

미·일 안보조약의 정식 명칭은 「미국과 일본국간의 상호협력 및 안전보장조약」(Theory of Mutual Cooperation and Security between Japan and United States of America)이다. 이 조약은 비단 군사적인 분야에 있어서의 협력일 뿐만 아니라 정치, 경제, 사회, 문화의 전반에 걸친 상호 협력의 체계로 2차 대전 후 사실상 일본의 전후 경제를 부흥시키고 오늘날 세계 경제대국으로 성장할 수 있는 여건을 만들어준 미·일 안보협력 체제의 기본적인 바탕을 이루고 있는 조약58)이라고 할 수 있다. 이러한 미·일 안보체제 형성의 바탕을 이루는 안보조약은 사실상 미·일 관계를 적대 관계로부터 동맹관계로 전환시키는 의미를 갖는다.

미국의 이처럼 자유진영의 많은 나라들의 발전을 지원하는 사이에 일본은 패전의 상처를 회복하고 이미 1960년대 후반부터는 세계 경제와 정치의 새로운 강자로서 성장하게 됨으로써 미·소 초강대국의 냉전적 경쟁은 양극화 현상에서 점차 다극화 현상으로 변화되었다. 따라서 미국은 자기의 안보와 지원으로 성장한 우방국들과의 경제적 경쟁 관계를 형성하여 갈 수 밖에 없었다.59) 특히 미·일 관계에 있어서 미국은 자기의 군사적 부담으로 일본의 안보를 대신 담당하는 동안 일본으로 하여금 군비부담 없이 전력을 경제 발

---

57) 미·일 안보조약은 전문과 5개조로 구성되었으며 내용을 요약하면 다음과 같다. 첫째, 일본은 미군이 주둔할 수 있도록 기지를 제공한다. 둘째, 일본 자체의 방위력을 증강 시킨다. (일본 헌법 9조는 오직 일본의 공격을 주로 하는 전쟁 행위와 이에 필요한 군비의 증강을 금하는 규정일 뿐 방위를 목적으로 한 군비 증강은 규제되지 않는다고 해석됨.) 셋째, 일본 주둔 미군은 일본 자체의 방위를 보장할 뿐만 아니라 극동에서의 국제적 평화와 안전을 보장하는데 사용될 수 있다. 넷째, 미군은 일본 정부의 요청에 따라서 외부의 압력에 의해 야기된 일본 내의 거대한 폭동 및 소요를 진압하는데 협조할 수 있다. 다섯째, 일본은 미국의 승인 없이는 제3국에게 군사기지를 제공하는 것이 금지된다.

58) 김용서, "일본의 안전보장," (현대 일본연구회 9편), 「일본정치론」 (서울 : 박영사, 1983), p. 309.

59) William Watts, The United States and Japan : A Troubled Partner ship (Cambrige : Ballinger Publising Company, 1984), pp. 18~57.

전에 집중 투입시켜 경제대국이 될 수 있게 하였다. 그 결과 미국은 막대한 對日 무역 적자가 발생되어 오히려 일본이 미국을 경제적으로 지배하는 현상을 초래하였다고 느끼게 되었다. 이러한 배경 하에서 1972년1월 미·일 양국의 수뇌는 그 해 5월 15일을 기점으로 하여 오키나와(沖繩)반환에 관한 공동 성명을 발표하기에 이른다. 한편 미국은 1965년 이래 對日 무역에서 적자가 누적되어 1972년에는 41억 달러의 적자에 이르렀다. 이를 조정하기 위한 양국 간의 협의가 미·일 통상회담에서 논의되었지만, 일본은 온갖 이유와 논리를 다 동원하여 그 현실을 회피하여 왔던 것이다.

일본의 책임 회피의 구실은 항상 미국의 일본 점령체제하에서 성립된 「헌법 제9조」에서 전쟁의 포기와 전력의 불보유, 국제적으로 인정된 집단적 자위권 행사 불인정을 제정하고 선제공격을 인정하지 않는 전수방위 전략을 채택하고, 핵문제에 있어서도 핵무기의 보유, 제조, 영토내의 반입을 인정하지 않는 비핵 3원칙을 천명하였던 비무장 조항과 국민의 군비증강 반대 여론이었다.[60] 일본은 이제 미국과 대등한 관계 속에서 상호 협력적인 체제를 모색하게 된 것이다.

1972년9월 일본은 독자적인 외교 정책을 채택한 결과, 구체적인 성과를 얻게 되었는데, 9월에 다나카(田中)수상의 방중을 통하여 일·중 국교 정상화를 달성하고, 10월에는 제1차 일·소 평화조약을 체결하기에 이른 것이다. 세계적으로 화해 무드가 조성되어가는 가운데, 각 국은 자국의 국가 이익을 바탕으로 하는 실용주의적 외교 노선으로 방향 전환을 하는 양상이 부각되기 시작하였다. 그러나 미·일 관계는 소련이라는 가상의 적에 대비하여 여전히 동맹 관계를 유지·존속하는 노력도 게을리 하지 않았다.[61]

1973년8월 訪美 중의 다나카와 닉슨에 의한 공동성명에서도 양국은 세계 속의 미·일 관계를 강조하고 있다. 국제 통화, 국제 무역의 신 체제를 위한 교섭과 에너지 문제 등에 대한 미·일간의 협력을 협의하였다. 일본의 급속한 성장으로 반드시 원만하지만은 않은 양국 간의 관계임에도 불구하고, 상호 협력의 필요라는 기본적인 입장은 고수되어졌던 것이다. 뿐만 아니라 미·일 안보조약의 계속적인 필요성이 선언됨과 아울러, 미국의 핵우산 하

---

60) 한국발전문제연구소편, 「일본의 군사력」 (서울 : 다사로, 1990). pp. 203~209.
61) 길승흠외, "한·일 안보관계," 「남북한의 평화구조」 (서울 : 법문사, 1990), pp. 121~126.

에 있는 동맹국 간의 결속을 강화하자는 키신저 구상에 협력할 것을 약속하였고, 천황의 訪美에도 합의를 보았다.

1974년 12월에 새로이 수상직에 오른 미키(三木)총리도 곧 미국을 방문하였다. 이때 발표된 공동 성명에서 닉슨 대통령이 한반도에 여전히 긴장 상태가 존재한다는 것에 주목하고 있으며, 총리는 한반도의 평화 유지를 위한 UN의 노력을 높이 평가한다고 하였다. 또한 한국의 안전은 일본 자신의 안전에 '긴요(Essential)'하다고 밝힌 바, 이는 한국관계 조항의 중요한 항목으로 평가받고 있다. 양국 수뇌가 한반도의 안전이 일본과 동아시아의 평화와 안전에 긴요하다는 데에 의견일치를 보았다. 그리고 미·일 안보조약이 아시아에 있어서 국제정치상 불가결의 요소라고 재확인하였고 미·일 방위분담이 거론되어 일본 내에서 적지 않은 논란을 불러일으켰다.

이러한 배경에는 일본에 대한 가상적국으로는 1차적으로 소련이 될 것이 명백하지만 약화가능성 및 소련의 동북아군사력의 공격가능성, 북한의 남침위협, 중국과 소련의 화해가능성, 한·미 관계의 약화 가능성, 중국세력의 증대 및 미국과 대만의 핵개발 가능성 증대 등이라고 볼 수 있다. 특히 소련은 극동지역에 블라디보스톡, 소비에트바아칸, 페트로파브로스키의 세 군항을 보유하고 있을 뿐 아니라, 북한지역의 청진항 등의 기지사용권 확보, 월남에 군함기지 사용권의 확보와 더불어 블라디보스톡을 중심으로 극동 군사력을 증강시켜 오고 있음에도 불구하고 미·일 안보조약에 있어서 공해상의 일본선박 피습 시 미국은 조약상 업무사항이 없을 뿐 아니라 과연 소련이나 중국으로부터 핵공격을 받았을 때, 미국은 적시 적절하게 대응 조치할 수 있을 것인가에 대해서 일본은 매우 심각한 반응을 보이고 있다. 일본에 대한 외부의 공격은 대륙 세력의 위협이 주가 될 것이다. 즉, 일본지방으로부터의 소련 위협과 일본의 심장을 겨누고 있는 한반도로부터의 위협, 그리고 중국에서의 규수 지방으로의 위협 등이다.

1978년 11월에는 미·일간 군사적 협력 태세를 위한 「미·일 방위협력지침」을 합의, 채택함으로써, 양국 간의 안보협력 관계는 근본적인 변화를 맞게 되었다. 즉 종전의 거의 일방적인 일본의 대미 의존 안보에서 균형화된 상호군사 협력체제로의 전환이 시도되었다.

1979년11월 제2차 내각을 발족시킨 오히라(大平)수상은 1980년 4월에 미국을 방문, 카터 대통령과 이란, 아프가니스탄 문제를 협의하였다. 일본은 미국의 방위력 증강의 요청에 노력할 것을 약속하였고, 미·일 과학기술 연구

개발 협력 협정에 조인하였다. 1980년 스즈키(鈴木)수상은 '외교 청서'62)에서 서방국가의 일원으로서의 일본 역할을 천명하였다.

1980년대에 있어서의 미국의 안보 역할분담에 대한 요구는 대체로 크게 3가지로 요약된다. 첫째는 3해협「쓰시마」,「스가루」,「소오야」를 봉쇄할 능력 즉, 일본 본토의 방위력을 향상시키라는 것이며, 둘째는 일본의 남방 1천 해리까지의 해역에서 해상 교통로의 안전을 담당하라는 것이고, 셋째로는 유사시 러시아의 태평양 함대가 동해를 거쳐 태평양으로 진출하는 해협의 봉쇄를 담당하라는 것이다.63)

미국은 일본을 영향권 하에 두고서 현재 GNP의 0.9% 방위비를 2%이상 증액시켜 5년간 지속해야 소련에 대응할 수 있을 것으로 판단하고 있는 것이다. 즉, 일본이 방위비 지출을 증가시켜 아·태지역에서의 안보 역할을 분담해주고, 일본 본토 방위력 향상을 위하여 최신 군사 장비를 획득함으로써 미·일간의 무역 적자를 해소하는데 도움을 줄 것을 기대한 것이었다.

1981년에 미국을 방문한 스즈키 수상은 레이건 대통령과의 회담에서 양국간 경제 마찰의 조속한 해결에 합의하였고, 미·일 동맹관계는 양국이 민주주의와 자유의 가치위에 구축되고 있음을 확인했다. '레이건-스즈키' 공동 성명에서는 아시아의 평화와 안정에 대한 쌍방의 관심을 확인하고, 일본을 포함한 동아시아의 평화와 안전에 있어서 중요한 한반도의 평화 유지의 촉진에 대해 의견의 일치를 보았다. 그리고 카터 대통령의 주한 미 지상군 철수 문제는 레이건 행정부에 와서 일보 후퇴하여 주한 미 지상군의 유지를 결정하였고, 일본 역시 이에 대하여 높이 평가한다는 의사를 표명하였다. 이를 계기로 82년 7월 7일자 민자 헌법조사에서 현재는 미·일 안보조약 해결로 미·일 안보를 의존하면서 국가 경제발전에 전력을 다해 왔지만 미국과의 경제적인 마찰과 안보 조약상의 미흡한 점, 장차 동북아에서의 일본의 역할 등을 볼 때 일본의 "무기합법화" 가 절실하게 요구될 것이기 때문에 안

---

62) 첫째, 군사대국이 되지 않겠다는 입장을 견지하면서 미·일 안보체제를 유지하고, 적절한 규모의 자위대 정비에 노력하겠다는 것 둘째, 미·일 관계를 기축으로 하여 아·태지역의 평화, 안정에 노력하며 셋째, 미·구미 등 자유주의 국가와 연대를 강화하고 넷째, 인플레, 실업, 에너지 문제 등에서 세계경제 안정 발전에 협력한다는 것과 다섯째, 남·북 경제문제의 해결에 노력하고 여섯째, 문화교류 등 상호이해의 촉진이다.
63) 정광하, 「일본 방위정책의 이상과 현실」 (경희대 극동문제연구소, 1989), p. 203.

보차원 이상의 군사력 증강64)은 불가피하다고 밝힌 바 있다. 결국 미국의 세계 전략의 기본은 對소 봉쇄정책으로 서방을 방위하는데 있으며, 對동북아 전략의 기본은 일본을 방위하는데 있는 것이다. 따라서 미국은 동북아에 있어서 급증하는 소련의 팽창 위협을 저지하기 위하여 미·일·중국의 對소 연합 강화로 동북아 지역의 안정을 주진 증강하여 한반도에서 미국의 철수를 가능케 하고 소련의 팽창을 저지하기 위한 보루로서 일본의 역할을 기대하고 있는 것이다.

1982년11월27일, 나카소네 내각이 출범하였다. 그의 외교는 '국제 국가 일본'의 건설을 목표로 하였다. 그는 스즈키 전 수상처럼 국제 사회 내에서의 일본의 역할과 책임을 강조하며, 미·일 안보체제의 견지 및 필요한 한계 내의 중점적이고도 효율적인 방위력의 강조를 추구하였다. 그리고 방위비 상한선의 철폐 필요성을 강조하며, 미국의 對日 무역 불균형 시정 및 방위

---

64) 82년도 국방백서 일본 방위청편, pp.170~173. 일본 방위청은 4차에 걸쳐 그 작성년도의 2년 후부터 5개년을 대상으로 하는 군사력증강 계획과 이에 따른 1987년도 완성시의 군사력에 대한 자위대의 증강 방향은 첫째, 지상자위대는 화력, 기동력, 대전차 화력 등을 충실히 하기 위하여 74식형 전차 373대를 더 증강시키는 동시에 88식형 전차를 1987년이나 1988년에 배치할 계획을 추진하고 있으며, 자주포 120문을 포함한 화포 354문을 증강하도록 되어 있다. 그리고 장갑 전투차의 개량을 추진하면서 73식 장갑차 105대를 포함한 240대의 장갑차를 65% 증강하고 신 고사기관포 7문을 비롯한 신형 重대전차유도탄 14기를 새로이 배치하는 것으로 되어 있다. 또한 공중 기동에 의한 원거리의 전투 지역에 신속히 대응하기 위하여 특히 대전차「헬리콥터」AH-1S를 43대 배치하고 V-107형 수송 헬기를 대체하여 신 기종으로 16대를 배치하도록 추진하고 있다. 그리고 개량형 지대공유도탄「호크」를 1군 더 배치하고 81식 단거리 지대공유도탄은 41기 배치하는 동시에 휴대용 지대공 유도탄을 각각 83%와 91%씩 증강토록 하고 있다. 둘째, 해상자위대는 함정에 의한 주변 해역의 방위능력과 해상교통 보호능력을 충실화 하기위해서 헬기 탑재함 5,200톤급 2척을 포함한 60척을 1987년에 보유하고 잠수함 6척과 심해용 소해함(消海艦) 1척을 포함한 13척 및 미사일함 6척을 새로이 배치하는 등 각종함정 49척 97,000톤을 건조할 계획이다. 셋째, 항공자위대는 방위전투 능력과 항공수송 능력을 충실화하기 위하여 주력 전투기가될 F-15를 75대 배치함으로써 1987년에는 138대의 세력으로 증강하고 F-4EJ 펜텀기를 저고도 목표 대처능력의 개선, 탑재미사일의 확대·근대화 등에 의해서 요격 성능을 향상시킴으로써 향후 11년간 사용하며, 특히 지원전투기 FS를 24대, 그리고 수송 헬리콥터를 6대 새로이 배치할 계획이다.

비 증강 요구 등의 미국의 對日 압력에 대처하였다. 그러나 그가 방위비 대 GNP 1% 한도를 넘어 1.004%로 증강시킨 근본적인 원인은 소련이 태평양 진출을 위해 극동군 통합사령부를 일본 지방 4도인 "구나시라", "에초로후", "시코탄"에 배치함으로써 궁극적으로 소련 함정 및 백파이어기를 혼슈우 사이 홋카이도와 가라후또 사이 해협을 봉쇄당하기에 이르렀기 때문이다. 결국 소련의 극동 군사력 증강에 대처한 일본 국민의 방위 인식 제고 및 동북아의 지역 강대국으로서의 지위 향상을 꾀한 것이라고 분석된다. 그는 1983년 訪日한 레이건 대통령과의 동경 회담에서 국제 정세의 변화에 양국 공동 대처에 대한 합의를 이루었고, 일본은 미국의 방위 노력 강화 요청을 받아 노력할 것을 표명하였다. 또한 한반도의 지속적인 평화와 안전을 지지하기 위해 공동 노력하는데 합의하고 경제 현안 문제에 관한 미·일간의 상이점을 해소하는 계기를 조성하게 되었다. 1985년 나카소네 수상의 방미 당시에도 남·북한 직접 대화를 통한 한반도 긴장 완화가 미·일양국의 공동 이익에도 합치한다는 데에 의견의 일치를 보았고, 향후의 남·북 대화가 성공적으로 추진되도록 측면 지원하기로 합의하였다. 1986년에는 미국의 SDI(전략 방위 구상)를 협의하여, 미·일 관계는 마치 '밀월'여행을 하는 듯한 인상을 주었다.65) 1987년 11월에 등장한 다케시다(竹下) 수상은 외교에 약하다는 이미지 불식을 위해 취임 직후부터 적극적인 외교를 전개하였다. 다케시다 내각의 외교 노선은 '세계에 공헌하는 일본'을 추구하여 ASEAN 정상 회담과 미국, 캐나다 방문 등을 추진하였다. 특히 미·일 관계를 기축으로 하여 아시아 중시 외교를 전개하는 한편, 미국과의 경제 마찰을 해소하고 방위 협력을 도모하였다. 1988년 방미하였을 때에는 일본 건설 시장 및 수입 시장 개방을 표명하고, 미·일 안보 체제의 신뢰성 재확인에 노력한 바 있었다. 88 서울올림픽 개회식에도 참석하여 이의 성공을 위한 양국 공동 협력을 시도한 점은 한·일 관계에도 적극적인 의미를 부여하였으며, 한국 신 정부에 대한 미·일의 협력도 확인하였다. 1989년 부시 대통령과 다케시다 수상의 회담이 개최되었다.

---

65) SDI전략의 일환으로 일본 방위청은 1980년에 배비한 조기 경보기인 E-2C를 1987년에 9대로 증강한다고 밝혔다. 또한 구난 헬리콥터 2대와 C-1 수송기를 대체하는 EC-130H 전자 지원기 1대 및 전자 측정기 1대를 새로이 배치하는 동시에 완전 일본식 초음속 연유기(鍊留機) XT-4를 45대 및 81식 단거리 지대공 유도탄을 27기 배치함으로써 각각 91%와 84%의 증강을 추진하였다.

1990년대에 들어 미·일 안보체제는 그것을 지탱해온 전략 환경과 전제들이 급변함으로써 러시아 연방의 존재 가치에 관한 인식은 이제 더 이상 서방 제국에게 군사적 위협이 되지 않게 된 것이다. 이제 극동 지역에서도 러시아 연방이 일본에게 직접적인 군사적 위협은 더 이상 아니라는 것으로 보는 것이 일반적인 평가이다.

일본의 외교안보전략은 일본에서 주둔하고 있는 미군은 일본의 안전을 보장함과 동시에 미국의 對극동 정책에 필요 불가결한 요소인 것을 강조하는 것이다. 즉, 20만 명의 주일 미군과 일본 전역에 흩어져 있는 600여개의 미군 설비는 일본의 안전을 보장하고 있음을 인정하도록 했다.66)

동시에 일본정부는 일본에 산재해 있는 미군과 군 설비는 극동에서 미국의 이익을 보전(Preserve)하는데 필요하다는 것을 미국정부가 인정할 것을 요구했다.

이것은 일본국민의 자주방위론과 비무장 중립론 같은 극단론에 대한 지지율이 지난 15년 동안 6~9%에 불과한 반면 현상유지론, 즉 현재의 안보체제에 대한 찬성 여론은 54~69%에 이른 것과67) 1992년 8월에 발행된 일본 방위 백서에서도 미·일 안보체제가 일본의 안전 확보에 있어 필요 불가결한 역할을 담당하고 있으며, 일본의 안 전 뿐만 아니라 극동의 평화와 안전의 유지에 있어서도 크게 기여하고 있다고 기술하고, 그것은 일본에게 있어서 모든 분야에 있어 가장 중요한 중핵을 이루며, 또한 일본의 자위력을 증강해서라도 일본과 동북아 지역을 확보 하겠다는 의지를 분명히 했다는 뜻에서 중요한 의미를 갖는다.

이는 일본도 그의 안전과 발전을 좌우할 수 있는 미국의 능력을 고려해 넣지 않을 수 없기 때문에68) 미국의 재정 적자의 축소를 위한 측면도 있다. 이와 같이 시간의 흐름에 따라 외교·안보적 측면에서 일본의 자주적 경향이 강해져 대미 의존형에서 크게 탈피하여 상호 경쟁적 관계에 돌입하게 되었다.

이것을 미국의 입장에서 볼 경우, 국익을 위해서는 영원한 적도, 또한 영

---

66) 1955년 방위연감(1955.9.8.) 통계에 의하면 약 200,000명의 미군과 기지, 훈련소, 병참부, 통신기지 등 630여개의 시설이 있었다.
67) 일본방위청, 「방위백서」(1989년판), p. 220.
68) 김창수, "동아시아 신질서와 미·일 관계," 「국방논집」제19호 (한국 국방연구원, 1992), pp. 176-177.

원한 우방도 없다는 현대 국제 정치 사회에서 일본이 반드시 미국이 기대하고 원하는 방향의 안보 정책을 추구한다는 보장은 없다. 이러한 동북아에 위치하고 있는 일본의 군사력 증강은 대외적으로 민감한 반응을 보이고 있는 것이며 우리로서는 중요한 관심사일 뿐만 아니라 우리 대한민국 안보에 지대한 영향을 미친다.

우리가 염려하지 않을 수 없는 것은 미국이 일본의 역할을 과신하여 일본에게 동북아 방위의 전부 또는 일부를 대행시키고 동북아의 미군사력을 인도양등 타 지역에 이동 배치케 되면 사전억제 역할이 크게 감소되고, 유사시 미군의 급속 대처가 곤란해지며, 경우에 따라서는 증원을 기대하기 어렵게 되거나 또는 그 역량이 감소될 수도 있을 것이다.

그런 반면 미국이 일본과의 안보 체제를 유지하는데 유용한 점이 있다고 한다면 첫째, 서구와의 3각적 유대를 구성할 수 있다는 것이다. 이 3개 진영의 경제력과 민주적 가치관은 공산 세계에 대한 강력한 대응 체제를 이룰 수 있고, 일본이 비록 동반자적인 군사적 역할은 못한다 하더라도 세계 정치적 연합 형성의 지지자적 지위를 담당할 수는 있으므로 미국의 안보 이익과 직결된다고 할 수 있다. 둘째, 일본 군사력의 전전(戰前) 회귀 위험에 대한 제한은 아·태 지역 내의 안정을 주도하고 역내 국가인 한국, 필리핀 및 중국과 같은 쌍무관계에 있는 국가와의 안보관계를 더욱 신장할 수 있게 되리라고 본다. 셋째, 무역과 안보와의 연계문제에 있어서도 일본과의 무역 마찰이 심각할 지경에 이르게 되면 미·일 안보체제를 전제로 교섭 능력을 과시하게 된다는 것이다. 현재의 미국은 무역 마찰과 안보라는 관계 속에서 더욱 중요하고 선행되어야 할 것은 무역역조의 해소라는 것이다.

왜냐하면 일본은 미국의 보호를 받으며 성장했고, 핵무기나 일반군비에 있어서 미국이 일본의 안보에 크게 기여해 왔으며, 미군의 주둔이나 안보조약 관계가 지금까지 일본을 위협하는 가상 적국을 억제하여 왔다는 사실을 인정하고 있다. 일본은 미·일 안보체제를 통하여 고도의 군사기술을 미국으로부터 이전 받을 수 있었으며 이러한 안보 체제가 없이는 고도의 군사기술을 위해 막대한 재원을 투입했어야만 했다. 지금과 같은 미·일 안보체제에 따르면 안보 조약상 일본은 미국의 방위에 나서야 될 의무가 없기 때문에 일본만의 방위를 위한 군사력을 유지하면 될 뿐만 아니라, 나아가 최소한의 군사비로써도 방위력을 유지할 수 있다. 미군의 주둔은 페르시아 만과 인도양의 해상교통로의 안전을 일본에게 제공하여 경제적 이익을 보호하며 원유와 기타 필요한 자원 공급을 원활하게 하고 있다. 따라서 미·일 안보조약에 근거한 안보 체제는 일본의 안전보장에 기여할 뿐만 아니라 경제적 발전에도 커다란 영향을 미치고 있다고 인식하고 있기 때문이다.

결국 동북아에서 선택할 수 있는 미국의 정책은 일본과 협조하는데 최우선을 두고 있다. 이와 같은 사실은 관념적으로 미·일 양국의 이익에 관련된 문제를 일본과 협의하여 이러한 문제에 관한 양국의 정책은 협조되어야 함을 의미하고 있다. 왜냐하면 양국은 강대국으로서 적어도 그들의 경제적 이익과 영향력, 협의와 협조는 한 지역에 한정된 문제가 아니기 때문이다. 따라서 미·일 양국 간에는 이미 상호 의존성이 구조화되어 있다고 할 수 있으므로 금후의 문제는 협력의 종류 및 범위와 방법의 문제라고 할 수 있다.

미국은 일본에 대하여 안보에 관한 역할 증대를 요구하고 있으면서도 구체적으로 어떠한 규모와 방법으로 역할 증대를 할 것인가의 가 이드 라인을 명확히 제시하지 못하고 있다. 즉「미·일간에는 국내·국제 경제정책과 그 성과, 기술 경쟁과 기술력, 군사 밸런스, 외교 정책이 다양하게 교착하고 있고, 그러한 현상이 양국 관계를 극히 복잡하게 만들고 있다. 그러나 미국은 이러한 모든 요소를 일관성 있는 정책에 연계시키려고 노력한 흔적이 전혀 보이지 않고 있으며, 금세기 중에 이러한 요소가 어떻게 변환되어 가는가를 통찰하여 장래에의 계획으로 작성하려고 한 흔적도 없다.」[69]

이처럼 동북아는 현재 자유세계의 사회경제체계와 그의 반대세력인 권위주의적 사회주의 사회 및 경제가 서로 대결하고 있는 지점으로서 역사적인 관점에서 보더라도 국제정치상 지리적으로나 전략적으로 사실상 중요한 압력점의 한 곳이다.[70]

이와 같이 세계의 5대 세력 중심지 중에 4대 강국의 이익이 교차하는 동북아에 있어서의 미국 안보 정책의 공식적 본질은 20여년에 걸쳐 변화되지 않고 있다.

그것은 미국 내의 對日 요구자체가 몇 가지로 분열되어 있기 때문이다. 우선 일본의 과거 즉 군국주의 역사에 지나치게 관심을 집중시키고 있는 자들은 일본의 군사력이 증대되면 또다시 편협한 민족주의나 군국주의 또는

---

69) J. H. Makin, op. cit. , p. 108.
70) William M. Carpenter 외, U.S. Strategy in Northeast Asia, SRI Internationa, Aflington, Virginia 1978.

열광주의(FANATICISM)로 전환될 가능성을 우려하여 일본의 역할을 군사나 방위분야 보다 경제분야 즉 미국의 일본 주둔비용이나 개발도상국에의 개발원조(ODA)의 부담을 확대시키는데 국한시키려는 것이다.

이를 위하여 일본은 종래와 같은 對美 안전보장 의존 체제에서 탈피 내지는 독립하여 미·러와는 경쟁적인 외교를 시도할 것으로 추측된다. 만약 일본이 군사 대국화의 길을 선택하게 되는 경우에, 이는 곧 주변 아·태 지역과 공산권에 대하여 커다란 위협이 될 것임은 명약관화한 사실로 보여 진다. 다시 말해 일본이 핵무장을 통한 독자적인 자주 방위노선을 추구한다면 戰前의 대동아 공영권을 연상케 하는 군사 대국화에의 길로 원대 복귀하는 것으로 인식되어지기 때문이다.

아니면 일본이 현 수준의 군사력을 유지하는 한편 미·일 안보조약을 폐기하고 미·러와 등거리 외교 정책을 추구하는 노선으로 이른바 전방위 중립 노선 정책이다. 이 경우 일본은 세계 정치의 무대에서 중립주의를 표방하는 형식을 취하는 것을 상정하는 것이다.

이러한 양자 간의 경쟁과 협력의 복합적인 체제는 일본이 종래보다는 일층 선택의 폭을 확대시키는 구조라고 할 수 있으며, 따라서 일본은 미국이 「팍스·아메리카나」의 절대적 우위를 상실하고 일본과의 동맹 관계를 주축으로 비로소 자유 진영의 지도적 우위를 유지할 수 있다는 상황의 변화와 미국의 의도를 정확하게 파악하고 「상황적응적 전략」을 교묘히 활용하고 있다.

이와 같이 일본에 대한 지나친 시대착오적 우려 때문에 일본이 국력에 상응한 안보역할의 부담을 회피할 수 있는 구실을 마련하여 주고 일본이 자기 중심적 비논리적인 외교 정책을 내세우고 이중 플레이를 하도록 방치하는 것은 잘못된 생각이고 그것은 미국의 책임이라는 의견도 존재한다.71) 반면 주변안보 환경에 능동적으로 대응하고 장기적인 측면에서 미·일 안보체제를 그 바탕으로 하는 군사력 증강은 동북아지역 내의 동·서간 군사력 균형 유지에 어느 정도 기여하게 되며 이에 따라 對북한 전쟁억제 면에서 간접적인 효과를 기대할 수 있다. 그러나 일본의 현 대한반도 정책, 즉 기본적으로는 친한적이며, 북한과는 일정한 거리를 유지한다는 정책을 지양하는 대신 장차 한반도에서 전쟁이 발발할시 일본이 취하게 될 아시아 집단방위에의

---

71) 한국발전문제연구소편, 전게서, pp. 222-224.

참여 활동의 일환으로 간접적인 군사협력의 방안으로는 미·일 안보조약에 따라 개입할 수 있는 방안을 모색해 두고 있는 것이다.

따라서 일본이 유사시에 3해협 봉쇄 임무를 담당하게 되면 대한해협 작전에 있어서는 한·일간의 협력이 필수적인 것이므로 한·일 해군간의 사전협력 및 합동훈련 문제가 필연적으로 대두될 것을 가정 하에서 일본의 대한반도 군사 정책은 다음과 같이 전망된다.

첫째, 일본은 국제적 요구 및 위협의 증대에 따라 헌법상 명시된 군의 보유, 자위대의 해외 파병 등을 인정하지 않는 법적 차원에서의 제약 요소는 물론이고 그들의 현실적인 국가이익 측면에서 직접적이고 적극적인 군사협력에 대한 개정요구 및 어원상의 해석을 군비증강 방향으로 전환하여 서서히 그 기초를 닦고 있다는 점이다.

둘째, 한반도의 긴장 완화와 현상 유지를 위한 안보 외교적 역할 및 정치적 비치 강구를 미·중·소 3강 및 남·북한에 종용하는 등 적극적인 외교 활동과 더불어 한국의 對북한 우위의 군사력 확보 반대의사를 미국에 표명함으로써 전형적인 현상유지 정책을 점진적으로 강력하게 표명할 것이다.

셋째, 일본의 방위 정책은 미·일 안보체제를 주축으로 하고 있으며 지금까지의 소극적인 전수방위를 서서히 탈피하고 그들의 국익과 직결되는 해상교통로 확보정책을 지향하고 제반 정책을 지원할 수 있는 군사력 증강을 꾀하는 것이다.

특히 해상 위협을 최고의 위협으로 간주하고 있는 일본으로서는 소련의 군사력이 미·일 군사 협력체제가 강화되지 못하도록 저지한다는 명분아래 주변 지역에서 그 해·공군의 활동을 강화할 것으로 예상되며, 이에 상응된 소련 군사력 역시 미·일 군사 협력체제가 강화되는 것을 저지하기 위하여 일본 주변 해역내의 활동 강화가 예상되고 이러한 일·소의 군사력 압력 증대는 한반도 정세에는 상당한 영향 파급이 될 가능성이 크다고 판단된다. 이러한 의미에서 한국은 일본 안전보장의 전초기지로서 사회·경제적 안정 유지와 對북한 우위 확보는 일본 안보와 불가분의 함수관계에 있다고 볼 수 있으며 이 같은 인식은 일본 정부에 의해 자주 표현되고 있다.

그러나 현시점에서 볼 때 일본의 對韓 외교 6적 성향의 정책은 첫째, 분단현상 유지정책. 이 정책은 소위 남·북한 분단을 고정화하기 위한 정책으로 이 정책의 발상은 현재 2개의 한국으로 분단된 한반도가 공산 통일이든 비 공산통일이든 단일국가로 통일될 경우 한반도에 대한 일본 영향력이 크게 저하되거나 전혀 무시되는 지대로 될 가능성이 커지고 군사적으로 막강한 대국이 됨으로써, 현 비군사 대국인 일본에게 직접적인 위협국으로 변화될 것이며, 경제적 측면에서도 통일 경제의 힘이란 아시아 지역에서 일본의 독점적 시장에 큰 위협이 된다는 점에서 일본으로서는 남·북한 분단 상태를 오래 지속되도록 영향을 미칠 것이다. 이 같은 환경을 통해 계속적인 등거리정책을 추진함으로써, 국익에 더욱 부합된다는 의미에서 남·북한 분단 정책이 추진되고 있다. 그렇지만 아직까지는 국가 이념상 민주주의라는 동질성 때문에 당분간은 표면적으로 정부적 차원의 공식관계는 한국하고만 유지하는 정책을 추진하고 있다.

둘째, 주한미군의 한반도내 주둔을 당분간 촉구하는 정책을 추진하고 있다. 한반도내 일본 이외의 외세가 주둔해 있는 것을 가장 궁극적으로 싫어하는 일본이지만, 이 지구상에 존재하는 국가 중 가장 철두철미하게 폐쇄된 국가로서 1인 독재자에 의하여 지배되고 있는 북한이 언제 한반도의 평화질서를 파괴할지 모르는 상황에 처해 있으므로, 한반도의 문제가 해결의 실마리를 보이거나, 일본 자체가 미국의 역할을 대신할 수 있을 때까지 미군이 한반도에서 철수하는 것을 반대하는 정책을 추진하고 있다. 그 이유로는 만약 한반도 내에서 6.25 전쟁과 같은 무력 충돌이 새로이 재발할 경우 미국의 對韓 군사지원 내지 군사 개입 문제가 생겨나고, 미국 역시 직접적인 對韓 협력 문제가 야기될 것이며 그 여파로 미·중 관계 및 일·중, 일·소 관계를 복잡하게 만들면서 지금까지 이룩해 놓은 한반도내 경제이익도 큰 타격을 받을 수 있기 때문이다.

셋째, 일본이 급속한 군사력 증강으로 군사 대국화가 이뤄지면 상대적으로 한국의 전략적 가치가 저하될 것이다. 한반도란 대륙과 일본을 연결하고 있는 지대로서 장기적 향상 전략이란 적극 안보와 단기적 전수전략 성격의 소극적 안보를 모두 충족시키기 위해 북한이 포함된 한반도가 중국과 소련, 어떤 의미에서는 미국도 포함된 강대국들에 의하여 지배되는 것은 일본의 전체 이익과 안전 보장에 크게 위협되는 것임으로 일본의 입장에서는 한국의 전략적 가치가 더 커질지 모르나 미국의 입장에서는 전략적 가치가 감소될 것이다.

그렇게 될 경우 주한 미군의 철수를 재론할 가능성이 증대되는 한편, 한반도의 평화와 안전 유지를 위한 군사적 책임을 일본에게 부담케 하려고 할 가능성이 클 것이다. 일본이 아시아 문제에 있어서 서서히 미국을 대신하여 주역을 맡으며, 미국을 협력자의 위치에 있게 하는 것이다. 일본의 군사력 증대시는 언제나 한국의 안전을 위협해 왔다는 과거의 역사를 의식하기에는 오늘날의 국제적 분위기가 강대국도 식민지 정책을 지향할 수 없는 환경이지만, 일본은 보다 증강된 군사력을 배경으로 한국의 치안지대 자원에 대한 위협 및 해상에서의 영향력 행사, 독도문제 등 한·일간의 현안 문제에 섬진적으로 압력을 가할 수 있을 것이다.

이에 대해 미 해군대학원의 올슨 교수는 "일본은 한국에 대해 한반도 긴장 완화를 위한 혁신적인 외교 정책을 추구하고 있는 것처럼 보이지만, 이러한 행동은 남·북한의 분단 상태 존속을 확실히 하려는 계산된 정책72)이라고 지적하고 있으며, 이러한 기본적 입장을 바탕으로 일본은 북한에 대해서도 접근 정책을 실시하고 있는데 일본의 對북한 접근 전략 목표는 한반도의 전쟁 방지와 긴장완화, 남·북한의 수출입 시장화, 한반도의 분단 상태 유지, 한반도 문제에 대한 발언권 증대 등으로 요약할 수 있겠다.73)

일·북한 관계에 있어서 일본은 북한과의 관계를 과거의 관계로 유지 않을 것이며, 공식적인 외무성의 외교청서에는 큰 변화가 전망되지 않는 것 같이 한반도 정책을 기술하고 있으나 곧 국교 정상화가 성사될 것 같다. 앞으로의 문제는 일본이 북한의 경제발전에 얼마만큼이나 협력하여 정치적 영향력으로 발휘하게 되는지의 것이다.

이와 같이 일본의 북한에 대한 접근이 한반도에서 긴장을 완화하고 북한을 개방시킨다는 긍정적인 측면도 있지만, 북한이 대남혁명 전략을 포기했다는 확고한 증거가 없는 상황에서 일·북한간의 경제 교류는 북한의 전력을 증강시키는 요인이 될 수 있으며, 한·일 관계 현안 협상에서 일본이 한국에 대하여 북한 카드를 쓸 수 있다는 부정적인 측면도 있다. 또한 세계 제2의 경제대국으로서 경제력만으로는 안보 강화에 한계를 인식하고 이에 걸 맞는 독자방위 체제를 구축하여 정치·군사적 영향력 확대를 추구한다는 이른바 힘의 논리에 입각한 안보 전략을 견지하고 있는데, 1991년의 국방비가 4조1천5백9십억 엔으로 우리나라 전체 예산과 맞먹는 엄청난 예산을 투입하여 국제 정치 무대에서의 발언권을 한층 더 증대시키고 있다. 최근 걸

---

72) 에드워드 올슨, "일본의 군사력 증강에 대한 미국의 견해", 국방대학원 주최 국 제안보 학술토론회, 1991, p.287.
73) 외무부 외교안보연구원, 주요 국제문제 분석(91-3), p.1.

프 해역에 대한 소해정 파견이나 캄보디아 파병추진 등 유엔평화유지활동 협력 법안을 계속적으로 심의하고 있으며, 1991년 12월 일 방위청 차관은 미군 철수 시 힘의 공백을 일본이 메워야 한다고 말하고 방위비 증액을 주장한 바 있다.

이상과 같이 일본은 앞으로 한반도를 중시하면서 남·북 균형 및 등거리 외교 정책으로 북·일 관계개선을 통한 한반도 문제의 간여, 아·태 지역에서의 정치적 확대를 기도하는 일련의 정책을 계속 추구74)할 것으로 보인다.

---

74) 신희석, "한·일 정상회담 이후의 양국 관계 전망", 외교, 제17호, 1991년 3월호, p.28.

제 3 장
탈냉전 시대의 동북아 질서 재편과 한반도

제1절 동북아 안보전략 환경과 미국의 대한반도 정책

제2절 동북아의 대한반도 위협요소 평가

제3절 한반도 통일 전략과 동북아 경제 블록화

제 1 절 동북아 안보전략 환경과 미국의 대한반도 정책

　동북아의 군사정세를 좌우하는 세력균형의 기본 축은 주변의 지정학적 여건과 미·소의 기본적이고 상대적인 역학 관계에 의해 결정되며, 동북아의 세력 균형은 4강(四强)의 상충된 정책의 유기적인 상호 작용과 쌍무적인 협조 및 대립관계의 조화에 의하여 유지되고 있다. 즉, 세력균형은 주요국가 간의 상호작용에서 힘의 균형 혹은 균형화 과정을 통해 세력의 조화에서 오는 안정과 평화를 추구하는 것이지만 많은 정치가들은 주요 적대국과의 객관적인 상호 균형보다 일반적인 우월성을 추구한다는 차원에서 세력균형은 "자국에 유리한 세력균형"을 의미하는 것으로 보고 있다"[1]

　동북아는 지정학적인 위치와 세계열강의 이해관계에 따라 동북아만이 가지는 독특한 세력균형 면에서의 특징이 있다. 동북아의 세력균형 속에서 상호 작용하는 함수관계는 대체로 그 지정학적 위치[2]가 미·소의 전략 상황에 결정적인 이익을 제공하는 지역으로서의 지정학적 특성 이외에도 분쟁의 요인이 되는 또 다른 환경적 요인을 지니고 있다.

　그것은 정치 지리적 구조의 상대적 환경이다. 상대적 환경의 위치는 수리적 위치, 지리적 위치, 정치적 위치로 세분한다. 수리적 위치란 지도상의 위치를 뜻하는 것으로서 일반적으로 중위도인 북위 20도에서 60도 사이가 가장 분쟁의 빈도가 많은 것으로 나타났다. 지리적 위치란 해양, 대륙, 반도로 구분되는데 이러한 각종 지형적 요건을 갖추고 있는 지역은 항상 강대국의 각축장이 되어 왔다. 정치적 위치란 국가가 처한 정치 군사적 효율성의 문제로서 이는 다시 중앙적 위치, 병점적 위치, 완충적 위치, 기본적 위치, 육

---

1) 최종기, 현대 국제관계론, 박영사, 1983, p.45
2) 정신문화원, 민족의 시련과 영광, (서울 : 고려원, 84.1.20), p.25 한반도의 지정학적 위치는 현실적으로 동북아의 전략적 3극의 심장부를 차지하고 있어 역사적으로 대륙 세력과 해양세력의 경쟁의 초점이 되어 왔다. 중국인은 한반도를 "중국의 수뇌부를 강타할 쇠망치"로 생각했고, 일본인은 "일본의 심장부에 겨눠진 단도"로 인식, 쌍방은 모두 한반도를 스스로 장악하거나, 아니면 최소한 한반도가 상대방에게 장악되는 것을 방지하려고 노력했다. 그로 인해 청·일 전쟁과 러·일 전쟁을 한반도가 겪게 되었고, 이러한 관점에서 볼 때, 6.25 전쟁도 소련과 중국으로 대표되는 북의 대륙 세력이 미국으로 대표되는 해양의 저지세력과 맞부딪친 하나의 예이다.

교적 위치 등으로 나누는데3) 이것은 모두가 군사 지리적 측면에서 전략적 중요성을 지니며, 분쟁의 대상이 되거나 분쟁의 효과적인 수행을 위하여 필요한 지역이 된다.

미국과 일본은 일본의 안보무임승차에 관한 이해의 상충으로 마찰을 빚고 있으나 양국은 그들의 국가이익의 필요에 의하여 미·일 안보협력 체제를 강화하고 소련의 극동 해군력 증강에 공동으로 대처하며 미국의 요구와 일본의 기대가 부합되는 협력 관계를 유지하고 있다. 또한 미국과 중국은 소련의 견제를 목적으로 서로의 요구와 필요에 의해 맺어진 관계이므로 논리적으로는 결속이 강한 공동안보 목표하의 군사적 협력관계가 될 수 있으나 이념의 차이, 대만 문제, 그 동안의 적대 관계 등으로 양국이 동맹 관계로서 급속히 수행하는데 큰 장애가 되고 있다. 그리고 일본과 중국은 새로운 기술과 자본을 필요로 하는 중국의 필요와 시장개척을 위한 일본의 요구가 공동의 이익으로 묶인 경제적 관계이지 결코 군사적인 관계는 아니다. 그러나 중국은 일본과의 평화우호조약의 군사협정으로 연장되기를 희망하고 있으나 일본은 군사적 분야에 대해서는 소극적이고 무관심한 태도를 취하고 있다. 중국은 일본과의 경제적 관계를 확대하고 부수적으로 정치적인 측면에서 대소 견제의 공동전선을 펼 것으로 보인다.

일본은 정치적으로는 이념, 영토문제 등으로 소련과 갈등을 지니고 있으면서도 경제적으로는 시베리아 개발, 원자재 및 기술의 교류, 시장의 확보 등에 의한 경제적 관계를 서로의 필요와 요구에 의해 계속 확대하고 있으나 근본적으로는 적대관계로서 특히 소련의 극동 해군력 증강은 일본에 심대한 위협을 줄 뿐 아니라 미·일의 안보체제에 기본적인 위협이다.

소련은 군사적, 정치적으로 중·소 분쟁에 여념이 없으며, 일본의 정치현실, 미국과 일·중국 관계의 성격으로 인해서 대일관계를 긴밀히 하기 위해서는 군사적 수단보다는 외교적 수단을 더 활용해야 할 처지에 있다. 소련이 미국을 희생시키고 동북아에서 자국의 지위를 향상시키려고 노력은 단속할 것이나 미·중 양국은 다 같이 직접적인 군사대결 위험을 가중시킬 수 있는 불안정 상태 또는 예측 불가능한 사태가 「아시아」에서 일어나지 않도록 방지하는데 가장 큰 관심을 쏟을 것이다.4) 소련의 재편된 외교정책은

---

3) 권영식 외, 국방지리, 박영사, 1980, p.31~33.
4) Ralph N. Clough, op. cit, pp. 217~219.

그만한 이유가 있다. 종래 브레즈네프 시대에 지나치게 대미 관계에 초점을 둔 정책이 경직되고 큰 성과를 거두지 못했을 뿐만 아니라, 1980년대 와서 힘이 분산되고 있는 국제환경의 변화에 대하여 소련은 적응하지 않을 수 없었다. 안으로는 기술 개발과 경영의 실패로 경제발전이 점차 둔화되고 있으므로 과감한 개혁을 실시하여 경제 발전과 기술혁신을 성공시켜야 할 처지에 놓여 있다. 이와 같이 소련은 대내외적으로 당면하고 있는 도전을 극복하기 위하여 새로운 외교정책을 시도하고 있는 것이다. 특히 과거와는 달리 동북아에 많은 관심을 보이고 있는 것은 동북아를 안정시키기고 군사력보다 정치 및 경제적인 교류를 탐색하고 있다는 징후인 것이다.

동북아는 세계인구의 4분의 1이 거주하며, 미·일·중·소 등 4강(四强)의 이해와 힘이 상충하는 지정학적 현상은 한마디로 대륙 중심적인 소련 및 중국의 세력과 해양 중심적인 미국 및 일본의 세력이 주변지역과 결정지역에서 압력의 상호작용을 벌이고 있는 것이라고 말할 수 있으며, 4강(四强)의 세력구조는 바로 정치 지리적 구조의 함수이며, 이러한 지리적 구조의 특성과 힘의 균형이 지역의 안정과 분쟁을 가름하고 있다.

미국은 동북아 정책에 있어서 일본과 중국은 미국의 전략적인 이익을 공감하고 있다. 전략 및 경제적인 중요성에 비추어 일본은 미국의 동북아 정책에서 최우선적인 위치에 놓여 있고, 중국은 소련의 태평양 진출에 제동을 걸 수 있는 세력은 미국뿐이라는 것을 인식, 미국의 힘을 이용한 소련의 태평양 진출을 억제할 세력으로 이용하고 있다.

중·소의 화해에도 불구하고 중·소의 동맹관계까지 발전되지 않는 것으로 볼 때 중국과 미국의 전략적 이익은 계속 존속하리라 본다. 부시 행정부는 소련의 태평양 진출 정책이 강화되고 있어 유럽이나 동남아에서는 소련의 군축과 분위기로 하여 지역적인 분쟁의 소지가 많이 감소되었으나 동북아에서는 그런 징후가 나타나고 있지 않으며, 같은 패권을 추구하는 것으로 인식하고 이를 견제하기 위하여 미국은 일본과 동맹관계를 강화하고, 중국과도 동반 관계를 유지하여 이른바 미·중·일·3각을 형성함으로써 미·소·중·일의 4강(四强)안에 균형을 달성하려고 노력해 왔다. 레이건 정부는 '닉슨 독트린'이 남긴 유산을 청산하고 미국이 다시 아시아 강국으로 남겠다는 결의를 나타내고 있는 점이다. 이에 동북아에서 소련이 군사력을 대폭 증강한테 착안하여 미국은 오히려 아시아지역에 대해 적극적인 정책으로 전환 하는 바 그것은 「레이건」 대통령이 아시아를 구주차원으로 승화시키겠다는 의지의 현실이다. 아시아 지역이 미국에게 중요한 지역으로 부각된 이유는 ①미국과 아시아간의 무역량이 미·E.U 간의 무역량을 초과하고 있을 뿐만 아니라 점차 증가하고 있으며, ②세계인구의 1/4 이상이 동북아지역에 모여 있고, ③일본의 경제, 지리 및 정치적 속성이 미·일간의 동맹관계에 결정적으로 중요한 역할을 하고 있으며, ④이 지역에서의 미국의 자본투자가 약 150억불에 달하고 증가추세에 있으며, ⑤동북아 지역의 근해에 세계적인 석유자원의 잠재력이 있으며, ⑥한반도는 동·서 대결의 초점이 되고 있어 세력균형을 통한 안정을 추구할 수 있기 때문이라는 것이다.5)

미국은 「아시아」에 있어서 일본의 확보와 동북아의 현상유지를 본질적인 국가 이익으로 삼고 있으며, 한반도는 이러한 미·일의 안보체제 유지와 일본의 확보를 위해 필요한 전초적 요충지로 보고 있다.

미국은 동북아에서 일본을 상실한다는 것은 태평양 상에서의 미국의 전면적인 후퇴와 미국 본토의 안전보장에 대해 직접적인 위협이 가중된다는 것을 의미한다. 따라서 미국은 일본과 한국의 확보를 위해 동북아의 전략적 가치를 중요시하지 않을 수 없을 것이다.

미국은 동북아에서 그의 이익을 지키기 위하여 태평양세력으로서 남아 있으려고 하며, 동맹국들에게 스스로의 방위에 대한 책임을 더 가지도록 장려하는 것이 대 동북아 기본정책임을 밝히고 있다.6) 이러한 대아시아 관심의 중심 논법은 미국에 대한 1차적인 위협은 소련으로부터 나온다는 주장에 있다. 소련위협의 중심권은 아시아가 아니라 유럽에 있으며, 2차적으로 중동이기 때문에 아시아 지역 국가들은 그들 스스로 전략적 균형(소련과 대항할 수 있는 균형)을 찾아 갈 수 있도록 해야 한다는 것이다.

이러한 기본논리를 바탕으로 하여 최근에는 연합전선 전략이 공공연히 대두되었는 바, 이것은 소련의 팽창주의에 대항하여 일본 및 중국과(규합 가능한 여타 국가도 합쳐서) 사실상의 동맹 관계를 맺는 것으로서, 미·일·중국간의 비공식적 3국 협상을 "아시아의 NATO"로서 생각하고 있다. 이들 3국을 보다 밀접히 결속시킴으로써, 한국문제와 같은 것이 종국적으로는 평화적으로 해결될 수 있다고 보는 것이다. 그리고 연합전선을 펴는데 있어서

---

5) William M. Carpenter, U.S Strategy in North East Asia, SRI international, Arlington Virginia, 1978.
6) Casper W. Weinberger, op. cit, p.40.

아시아 국가들을 놓고 공산권과 비 공산권으로 가르는 낡은 양분법은 타당성이 없으며 전통적인 동맹구조에 우선순위를 둘 필요가 없다고 말한다.[7]

이러한 이유로 미국은 중국과 일본에게 對소 견제를 위한 중요한 일각이 되어 주기를 기대하고 있다. 한국과 일본은 미·소의 완충적 위치에서 동북아 방위의 상호보완적 임무를 맡고 이러한 어려운 군사 지리적 구조[8] 속에서 소련은 독자적인 행동의 자유를 확보하려고 노력하고 있다. 역사적으로 미국의 對 한반도 전략은 미·소 양대 지역변화에 따라 변동되면서 발전되어 왔다. 미국은 2차 대전 종전 후 소련의 세력 팽창에 대처해야 하고 유럽의 전후 복구지원이 시급했던 시기로서, 주로 전략 핵무기를[9] 주 전력으로 하여 봉쇄전략(Containment Strategy)을 채택하였다. 특히 Hormuz → Malacca → 4 해협선 상에서의 대한해협의 평가 판단에 중점을 두어 소련의 팽창 노력을 보다 구체적으로 표현하면, 자국의 영토를 공해(Open Sea)와 연결시키려는 "해양으로의 촉수운동"이며, 이것이 확대될 경우, 바다를 자국의 내해나 호수로 만들려고 하는 행위, 즉「마레 노스트로」운동(Mare Nostro Movement)으로 발전한다. 과거 역사에서는 로마 제국의 지중해 호수화, 스웨덴의 발틱해 호수화(17~18C), 터키의 흑해 및 동부 지중해 호수화(17~18C), 일본의 동해 및 동지나해 호수화(19~20C), 영국의 인도양 호수화(1, 2차 대전시), 현 소련의 발틱해 호수화가 있으며, 오늘날 소련은 동북아에 있어서

---

7) Robert A. Scalapino, "미국의 대 Asia 정책" 국대원 안보총서 24, 미국의 대외정책 방향(1981.7.30.), p.162~165.

8) Worty H. Bugly, Sea Power and Western : The Nest Alidade, Adelphi Paper No. 129, 1977. p.2. 동북아의 군사 지리적 구조는 한반도를 중심으로 서북의 중국, 소련과 동남의 일본 - 미국이 이념과 힘의 대결장으로 이루어져 있다. 소련은 부동항의 확보와 자유로운 항로를 확보하는 2가지의 난제를 가지고 있으며, 이를 위한 남하정책은 소련의 사활적인 이익인 동시에 역사적인 숙원이다. 소련의 대부분의 극동 해군기지는 일본열도에 의해 포위당하고 있으며, 소련 해군활동의 통제역할을 하고 있는 일본의 주변해협의 문제는 인도양과 서태평양의 해로통제와 더불어 해로에 사활을 걸고 있는 소련의 태평양 함대에 매우 중요한 문제이다.

9) 전략 핵무기(Strategic Nuclear Weapon) : 일반적으로 4,000마일(6,400 km) 이상 떨어져 있는 목표를 공격할 수 있는 핵무기, ICBM(대륙간 탄도미사일), SLBM(잠수함발사 탄도미사일), ALCM(공중발사 순항미사일)이 현재의 대표적인 전략 핵무기 체계이다.

도 바로 한국 "동해의 호수화"를 기도하고 있다.

따라서 동해가 소련 해군의 최전선으로 화하고 있음으로써, 한국·일본에게는 물론 지금까지 지역 내에서 對소 우세를 유지해온 미국에게 새로운 도전이 되고 있다. 또한 Okhotsk해를 이미 내해 화하여 이제는 미 잠수함의 접근이 거의 불가능하게 된 사실을 상기해야 한다. 소련은 농해의 내해화에 그치지 않고, CamRanh-Malacca 인도양에 이르는 완전한 활동 해로를 구성, 확보코자 함이 분명하며, 이 해로 중 특히 대한해협은 4강(四强) 극동 전략의 핵심이 될 것이다.

미국의 한반도에 대한 전략적 가치 평가가 과거 미국이 추진했던 주요 정책을 통해 정리해 보면 「트루먼」시대(1945~1953)에는 한국전쟁(1950.6.25~1953.7.27)이 발발하자 「트루먼」은 즉각 미군 투입을 결정했다. 이 기간 중 시행한 주요정책은 Truman Doctrine[10](1947.3.17), Marshal Plan(1947.6.5)이 있으며, NATO를 결성(1949.4.4)한 외에 ANZUS조약 체결(1951.9.1), 미·일 안보조약 체결(1951.9. 8)이 있었다.

「아이젠하워」시대(1953~1960)에는 기간 중 한국 전쟁의 종료, 중동 불안, 인도차이나 위기가 고조되었으며, 보다 발전된 핵전력(ICBM[11], SLBM, 폭격기)과 재래식전력의 뒷받침으로 대량보복전략(Mass Retaliation Strategy)이 추진되었다. 기간 중 한·미 상호방위조약(1954.1.19.), 미·일 원조협정(1954.3.8.), 미·파 군사협정(1954.5.9.), SEATO결성(1954.9.8.), 미·중 상호방위조약(1954.12.2.)이 있었다. 이렇게 1970년대 들어서면서 소련의 극동 군사력 증강 추세가 엿보이자 일본과 서태평양에서의 미국 이익을 방어하기 위해 한반도의 역할을 對소 전략의 일부로서 역할 담당을 고려하여 다시 미국의 극동 방위선[12] 개념 틀 속에 전략적 가치를 부여하였다. 닉슨, 포드 시대

10) "실행 가능성이 있는 한계 안에서 남한 정부를 지원하는 상황을 설정하되, 악영향을 최소로 줄이면서 한국에 대한 미국의 인적, 금전적 연관을 청산토록 촉진하는 방향으로 추진되어야 한다. 그렇게 함으로써 미국은 한반도 사태에 발을 뺄 수 없을 정도로 깊이 개입하게 되어 전쟁에 말려드는 것을 피해야 한다."

11) ICBM : 대륙간 탄도탄(Intercontinental Ballistic Missile), 대형의 원자·수소폭탄을 탄두에 장착하고 대륙 간을 나는 미사일. 타이탄·미니트맨(미국), SS9·SS20(소련) 등이 있다.

12) 1950.1.22. 「애치슨」 국무장관의 미국 극동 방위선에 관한 발언은 다음과 같다. "미국의 극동 방위선은 「알류샨」 열도에서 일본 본토를 거쳐 「오키나와」로 연장, 다시 「필리핀」을 연결하는 선으로 결정한다. 이 방위권 밖에 속하는 지역에

(1969~1976)에는 중동전이 확산되고 월남전이 절정을 지나 고비를 넘기게 되고, 중국과의 새 시대를 개막한 시기로서 현실적 억제전략(Realistic Deterrence Strategy), 1.5 전략을 채택하였다.

Nixon Doctrine 발표(1969.7.25)로 미국의 직접 개입 중지, 방위 분담 정책이 추진되어 베트남전 종전과 함께 인도차이나에서 철수, 미·중국 대사급 회담재개(1970.1.20), SALT협상13)(1972.5.26) 등으로 공산권과의 해빙 무드가 조성되었던 시기였다.

케네디, 존슨 시대(1961~1969)에는 WARSAW군이 NATO군보다 우세하게 되었으며 쿠바 위기, 아랍-이스라엘 간 전쟁이 있었던 시기로서, 재래식전과 핵전에 동시에 대응하는 유연반응전략(flexible Reaction Strategy), 2.5전략을 케네디는 채택하였고 그 후 핵무기의 질적 향상과 함께 Robert S. McNamara 는 실증파괴 전략(Assured Destraction) 및 피해국한 전략 (Damage Limiting) 개념으로 동시 발전시켰다. 기간 중 쿠바와 단교(1961.1.4), 경제 및 해상봉쇄 (1963.10.4~23), 중동지역 지원강화, AID발족(1961.10.4), 미·영·인 군사협정 체결 (1963.7.22)이 있었다. 카터 시대(1977~80)에는 이란의 회교혁명 (1979 Shah 축출), 미 대사관 점거 및 인질사건, 소련군의 아프가니스탄 침공 (1979.12) 등과 함께 카터의 인권정책, 대외 무기판매 등으로 미국이 우방국으로부터 신뢰를 잃게 되었다. 당시 카터 행정부는 중국과 화해로 對소 전략면에서 유리한 입장에 있다는 인식과 함께 월남전의 개입으로 국력을 소모한 점에 비추어 한국에서 지상군을 철수시키고 해군·공군력만을 지원하는 것으로 북한의 전쟁 재발을 억지할 수 있다는 계산을 하였다. 또한 그

서 야기되는 군사적 공격에 대해서는 아무도 이를 보장할 사람은 없다." Nixon Doctrine(1969.7.25.)이 발표한 방어선은 Alaska → Hawaii → Mariana → Gaum을 연결하는 선이었고 Brezinski 중공 방문 선언 (1978.5.20.)은 Alaska → 일본 → 오키나와 → 필리핀 → Guam 선이었으며 주일 미 대사 Mike Mansfield 는 기자회견(1979.10.9.) 시, "한국은 아시아 본토에 위치해 있기 때문에 미국의 아·태 외곽 방위선 속에 포함되어 있다고 보지 않으며, 따라서 미국의 국가이익에 긴요한 방위선은 일본과 필리핀 내의 미군기지라고 본다." 고 발언했다.

13) SALT : 전략무기제한협정(Strategic Arms Limitation Talks). 미국과 舊소련이 핵무기개발 경쟁의 억제를 위해 1969년 헬싱키에서 시작한 핵무기 제한협정. 1972년부터 1977년까지의 SALT I 과, 1979년부터 1985년까지의 SALT II로 구분된다.

당시 중국이 전략적으로 미국과 제휴, 反소정책을 펴고 있기 때문에 북한이 한반도에서 모험을 감행할 가능성이 희박하다고 판단하였다. 그러나 이러한 계획은 오히려 이 기간 중 핵 생존력 향상, 적 중유럽 선제공격 개념을 바탕으로 상살 전략(Countervailing Strategy)을 채택하였으며, 이집트-이스라엘 간 화해중재(Camp David 협상) 외에 FMS와 MAP 삭축, 주한미군 일부 철수로 한국과의 관계가 가장 악화되었던 시기였다.14)

한국에 가장 큰 영향 요소는 카터의 주한미군 철수계획15)이 동결된 것이었다. 이와 같이 미국의 전략은 상황 변동에 따라 변화되어 왔으나, 사실상 국방정책의 기조나 특성은 불변이라고 할 수 있는데 그 특징을 요약하면 다음과 같다. 즉, 소련이 "공세적이고 팽창적"인데 비해 미 국방성의 기조는 "방어, 억제, 평화회복"으로 규정하고 있으며16), 군사전략의 특징은 전쟁 억제에 중점을 둔 방어, 보복주의, 미국 단독이 아닌 동맹국과의 총합전력(Total Forces) 형성, 소련의 대병력주의에 대해 소수 정병주의(질 위주)로 대응한다고 말할 수 있으나, 무엇보다도 빈번한 개념 변경은 단속(斷續) 일관성을 유지해온 소련에 의해 추월을 당했다고 볼 수 있다.17) 이어 1980년대에 공화당의 레이건 미 행정부는 북한의 무력증강을 재평가하고 주한 미 지

---

14) KIDA, 미국의 군사정책 전망과 대응방안 연구 (82. 2), pp.70~74. 이기원, 군사전략론 (서울 : 동양문화사, 1982.11.20.), pp. 168~216 Richard G. Head/Ervin J. Rokke, "Strategy & the Use of Force in American Defense Policy." 국대원 안 보총서 6, (1976.6.30.) pp. 64~89

15) 이종학, 한반도의 억지전략 이론 (서울 : 형설출판사, 1981. 6. 5), pp. 101~111. 1977년 카터 대통령은 주한미군 철수를 결정하면서 그 이유를 다음과 같이 발표하였다. "한국의 전략적 평가를 높이 평가하지 않는다. 미국은 대륙에 대한 영토적 야심이 없으며, 소련 극동함대의 남하저지를 위해서는 일본만이 사활적인 이해관계를 가진다. 한국의 방어가 미국 국가이익에 불가피한 것도 아닌데 한반도 전쟁 발발 시 자동 개입강요는 부당하다. 일본으로 하여금 동북아 방위책임을 분담시키자 무기 판매의 촉진과 미군철수는 남·북한국의 군비경쟁을 불러일으킬 것이므로, 한국은 물론 일본도 미국 무기를 구매해야 할 것이며, 상대국을 우방으로 묶어 둘 수 있다."

16) Caspar W. Weingerger, Annual Report to the Congress FY 85, p.27 "......the three underlying principles of our national security policy remain unchanged ...... our Commitment to deterrence, our defensive orientation, and our determination, should deterrence fail, to fight to restore peace on favorable terms."

17) 김성조, "4강의 전략태세와 우리의 대응전략." (육본, 83. 3. 11.), p. 3.

상군이 단순히 북한의 남침을 저지하기 위한 역할 뿐만 아니라 구소련의 팽창주의를 억지하는 데에도 중요한 역할, 즉 동북아지역의 평화와 안전유지에 기여하는 지역적 역할을 담당하고 있다는 인식을 바탕으로 하게 되었다. 또한 그는 1980년11월 한국을 방문할 당시 국회연설에서 "한반도의 안정과 평화가 동북아의 지역안정에 직결된다. 따라서 미국의 대한반도 이해관계는 사활적 이해관계이다"라고 함으로써, 한반도 자체의 전략적 가치를 제고하였다.18)

따라서 레이건 시대(1980~1987)에는 對소강경책을 추진하면서, 1960년대~70년대 중 소련에 비해 열세하게 된 군사력 강화와 함께 역공세에 바탕을 둔 전시 반격전략, 동시다발 공세전략(Multi theater   Conflict Response Principle)을 채택하고 있다. 종전의 1.5 전략으로부터 3전선 전략으로 변경하여 유럽, 페르시아 만, 동북아 3개 지역을 "한 고리"로 묶어 대응하고 있다.

그렇지만 2차 대전 후 미국의 對한반도정책은 별도의 분리된 하나의 對韓정책이 아니며 미국의 세계전략 및 동북아전략의 일부분이라고 가정할 수 있다. 또한 동북아 정책 내에서의 對韓정책은 그 세계전략을 지역단위로 표현 내지는 구현하는 의미를 가지고 있는 것이며 이를 역으로 말한다면 지역전략은 단순히 지역단위로만 존재하지 않고 세계전략의 또 하나의 표현에 불과하다고 할 수 있다.19)

미국의 對韓정책의 기본은 한국 자체의 안보이익의 중시에서 발상된 정책이 아닌 동북아 정책, 특히 對일본 정책의 일환으로서 한국 문제를 다루어 왔다는 것이다. 미국은 1국에 의한 아시아의 지배를 반대하는 세력균형정책을 추구하고 있었으며 동북아에 있어서는 전반적 세력 균형 유지를 위한 과정에서 한국은 한 종속 변수 혹은 한 부수 인자로 밖에 보지 않았다.20)

그러나 최근 한국이 아시아 신흥공업국의 선두 주자로 경제대국으로 성장함에 따라 동북아에서 일본의 경제대국 독주의 새로운 경쟁자로 대두됨으로써 한국을 단순히 군사적·전략적 차원에서만 그 가치를 인정하려는 단계에

---

18) 팽재근, "한반도주변 4강의 동북아전략과 한국의 안보" (서울 : 국방대학원 비간행 논문, 1989), pp. 35~36.
19) 정준호, 한반도의 전략적 가치와 동북아에서의 한국의 역할, 정책연구보고서 81-8, 통권 29호 (서울: 국방대학원, 1981), p.49.
20) 안보문제 연구소, 미국의 군사정책과 한국의 역할, (서울 : 국대원 안보문제 연구소, 1975) pp. 18~17.

서 경제적인 차원에서도 한국과의 관계를 중요시하는 단계에 들어왔다. 특히 신 데탕트 시대의 도래, 남·북한 관계의 개선 가능성 증대, 한국 내의 반미감정, 미국의 경제 악화에 따른 국방비 삭감과 미국 내의 여론, 주한 미군의 지역적 역할 확대 요구, 한국의 경제력 향상 등 제 요인에 의해 對韓半島 정책의 재검토가 요구되고 있으나, 한반도의 정치적·군사적·경제직 가치의 중요성에는 하등의 변화를 가지오지 않을 것이다.

왜냐하면 현재 미국이 한국에서 얻을 수 있는 이익은 정치적 이익도 고려할 수 있으나 소련의 팽창 정책을 저지해 줄 수 있다는 안보적 이익과 경제적 이익이 더 큰 비중을 가지고 있음을 알 수 있다. 즉, 미국은 한반도가 동북아 지역에서 소련과의 대결에 초점이 되고 있기 때문에 한반도의 안정을 통한 동북아의 현상 유지를 강력히 원하고 있다.21) 다시 말해 그동안 미국의 대외 정책은 신 세계 질서를 주창하면서 지나치게 유럽과 구소련에 치중하였고, 걸프전 이후에는 중동 문제에 몰두해 있었으나, 최근에는 캄보디아 문제 해결을 위한 파리 회담에 성공하고, 이를 계기로 미국과 베트남의 수교가 가능케 되어 가고 있기 때문에 미국 외교의 관심이 점차 동북아 문제, 특히 한반도 문제로 이전되고 있다.

지난 1991년7월 워싱턴 한·미 정상회담에서 부시 대통령은 한반도 통일의 주도권은 한국에 있으며 미국은 이를 적극 지원할 것을 약속하였고, 지한파(知韓派)인 맥도널드(MacDonald)는 통일 자체보다 평화공존이라는 그 과정을 미국은 더욱 중요시 한다고 시 사 하면서, 무엇보다도 남·북한의 신뢰 구축이 통일 기반조성의 첫걸음이라고 주장한 바 있다.

미국의 한반도 통일에 대한 주요정책을 살펴보면 ①한반도에서 미국과 한국은 영속적인 평화 통일에 이르는 하나의 첫걸음으로써 신뢰구축 방안의 이로운 점을 북한에 납득시키려 애쓰고 있으며, ②진 정한 안정은 직접적인 남·북 대화를 통해서만 이룩될 수 있다고 확신하고, ③동시에 한국이 경제와 정치체제를 개방하고 있는 상황에서 미국은 여전히 한국의 안보를 공약하고 있다.22)

---

21) Ibid, p.53 : "We are prepositioning & equipment and supplies in all three forward defense areas: Europe, SW Asia, Ne Asia." p.173 : "...... Several critical theaters ...... Europe, SW Asia, Ne Asia, ..."
22) 박경서, "한반도통일과 미국의 정책", 한국외교협회 주최 세미나 자료, 1991, pp. 3~6.

이상과 같은 미국의 對한반도 정책의 주요내용을 요약하면, 태평양시대에 대비 한국과 협력하고 동북아 4강 세력에 대한 경제적 균형자 역할을 추구할 것이며, 한국과 밀착된 기존 협력관계를 계속 유지하기를 희망하는 등 한반도의 안정이 동북아의 안정에 결정적인 요소라는 인식에는 변화가 없을 것으로 보인다. 따라서 미국이 한반도에서의 전쟁 억제를 위한 노력은 매년 연례적으로 실시되고 있는 한, 안보협의회의와 기회 있을 때마다 대한 안보 공약을 재확인하고, 「팀 스프리트」와 같은 대규모 군사훈련을 계속하는 한편 핵우산 보호하의 대한 방위 의지를 강력히 표명하는 것이다.

이를 위한 미국의 전략구상은 4가지로 요약할 수 있다. 첫째는, 정치적 영향력을 정착시키고 있다는 점이다.[23] 둘째는, 대한해협은 한·미·일 3개국 모두의 이익이 일치되는 곳이다. 미·일은 대소 전략수행을 위해 소련의 태평양 함대세력을 양분하거나 봉쇄시킬 수 있는 한·일 군사협력을 유도하여 對소 전략에 한국을 편입시키는 것이다. 미국은 이와 같은 이유와 한국의 안정이 일본의 안전에 긴요하다는 점을 들어 한·일 군사협력관계의 발전을 직·간접으로 종용하고 있다. 셋째는, 한반도는 동북아의 세력균형을 유지시키고 일본을 보호해 주는 동시에 소련과 중국 및 일본을 견제시키고 있다는 점이다. 중국과 소련의 두 대륙 세력이 해양으로 더 이상의 진출을 할 경우에 미국은 완충지대 없이 그들과 직접 충돌해야 하는 문제 때문에 대륙세력의 해양 진출을 견제할 발판으로서 한국을 중요시하게 된다. 또한 한국은 서태평양에서의 미국의 핵심적인 전초기지가 되고 있다.[24] 넷째는, 최근 한국이 급격히 경제적으로 성장, 미국의 중요한 교역상대국이 되었다는 점이다. 한국이 경제적으로 그 지위가 높아 가고 해외무역량이 신장되어 미국에게도 무시 못 할 중요 교역 상대국으로 부상하게 되어 미국의 금융과 기업의 진출을 촉진시키고 있다.

이와 같은 배경에는 미·소 정상회담(1990. 6. 1~6. 2)을 통해 쌍방 간의 전략무기 감축협정(START)[25]과 후속 조치에 가서명 하고, 무역협정, 곡물협

---

23) 민병천, 미국의 대한반도정책과 한국안보, 총력안보, 1975년 12월호 (서울 : 대한민국 재향군인회, 1975), p.20.

24) 구영록 외, 한국과 미국 : 과거·현재·미래 (서울 : 박영사, 1981), p. 22.

25) 전략무기 감축협상 (Strategic Arms Rediction Talks) 미국과 舊소련이 보유한 사정거리 5,500km 이상의 전략 핵무기 감축협상. SALT II의 후속협상이다. 1991년7월 부시 미국대통령과 고르바초프 소련대통령이 완전히 타결했다.

정, 화학무기 감축협정, 핵실험 협정, 대학생 교류협정 등에 서명한 것이다. 또한 미국의 대외경쟁력 약화와 일본, 유럽연합(EU), 신흥공업국(NICS) 등의 세계무역시장 진출은 미국경제에 심각한 국면을 불러일으켜 군축과 함께 경제 회복을 위한 노력으로 전환 되어야만 했다.

이상과 같은 맥락에서 지금까지의 미국의 대한 안보전략은 군사적 측면에서 對소 견제위주의 정책목표에 의거, 세계전략 환경의 변화 시 마다 전략적 가치에 대한 미국의 판단에 의해 수립·진행되었던 것이라 볼 수 있다. 그러나 앞서 언급한 바 있듯이, 최근 미국은 경제적 측면에서 1980년대 중반 이후 소련의 내부 경제개혁의 필요성을 절감한 고르바초프의 서유럽과 대 아·태 지역에서의 일방적인 군축을 통한 강도 높은 화해정책으로 2차 세계대전 이래 일찍이 없었던 전 세계적인 군사적 위협요소가 감소되었으며, 반면에 대내외적으로 1차적 위협이 경제적 위협이라고 인식하고 있다.

미국은 국가안보 정책목표의 최우선을 경제적 측면에 두고 경제적 위기(쌍둥이 적자 문제)를 해결하기 위해 해외 주둔군 감군과 함께 시장 개방과 우방국의 방위 분담 증액 압력을 가하게 된다는 것이다.

결국 동북아시아에 대한 미국의 국가안보 이익은 이 지역에 대한 소련의 진출을 견제하는 것뿐만 아니라 점차 증대시키고 있는 경제적 이해관계와도 연관되어 있는 것이다. 그리고 한국에 대한 미국의 안보이익(전략적 가치)은[26][27] ①동북아지역의 안정과 균형 유지를 위한 이익거점 지역이다. 현재까지 미국의 정책 결정자들은 對소 견제를 위한 전초기지로 인식하고 있다. 또한 아시아 지역에서 양극체제가 급격히 쇠퇴함에 따라 주요국가 간의 완충지역이다. ②군사적 이익이다. 한반도에서 또다시 전쟁이 재발할 경우, 강대국 간의 세력균형을 불안정하게 할 것이기 때문이다. 또한 오호츠크 해에 기지를 둔 소련의 전략 핵잠수함 통로에 위치하고 있어, 미국의 전반적인 태평양 전략에서 중요한 역할을 맡고 있다. ③경제적 이익을 갖고 있다. 매년 미국의 대아·태 지역에 대한 무역량이 증대되고 있다. 특히 통계적으로 미국이 이 지역에 대한 전체 무역량은 대 서유럽보다 24%나 많으며, 미국의 총 무역량의 30% 이상을 점유하고 있는 것으로 나타나고 있다.[28] 한때 미

---

26) 신정현, 전게서, pp. 128~132.
27) 윌암. J. 테일러, "남·북한 냉전체제 완화 필연적", 『월간조선』, (91.1), pp. 5~6.
28) Robert A. Scalapion, Major Power Relation in Northeast Asia, (New York ; University Press of America, 1987), p.6.

국에 의존했던 한국은 세계에서 17번째로 큰 무역 상대국이다. 따라서 미국은 한국과 경제적 관계를 보다 더 안정된 바탕위에 유지시키고자 한다.

이와 같이 미국의 국가안보 이익을 포함한 세 가지 판단 요인으로 현재로선 주한 미군의 축소·조정은 불가피 하다 할지라도 완전철수는 불가능 할 것이다. 따라서 주한미군의 단계적 감축을 비롯한 전반적 축소·조정을 운운하는 것은 미국의 현 경제적 위기를 주한미군을 빌미로 하여 한국과 일본에 대한 시장개방과 방위비 증액부담의 압력수단으로 분석된다. 또한 주한미군 및 핵무기 철수는 한국 측의 심리적 불안감을 고조시켜 군비 확대를 야기할 것이며, 이는 북한의 군비증강 대응으로 이어져 한반도의 긴장 고조를 초래할 것이다.

제 2 절 동북아시아의 대한반도 위협요소 평가

역사적으로 한반도는 그 규모에 상응하지 않게 전략적인 중요성을 지녀 왔다. 이 중요성으로 말미암아 한반도를 지배하려는 일본과 중국 사이의 경쟁이 수 세기 동안 연계성을 갖게 되었다. 제2차 세계대전 기간 중 한반도의 중요성은 동아시아에서 강대국의 경쟁적인 이해관계가 교차를 이룬 지정학적 위치에서 비롯된 것이었다.

한반도는 대륙 세와 해양세의 중간에서 육지를 향한 디딤돌이 되고, 해로의 확장을 위한 터전이 되며, 미국의 對소 보루로서, 그리고 소련의 극동 세력팽창을 저지하는 방파제로서 동북아의 매우 중요한 지정학적 위치를 점하고 있다.

한반도는 소련의 해양 지향적인 對전략면에서 양호한 군사기지와 해양 진출로를 제공하고 있다. 소련의 극동전략29)에서 한반도의 전략적 가치를 더

---

29) 안보문제연구소, 소련의 중동진출 전략과 극동전략, 정책연구보고서 84-7, 통권 제70호, (서울 : 국대원 안보문제연구소, 1984), pp. 32-33. 소련의 극동 전략은 1960년대 초부터 중국과의 대결관계로 발전하자 구주의 WARSAW 동맹지역에 안정 유지를 위한 군사력 증강을 적극 추진하는 한편, 그 여력을 동북아지역으로 전환하여 지역 내에서의 그들의 정책목표를 달성하기 위한 전략적 기반확보에 박차를 가하고 있다. 소련이 동북아지역에서의 군사력 증강의 동기는 對美전략을 수행함에 있어서 「오오츠크」해(The Sea of Okhotsk)의 중요성이 증대 되어지는 바 이는 미국 본토 공격이 가능한 SLBM의 개발과 같은 상황 변화에 기인한 것

욱 증대시켜 주는 것은 소련의 해군력이 태평양과 인도양으로 진출할 수 있는 양호한 해협의 문제인 것이다.

미국의 극동전략중의 하나는 소련의 극동해군력의 봉쇄를 위한 3개 해협, 즉 「소오야」, 「쯔가루」, 「쓰시마」에 대한 봉쇄로서, 소련 해군력의 평소 견제와 전시통제들인 것이다. 해협의 지배는 해양지배의 한 부분이며, 해로의 방위는 해양확보의 구체적인 수단이다. 미국은 그들의 해양을 통한 세계지배를 계속할 것이며, 일본은 이러한 미국의 힘에 편승하여 해양으로의 진출을 넓히려 할 것이다.

소련의 입장에서 볼 때, 세계 제3의 경제대국으로 성장한 일본이 미국과 긴밀하게 협력하여 군사력을 강화해 나가는 통로를 모색하게 되는 것은 소련으로써는 이를 지극히 불리한 동북아 세력 균형의 변화와 위협으로 받아들이지 않을 수 없다. 그 뿐만 아니라 지정학적으로 일본은 소련의 대양진출에 대한 편의를 제공하여 줄 수도 있지만 이와 동시에 이를 거부, 저지할 수 있는 위치에 있기도 하다. 또한 일본에 보유하고 있는 경제적, 기술적, 잠재력은 상황에 따라서는 소련의 「시베리아」 개발에의 촉진과 원활화에 활용이 될 수 있는 막대한 잠재력인 것이다.

따라서 소련은 동북아에서 직접적으로 일본을 제압하고 중국을 포함하여 미국을 견제하기 위해서는 한반도가 절대 중요한 지점인 것이다.

한반도에 대한 소련의 대외정책은 소련외교의 기조가 되고 있는 공산주의 세력 확장을 통한 정치, 경제적 이익과 소련영토에 대한 안보를 도외시하고 한반도에서의 두개의 한국정책을 펴나가는 것은 결코 아니다. 소련의 동북아 정책의 틀 속에서 태평양 진출을 통해 영향력 증대와 미·중·일의 협력 체제를 와해시켜 소련영토에 대한 안보를 확보할 동북아 정책의 기조 속에서 한반도에 두 개의 코리아 정책을 추구하는 것도 남한에까지 소련의 영향력을 확보하고 소련안보에 영향을 주는 미·중·일과의 세력 균형과 더불어 궁극적으로는 미·중·일간의 협력 체제를 와해시키고, 태평양 진출을 통한 정치·경제적 이익을 추구하기 위해서는 한반도의 남쪽도 필히 정부로서 인정하여 관계개선을 이루겠다는 의도가 다분히 내포된 것이라 생각된다.

최근 북한과는 소련식 개혁, 개방 정책에 동참하도록 설득 및 압력을 가

이다. 또 한 가지의 동기는 미·일·중 反소 군사협력관계의 형성에 대한 우려 및 군사적 대응능력의 확보 필요성 때문이기도 하다.

하면서도 자신의 對 아·태지역 "군축, 평화전략"과 북한의 대남 "군축, 평화제의"를 연계시켜 안보연대를 강화함으로써, 對북한정치, 군사적 입장을 지지, 지원하고 장기적으로는 미국의 對 韓半島 영향력을 제거코자 하는 한편 "동·서독 방식"의 한반도 문제해결 방안을 제시하는 등 시베리아 개발과 극동진출에 유리한 지역상황 조성을 모색하는데 두고 있다.

소련은 1984년이라는 시점부터 종전의 소극적이고 자제하는 태세에서 점차 능동적이고, 다소 모험적인 자세로 북한에 대한 정책을 전환하여 왔다. 소련은 북한정책을 對 미·중·일 정책의 일환으로 기도하고 있다고 판단된다.

사실 북한은 소련이 제안한 아시아 안전보장 안을 지지했고, 소련은 북한이 원하는 군사 및 경제지원을 해주는 대신 북한이 소련 외교정책을 지지하게 만들었다. 동시에 소련의 장거리 정찰기가 북한의 상공을 비행하여 서해까지 비행하고 있고, 원산과 남포항에는 소련의 해군함정이 방문한 바 있다.

특히 동해의 확보는 주 해군력을 극동에 두고 있는 소련으로서는 한반도를 극동지역의 발판으로 하는 돌파구의 역할을 하는 입장에서 더욱 중요하다.30) 이를 위하여 소련은 「SS-20」, 「백-파이어」를 포함하는 군사력 등으로 위협함과 동시에 한반도 및 일본의 핵 「알레르기」를 포함한 국민 심리를 이용하여 시베리아를 개발함에 따른 자원공급 어업문제 등 경제적 수단을 동원하고 있는 실정이다.

이처럼 한반도와 관련된 소련의 단기적 목표는 ①중국을 봉쇄하기 위함이며, 이를 위해 「베트남」, 「아프카니스탄」, 「인도」 등과 밀접한 관계증진 및 점령을 통하여 세력 팽창을 추구하는 것이다. ②장기적 목표는 실질적인 초강대국으로서 영향력 확대 및 인정을 받으려는 것으로 중국의 대외 정책의 변질을 고무 시킨다는 전제 하에 등소평과 그의 측근이 추구하고 있는 정책을 배격, 反서방정책으로 이끌어 가는 것이다. ③아세아에 있어서 한국·대만 및 일본과 경제적 유대관계 유지를 추진해 나가는 것이다.31)

따라서 소련은 동북아에 있어서 형성될 수 있는 미·일·중 관계에 민감한 반응을 보일 것이다. 중국을 포위하여 고립시키기 위하여 일찍이「브레즈네프」가 아시아 집단안보체제의 결성을 주창한 바 있으며, 「베트남」을 지원하고 그 영향력을 이용하여「캄란」만과「다낭」과 「캄푸치아」의「캄풍숭」

---

30) 곽태환, 한반도의 전쟁 억제와 방위, 정경연구, 1976. 9.
31) 윌렘, M.카펜터 외, 미국의 대동북아전략 (서울 : 국방대학원, 1979), p.52.

만까지 소련의 군사기지화 하여 중국과 미국에 압력을 가하고 있다. 더욱이 일본에 대해서는 북방 4개 도서에 군사력을 강화시킴으로써 일본이「시베리아」개발에 참여토록 유인하고 있다. 또 일본과 중국에 대해서는 화해의 문을 계속 열고 있어, 일본의 對소관계라는 변수가 소련의 대미 관계뿐만 아니라 이 지역에서의 미·일·중의 3각 협력 형성에 설대적 억할을 하세 될 것이다.

결국 소련의 對한반도에 대한 정치적, 군사적 가치는 新데탕트시대인 현재에도 그대로 남아있다.

오늘날 소련의 지도자들은 남한을 북한 대타로 활용하고 있으며 유사시 중국을 견제하는데 이용하고 있다. 만일 소련이 남한의 영해, 부산 또는 울산 항구를 이용할 수 있다면 블라디보스톡에서 동해를 장악하는데 아무런 지장이 없을 것이며, 서태평양과 대서양의 해상통로를 장악하는데 매우 용이할 것이다.

소련은 지정학적, 정치적 및 군사적 관점에서 한국과의 우호적 관계를 가질 것이며 무엇보다도 경제적 실리를 위해 한국이 더욱 필요할 것이다.

한반도에 관한 지정학적인 명제는 소련의 태평양 함대의 문제와 관련되어 있다. 소련의 태평양 함대가 수행하는 중요 기능은 다음의 네 가지로 요약할 수 있다. 즉 ①소련의 극동지상군 및 공군을 지원하는 것 ②소련의 아시아에서의 외교적, 정치적 노력을 측면 지원하는 것 ③태평양 및 인도양으로 진출할 수 있는 해양로를 확보하는 것 ④지중해-인도양-태평양을 연결하는 미국과 일본의 해양교통로를 감제하는 것 등이다. 그러나 소련이 극동지역에 갖고 있는 해군기지인 '페트로파브로스크', '소비에츠카야가반', 그리고 '블라디보스톡'은 여러 가지 면에서 자연적인 불리한 점들을 갖고 있는데 문제가 있다.[32]

캄차카 반도에 자리 잡고 있는 '페트로파브로스크'는 소련의 주 잠수함 기지이나 12월에 얼어서 3~4개월간 결빙하기 때문에 제빙선에 의한 제빙 작업을 필수로 하는 항구기지이다. 또한 同항구는 너무 원거리에 고립되어 있어서, 보급에 곤란을 느끼는 불리한 점도 있다. 사할린에 맞은편에 있으며 '블라디보스톡'에서 북방으로 500마일에 위치한 '소비에츠카야가반'은 좋은 항구시설을 갖추고 있어 모든 종류의 선박을 수용할 수 있는 잠수함 기지이

---

32) 박준홍, 한반도의 평화와 안보(서울 : 박영사, 1981), p.186.

나 12월에서 3월까지 결빙되어 있어 제빙작업을 필요로 하는 곳이다. 태평양 함대의 기지가 있는 '블라디보스톡'은 1년에 85일 정도는 안개가 끼는 곳이며 역시 12월부터 3월까지 결빙되는 항구이다.

이 해군기지의 가장 큰 약점은 이곳으로 출입하는 모든 접근통로가 일본에 접해있기 때문에 일본과 미 해군의 감제 하에 있으며 유사시엔 기뢰의 부설 등으로 쉽게 봉쇄당할 수 있다. 이 같은 견지에서 볼 때, 동북아지역 중 한반도는 지정학적 측면에서나 장기 전략적 측면에서 소련의 동북아정책, 더 나아가 아시아정책에서 매우 중요한 위치를 점한 곳이다.

소련이 한반도를 통하여 얻을 수 있는 이익은 무엇이며, 소련이 한반도에서 취할 수 있는 전략은, ①한반도가 만주를 1/2쯤 포함하고 있어, 중국의 강대국화를 위협하거나 무력화할 수 있다. ② 한반도를 지배할 경우, 아시아에서 미국의 존재를 제거할 수 있고, ③한반도를 확보하면 同지역에서 소련의 경제, 외교, 심리적 압력 증대로 극동정책 수행이 가능하게 되며, ④한반도의 부동항을 이용하여 북태평양을 거의 완전히 지배할 수 있는 근거지가 되고, ⑤한반도의 풍부한 인적, 자연 자원을 극동지역 개발에 이용가능하다는 것이다.

이러한 對한반도 이익추구를 위한 소련의 對한반도 전략은 3가지로 요약할 수 있다. 첫째는 북한의 親중국화 방지를 위하여 북한에 대한 접근 노력을 강화하는 것이다. 소련은 중국을 독립시켜 미국과의 접근을 방해하면서 對중국 포위망을 강화하는 한편 중국이 소련의 적대세력이 되지 않도록 하기 위해서 북한을 親소세력으로 흡수해야 할 것이다. 왜냐하면 소련은 힘의 투사(投射)수단인 해·공군력을 대양으로 진출시키기 위한 발판을 확보하기 위해서도 북한은 중요하기 때문이다. 둘째는 세력 확장을 위한 기회조성을 위해 계속된 한반도의 긴장 유지를 모색하는 것이다. 소련은 미·일·중국의 전략협력 관계, 북한의 "자유노선" 추구와 한국의 방위력을 고려하여 미국과의 직접적이고도 대규모적인 군사적 충돌은 피하면서 그들이 항상 추구하는 "유리한 국제적 조건의 조성"을 위하여 한반도주변에서 긴장을 유지할 것이다. 셋째는, 한·미·일본 간의 군사적 결속을 계속 방해하기 위해 정치적 군사적 압력을 강화하는 것이다. 현재 미·일·중국 간의 反소 연합체제도 소련으로서는 위협으로 생각하는데다가 한·미·일본이 군사적으로 결합을 할 경우에 소련으로서는 받아들일 수 없는 심각한 위협이 아닐 수 없다. 이러한 반소적인 연합체제 형성을 저지하기 위한 소련의 노력은 북한이 필요로 하는 군사장비와 자본 및 기술제공 등으로 간접적인 압력방법과 북한과의 연합훈련, 일본 북방지역 동해 및 주변지역에서의 대규모 기동훈련을 실시하는 등의 무력시위로서 압력을 계속할 것이다.

소련의 극동전략에서 한반도의 전략적 가치를 더욱 증가시켜주는 것은 소련의 해군력이 태평양과 인도양으로 진출할 수 있는 해협의 문제로 귀착된다. 블라디보스톡에 사령부를 두고 있는 소련의 태평양 함대가 태평양으로 빠져나오기 위하여 사용할 수 있는 출구는 연해주와 사할린 사이의 타타르해협, 사할린과 북해도 사이의 쏘야 해협, 북해도와 혼슈우 사이의 쯔가르해협, 그리고 대한해협의 4개 해협으로 제한되어 있다.

이 4개의 해협 중 가장 안전도가 높은 해협으로는 타타르 해협을 들 수 있다. 그러나 이 해협은 수심이 비교적 얕고 겨울철에는 동결될 뿐만 아니라 우회에 따르는 항로의 지나친 연장 때문에 경제성이 가장 낮은 결점을 갖고 있다. 소야와 쯔가르 해협은 타타르 해협보다 훨씬 많은 자연적 이점을 갖고 있으나 이 두 해협은 미·일 해군의 집중적인 감시와 통제 하에 놓여있는 불리점이 있다. 이렇게 볼 때, 소련이 가장 중요시 하고 있는 것은 대한 해협이라는 결론이 나온다.

대한해협은 소련함대가 태평양으로 진출하는 관문일 뿐만 아니라, 동남아시아와 인도양으로 진출하는데 최단 거리를 제공하고 있다. 블라디보스톡-대한해협-말라카해협은 거의 직선에 이르는 하나의 축을 이루며 한반도는 이축의 가장 중요한 부분을 통제하고 있다.

그럼에도 불구하고 이 폭이 넓기 때문에(23마일), 쏘야, 쯔가르해협 보다는 매우 좋은 조건을 제시하고 있다. 대한해협의 이와 같은 중요성을 고려할 때 소련은 反소연합전선 방지를 위해 對중국 관계개선을 모색하는 한편 한반도정세를 악화시켜 중국의 대미·일본 접근을 봉쇄하자는 의도로 볼 수 있다.

소련은 극동지역의 해·공군력을 강화하여 「블라디보스톡」과 북한의 나진항, 베트남의 「캄란」 기지를 연결함으로써, 미국의 태평양 군사력의 인도양 전용을 견제하거나 제7함대의 인도양 작전능력을 둔화시키려는 것으로 보인다.

그러나 소련은 군사 면에서 취약점도 가지고 있다. 근본적인 취약점은 동·서에서 양면 전쟁을 동시에 수행할 수 있는 능력에 제한을 받는 것이다. 특히 동북아지역에서의 군사적인 취약점은 그 지역이 소련의 1/2에 해당하는 면적을 차지하면서도 인구밀도는 3,000만명 미만이기 때문에 현지에서 병력 보충이 곤란하다는 것이다. 그 다음의 취약점은 병참보급상의 문제로서 현재 同지역의 식량은 약 60%를 장거리 수송을 통해 수입하고, 각종 생산설비 및 소비재도 수입에 의존하고 있다. 「시베리아」철도는 BAM 철도가 추가적으로 부설되었으나 현대전에 있어서 높은 물자 소모율을 감안할 때, 군 장비의 재보급, 식품, 식량 및 석유 등 거대한 물량을 취급하기에는 부적합할 뿐만 아니라, 「바이칼」호 이동 지역은 그나마 종심이 결여되어 있어 차단당하기 쉬운 여건에 놓여 있다. 또 한 가지 중요한 취약점은 태평양 함대의 대양 진출로가 전부 미·일본의 통제 하에 있기 때문에 군사력의 절대 우위가 확보되지 않는 한 군사적인 도발 여건은 되지 못하고 있다. 따라서 그들의 의지대로 되지 않을 경우에 북한을 사주하여 한반도에서 무력 분쟁을 일으키는 것이라고 볼 수 있다.

1985년3월 고르바초프정권이 시작된 이후 소련은 새로운 외교정책을 이른바 新사고에 의해 나타나고 있으며 그 속에서 아시아를 더욱 중요시하는 조짐을 보이고 있다.[33]

최근 소련은 고르바초프 대통령의 신(新)사상[34]에 입각한 개혁·개방정책을 실시, 대내적인 면에서 정치적으로는 민주화, 경제적으로는 시장체제, 통치 구조상으로는 분권화를 지향하고 대외적인 면에서는 개방화를 추진, 사회주의와 자본주의의 이데올로기적 구별을 하지 않고 실제로 얻을 수 있는 국가이익에 집중하고 있다.

소련의 정책이 다른 국가들의 대항 조치를 초래함에 따라 소련은 이제 어떤 정책을 채택할 것인가? 의 질문에 대한 고르바초프 반응은 평화의 중요성을 지적하는 것이다. 1986년10월 고르바초프는 "레닌도 사회 발전과 인류의 가치가 어느 한 계급의 이익에 우선한다는 대단히 중요한 견해를 피력한

---

33) 블라디보스톡, 크라스노야르스크 선언.
34) 유승익, 「한반도 통일에 대한 주변 4강의 시각 및 역할」, (서울국방연구원 국방론집 제19호, 1992), p. 15. 구소련은 1985년 '고르바초프' 등장 이후 고르비의 "신사고"는 소련이 지난 40년간 취해온 냉전시대의 세계 외교정책에서 독일의 통일, 동구의 붕괴 및 재편성, 소련의 붕괴와 몰락, 러시아의 출현 등 획기적 변화를 가져왔다. 또한 고르바초프는 블라디보스톡 연설에서 "아시아-태평양 지역으로부터 정치적 독립에서 탈피하고 외교적 주도권을 획득, 경제 활성화를 기한다."

바 있다." 고 하면서, "핵시대에는 평화라는 전 인류의 가치가 다른 무엇보다도 우선 한다"고 밝힌바 있다. 이 말은 일견 진부한 것으로 보일지 모르지만 소련의 입장에서 보면 매우 중요한 의미를 가지는데 그 이유는 평화와 사회주의의 목표가 상치될 수도 있으며 對서방협력을 우선시하는 것으로 볼 수 있는 발언이기 때문이다. 라고 David Holloway는 말하고 있다.35)

이러한 배경 속에서 1987년12월8일 역사적인 INF 폐기협정이 워싱턴에서 미·소 정상이 서명함으로써, 핵 폐기를 향한 역사적 첫걸음을 내딛었다. 레이건 이전의 군축협정이 실현을 보지 못한 것은 미·소 양국은 근본적으로 상호 분담을 강요해 왔었다. 그러나 소련의 개혁정책과 동구의 변혁, 그리고 중·소의 화해, 부시와 고르바초프의 말타회담 등으로 군축회담이 순조롭게 진행되고 新데탕트 분위기 확산으로 NATO에서의 미군 감축 등 미국의 대외정책은 변화의 조짐을 보이고 있었다.

그러나 소련 내에서도 新사고가 소련이 너무 양보한다는 이유로 반대하는 사람들이 있고 군부 지도자들이 군사교리의 변화에 주목하고 변화가 가져올 여파를 최소화하고자 노력하리라는 것도 분명한 사실이다. 이와 같이 페레스트로이카가 성공할 수 있을지의 여부가 불명확함으로 해서 新사고의 장래를 단언하기는 어렵다. 외교정책에 있어서도 브레즈네프식의 전제가 파기된 이상 과거로 복귀할 가능성은 별로 없을 것 같다.

新사고가 행동계획이라기 보다는 일반적인 정책들의 성격이 강하므로 아직 불명확하고 어떤 효과를 가져 올 것인지에 대해 불분명한 점도 적지 않다. 예를 들어 소련이 어느 정도까지 新사고를 협상보다 일방적 조치를 통해 수행할 것인지 등이 아직 분명하지 않은 상태에서 쿠데타 실패 이후 공산주의의 몰락과 연방정부의 결속력 약화 및 급진개혁파 등장으로 소련의 경제력 재건설에 치중함으로서 한반도에서 그 영향력이 축소되었다.

이러한 소련의 한반도정책이 한국안보에 미치는 영향은 긍정적인 측면과 부정적인 측면으로 나누어 생각할 수 있다.

긍정적인 측면에서, 첫째는 한국이 종래 미·일본에 대한 정치·경제의 의존도를 줄이면서 남방 삼각관계에서 한국의 위상을 강화할 수 있으며, 둘째는 북한에 대한 소련의 영향력 행사와 소련의 개혁, 개방의 물결을 북한 속에 주입시킬 수 있어 북한사회를 개방시킬 수 있다. 셋째는 한·소련 관계

---

35) David Holloway, Gorbachev's New Thinkin "foreign Affairs Vol. 68. No 1, 1989.

개선에 대응하여 북한도 미국과의 관계 개선을 모색할 가능성이 높아 궁극적으로는 한반도의 평화정착과 평화통일을 이룩할 수 있는 국제환경 조성에 일조할 수 있다. 넷째는 소련과의 경제적 교류를 확산시켜 한국 경제성장 기반을 다질 수 있는 미·일·EU 등과의 무역마찰에서 생기는 불리한 점을 소련과의 무역 증대로 대체시킬 수 있다. 다섯째는 군사적 측면에서 궁극적으로 북한의 군사 도발 가능성을 환경적 압력으로 약화시킬 수 있는 효과가 있다.

　부정적인 측면에서, 첫째는 한·소 관계발전은 중국으로서는 對중국 포함전략으로 인식하여 한국과 중국과의 수교와 연루시켜 한·중국 관계 발전을 제한시킬 소지가 많기 때문에 북한과 중국의 밀착을 가속화시킬 가능성이 크다. 둘째는 소련의 동북아 정책에 편승하여 북한의 남·북 군축, 핵무기 철거 및 주한 미군 철수 주장 등 대남 평화 공세가 거세져 한국의 방위비 부담의 가중 현상이 초래될 것이며, 셋째는 소련이 한국 내에서 자유로이 첩보수집 활동이 가능하게 되어 많은 첩보가 북한 측에 제공될 우려가 있다. 넷째는 소련과 관계개선은 중국과의 관계 개선과 더불어 한국 내의 안보인식 기반이 혼란되어 기존의 반공 논리가 약화되면서 이념적인 아미노 상태가 초래하고 있는 점과, 다섯째는 소련의 한국과의 관계개선은 다른 일면에서 기존의 북한, 소련과의 관계를 약화시키면서까지 시도하려 하지 않을 것으로 판단되기 때문에 한국과의 관계개선을 조건으로 북한에 대한 군사적 지원을 강화하는 조건이 제시될 것으로 판단되어 북한의 대남도발 내지는 남·북한 군비 경쟁이 가속화될 가능성이 높다는 것이다. 여섯째는 소련이 주도권을 잡고 추진하는 新데탕트와 소련의 개혁개방 그리고 미·소 군축에 따른 군사력 사용가능성의 감소 경향과 국제경제체제의 의존구조 심화에서 오는 경제적 위험이 존재하여 개도국에 선진 국가들의 정치·경제적 간섭을 증대시켜 경제적 자립과 정치적 자주성을 약화시킨다는 부정적 측면들이 있다.

　소련이 동북아정책과 한반도정책36)을 수행함에 있어 고르바초프의 새로운 외교 정책에 힘입어 1990년9월 한·소 수교, 1991년4월 고르바초프의 한국

---

36) Herbert J. Ellison, op. cit. p. 217. 러시아는 "한반도의 미래가 자본주의체제를 수호하고 있는 한국에 의해 이끌어질 것"을 인정하기는 하나, 한반도가 러시아의 안보를 위협하는 국가로 변신하거나 러시아의 안보를 충분히 위협할 수 있는 세력의 영향권에 흡수되는 것을 원치는 않을 것이다.

방문이 이루어졌다. 그러나 舊소련 몰락 이후 등장한 국가 중 일부 공화국이 이탈하는 등 갈등이 노정되어 러시아의 정치 세력은 현재 3갈래로 분열되었고, 이중 "러시아 자유인민당"이 주도적인 역할을 하고 있는 실정이다. 1992년 러시아는 옐친의 방일계획을 연기하고 방한 계획을 먼저 시행함으로써 러시아가 일본보다 한국을 중시하고, 나아가 일본 측을 자극하기 위하여 한국카드를 사용하고 있다고 엇갈린 평가[37]를 낳고 있다.

우리가 경계해야 할 일은 러시아의 對日전략에 한국의 이용 가능성이다. 특히 러시아의 전략적 이중성은 남·북한관계에 아직도 북한의 후원세력으로 남아있다는 사실이다. 따라서 러시아의 對동북아 외교정책면에서 남·북과의 관계를 정치적, 경제적, 군사 안보적 측면으로 그 현상과 전망을 고찰해 보면, 첫째, 정치적 관계 전망이다. 1992년9월 한국에서의 한·러 정상회담 결과 한·러 기본조약이 체결되고, 정치, 경제, 군사 안보적 문제에 대해 협의키로 한 반면, 1993년2월 로가초프 외무차관의 북한 방문으로 1961년 체결된 조·소 우호조약 및 상호원조 조약은 한국을 의식하여 현실에 맞지 않는다는 이유로 협의 후 폐기되었다. 앞으로 한·러시아 관계의 정치적 전망은 보다 적극적인 한·러 협력관계로 진전될 것이며, 경제적 이익을 충분히 고려해 줄 수 있다면 러시아의 정치적 양보는 이루어질 수도 있다. 그러나 48년간이나 계속 되어온 북한과의 관계가 지금 당장 단절된다는 것을 의미하는 것은 아니다. 정치체제, 이데올로기의 공감대 등은 아직도 북한과 러시아 사이에 있으며 특히 舊소련 복고파들이 존재하고 과거를 갈망하는 보수파들과 북한과의 연계도 고려해야 하나, 對서방과의 경제적 원조를 고려해 볼 때, 보수파에 의한 러시아 붕괴 및 구소련의 체제로 회귀는 불가능할 것으로 판단된다. 둘째, 경제적 관계 전망이다. 한국과 소련의 경제 관계는 처음부터 정치관계와 연계되어 발전 되었으므로, 정치·경제적 성격을 띠고 있다. 경제관계의 성숙도에 따라 외교관계 수립이 가능하다는 소련의 논리를 쫓아, 한국정부는 북방정책의 일환으로 소련 경제협력 차관을 제공하기로 함으로서 한·소 경제관계는 정치적 관계로 향상될 수 있는 기반이 되었다. 1991년1월 對소 30억불의 협력 차관 합의 후 이자 상환문제, 러시아의 보증문제 등이 야기됐으나, 對러시아 경제협력 차관은 앞으로 국내 경제문제와 북방정책의 성과유지와 밀접할 뿐 아니라, 러시아의 시장경제 제도가

---

37) 「조선일보」, 1993년 1월 24일자.

성공하고 러시아가 장기 경기침체에서 벗어나 회생한다면 우리에게 정치, 경제, 군사적 전망은 매우 밝을 것이다. 일단, 경제적 측면에서 러시아의 풍부한 자원과 고단위 기술축적이 한국의 인력과 경제력에 접목 된다면 세계시장에서 성공할 가능성은 매우 크며, 경제적 협력체제가 성공을 거둔다면 현 자국이익 우선의 세계적 추이로 보아 정치, 군사적 면은 경제협력의 부산물로 자연 창출될 가능성이 있다.

탈냉전시대의 러시아의 안보 전략 개념이 구체적으로 언급된 것은 없지만 독자적인 안보정책으로의 수정은 舊소련과 같은 강력한 국가의 재현으로 볼 수 있으며, 서유럽의 안보 체제하에 통합 안보체제를 구축하며, 서유럽과 화합 협력으로 정치, 군사우선에서 경제, 외교 우선으로 당분간 경제건설에 주력하여 독자적인 안보전략을 구축해 나갈 것으로 보인다.

이러한 러시아의 기본노선 경향 속에서 한반도는 중국 대륙과도 수천 년 동안 밀접한 관계를 가져 왔다. 지정학적 외에도 역사적, 경제적, 문화적으로 관계를 지속하여 왔으며, 특히 중국인으로서는 한반도가 중국의 수뇌부를 강타할 수 있는 망치와 같다고 보고 한반도를 장악하려고 하였다.

청·일 전쟁 후 한반도를 점령한 일본은 1931년 만주사변을 일으키고 중국을 지배했다. 따라서 중국의 입장에서는 한반도의 통일이 중국의 절대적 우월권 유지를 위협하거나, 중국의 체제유지 노력에 해가 되거나, 아니면 제3국의 일방적인 노력 신장의 결과가 됨으로 이를 반대할 것이다.[38] 그러나 중국은 1978년 등소평이 이끄는 개혁파가 집권함으로서 농업, 공업, 국방 및 과학기술 등에서 4개 현대화 달성을 표방함으로서, 2000년대 중국을 '고도문명' '고도의 민주적 사회주의 국가'로 건설하는 것을 지상의 당면 '국가목표'로 설정하였다.[39] 또한 탈냉전 기간의 안보개념을 보면 "탈냉전은 방심 못하는 마방남산(편안한 안보 비유)이며 국방을 공고히 하여 침략을 막아내며, 조국을 보위하여 인민들이 평화롭게 일에 종사할 수 있도록 과학, 문화, 학술의 현대화에 중점을 두었다. 국방건설은 미래의 침략을 방어하는데" 있으며[40], 등소평의 실용주의적 노선인 '실천이 진리를 검증하는 가장 유일한

---

38) 박두복, "한반도통일과 중국의 정책", 「외교」 제20호(1991.12), pp. 66~67.
39) 은천기, 「중국의 현대화와 한반도 안보」: 중국의 군의 현대화는 군의 혁명화, 현대화, 정규화로서 군 과학기술 개선 훈련, 정치공작, 작전 능력을 제고하는데 있으며 중국 현대화는 과학, 문화, 예술에서 현대화를 뜻한다.
40) 「육군 제203호」, (대전 : 육군본부, 1992.11.), p. 88.

기준이다' 와 '검은 고양이든 흰 고양이든 쥐를 잡으면 된다.' 는 그리고 '사실에서 진리를 구하자'는 식의 논리는 대외 관계에서도 중국의 정책 기준이 앞으로 어떤 이데올로기 보다는 실용주의적 국가이익을 중심으로 더욱 기울어짐을 시사하는 것이었다.

1989년 천안문사태를 계기로 중국은 그 동안의 실용주의적 개혁정치에서 보수주의적 노선으로 회귀하는 조짐이다. 중국은 천안문사태 이후 끊임없이 4개 원칙41)을 강조하고 있다.

더구나 중국은 최근의 소련 및 동구의 개혁조치와 관련하여 이를 거세게 비난하면서 공산당 일당 독재체제를 유지할 것임을 재천명 하고 있다. 그러나 중국이 대내적으로 통제를 강화하고 소련식의 개혁정책의 도입을 거부하고 있다고 하더라도 대외정책에 있어서까지 이러한 입장의 변화가 확산되리라는 조짐은 찾아지지 않는다.

오히려 천안문사태의 후유증으로부터 탈피하기 위하여 대외적으로는 유화정책을 채택하고 있는 것이다. 중국의 지도부는 천안문사태 이후에도 경제적인 개혁과 개방정책을 계속 유지 · 발전시켜 나갈 것임을 대내외에 천명하고 있다.42)

예를 들면 천안문 사태 이후 중국 권력의 핵심 인사들은 대외정책에 있어서 개방정책을 고수하고 평화공존 원칙에 기초하여 소련과의 관계개선을 희망하였다. 소련 역시 1970년대 이후 중국과 평화공존 원칙에 입각한 관계 재조정정책을 추구해 왔으며, 고르바초프의 페레스트로이카 정책과 新사고 외교 정책의 전개로 對中관계 개선을 위한 정책은 더욱 적극화 되었다.

고르바초프는 소련의 새로운 아시아정책의 기조를 천명한 1986년의 블라디보스톡 선언에서 중국과의 관계개선을 특히 강조하였다. 군사적 팽창주의를 청산하고 모든 국가와의 평화와 협력을 추구하겠다는 소련의 새로운 정책 표명에 대하여 중국은 이것이 단순한 선언이 아니라 진정한 소련의 의사라고 판단함으로써 중 · 소 관계는 현저히 개선되었다.43)

중국은 소련과의 3대 현안44)인 (1)중 · 소 국경에서의 소련군의 철수, (2)소

---

41) 4대 원칙이란 사회주의의 견지, 공산당의 지도, 인민민주주의 독재, 마르크스 레닌주의 및 모택동 사상의 지속적인 추구 등을 말한다.

42) 백종천, 전게 논문, 국토통일원, 전게서, p. 81.

43) 노승우, "동북아시아의 환경과 한반도", 한국외국어대학교 소련 및 동구문제연구소, 전게서, p. 39.

련의 베트남 군사지원 중지, (3)아프가니스탄 주둔 소련군의 철수 등이 해결되지 않는 한 관계개선은 어렵다는 입장을 밝혀 왔기 때문에 1989년2월 아프가니스탄에서의 소련군 완전철수와, 1989년5월 고르바초프의 북경방문에 이은 캄푸치아에서의 베트남군의 철수가 이루어지자 중·소 관계의 화해는 급진전을 보게 되었다. 또한 고르바초프가 중·소 국경지대에 배치한 소련군을 재편성하여 수비군 수준으로 감축할 용의가 있다고 제안하면서 양국간에는 상호이해와 평화공존의 원칙이 재확인되었다.

중·소 관계의 정상화는 경제적으로 중국의 동북지역과 소련의 시베리아 개발의 상호연계를 더욱 강화시키게 될 것이며, 이러한 연계형성은 장기적으로는 중국의 동북지역과 소련의 시베리아·극동지역을 중심으로 한 경제적 권역을 형성하는데 중요한 계기를 제공해 줄 것이다. 그것은 중국의 동북지역이 소련의 국가발전 전략상 가장 중요한 관건적 위치를 점하게 되는 시베리아 개발에 반드시 확보하지 않으면 안 될 노동력과 식량 등이 지속적 공급을 수행할 수 있는 개발의 배후지로서 가장 이상적인 위치와 조건을 갖추고 있기 때문이다.

소련은 중공업 우선주의를 채택하여 왔기 때문에 경공업이 발달하지 못하여, 소비재의 극심한 부족 현상을 초래, 모직·문구·세공죽세품·과일·천연 실크 등과 같은 중국 상품을 수입하기 위해서 시장을 개방했다. 또한 소련은 극동과 시베리아의 거대한 건설 계획에 노동력이 절대적으로 부족하기

---

44) 박준규, 「공존」개념의 본원적 고찰, 국제문제 통권 69호 (서울 : 극동문제연구소, 1976), pp. 21-23 ; 중·소간의 대규모 군사 충돌은 1969년 3월부터 중·소 국경의 다만스키섬(珍寶島), 골진스키섬(八忽島) 등에서 연달아 발생하였으며, 이러한 분쟁은 한 때, 전면전쟁 가능론 까지 대두되었었다. 즉, 중국은 현재 소련으로부터 군사적인 위협을 받고 있다. 그것도 북으로는 7,500km에 달하는 중·소 국경선을 연해서 증강 배치된 소련 지상군에 의한 위협을 받고, 동으로는 소련의 태평양 함대 세력에 의해서 위협을 받으며, 남에는 1975년 월남이 패망한 이후 소련의 지원을 받고 있는 공산「베트남」에 의해서 군사적인 위협을 받으며 서남으로는 1971년 중국의 적대 국가인 인도와 소련간의 "평화·우호협력관계" 형성에 따른 위협과 1979년12월 소련이 「아프가니스탄」을 침공한 이후 소련군에 의한 위협 등으로 포위된 상태에서 위협을 받고 있다. 같은 공산국가인 소련과 중국 간의 관계가 적대관계로 발전하게 된 것은 1960년대 초부터 표면화되기 시작했던 중·소 분쟁이 1969년에 이르러서 대규모의 군사충돌로 확대된 이후부터였다.

때문에 중국인 노동력 사용 가능성에 지대한 관심을 갖고 있다. 이제 중국은 사회주의체제의 개혁이라는 국제적 조류를 완전히 무시할 수 없는 상황에서 1990년2월7일 '다당제 합작'안을 내어 놓기도 했다. 경제 문제와 관련하여 중국은 천안문사태가 몰고 온 국제적 이미지의 악화로 인해 해외투자 및 차관공여가 줄어드는 것을 방지하기 위해 그들의 연해안 개발 전략을 지속 시킬 것을 공약하고 있는 것이다. 이와 같이 중국지도부는 4개의 기본원칙의 견지와 개혁개방 정책을 상호 연관적인 것으로 어느 것 하나 희생되어서는 안 된다는 전략을 고수하고 있다.

앞으로 중국은 전통적으로 고수해 오던 혁명지원의 원칙은 그대로 지키면서 동남아에 대한 팽창이나 혁명 수출, 대만 문제의 군사적 해방 등의 문제는 잠시 유보하고 4개 현대화의 목표 달성 시까지는 현상유지를 지속할 것으로 보인다.

왜냐하면 오늘의 중국 국가정책을 연결시키는 공통적인 개념은 중국인의 우월감에서 비롯되기 때문이다.45) 따라서 중국의 총체적인 군사·정치·경제·외교 등의 국가목표 및 이에 따른 정책 전략개념을 이해하기 위해서는 중국 고대의 발자취에서 찾아야 한다. 중국이 세계의 중심이라는 중화사상은 전통적인 중국의 자부심과 우월주의에 바탕을 둔 사상으로서 그들은 일찍부터 동아시아에서 높은 문화를 이룩하였으나 주변에 그와 비견할 만한 문화가 없었으므로 자기의 문화를 절대시하는 심리적 태도를 가지게 되었다. 자기지역을 왕조명으로「천하(天下)」,「중화(中華)」,「중국(中國)」,「중원(中原)」,「중토(中土)」 등으로 존칭하였고, 그 지역 외의 사람을「이적(夷狄)」,「만이(蠻夷)」,「이만(夷蠻)」,「술협(戌狹)」이라고 하여 멸시하는 경향이 있었다. 따라서 중국인에 있어서는 중국문화가 미치는 지역이 곧 세계였고, 중국의 황제는 천하에 군림하는 제왕으로서 주변의 이적을 덕화하여 그 문화를 무한히 전수할 사명을 가진 것으로 의식하였다.

이러한 중국사의 전통은 중국 지도자들에게 그들의 세계관 확립에 가장 큰 요소로 작용하고 있으며, 정립되어야 할 중국의 현대사적 위치에 관한 그들의 정세관에 영향을 미치고 있다. 중화사상은 전통의식에 근거하여 과거의 천하 중심국의 권위를 회복하고 대한족(大漢族) 우월주의로서 주변국에 대하

---

45) John K. Fairbank, and S.Y.Teng : On the chieng Tributery System (Massachusetts : Harvard University Press, 1979), pp. 135~146.

166 ◀ 제1권 한반도 정세 지금 몇 시 인가? **한반도 미래**

어 영향력을 행사할 때 가장 잘 나타나고 있다.46) 이와 같은 배타적 대국주의(Chauvinism)의 요인은 상하주종을 전제로 한 위계질서의 전통적 대외관에 기인한 것으로서 주변 국가와의 관계를 처리함에 있어 두드러지게 나타나는 특징이라고 할 수 있다.47) 중국외교 행위에 나타나는 「국가 대 국가」, 「인민대 인민」, 「동지 대 동지」 외교의 세 가지 양식은 우호적이며 중국문화를 수용하는 주변 국가를 보상하는가 하면 독자정책을 추진하여 중국에 대해 위협적인 국가를 응징하던 전통적 외교 행위의 요소라 할 수 있다.48)

19세기 구미 열강 및 제국주의 세력의 중국침략은 중국인들로 하여금 주권과 중화의 우월성을 잠시 포기케 하였으나, 중국 민족주의는 전통적 중화사상과 결합되어 반식민지, 반봉건 상태로부터 중국을 해방시키기 위하여 당파와 계급을 초월하여 이민족 지배에 대한 항전, 그리고 중국 민족의 자부심 회복운동 등으로 나타나게 되었다.

1917년 볼세비키(Bolshevik)혁명, 마르크스·레닌주의, 그리고 제국주의와 범세계적 투쟁을 전개하는 국제 공산주의 운동은 1920년대 중국 지식인들에게 커다란 영향과 감동을 주었으며 1921년 중국 공산당 형성의 사상적 기반이 되었다. 그 후 중국 공산당원들은 지적 정신적 영감과 감응은 물론 정치 행동지침을 마르크스·레닌주의와 모택동 사상에서 찾았던 것이다.49)

따라서 중국은 정권수립 기를 전후하여 프롤레타리아 국제주의의 혁명이데올로기와 모택동 사상을 대외관계의 수립, 추진하는데 하나나의 구체적 실천이념으로 원용하였다. 즉 중국은 마르크스·레닌주의를 기초로 한 공산당이 지도하는 국가이고 마르크스·레닌주의를 토대로 해서 세계 혁명을 목적으로 하는 국가인 것이다. 마르크스의 변증법적 유물론에 입각한 계급투쟁의 개념과 레닌의 제국주의에 대한 개념을 핵심으로 하는 마르크스·레닌주의와 마르크스주의의 민족화 된 우수한 전형으로서의50) 모택동 사상이라

---

46) 박치정, "중국 외교정책의 전통적 요인에 관한 연구", (서울 : 건국대학교 대학원 박사학위논문, 1982), p.57.
47) O. Edmund Club, China and Russia : The Great Game (New York : Colombia University Press, 1971), p.379.
48) 허재일, "중국의 대소정책에 관한 연구", 「사회과학」 제7집 (서울 : 건대 사회과학연구소, 1983), p.58.
49) 동아일보사 안보·통일문제조사연구소(편), 「중국 어제와 오늘」 (서울 : 동아일보사, 1977), p.213.
50) 김상협, 「모택동 사상」 (서울 : 지문각, 1964), p.13.

는 공식 이데올로기는 중국공산당이 중국대륙을 제패한 후 1954년 채택된 중국의 헌법은 민족주의 노선을 다음과 같이 명문화 하고 있다.

"중국 내의 모든 민족은 자유롭고 평등한 거대한 가족으로 뭉친다. 통합된 중국민족은 상호간의 영원한 우의와 상부상조에 의하여 강화될 것이며 제국주의와 민족내부의 공동의 적, 그리고 열강의 대국수의 및 국지적 민족주의와의 투쟁에 의하여 신장될 것이다."[51]

이와 같이 모택동이 섭취한 것은 소위 슬로건으로서의 마르크스주의 특히 레닌·스탈린을 통해서 얻은 폭력 형명으로서의 마르크스주의 행동원칙이었다고 생각할 수 있다.[52] 즉 모택동 사상은 모택동이 혁명을 실천하면서, 또는 집권 후의 정치과정에 절실한 문제를 해결해 가면서 그 나름대로의 해석과 대책을 위하여 전개한 이론들 속에서 나타나는 독특한 세계관을 총칭하는 것이다.

이러한 관점에서 중국이 대외적으로 표방한 정책목표 가운데 비교적 불변성 및 영속성을 띤 기본 목표를 살펴보면 첫째, 중국은 국제환경속에서 외세의 방해 없이 자신들의 국가적·민족적 이익[53]을 오직 자주적으로 추구하는 것으로서 국가 목표와 국가 이익을 자주적으로 확보하겠다는 중국인의 의지를 밝힌 것이라 하겠다. 즉 영토의 크기, 인구, 잠재적 국력, 찬연했던 과거의 문화 등에 대한 자부심과 이에 편승하여 대국의 지위를 얻으려는 열

---

51) Constitution of the republic of China (Peking:Foreign Language Press, 1954), p.5. 박치정, 전게 논문, p.57에서 재인용.
52) 조석종, "중국외교의 기초적 성격", 「중국문제」 제3권 2호 (서울 : 한양대학교 중국문제 연구소, 1978), p.69.
53) Joseph Frenkel, National Interest (London : Pall Mall Press, 1970), pp. 31~35. 국가 이익을 소망적인 것과 실질적인 것으로 분류하고 있는데, 소망적인 국가 이익은 국가가 실현하고자 하는 목표의 이상적인 형태로서 첫째, 장기적인 것이다. 둘째, 역사와 이데올로기에 근거한다. 셋째, 정부 측보다 오히려 야당의 관심을 끈다. 넷째, 현실 정책에 직접 영향을 주지 않을 때에도 기대감을 준다. 다섯째, 실천 능력보다 정치적인 의지에 따라 결정된다. 즉, 이데올로기가 강력한 결정 요인이 된다는 것 등이다. 실질적 이익은 현실에서 추구되고 있는 이익과 정책의 총합을 의미하는 것으로서 첫째, 단기적이다. 둘째, 편의와 필요에서 일어난다. 셋째, 정부와 여당의 중대 관심사를 반영한다. 넷째, 일반적으로 성공에 초점을 두고서 정책이 결정되므로 그 결과는 예측될 수 있다. 다섯째, 정책의 결정에 있어 정치적 의지보다는 실천능력이 우선된다.

망이 크게 작용하고 있는 것이다.

특히 중국은 아시아에 있어서 미·소와 같은 초강대국의 힘이 배제된 영향권을 설정하려고 노력해 왔다. 그것은 중국이 대국의 지위를 얻겠다는 열망의 표현인 것이다. 또한 제3세계에 있어서도 중국은 특히 미·소의 힘을 가능한 한 배제하고, 자신의 사회주의 혁명과 사회주의 건설모델의 중요성을 강조해 왔다. 따라서 지난 30여 년 동안 중국의 관심은 독자적 안보 유지에 집중되기에 이르렀고, 외부의 원조 없이, 자체 핵개발54)을 추진함으로써 안보 정책에서 자립적 토대를 구축할 수 있었다. 중국은 핵을 보유하게 됨으로써 對소 관계의 역사적 의미를 새롭게 평가했던 것으로 보인다. 중·소 분쟁이 심화됨에 따라 중국적 입장에서부터 국제 공산주의 운동을 주도하기 시작했으며 모스크바의 정책을 냉정하게 검토하고 평가하기 시작했다. 이것은 소련을 주축으로 해왔던 국제공산주의 체제의 이익이 중국의 개별적인 국가이익에 의하여 재검토되고 평가되었다는 것을 의미한다.

이처럼 국가목표를 수행해야 할 중국은 미·중 협력관계를 지속하려고 하며, 동시에 일·중 협력도 유지하려고 할 것이다.

그들은 미국 및 일본으로부터 계속하여 자본과 기술을 도입해야 할 실정이다. 그러나 중국은 국가적 의욕에 비하여 정치·사회·경제 및 군사적으로 상당한 취약점을 갖고 있다. 즉 중국은 근본적으로 사회주의체제는 고수하면서, 개방정책을 추진함으로써, 방대한 관료체제 및 이념적인 전환을 하지 못한 반대세력 때문에 정치적으로 불안정한 상태에 있다. 1984년도에는 GNP가 14.2%의 고도성장을 기록했음에도 불구하고, 1인당 국민소득은 빈곤국 수준을 벗어나지 못하고 있다.55)

군사 분야에서도 중·소 분쟁의 산물이긴 하지만 1961년부터 군사기술 원조가 중단되어 현재는 해외의존도가 높아지고 있으며, 주요 군사장비는 선진국에 비하여 10년 내지는 20년은 낙후한 현상을 보이고 있다. 그 외에는 중국군의 교육훈련, 적응력의 미비, 지휘관의 노령화 및 병참체제의 미비 등은 1975년의 중·월 전쟁에서 입증56)된 바와 같이 현대전에 부응하기에는

---

54) "바지는 입지 못할지언정 핵무기는 개발해야 한다." 는 당시 중국 외상 진의(陳毅)의 완강한 어조는 중국의 핵에 대한 관심도를 나타내 주는 것이라 하겠다. 안병준, 「강대국 관계와 한반도 안보론」 (서울 : 법문사, 1986), p.86.
55) 한국경제신문, 1985년 3월 31일자 사설, p. 2.
56) 1975년의 중·월 전쟁의 교훈은 ①무기 및 장비의 개선과 현대화, ②무기를 구

상당한 취약점을 안고 있다.

중국군의 현대화는 대내적으로 정치적인 안정, 경제성장 및 과학기술의 현대화와 관련되어 있으며, 대외적으로는 외국과의 군사적 충돌은 회피하면서 외국의 자본과 기술을 도입해야만 하는 입장에 있다.

중국의 입장에서 볼 때 한반도는 만주와 접하여 만주 및 중국 본토에 대하여 완충지역의 역할을 수행하고 있고, 중・소 분쟁에서 중국과 소련에게 접경되어 세력균형자 역할을 하고 있는 것이다.

이와 같은 한반도의 지정학적 위치57)로 인해 4강(四强)이 한반도에서 추구하고자 하는 이익과 목표는 상호 밀접한 관련을 가지고 정책을 수행하고 있다.

우선 중국과 북한과의 관계이다. 과거 40년간 양국은 6.25 전쟁으로 맺어진 "혈맹"의 관계로 다져졌을 뿐 아니라, 김일성의 중국 공산당 혁명을 위한 反日 빨치산 활동은 중국 지도자들과 김일성의 개인적 유대를 돈독케 하는 밑받침이 되었을 것이다. 이를 터 잡아, 체제면 에서도 같은 노선을 지금까지 걷고 있음으로 인해, 정치・경제・문화 모든 면에서 유대관계가 깊다. 그러나 최근 세습체제와 경제적 면에서의 낙후 등 여러 면에서 중국은 북한을 못마땅하게 생각하여 다방면으로 북한의 변화 유도를 꾀하고 있다. 1992년4월13일 양상곤 주석은 평양을 방문 김일성과 회담하는 자리에서 중국의 개혁상황을 소개하고, 북한의 개혁・개방을 촉구하였다. 양상곤은 "아시아 정세가 안정되고, 경제발전이 비교적 빠르다." 고 전제하고 "앞으로 이 유리한 시기를 포착하여 개혁과 개방의 발걸음을 더욱 빨리해야 할 것"이라고 강조했다.

사할 수 있는 기술의 습득 ③현대전에 적합한 전술・전략의 개발, ④ 步・戰・砲 協同 및 육・해・공군의 합동작전 수행 능력의 향상으로 분석되었다.

57) 박두복, 중・소의 대한반도 정책의 갈등고찰, 국제문제 통권 66호 (서울 : 극동문제연구소, 1976), p. 27. 한반도를 둘러싼 4강, 즉 미・일・중・소의 이해관계의 상충에 따라 동아시아에서 한반도만큼 장기안정의 달성이 어렵고, 또 중요한 지역이 없다. 한쪽에서는 미・일 양국과 긴밀한 관계를 맺고 있고, 다른 한쪽에서는 중국, 소련과 관계를 맺고 있으면서, 군사적으로 다 같이 중무장한 남・북한이 서로 불신과 적대 관계 속에서 대치하고 있는 것이다. 따라서 양국 사이에 무력충돌이 일어날 경우 그 배후에 있는 강대국의 개입을 초래할 위험은 매우 크다. 동아시아 어느 지역에서 보다도 4강의 중대한 이해가 예리하게 교차됨으로 해서 한반도는 평화롭고 안정된 4강 체제를 확립하려는 희망을 파괴해 버릴 수 있는 분쟁의 발화점이 될 위험이 있는 것이다.

이와 같은 중국의 개혁 경험이 북한에 영향을 미쳐 북한은 합영법 시행 및 중국과 러시아 접경에 국제적 개발을 실시하였고, 선봉, 나진, 청진 항구를 기축으로 하는 경제 무역지구 건설을 실시하였으며, 우리와 직·간접 교역을 늘리고 있어 남·북 관계 개선의 촉진제 역할을 했다. 이렇듯, 중국은 70년대 초부터 한국과 접촉하여 왔지만 북한의 입장 때문에 매우 제한적이었다. 중국의 입장에서는 북한을 희생시키거나 또는 고립화시키면서 까지 한·중 접근을 원하지 않는다고 본다. 이는 기본적으로 중국이 한국과는 이념과 체제를 달리하고 있기 때문이다. 그러나 4개 현대화의 추진과 경제 교류의 차원에서 한·중 관계는 매우 조심스럽게 발전되어 왔다. 특히 1983년 5월의 중국 민항기 납치 사건에 의해 아시아 국제 환경의 사각 지대로서의 한·중 관계가 조명을 받기 시작한 이래, 동북아시아 국제관계의 큰 과제인 중국과 한국의 관계에는 새로운 상황이 태동했다고 할 수 있을 것이다. 최근 중국의 서울 올림픽 참가와 한국의 서해안 개발, 그리고 이와 때맞춰 한국 측이 중국 측에 서해안과 마주 보이는 산동 반도와 그 끝부분에 위치한 교동 반도에 심천 특별경제 구역과 맞먹는 외국인 투자유치 지구를 건설하기로 하는 등 두 나라 사이의 관계 발전의 가능성이 한층 더 제고되어 가고 있다.

이러한 배경 하에서 최초 홍콩을 통한 간접교역 방식으로 시작된 한·중 양국 간 교역은 1992년에는 교역 규모도 년 100억불 이상이며, 중국은 한국이 4대 교역국 중 하나가 되었고, 흑자 규모도 년 10억불 정도이다. 따라서 양국은 1991년 초 서울과 북경에 무역 대표부를 설치한 이래 한·중 수교가 이룩됨으로 중국에게는 북한보다 한국이 더 가까운 나라가 되어 가고 있다. 그러므로 중국에게도 남·북한의 관계가 개선되어 군사 충돌 가능성이 사라지고 한반도 안보에 안정이 유지되는 것이 바람직할 것이다. 중국은 공개적으로 "남·북한 쌍방이 대화와 협상으로 관계를 개선하고, 대립과 간격을 점차 해소해 나가기를 희망한다." 고 하였다.

남·북한은 1991년12월 서울에서 개최된 제5차 남·북 고위급 회담에서 「화해, 불가침 및 교류 협력에 관한 합의서」와 「한반도 비핵화 공동선언」을 채택함으로 내외적으로 화해의 시대가 개막되었다는 희망을 주었다.

중국의 최대 관심사는 한반도가 어떤 과정을 거치며 통일이 될 것인가? 이다. 중국은 북한의 생존을 원하며, 또한 한국과 중국의 새로운 협력체제에서 북한의 고립화와 對한국의 경제교류의 이원화 속에서 고민할 것이다.

중국과 한국의 관계에서 지금까지 중국은 "미·북한 및 일·북한간의 관계 정상화 이전에는 한국과의 수교를 고려하지 않는다." 는 입장을 고수해 왔지만 1980년대 이후 중국은 그들의 현대화 계획이 추진되면서, 한국의 경제 성장에 많은 관심을 갖기 시작했다. 그들의 한반도정책에 대한 새로운 평가 요소가 되었다. 중국이 한국에 깊은 관심을 가진 구체적 배경으로 5가지 요인을 들고 있다.[58]

그러므로 중국은 군사적 및 이데올로기에 기초하였던 과거 대결적 구도를 청산 시킬 가능성이 있으며, 만일 남·북한 간 무력분쟁 재발 시 군사개입은 없을 것이나 만약의 사태에 북한이 무력에 의해 붕괴될 때 對북한 무력 개입 가능성도 배제할 수 없을 것이므로 평화적인 통일 노력을 보이며 중국과의 국교 정상화에 따른 정치·경제·군사 문제에 까지 우호협력 관계를 확실히 다져 나가야 한다.

한반도는 중국의 중공업 지대인 동시에 경제개방 정책에 따른 경제특별구역이 밀집되어 있고 서방의 자본과 기술을 받아들이는 창구 역할을 하는 중요한 지역으로 되어있다. 이처럼 중요한 지역을 측방에서 보호해 주는 한반도야말로 중국의 입장에서는 정권이나 「이데올로기」 문제를 떠나 항구적이면서도 전통적인 이해관계를 갖는 것이다. 이와 같이 중요한 한반도가 중국의 적대 세력인 소련에 전체가 흡수되거나 장기적으로 미국이나 일본 같은 해양 세력에 흡수된다고 가정 했을 때 중국으로서는 전체적인 안위와 관련된 중대한 위협으로 간주할 수 밖에 없는 입장이 될 것이다. 이러한 지정학적 가치를 인정하여 한반도에서 이해가 상충하는 4강(四强) 가운데 어느 한 나라도 한반도를 재통일하기 위해 모험하려는 국가는 없는 것 같고, 이

---

58) 이영길, 「한·중 수교의 한반도통일에 대한 영향」, (서울 : 국방연구원 제19집, 1992년10월), p. 66. 중국이 한국에 대한 관심을 갖게 된 배경으로 이 채진 교수는 5가지 요인을 들고 있다. 첫째, 한국의 북방정책 추진에 따라 기업인 및 정부 관리들이 단기적 통상이익을 희생하면서 중국에 적극적 진출 경제정책에 일조를 하였고, 둘째, 중국인들이 미국, 일본, 서구의 첨단기술보다는 대한민국의 중급기술이 현실 수준에서 적합하고, 셋째, 중국은 한국과의 지리적 이점 및 문화의 유사성으로 교통과 통신 면에서 불편 및 비용을 절감할 수 있다는 점. 넷째, 중국은 한·중 교류를 촉진할 수 있는 자국 내 교육수준이 높고, 언어소통이 가능한 조선족을 이용할 수 있고, 다섯째, 중국은 남한의 정치외교, 경제면에서 모호한 정책을 합리화시킬 수 있는 편리한 수단인 "북한카드"를 사용할 수 있다는 점이다.

들 4강(四强)들은 무력통일 기도에 수반하는 위험성과 불안에 직면하기보다는 분단된 한반도와 공존하기를 더 원하는 것 같다.

최근에 나타난 미국과 중국, 미국과 소련, 일본과 소련, 그리고 일본과 중국 간의 긴장 완화는 물론 정치적, 경제적 협력 증진의 움직임은 한반도에서 군사 충돌을 피하려는 이들 강대국의 경황을 강화시켰다. 일례로 최근 중국은 왜 종전의 反소 反패권 정책을 지양하고 소련과 이처럼 관계 정상화를 실시했는가? 이것은 중·소 관계와 동시에 미·중·소련간의 삼각전략 관계를 검토하지 않고는 해답을 얻을 수 없다. 이제 중국은 미국 및 소련과 동시에 관계 개선을 추구함으로써 중간에서 최대의 영향력을 행사하려고 노력하고 있기 때문이다. 중·소의 화해로 새로운 국제정치 질서에서 비교적 많은 타격을 입을 것으로 보이는 측은 미국이라는 분석이다. 미국은 그동안 중·소의 불편한 관계를 활용해 외교적인 어부지리를 많이 얻어온 것이 사실이다.

그동안 중·소 갈등의 주원인이 되고 있었던 "3대(大)장애"가 이번 화해로 대체로 완전한 해결 쪽으로 방향이 확실히 잡혀 중국과 인도간의 갈등, 인도·파키스탄 문제, 중국과 베트남 간의 불화, 소련과 파키스탄 및 동남아 국가들 간의 소원했던 관계가 해소됨에 따라 국제 정세는 새로운 데탕트의 시대로 접어들 것으로 예상된다. 또한 중·소의 접근은 미국이 소련과 가까워질 수 있다는 논리에 따라, 미·소가 대화를 통해 소련을 미국이 견제 해줌으로써 중국이 어부지리를 얻으려는 속셈도 깔려 있다. 중국은 미국이라는 카드를 철저히 이용하려는 의도가 내포되어 있는 것이다. 다만 미국으로서는 소련과의 신뢰 구축으로 소련으로부터의 위협을 어느 정도 제거하였고, 중국은 비록 소련과 화해했다고 해서 미국과 사이가 멀어질 수 없다. 중국의 경제 건설과 군사력 유지를 위해 미국과 우호관계를 저버릴 수가 없으며 중국이 소련과 동맹 관계로 발전될 수 없는 현실이다.

따라서 동북아 세력 안정이 유지될 수 있다는 판단을 하게 되며 북한과의 대화의 길을 열 수 있는 절호의 계기가 마련될 수 있다는 측면에서 미국도 중·소의 관계 개선이 마이너스 요인만은 아니고 긍정적인 측면이 많다는 것을 알고 있다. 그래서 동북아에서의 미군 감축을 단행할 수 있으며, 이를 계기로 미군 주둔국의 방위비 부담의 압력을 가할 수 있게 되어 미국의 방위비 부담감소를 가져올 수 있는 것이다.

이번 중·소의 화해는 미국을 비롯해서 어느 일방도 손해를 보는 측이 없이 다 같이 이익을 보고 있으며, 동북아 지역의 평화와 안정을 가져올 수 있는 것으로 판단된다.

따라서 안정된 한반도 정세가 노골적인 충돌을 위협하는 긴장고조의 상태보다는 중국에 더 이익이 된다는 이유로서는 첫째, 한반도에 분쟁이 발발할 경우 소련의 압력에 대항하여 자신의 입장을 강화하려고 기도중인 미·중국 관계 개선에 실패할 것이라는 것. 둘째, 일본의 강력한 경제력과 한국에 대한 일본의 영향력 증대 및 일본의 재무장 가능성에 대한 우려이다.

이처럼 자기중심적인 결정과 행동이 강하게 작용하는 중국 지도자들의 對한반도 정책은 일반적으로 다음과 같이 설명될 수 있다. 첫째, 한반도는 만주의 공업지대에 접하여 있기 때문에 만주의 안전과 연관하여 한반도가 중요시 된다. 둘째, 한반도는 중국에게 해양세력의 진입을 막아주는 방파제의 역할을 하여준다. 역사적으로 볼 때 한반도는 일본세력과 대륙세력의 직접 대립을 완충하는 역할을 담당한 것은 인지된 사실이다. 어떤 한 나라가 한반도를 원조하면 세력균형이 파괴되어 한반도는 대립과 침략의 대상이 된다는 것이다. 이는 곧 중국의 평화와 안전에 위협이 된다.

오늘날 지역 세력균형의 성격이 달라지기는 했지만 한반도가 아직도 대륙세력과 해양 세력의 직접대립을 완충하는 완충지대로 존재하며 앞으로 그 역할은 더욱 중요해 질 것이다. 이러한 관점에서 북한의 親중국화 내지 중국의 영향력 내에 두는 것은 중국의 평화와 안전에 중요한 역할을 한다. 셋째, 중·소 관계에 있어서 중국이 북한을 완전히 지배하게 된다면 북한의 존재는 중국에 대한 완전한 완충 지대로 작용할 것이다.59)

한반도 통일문제60)에 있어서 중국은 남·북한이 외부의 간섭 없이 자주적이고 평화적인 방법에 의해 해결되어야 한다는 입장을 펴고 있다. 이것은 기본적으로 남·북한의 통일이 사회주의식 통일 또는 공산주의 이데올로기의 가치 하에 통일을 의미한다. 왜냐하면, 외부의 간섭 없이 란 표현은 미군의 철수를 의미하는 것이며, 자주적이고 평화적인 방식이란 표현은 북한의

---

59) 허담, 북방 외교에 관한 연구, 국제정치 논총 제26집 1호 1986, pp. 169-170.
60) 지난날 동독의 「호네커」 수상의 서독 방문계획이 소련의 압력으로 취소되었으며, 어쩌면 소련뿐만이 아니라, 서방제국들도 독일의 통일을 원치 않았을 것이다. 역시 동북아에 있어서의 "통일한국"은 지역 내의 새로운 강자로 예견될 뿐만 아니라 "통일한국"과 밀착되는 4강중 어느 한편이 동북아의 패권을 확보하기 용이해질 것이기 때문에 차라리 한국의 분단화를 조장할 수도 있을 것이다.

혁명 또는 공산주의적 이념 및 사상 체제를 뜻하는 것이다.

중국의 이러한 정치 전략은 1970년대 초부터 현재까지 한·중 접촉을 추진하여 오는 과정에서 어느 정도 완화되었으나 기본적으로는 對한반도 이중정책을 고수할 것으로 예측된다.

한반도 문제와 관련된 변수는 매우 복잡하다. 그 중에서도 역사적으로 한국의 가장 큰 외세였다. 오랜 기간 동안 문화적, 경제적 유대관계를 맺고 있는 일본은 4강(四强)이 교차하고 있는 한반도 주변 정세 속에서 가장 중요한 변수 중의 하나로 작용하고 있다. 특히 지리적인 인접성은 정치, 경제, 문화를 비롯한 전 분야에서 양국 간의 끊임없는 접촉과 갈등을 야기 시켰다. 이러한 배경에는 한반도에 대한 일본의 안보정책이 전통적으로 대륙 진출을 위한 가교로서 활용하려는 인식에 기인한 것이다. 이와 관련하여 2차 세계대전에서 패배한 일본은 미국의 절대적인 핵우산 하에 "평화헌법"[61]을 채택하고 EU와의 관계를 강화하면서 정·경 분리에 입각한 실리추구 정책을 펴왔다. 또한 일본은 미·일 안보체제 하에서 미국의 군사적 보호를 받는 가운데 경제대국으로 부상했다.

이는 전 세계사를 통하여 볼 때 독자적 방위력을 갖지 않은 채 경제대국으로 성장한 유일한 경우일 것이다. 그러나 세계정세가 동·서 냉전체제에서 다극화 체제로 변화함에 따라 일본에도 많은 여건변화가 초래되었다.

한반도의 전략적 위치가 일본의 방위전략 개념상 한반도의 중요성은 충분히 인지하고 있으나 戰後 사실상 한반도에 대한 구체적인 전략적 관련 정책을 갖고 있지 않았다. 일본의 한반도정책을 포함한 동북아정책은 단지 미·일 관계의 종속변수로서만 파악하였다. 1972년5월15일 오키나와 반환을 계기로 한국과 일본과의 첨예한 이해관계의 대립을 야기 시키고, 이에 따라 일본은 戰後 사실상 무(無)정책이라 할 수 있었던 한반도정책을 전환하여 신(新)한반도정책을 전개하지 않을 수 없게 되었다. 즉, 이제 일본은 비대하여진 자국의 경제를 보호하고 평화와 생존을 위한 자위에 눈을 뜨게 되었다. 소련의 극동군사력 증강에 따른 위협과 미국의 對소련 봉쇄능력의 한계와

---

61) 일본의 평화헌법은 제9조만을 평화헌법이라고 별명을 가지게 되었는바, 그 내용을 보면 "일본국민은 정의와 질서를 기조로 하는 국제평화를 성실히 희구하며 국권의 발동인 전쟁과 무력에 의한 위협 또는 무력의 행사는 국제분쟁을 해결하는 수단으로서는 영구히 이를 포기 한다." 라고 되어있다.

이에 따른 일본의 자국 방위분담에 대한 미국의 압력과 설득, 중·소 분쟁, 한반도에서의 세력 균형 등 주변 여건이 변화함으로써 일본은 이제 선택의 기로에 처하여 있다고 볼 수 있다.

미국이 한반도를 보는 전략적 이해는 한국이 소련과 중국 및 일본을 동시에 견제하는 위치에 있다는 것이다. 대륙 세력인 소련과 중국이 해양으로 진출하는 것을 막는 위치에 있는 한반도가 미국으로서는 완충지의 역할을 하고 있으며 이들 세력을 견제하는 발판으로서 중요한 것이다. 또는 장기적인 안목에서 일본이 한반도에서 경제적 발전을 급속히 이루는 것이 미국으로서는 불리하기 때문에 일본을 견제하는 한국의 위치가 중요한 것이다. 그러므로 미국은 그들의 유도된 이익(Derived Interest)선 상에 한국을 놓아두고[62] 한국의 안전을 보장하기 위하여 계속 지원 노력하는 정책을 취하고 있다.[63]

또한 일본은 그들의 북방 4개 도서를 소련으로부터 반환받기 위하여 소련과의 관계를 등한시 할 수 없는 문제점이 있으며 일본의「시베리아」개발의 참여가 이런 전략의 일환이다. 그렇다면 미·일·중국이 모두 소련을 극도로 자극하여 얻는 이득이란 극히 제한되어 있다. 이는 소련을 자극하여 상황을 타파하지 않으려는 의도가 있음을 파악할 수 있다. 따라서 가능하면 안정된 현상 유지가 이들 제국의 공통이익이라 볼 수 있다.

그러나 각 국이 보는 안정이라는 의미에 문제가 있다. 최초 미국은 중국과의 협력으로 反소 노선을 취하려는 것이 아니고 3각 관계에 있어서 결정적인 세력 균형자가 되려는 구상이었으며, 중국카드를 이용함에 있어서 소련과 협상 하려는 인상을 주려고 노력하였다. 미국은 중국과의 관계개선을 함에 있어서 소련을 자극하지 않으려고 노력하였다. 소련의 패권 장악이 불안의 요인이 되고 있다고 믿기 때문에 중국은 한반도에서 전쟁 발발이 그들의 미·일에 대한 관계가 악화될 것을 우려하고 있으나 기실은 중국의 내부문제를 해결하여 안정을 유지 영향력을 행사하려는 것이다. 중국은 미·소련 간에 세력균형 내지 미국이 소련 보다 우위를 유지하는 것이 그들의 이익이며 이 지역의 안정에 기여할 수 있다는 논리로 오히려 미국의 최초 의도와는 반대로 중국이 미국 카드를 사용하는 인상을 짙게 하고 있다.

---

62) R. N Clough, East Asia and U.S Security (1975) pp. 29~34.
63) 한·미 정상회담 공동성명, 1983년11월14일 오전 8시 발표. 서울. 15개항. "한국 안전이 동북아의 평화와 안정에 주축이 되며, 나아가 미국의 안전에 직결됨을 유의하면서 한국의 안전을 위한 미국의 지속적인 강력한 공약을 재확인 한다."

즉, 미·일·중국이 안정에 대한 시각이 다르다는 점이다. 중국도 대부분의 국가와 마찬가지로 정치적, 경제적, 사회적 안정을 추구하고 있다. 등소평이 권력 유지를 위하여 안정화를 추구하고 있으며 현 중국이 결함이 노정되고 있는 기존의 체계와 장치의 보전을 꾀하려고 하기 때문에 초기 중국의 미국에 대한 적극적 우호정책은 점차 온건한 독자 내지 중립적으로 전환하고 있는 것이다.

중국은 자국이 4대(大) 현대화 계획을 추진하는 동안 미국과 미국의 서구 우방이 歐洲 소련에 대처하기 위한 강력한 NATO군의 존재를 그들의 국가 이익에 도움이 될 것으로 보며 미국이 아시아에서 신뢰 받을 수 있는 군사 세력으로 계속 존재하기를 희망하고 있다. 이러한 차원에서 중국은 일본의 군사적 역할 증대와 미·일 동맹 체계가 소련 세력을 봉쇄하는 군사적 요인으로 등장되기를 바라고 있었을지도 모른다.

소련에 의한 패권 장악에 대한 반대가 이 지역에 안정을 가져다 준다는 사고로 중·일 우호조약체결 시에 패권 조항을 강조, 소련을 크게 분노케 했다. 미·일의 협력 관계가 對소 저항 세력으로써 군사적 역할이 강화되고 이들이 중국이 기대하는 만큼 경제, 군사적 지원을 아끼지 않는다면 현재로는 거의 현실 가능성이 없지만 미·일·중의 3각 협력 체제의 구축을 전혀 배제할 수 없다. 중국은 열세한 입장에서 강력한 미국의 군사력과 일본의 경제력을 배합하여 소련에 대항하는 연합전선 구축을 원하고 있으며 이것이 단기적으로 이 지역 안정에 기여할 것으로 보고 있다.

일본은 소련의 극동해군력 증강에도 불구하고 자국의 경제적 안정을 유지해 줄 수 있는 환경 조성에 역점을 두고, 오히려 일본의 안보유지를 위해 미국과 중국의 군사적 역할 증대가 동북아의 안정에 필수조건으로 간주하고 있다.

또, 다른 공통점은 해양수송로의 장악과 경제협력 관계의 확대이다. 미국과 일본은 해양대국으로서의 무역에 크게 역점을 두고 있으며, 미국은 자국의 석유 소비량의 40% 이상을 중동으로부터 수입하는 국가로서 해양수송로의 확보, 특히「말라카」해협의 안정 통과가 필수적이다. 그러나 중국에게는 소련의「캄란」항과「다낭」항의 군사기지화가 더욱 깊은 관심사이며, 현재 그러한 해양로의 장악은 미·일의 중요 안보 문제라고 생각하고 있다. 미·일·중국의 3개국이 경제적 협력 관계를 확대하려는 것이 공통된 관심사이며, 특히 중국은 미·일의 자본 도입으로 자국의 현대화 계획을 추진하려고 한다. 그러나 중국의 외자도입 방식과 도입능력 그리고 아직도 불안한 중국의 정세에 대하여 미·일은 불안을 느끼고 있다. 더욱이 미·일의 중국에 대한 경제협력 문제는 상호 경쟁적이며 미·일간의 악화 일로에 있는 무역 전쟁을 고려해 볼 때 경쟁은 더욱 치열해 질 것으로 전망되므로 3각 협력은 경쟁이란 양상의 전개를 예측할 수 있다. 이렇듯 미·일·중 3각 관계는 협조를 위한 공통 이익이 있으면서도 상이한 이해관계가 이 공통 이익 속에서 작용하고 있음을 알 수 있다. 3각 협력의 필요성은 3국이 모두 인정하지만 현 단계로선 공식적인 협력 관계는 어느 일국에 부담을 줄 수 있는 많은 제약점이 있음에 틀림이 없다. 그렇다면 일본이 선택할 수 있는 길은 무엇인가?

이러한 일본의 對한반도 정책은 1970년대에 들어서면서 안보 의식에 있어서 중대한 변화를 가져오는 몇 가지 사건을 맞게 되었다.

그 내용을 살펴보면 ①1973년의 석유위기는 일본경제의 전략적 취약성을 여실히 노정시킨 사건이며, ②970년대 말에 이란혁명으로 「페르시아」만에서 동·서 군사력의 균형의 극적 변화를 보았으며, 소련의 아프가니스탄 침공 시 서방국가들의 속수무책과 ③1975년에 월남 패망과 관련하여 미국이 아시아 안보에 관해 관심이 쇠퇴했다는 인식 그리고 「카터」행정부의 주한미 지상군 철수 발표, ④소련에 대한 미국의 군사적 우위가 상대적으로 감퇴되고 있다는 미국의 주기적인 발표, ⑤미 제7함대의 인도양 배비와 관련하여 타 지역 분쟁 시 일본의 주변에 있는 미 군사력의 전용으로 "더욱 감축" (Stretched thinner) 될 수 있을 것이라고 판단하고[64] 일본인들은 그들의 안보관을 새롭게 인식하게 되었다.

일본의 최대 관심사는 미국이 군대를 계속해서 한국에 주둔시킬 것인가 하는 문제이며 그것은 동시에 곧 일본 열도의 안전과 생존에 직결되기 때문에 중요한 문제인 것이다.

요컨대 한국에 대한 미 군사력 개입의 구성과 성격의 변화는 일본의 외교정책 및 방어정책에 깊은 영향을 주었다는 점이다.[65] 상기한 한·일 관계에서 노정되고 있는 일본의 한국에 대한 안보적 인식은 다음과 같다. 1968년 닉슨·사토 공동성명에서 비롯된 한국이 일본의 평화와 안정에 대해 '필요'

---

64) 사토 유키오, 일본 안보정책의 전개 (The Evolution of Japanese Security Policy), 김득주 역, (서울: 국대원 안보문제연구소, 1983), p.11.
65) 이기택, 「한반도와 국제정치」, (서울: 가남사, 1984), pp. 239-240.

하다는 표현은 그 후 1975년 미키·포드 공동성명에서 "한반도의 평화유지는 일본을 포함한 동아시아의 평화와 안전에 필요하다." 라 했으며, 1977년 후쿠다·카터 공동성명에서는 "한반도의 평화와 안전은 일본과 동아시아의 안정을 위하여 계속 중요한 것" 이라고 했다. 그리고 1981년 스즈키·레이건 공동성명은 "일본을 포함한 동아시아의 평화와 안전에 대한 중요한 것으로 한반도에 있어서 평화유지를 촉진한다."라고 표명한 바 있다.

한국의 안보와 일본의 안보의 연계성을 나타내는 위의 성명에서 비추어 볼 때 처음 '긴요'라는 표현에서 '필요' 또는 '중요'라는 어귀로 후퇴하였다가 1983년1월 한·일간의 제1차 정상회담에서는 다시 '긴요'하다는 표현을 사용함으로써 양국 간의 안전 보장에 대한 언구(言句)가 그때그때의 한·일 간의 관계를 현시하는 것 또한 주목되는 점이다.66)

어쨌든 일본의 한반도 전략을 알아내는 것이 매우 중요하다. 한반도와 일본의 관계는 동해를 사이로 한 인접국으로서 역사적인 관계를 가지고 있다. 일본은 한반도를 일본의 심장부에 겨냥된 단도로 인식하고 있어 이를 일본에 흡수하거나 최소한 적대세력에게 장악되는 것을 방지하려고 노력해 왔다.

이와 관련한 일본의 대 한반도 이익과 관련한 대 한반도 전략은 3가지로 요약할 수 있다. 첫째는, 한반도의 현상 유지를 위해 정치 및 경제적 협력을 하는 것이다. 일본은 남·북한 간에 어느 한 세력이 한반도를 지배하는 것은 위협 요소로 간주하기 때문에 남·북한 간의 대립 관계를 적절히 이용하는 한편으로 한국에 대해서는 현상 유지 범위 내에서 정치적, 경제적 지원을 할 것이 예상된다. 왜냐하면, 남한에 의한 한반도의 통일도 일본이 원하는 바는 아니지만 북한 공산세력에 의한 통일은 더 큰 위협이 되기 때문에 한국에 대해서는 경제협력을 제공하는 등의 방법으로 간접적인 안보협력을 하는 것이다.67) 결국 일본의 對韓半島 정책이라기보다는 일본의 對韓半島 분단 정책이라고 해야 타당하며, 일본의 국익에 손해가 안 되면서 분단을 정착화68)내지 화석화(化石化)시키는 것이 일본의 對韓半島 전략인 것이다.

---

66) 윤정석, "일본의 정책과 한반도통일" 「월간통일」 1987. 3, pp. 53-54.
67) 이기택, 한국과 일본의 새로운 군사 및 외교관계, (서울 : 연세대학교 전략문제 연구소, 1978), p. 7. 일본의 간접적인 대한민국 안보 협력은 닉슨·사토 공동 성명서의 협상 배후에 있어서 일본에 대한 미국의 압력 작용의 결과이다. 즉, "안보지원" 이라는 각도에서 일본으로 하여금 한국에 경제지원을 통해서 간접적인 군사지원이라는 형식을 취하게 한 것이다.

둘째는, 일반적으로 대륙으로부터 일본열도를 향하는 경우와 대만 방면으로부터 남서 여러 섬을 거쳐 구미로 향하는 경우, 그리고 한반도를 경유하여 침공할 수 있다. 이상의 3개 경로 가운데 북해도 경유는 기지, 보급 및 증원 등 전략적 문제가 있으며 南西 여러 섬을 경유하는 경우는 대륙국이 해양국에 대하여 불리한 해양 작전을 전개하여야 하는 난관이 있다. 결국 한반도를 경유하는 경로가 최적이라 할 수 있다. 따라서 일본정부는 전략상 미국에 대해서 주한미군의 주둔, 對韓 방위공약의 확인 및 핵우산 보호 등의 전쟁 억제 노력을 계속 종용하는 것이다.

한반도에서의 전쟁발발은 직·간접적으로 일본의 역할이 요구되며, 미국의 압력이나 간섭은 필연적인 것이 된다. 주한 미군의 철수는 일본 자체의 군사력 증강과 방위비 증대 문제 등으로 경제적 부담이 증가될 뿐만 아니라, 방위력 증강에 따른 일본 내의 좌·우 정치세력 간의 양극화 현상은 지금까지의 예로 보아 충분히 예상되는 것이다.

따라서 일본으로서는 미국의 현재 역할을 계속 유도 내지는 종용을 함으로써, 그들의 국가 이익을 도모하려 할 것이다. 셋째는, 경제 - 정치 - 군사로 연결되는 한국과의 점진적 협력관계의 확대를 모색하는 것이다. 한·일간의 경제관계69)가 확대 추세인 것은 한국의 경제구조로 보아 필연적이며, 한반도의 안정과 일본의 국내정치와는 밀접한 관계를 가지기 때문에 정치적인 관계 역시 발전추세라고 볼 수 있다. 그러나 안보협력 또는 군사협력으로 연결되는 문제는 兩國간의 역사적, 국내외적 관계로 보아 상호 필요성은 어느 정도 인식하면서도 여건 성숙 면에서 관망하는 상태이다. 더욱이 소련의

---

68) 1974년 기무라 도시오 외상은 남한만이 한반도의 유일한 합법정부라고는 할 수 없으며 평양 정권도 합법 정부로 간주해야 된다고 주장 하였는바, 일본의 안보는 남한만의 안정으로는 해결되지 않으며, 북한을 포함한 한반도 전체의 안정이 일본의 안보에 가일층 기여한다는 주장은 "1968년의 닉슨·사토 공동 성명의 전반적인 수정을 의미하는 것으로 '한 개의 한국'정책에서 '두 개의 한국'정책으로의 전환을 시사하는 것이었다. 즉, 일본은 한반도가 통일되었을 시의 강력한 부국, 군사대국의 탄생은 그들에게 큰 위협이 될 것이기 때문에 남북한을 분단시킨 채 쌍방과 경제 관계를 유지함이 유리하다는 입장을 취할 것이다.

69) 박정희 혁명 정부는 일본의 사토정부의 협조를 얻어 한·일 국교 정상화를 조건으로 8억 달러의 경제 원조를 받았으며, 이는 일본의 평화안전에 대한 한국위치의 중요성을 인식했기 때문이다. 그것은 1968년 닉슨·사토 공동성명에서도 "한국의 안전이 일본 자신의 안전에 긴요 관계"라고 표명함으로써, 재확인되었다.

극동군사력의 급속한 증강, 그리고 일본 주변에서의 소련 해·공군에 의한 위협적인 활동의 증대와 일본이 소련에 대해 영유권을 주장하는 4개 도서 중 3개 도서에 소련 지상군을 배치하는 등의 자극은 일본으로 하여금 군사 大國化를 향해 대세를 몰아가게 만들었다. 그 일례로서 1987년 1월 24일부로 시행된 방위비의 GNP 1% 상한선 돌파는 이를 여실히 보여주고 있는 것이다.

1980년대에 일본이 당면하게 될 외부적 압력은 소련의 군사적 위협 외에도 서방측의 공동안보 이익에 대하여 보다 더 큰 기여를 해야 한다는 것이다. 미국은 1980년1월 「해럴드 브라운」(Harold Brown) 국방장관의 동경방문으로부터 시작하여 同년 5월에 「大平」 수상과「카터」 대통령의 회담으로 절정에 이른 일련의 고위회담을 통해서 미국은 일본에게 「방위계획 대강」으로 계획된 자위대 현대화를 앞당기도록 압력을 가한 것으로 알려져 있다. 그 후 1982년 3월에는 미국의 「와인버거」(Caspar Weinberger) 국방장관이 일본 정부에게 1,000마일 해상 교통로 방위 능력을 갖추기 위해서는 일본의 방위비를 년 간 12%씩 증액해야 한다고 제의한 것으로 전해지고 있다.

그 외에도 미국은 대일 무역에서 매년 적자가 발생하자 방위력 증강은 물론 시장 개방을 촉구하는 등 압력을 가하고 있다.[70]

이러한 상황 하에서 일본은 당면한 대내외적 여건에 따라 과연 어떠한 방위 선택을 할 것이며 이에 따른 일본의 방위정책과 전력에 얼마만한 변화가 올 것인가? 이것은 매우 중요한 문제가 아닐 수 없다. 일본이 어떠한 선택을 하던 간에 일본의 군사력은 극동정세에 많은 영향을 미칠 것이며, 특히 지리적으로 인접한 한국의 안전보장에는 매우 중요한 영향으로 작용할 것이기 때문이다. 따라서 방위력 증강을 중심으로 국가적 변혁을 꾀하고 국제사회에서의 새로운 좌표를 찾으려는 일본의 움직임은 주변 국가들의 對日 자세와 對日觀의 재검토를 불가피하게 만들 것으로 전망된다.

---

70) 미국과 일본 간의 무역 마찰은 1983년의 경우에 미국이 일본과의 교역에서 입은 적자가 220억불이었으며, 1984년에는 무려 370억불(동아일보, 1985.4.2, p. 2)로 늘어나자, 1985년3월28일 미 상원에서는 일본이 시장을 개방하지 않으면 보복해야 한다는 결의안을 만장일치로 가결하고, 「레이건」 대통령은 「게스틴 시거」 국가안보회의 아시아 태평양담당 특별보좌관을 일본에 파견하는 등 시장개방을 요구했다. 이와 같은 미국의 압력은 일본의 방위력 보강과 관련하여 미국무기를 강매하도록 함으로써, 무역적자를 보상받으려는 것으로 해석할 수도 있다.

일본군사력의 강화는 장기적으로는 미국이 극동으로부터 군사력을 빼가는 명분이 되지 않을까 하는 우려 또한 제기되고 있다는 점이다. 즉 미국이 「일본주변의 방위는 일본 자신의 손으로」를 강조하면서 일본의 방위력 증강을 촉구하는 것은 극동에서의 일본 대역이라는 장래 구도로 해석되며 이는 일본의 아시아에서의 정치적 군사적 역할의 증대를 초래할 것으로 전망된다. 결국 미국이 빠져나간 뒤에 아시아에서의 힘의 공백을 일본이 대신 메우게 될 경우, 일본의 적극적 방위개념과 방위력 증강이 극동에서의 새로운 「유사」를 부르지 않을까하는 우려 또한 대두되고 있다.

다시 말해, 일본이 독자적으로 그 주변까지 방위할 능력이 생기면 미국의 입장에서 볼 때 한국의 전략적 가치가 저하되고, 이에 따라 주한미군의 철수를 재론할 가능성이 증가되는 한편, 일본의 방위력과 군사 역할 증대에 과신한 미국이 아시아·태평양지역 미군을 중요 타 지역으로 전용할 수 있기 때문에 한반도에서의 전쟁 억지력 및 유사시 미군의 증원 능력의 저하를 초래할 수도 있다. 또 경우에 따라서는 그 대한 방위의 일부 또는 전부를 일본에게 부담시킬 위험성도 배제할 수 없는 것이다.

한반도에서의 군사위기는 만성적이면서도 격변 성을 동반하고 있다는 점에서 항상 주목의 대상이 되고 있다. 그것은 한반도 위기 정세가 갖는 구조적 성격에도 그 원인이 있다.

국제정치적으로는 한반도 위기관리가 주변 강대국들인 미·일·중·소 등의 세력 균형에 의해 가능한 것처럼 보인다. 그러나 한반도 내부가 안고 있는 남·북한 간 대립질서, 특히 위험스런 군사적 대치상황에 대한 효과적인 억지력 발휘가 불투명하고 불확실할 때는 국제적 위기관리도 한계에 부딪치게 되지 않을 수 없다.

일본은 보다 증강된 군사력을 배경으로 독도 문제 등의 한·일간 현안 문제에서 대한 자세를 강화해 나갈 가능성이 있고 특히 일본은 독자적인 전략구상 속에 한국을 위치하게 하는 등 한·일간의 마찰요인을 발생하게 할 위험이 있다. 예컨대 한국의 해상 로가 일본의 1천 해리 해상교통로와 연결선상에 있음으로 해서 일본은 한국에 대해 정치·외교 면에서 영향력을 행사하려고 할 수도 있다.

이때까지의 일본의 극동전략은 주로 한반도 유사시를 상정한 것이었으나 앞으로는 일본해역 주변에서 또는 일본의 북방 對소 대치 지역에서의 분쟁, 곧 「일본유사」에 대한 대처문제 또한 적지 않게 부각되고 있다는 점이다.

일본의 對韓半島 정책에는 '힘의 균형'이 그 내면에 깔려 있기 때문에 소련은 상대적으로 일본의 군사 대국화와 미·일·중의 관계 발전으로 인하여 동북아에 있어서 전략적 정세가 소련에게 불리해지는 것을 더 이상 용인할 수 없다고 판단할 때, 소련은 한반도를 자신의 세력권으로 흡수 코저 북한의 대남 도발을 앞당겨 사주할 가능성이 있다.[71]

결국 이것은 한반도의 통일을 국가 목표로 표방하고 있는 한국의 정책과 정면으로 배치되는 것이다.

이상과 같은 맥락에서 일본의 對韓半島 정책을 기술하면 다음과 같다. 첫째, 한국과 일본이 운명을 같이하는 지역으로 공생 지대론이다. 이는 한국이 공산화되면 일본의 안전이 위태롭게 되기 때문에 그것을 적극적으로 방어하여야 한다. 즉 제2의 한국전쟁은 일본의 국익에 위배될 뿐만 아니라 전쟁이 있을 경우 동북아 질서의 개편도 결코 일본에 유리하게 전개되리라고 생각하지 않는다. 따라서 일본은 한반도의 동결정책 및 현상 고정화 정책을 교묘히 전개할 것이다. 둘째, 일본이 지향하고 있는 한반도정책은 한국과 적극적인 협력을 하면서 북한과도 (소극적인) 교류를 하는 비교적 온건한 중립적 입장이다. 이는 두 개의 한국이라는 정책 발상과도 관계되며 두 개의 한국 속에서 남쪽의 한국을 지원하는 형태는 대체로 군사적인 성격이 강하면서 경제 협력을 병행하는 것이 될 것이고 북한에 대한 것은 지원적인 것이라기보다는 교류적인 경제 관계가 될 것으로 보인다. 따라서 일본은 안정을 손상시킬지도 모르는 한반도 통일보다는 현상 유지를 도모할 것이며 이를 위한 북한에 대한 접근정책이 종국에는 북한의 정부 승인으로 표면화될 가능성이 농후하다. 셋째, 남·북 균형정책의 방향으로 유도할 것이다. 그러나 이것은 반드시 한국이 우월한 위치에서의 균형을 의미하지 않으며, 만약 북한이 우월하더라도 안정이 유지된다면 일본은 능히 이를 수용할 것이다. 넷째, 주한미군의 주둔은 앞으로 장기간에 걸쳐 계속 되기를 촉구할 것이다. 일본정부는 자국의 국가이익을 보호하기 위하여 한반도의 문제에 해결의 실마리가 보일 때까지 미국이 한국으로부터 철수하는 것을 반대하고 있다. 이는 한반도의 안정이 일본에 크게 중요하며 안정을 위해서는 미군이 한반도 내에 존재하는 것이 가장 중요한 요소이기 때문이다. 다섯째, 한국과의 우호

---

71) 국방정보본부, 「일본의 군사대국화가 우리안보에 미치는 영향」 (국방부, 1982. 12), p. 23.

관계의 유지가 무엇보다도 경제적 이익이라는 관점에서 가장 중요하며, 북한과의 일정한 관계는 남한과의 관계 여하를 불문하고 틀림없이 유지될 것이다. 따라서 남·북한 대화와 교류는 한반도의 안정과 긴장완화에 도움을 주는 이유로 해서 적극 지지할 것이다.

제 3 절 한반도 통일전략과 동북아 경제 블록화

東·西 냉전종식과 더불어 한반도통일이 국제적 국내적 환경 변화의 영향으로 우리에게도 꿈이 아닌 현실 문제로 다가왔음을 인식할 수 있다. 이것은 또한 통일의 당위성으로부터 통일의 목적 가치와 그 접근 방법이 현실적 문제로 제기되고 있음을 의미한다.

1945년 한반도가 우리 민족의 염원과는 달리 미·소 兩대국에 의해 분단된 이래 한반도의 통일문제는 직접 당사자인 남·북한은 물론이고 한반도에 커다란 이해득실을 가지고 미국, 소련, 중국, 일본 등 강대국들과 국제연합, 비동맹국 회의를 포함한 각종 국제기구, 그리고 통일 문제에 관심이 있는 국내외 학자 및 정당, 사회단체, 대학생층 등에 수없이 많은 통일 논의가 전개되었다. 그렇지만 아직도 한반도의 통일문제는 뚜렷한 해결 실마리를 찾지 못하고 오히려 남·북한 간의 이념체계, 문화, 가치관, 풍속, 언어, 종교 등 모든 분야의 인위적, 자연적 이질화 현상은 극복되지 못하고 있을 뿐만 아니라 남·북한 간의 군사적 긴장도 쉽게 해소될 기미를 보이지 않고 있는 실정이다. 따라서 한국은 남·북한 관계의 특수성과 그것에 기인한 적대감 및 불신감의 해소를 위해 가장 먼저 노력해야 한다. 남·북한 간에는 6.25의 동족상잔과 이제까지의 대치 상태에서 오는 적대감과 상호 통일정책에 대한 불신감을 갖고 있다.

현재 북한은 독일 통일에서와 같이 남한이 북한을 흡수 통일하려 한다고 생각하고 있는 점이 북한이 개방하지 않는 한 요인이기도 하다. 이러한 측면에서 같은 민족이니까 무조건 통일이 되어야 한다든지, 통일을 위해서는 그 어떤 희생도 감수해야 한다든지 하는 통일지상 주의적 생각에서 벗어나, 통일의 목적 가치를 어디에 두어야 하며 어떤 방법으로 통일의 목적 가치를 실현해 나갈 것이냐에 대해 냉정히 생각하고 확고한 태도를 가져야 될 때가 된 것이다.

이제부터 북한에 대한 한국의 정책은 북한의 입장을 고려하여 첫 단계로 신뢰 구축을 위한 기반 조성에 두고 북한이 가장 불안해하고 있는 서 독식 흡수 통일이 아닌 상호 대등한 입장의 통일임을 인식시켜주고 다음 단계로는 문화예술, 스포츠 등 비정치적 분야의 교류 확대를 통해 남·북한 협력 분위기를 조성시킨 다음 남·북한이 실질적 경제적 실리를 추구할 수 있는 남·북한 경제교류를 확대하는 것이 필요하다.

이를 위해서는 소규모 거래로부터 대규모 거래로, 상품거래에서 시작, 對북한 투자에 이르기까지 그 폭을 확대한다. 먼저 남한에서 남아돌고 있으나 국제적 곡물거래 관행에 막혀 수출도 하지 못하는 한국 쌀을 식량이 부족한 북한에 장기 차관으로 제공할 필요가 있으며 두만강 유역 개발에 적극참여 이를 발판으로 보다 큰 통일을 위한 주변 환경을 조성하고 통일비용을 극소화 할 수 있는 것이다.

한반도의 분단은 역사적으로 볼 때 국내적인 상황과 더불어 국제적인 상황을 동시에 안고 있다. 즉 해방과 더불어 이루어진 한반도의 분단은 본질적으로 한민족 자체의 분열과 독립 및 갈등에서 비롯되었다는 내적인 측면과 2차 대전의 승전국인 미·소 양국 간의 이해관계에 따른 대립과 적대관계에서 비롯되었다는 외적인 측면이 병존하고 있었다고 볼 수 있다.

한반도의 통일문제는 이러한 이중적 성격으로 인해 그것이 단지 한민족만의 문제라든가 남·북한 간의 문제로만 한정되는 것이 아니라, 국제정치적인 성격을 띤 복합적인 문제로 이해되어지고 있는 것이다. 그러므로 한반도의 통일 문제는 한민족 내부적인 차원에서만 해결되어져야 할 성질의 것이 아니라 한반도를 둘러싼 국제환경 변화요인을 한민족의 자주적 통일에 유리한 영향변수로 작용할 수 있도록 능동적으로 대처해야하는 복합적인 문제로 다루어져야 할 것이다.

주지하듯이 남·북 분단은 미·소 냉전체제의 산물이다. 그동안 남·북 관계는 동·서 냉전이라는 모태의 강력한 영향권에 있었으며, 그 역동성을 반영해 왔다. 그리하여 이러한 국제적 측면은 우리의 통일을 가로막고 있는 2대 장벽 중의 하나로 인식되어 왔다. 그러나 사회주의권의 변화 이후 세계질서는 대립과 갈등의 냉전 역사를 청산하고, 평화와 협력의 新데탕트 체제로 나아가고 있다. 그런데 현재 인류사의 보편적인 흐름이 되고 있는 新데탕트체제는 과거 국제정치에서 나타났던 화해의 차원을 뛰어넘고 있다. 과거의 신 데탕트체제가 기껏해야 미·소의 화해 차원에 머물렀던데 비해, 新

체제는 그 차원을 훨씬 넘어 세계 각국이 기존의 동맹관계 자체를 재검토해야 하는 정도로 구조화가 심화되어 있으며, 근본적으로 영향을 미치고 있다.

한국 측이 국제적인 통일 여건의 조성을 위해 기울인 최초의 노력은 1969년 7월 25일 괌에서 발표된 「닉슨독트린」 과 미국이 한국정부와 사전협의 없이 주한미군 1개 사단을 1971년 6월까지 철수시킨 일, 그리고 1972년 2월 핑퐁 외교로 일컬어지는 닉슨 대통령의 중국방문은 한국으로 하여금 주변 환경의 변화를 실감토록 하였으며, 외교의 다변화를 고려토록 하기 위해 충분하였다. 특히, 한국이 다변 외교의 필요성을 절실히 깨닫게 된 것은 주한미군 철수문제 이외에도 당시 미국 대통령이었던 카터 대통령의 인권외교 압력과 청와대 도청사건, 박동선 사건 등과 같은 한국정부와 미국정부간의 불편한 관계도 큰 몫을 하였다고 볼 수 있다.

이러한 변화에 적응하기 위하여 한국정부는 1971년8월31일 공산권 국가와의 교류, 1972년 12월 30일에는 공산권과 수출·입 행위를 가능케 하는 법적 조치를 만들었다.72) 그 이듬해인 1973년6월23일 한국은 주변 환경의 변화에 적응하고 한국내의 제반여건을 고려하여 이른바 6·23선언이라고 하는 「평화통일 외교정책 선언」을 통해 한국은 우리의 이념과 체제를 달리하는 모든 국가에 대하여 적대적이지 않는 한 문호를 개방할 것을 천명함으로써 소련을 비롯한 공산국가들과 교류를 희망한다는 뜻을 밝혔다.73)

이 선언의 주요 내용은 ①내정 불간섭과 무력 불사용, ②UN을 비롯한 국제기구에 남·북한 동시가입 인정, ③할시타인 원칙(Hallstein Doctrine)의 포기 등으로 집약될 수 있겠다. 특히 이 중에서도 이른바 서독이 1960년 말경부터 추진하기 시작한 동방정책과 맥락을 같이한다고 볼 수 있는 ③항의 내용이 바로 북방정책의 출발점이었다고 볼 수 있겠다. 이때부터 본격화 되기 시작한 한국 정부의 對공산권 관계개선 노력은 1980년대에 이르러 중국 및 동구권 국가들의 개혁, 개방 정책 추진으로 간접 교역을 중심으로 한 경제 교류가 점차 확대되면서 6공화국 출범이후 미·소와 중·소의 관계 개선을 배경으로 한 국제적 화해 분위기 확산과 중국 및 소련의 개혁, 개방정책 추진, 폴란드 등 동구권 국가들의 민주화 열기 확산 등 대외적 여건과 미국,

---

72) 이석호, 한국 북방정책의 변천 과정과 결정요인, 한국 국제정치학회, 국제정치 논총, 제 28집 2호, 1988 p. 124에서 재인용.
73) 국토통일원, 남·북한통일, 대화 제의 비교(1945-1987) 1987. p. 144.

EU 등 주요 선진국과의 통상마찰 심화와 원화절상, 우리의 국력 부상에 따른 국제적 지위향상, 그리고 민주화, 개방화 움직임에 따른 국민의 통일염원 분출 등의 대내적 여건 성숙으로 본격적인 북방 정책의 추진74)이 가능했으며 특히, 1988년에 발표된 7·7 선언75)의 정신의 바탕이 되었다고 볼 수 있다. 어쨌든 이때의 6·23 선언은 그 이전까지와는 달리 휴전선 이북 지역을 사실상 지배하고 있는 북한 공산 정권의 존재를 현실로 인정하는 조치로서 1년 전에 발표된 7·4 남북공동성명의 정신을 발전시킨 것이라고 할 수 있는 것이다. 이 같은 6·23 선언은 평화통일 이전까지 상대방을 인정해 주고 평화공존을 추구하자는 인식을 바탕으로 한 것으로써 이후 1990년대의 UN 동시 가입으로까지 발전하게 된다. 6·23 선언 이후의 간헐적인 외교 노력과는 달리 한국의 통일외교 정책상 일대 전기를 마련하게 된 계기가 된 사건을 1988년의 7·7 선언이라고 하겠다.

7·7 선언은 ①남·북한 및 해외 동포의 자유로운 남·북한 왕래, ②이산가족의 생사 확인, 서신왕래, 상호방문, ③남·북한 간의 비군사 물자교류의 허용, ④북한과 미·일간의 관계 개선에 협조하는 동시에, ⑤남·북한 간의 소모적인 경쟁대결 외교의 종식을 그 주요내용으로 하고 있다. 비록 7·7 선언이 북한 측으로부터는 분열 주의와 반통일 정책에 입각한 책동이라는 모멸과 반발에 부딪치기는 했지만, 이를 계기로 헝가리와 정식 국교 수립(1989.2.1.)을 효시로 폴란드(1989.11.1.), 유고(1989.12.27.), 체코(1990.3.22.), 불가리아(1990.3.22.), 루마니아(1990.3.30.), 외몽고(1990.3.), 소련(1990.9.30.), 알바니아(1991.8.)와 국교를 수립하고 중국과도 1991년 2월부터 양국의 상주 무

---

74) 한반도의 북방 정책 추진의 의미는, ①안보체제 구축 ②평화통일의 기반조성 ③ 국제적 지위 향상 ④경제적 실리추구 등으로 이는 북한의 개방화와 남한의 對북한 통일정책 연계 및 정치적 비정치적 교류의 병행 추진, 그리고 우방국들과의 유대관계 유지를 전제로 하고 있다. 따라서 북한도 이에 대응할 수 있는 실용주의적 정책을 펴나갈 것이므로 남·북한 관계개선은 보다 빠르게 진전될 수 있는 것이다.

75) 1988년 7월 7일 노태우 대통령은 사회주의 국가와의 관계 개선 노력을 천명하는 "7·7선언" 발표이후 적극적인 對 공산권 국가들과 관계 개선 노력을 경주, 1989년 2월 1일에는 헝가리와 정식으로 국교를 체결했으며 그해 11월 1일 폴란드와도 수교를 했고, 12월 7일에는 한·소영사 처 교환설치 합의를 했다. 그리고 1990년 6월 4일에는 미국의 샌프란시스코에서 역사상 처음으로 한국과 소련의 정상이 정상회담을 갖고 9월 30일에는 역사적으로 한국과 소련이 수교했다.

역연락 사무소가 설치되어 영사 업무를 담당하게 되었다.76)

한편 북한은 쿠바와 함께 유일하게 종래의 이념외교, 이념정책을 고수함으로써 국제사회의 고립화가 심화되었으나, 新데탕트시대, 공동안보시대, 탈냉전 및 脫공산주의라는 급격한 국제환경 변화와 남한의 국제적 위상의 상대적 격상으로 남방정책을 추진토록 강요하는 변화를 가져오게 되었다. 이로써 북한의 연형묵 총리도 동남아 순방(태국, 말레이시아, 인도네시아, 1991. 1. 27 - 2. 7)을 하게 되었다. 이는 말타와 노르웨이에서 북한 공관폐쇄(1991. 3), 10개 아프리카 국가들의 북한 공관 폐쇄(1991. 2) 등에 대한 미봉책의 일환인 것이다.

이 같은 맥락에서 한반도문제도 중시하여 한반도 긴장해소를 전제로 한반도의 비핵화지대를 제의했고, 고르바초프는 일본에서 외신기자 회견(1990. 12. 31)을 통해 "소련은 한반도의 평화통일을 위해 국제적 협력이나 보증이 필요한 경우, 참여할 용의가 있다." 고 밝혔다.

이렇듯 냉전의 종식과 함께 동구의 각 나라들은 민족분리주의를 주창하는 민족주의 운동이 전개되고, 자본주의 권은 유럽의 EU와 아시아의 일본이 새롭게 지역적 중심국가로 부상하고 있다. 이러한 동구사회주의의 붕괴와는 달리 아시아의 중국·북한77)·베트남이 사회주의적 정치구조를 계속 유지한 토대 위에서 경제적 개혁과 개방을 채택하고 새로운 국제질서에 대응하고 있으나, 아직 냉전과 긴장의 상태를 탈피하지 못하고 있다. 그러나 유럽에서부터 일기 시작한 脫냉전과 평화기류는 아시아의 지역 구조에도 커다란 영향을 미치고 있다. 1970년대 까지만 해도 舊소련 역시 대체로 한국을 미 제국주의가 인위적으로 만들어 낸 일시적 기지로 보았다. 그들이 한국을 보는 시각은 적대적이고 부정적이었다. 즉, 그들은 한국을 극동의 미 제국주의 기지, 사회주의 북한에 대항하는 자본주의의 군사기지, 억압적인 군사·관료독재가 지배하는 국가로 매도하여 왔다.

---

76) 이도형·양성철 공저, 남·북한 UN세대의 새 출발(서울 : 자유평론사, 1992), p. 135.

77) "소련의 사회주의는 인민 대중에게 뿌리내리는데 실패함으로써 붕괴하였으며, 동구 역시 소련식 사회주의를 그대로 이식하였기 때문에 자국 실정에 맞지 않아 체제 유지에 실패한 것이다. 그러나 북한은 주체사상에 바탕 한 '조선식 사회주의'였기 때문에 인민 대중의 지지를 받고 있다." 고 북한 외교부장이 밝혔다." 한겨레신문, 1991. 10. 6.

그러나 1985년3월 고르바초프의 등장으로 제2의 "10월 혁명"이라고 불리는 과감한 개혁과 개방 정책을 시도함으로써 舊소련의 對한국 시각에 상당한 변화를 가져왔다. 舊소련이 한반도에 대한 정책 변화를 시도한 것은 1986년7월 블라디보스톡 연설과 1988년 9월의 크라스노야르스크 연설에서 찾아 볼 수 있다. 고르바초프는 블라디보스톡 연설에서 "소비에트 국가는 평화와 안보를 위해 아시아나 태평양의 모든 국가들이 협력할 것을 요구하고 있습니다."[78]라고 함으로써 한국을 직접 거론한 것은 아니지만 어느 국가도 배제하지 않겠다는 의도를 반영하였던 것이다.

즉, 고르바초프는 아·태 지역 협력에 관하여 언급하면서 "한반도 정세가 전반적으로 호전됨에 따라 남한과의 경제 교류를 가질 가능성이 열려 있다고 생각합니다.[79]라고 말함으로써 정치·경제적 영향력을 확대하기 위한 舊소련의 對한반도 정책에 중대한 변화를 가져왔다.

이를테면 소련의 종래 한반도 정책은 북한과의 동맹관계에서 북한의 제반정책을 지지·지원해 왔으나 고르바초프의 개혁·개방·新사고·민주화 정책[80]추진으로 대남·북 등거리정책 전환을 의미한다. 그러나 소련은 북한과의 우호 관계를 계속 표명해오다가 남한의 적극적인 북방 정책과 소련의 개혁에 의해 소련·북한 관계가 불편해졌음에도 불구하고 소련의 對韓 정상회

---

78) 고르바초프의 블라디보스톡 연설 번역문, 사회주의 대변혁 핵심 문헌 50선(서울 : 동아일보사, 1991), p. 5.
79) 고르바초프의 크라스노야르스크 연설 번역문, 상게서, p. 109.
80) 신철균, "주변정세와 통일 환경", 「민주통일론」 (서울 : 통일연수원, 1992), pp. 272-273. 구소련의 고르바초프는 개혁과 개방을 표방함과 동시에 외교 정책으로서의 「신사고정책」(新思考政策)을 적극 전개시켜 나갔다. 고르바초프의 신사고 정책 개념을 정리해보면 첫째, 마르크스주의는 계급투쟁을 지향해 왔는데 신사고 개념에 입각한 마르크스주의는 계급, 민족, 국가를 초월, 인류가 요구하는 평화지향을 함축한 보편적 가치관을 수용했다. 둘째, 현실인정을 바탕으로 하는 평화공존체제를 국제사회에 정착시키는 것으로서, 이 개념이 바로 한반도정세에 변화를 가져온 것이다. 즉 한반도의 평화공존 체제로서 '두 개의 주권국가' 개념을 인정하여 결국 남·북한 UN 동시가입을 지지하게 되었고 북한의 '하나의 조선정책'을 수정시켜 북한체제의 대남적화전략에 부담을 주게 되었다. 셋째, 군사정책에 있어 구소련은 전 세계적인 군사재편과정에 들어가 종래의 공격 전략을 방어 전략으로 바꾸므로 군사기지의 재조정과 .병력 감축이 불가피하게 되었다. 이에 따라 1988년10월 고르바초프는 UN총회에서 일방적으로 병력을 50만 명 감축하겠다고 선언한 것이다.

담·對韓 수교의 목적은 단기적으로는 경제난을 타개하고 장기적으로는 아·태지역에 진출할 교두보 확보는 물론 일본의 자본 및 기술을 끌어들이기 위한 전초기지로서의 필요성 때문이며, 한국의 입장에서는 한반도 지역의 긴장완화와 북한의 개방 유도 그리고 새로운 시장 개척 및 신기술 도입을 위한 발판 마련의 필요성에 의해 한·소 국교 정상화가 이루어졌다고 볼 수 있다.

1990년 10월 1일에는 중국에 한국 무역사무소가 설립되어 본격적으로 중국과도 교류를 시작했으며 1990년 12월 14일에는 노태우 대통령과 고르바초프 소련 대통령이 「대한민국과 소비에트 사회주의 공화국 연방 간 관계의 일반원칙에 관한 선언」이란 이름의 모스크바 공동 선언을 발표했는데, 이 선언은 「전문」과 6개항의 「일반원칙」에 이어 한·소 양국 관계의 광범위한 증진을 실현시키기 위한 11개의 기본 원칙을 담고 있는데, 이는 냉전의 종식, 화해와 협력을 위한 새 질서 구축, 남·북한 통일추진의 촉진 등을 내외에 천명한 것으로 요약된다. 1991년 4월 20일의 제주 한·소 정상회담은 한반도 분단의 당사자국 중의 하나인 소련의 최고지도자가 사상 처음으로 남한을 방문했다는 상징적 의미가 큰 회담이었다. 이 회담에서 "한·소 우호조약"의 체결 필요성에 원칙적인 합의에 도달했으며, 남·북한 동시 UN가입81)과 북한의 핵사찰 문제에 대해서도 입장을 같이했으며, 양국 외무부 장관의 교환 방문을 통해 주요 현안을 해결해 나가기를 합의함으로써 차관급 수준에 머물렀던 양국 대화채널을 격상시켰다.

결국 1991년5월22일 북한은 시종일관 주장해 오던 남·북 UN 동시가입 반대 입장을 철회하고, 5월28일 종래의 단일국호 및 단일국가 UN가입 안을 제출하였다. 이어서 8월5일 남한이 UN 가입 신청서를 제출했고, 8월8일 UN 안보리의 만장일치 처리로 남·북한 UN 가입이 실현되었다. 그리고 총회

---

81) 남·북한 동시 UN가입은 한반도의 평화정착과 평화통일에 긍정적 요인이다. 즉 UN 동시가입을 통해 상호실체를 인정하고 한·중 수교, 미·북, 일·북간에 관계 개선이 이루어질 때, 남·북한에 대한 세계 각국이 교차승인 절차를 밟게 되고 이로 인해 북한의 적화통일 노선이나 전쟁노선은, UN의 역할과 기능이 강화되고 있는 현실이므로 북한의 모험주의적 시도를 UN차원에서 견제할 수 있는 것이다. 한편 북한도 UN가입을 통해 국제적 고립과 대내적 경제난을 완화하기 위해 폐쇄체제를 점차 개방할 수 밖에 없다. 이는 곧 북한에서의 민주개혁을 불가피하게 만들 것으로 기대되고 있는 것이다.

개막일에 정식 승인됨으로써, 북한이 160번째, 남한이 161번째 회원국이 되었다. 이로써 북한이 주장해온 '하나의 조선정책'은 그 수정이 불가피하게 되었다고 하겠다.

이는 한·소 수교 및 고르바초프 소련 대통령의 한국 방문 등으로 조성된 한반도의 새로운 질서에 대하여 국제적 고립과 폐쇄 경제체제의 모순에 기인된 체제 위기를 극복하려는 고육지책으로 결정되었지만 북한의 UN가입 결정은 UN가입 시 회원국은 이른바 '평화원칙'을 준수해야 한다는 전제를 음미해 볼 때 핵사찰의 수용 등 북한의 개방과 한반도 안정에 새로운 전기가 되며 이는 우리 북방 정책의 결실이다. 이러한 북방정책의 성과를 경제적 측면에서 살펴보면 첫째, 미국, EU 등 선진국과의 통상마찰 심화에 따른 수출·입 시장의 다변화다. 북방국가들과의 무역은 1980년대 중반이후 꾸준히 증대되어 왔다. 특히 1988년에는 대폭적인 증가세를 보여 총 무역 규모는 36억불에 달하였다. 권역별로는 중국과의 교역 금액이 1988년에 32억불로써 전체의 84%를 차지함으로써, 중국은 우리에게 있어서 미국, 일본, 서독 다음의 넷 번째 시장 대상국으로 부상했으며 소련과의 무역도 급격하게 증가하는 추세를 보이고 있는데, 이는 소련으로부터 신기술의 도입 및 미국과 EU의 대체 시장으로서의 개척이 기대된다. 둘째, 원화절상, 노사분규 및 임금인상 등에 따른 경쟁력 약화 산업의 생산기지 이전 등 산업 구조 조정을 촉진했다. 1989년 5월말 對 북방 지역 투자로서 계약 체결 건수는 중국과 20건, 헝가리와 3건, 소련과 1건 등 총 24건으로 투자금은 총1억 3천만 불에 불과하나 앞으로 계속 확대될 전망이다. 그중 對중국 투자는 봉재완구, 전자 등 노동집약, 경공업 중심의 소규모 시험 투자가 대종을 이루고 있으며, 소련과 동구에 대한 투자는 비교적 경화 회전이 빠른 호텔사업 등을 중심으로 진출을 개시했다. 특히 소련에 대해서는 30억불의 對소 차관 공여로 인한 투자로 소비재품 수출 등 시장 확대 가능성이 높다. 셋째, 자원보유국과의 교류 협력을 통한 자원의 안정적 확보가 가능하다는 점이다. 우리나라와 같은 부존자원이 부족한 나라에서는 자원의 안정적 확보가 매우 중요하다. 이를 위해서 소련의 시베리아 및 극동지역 개발 사업에 참여 소련의 무한정한 자원을 확보할 수 있는 기회를 마련했다는 점이 중요하다. 또한 북방 정책의 정치 외교적 측면의 성과는 한반도의 긴장완화와 평화통일 달성을 위한 주변 환경의 조성 및 이념의 장벽과 냉전체제로 인한 반쪽 외교를 극복하여 전 방위 외교를 추진함으로써 UN가입 등 국제적 지위가 향상되었다.

그러나 북방 정책의 가시적인 성과가 나타나는 일면 그 부정적인 영향 또한 있는 것이 사실이다.

첫째, 우리의 북방정책은 북한의 남방정책(對미, 일 적극 접근정책)을 강화시켰을 뿐만 아니라 일본의 북방 정책까지 자극시키는 결과를 초래했다. 북한은 남방정책을 통해 일본과 관계를 개선함으로 북한의 체제 유지와 경제적 어려움을 해결하려고 한다. 이를테면 북한이 고립을 벗어나기 위해서 한국과 교류를 확대 증진하기 보다는 일본 및 미국과의 협력을 신속히 확대함으로써 이 기회를 틈탄 일본은 한반도의 분리정책 전략을 통해 그들의 국익을 극대화하려 하기 때문에 북한과의 수교를 서두르고 있는 듯한 인상이다. 그럼으로써 일본은 한반도정세에 있어서, 주도권을 장악할 수 있기 때문이다.

둘째, 무역상 불리한 적자 구조이면서 우리의 경제 여건상으로는 벅찬 30억 달러의 對소 경제 원조를 결정한 것은 소련으로 하여금 북한지원을 점차 감소시켜, 북한의 대남위협을 줄이는 효과를 기대하여 북한의 대남침략 시 보험료 또는 안보 대금이란 판단이 깔려있으나, 그런 기준에서 보면 주한 미군의 안보비용은 지금보다 훨씬 비싼 대가를 요구하는 역효과를 가져왔다.

셋째, 정부가 북방 정책을 너무나 요란하게 선전함으로써 우리의 인접 국가들(특히 일본)과 상호 충돌 할 수 있는 위기를 조성시켰다.

서독의 동방정책이 실리 추구형인데 반하여 한국의 북방정책은 정치적 명분이 다분히 내포된 정책이라 할 수 있다. 그러므로 경제적 실리를 얻지 못하고 정치 비용만 너무 과도하게 소비하는 결과를 가져왔다.

여하튼 한반도 주변 강대국들의 한반도정책과 관련지어 볼 때 지금 세계는 급격히 몰락한 공산주의의 퇴보로 사회주의 체제를 고수하고 있는 일부 국가들도 자유 시장 경제체제를 도입하고 있고, 전략핵 및 전술 핵무기의 감축과 폐기로 인한 데탕트는 정치, 군사적 문제보다는 경제적 문제가 주요 이슈로 대두되는 시점이다. 이러한 新 세계 질서 속에서도 북한은 근본적인 태도 변화를 보이지 않고 있으나 국제적 고립과 경제 문제에 직면하여 이를 해결코자 UN가입, 남·북 고위급 회담의 지속적 추진 등 남북관계 개선에 전향적인 자세를 보여 변화의 가능성과 함께 통일의 분위기를 고조시키고 있다. 요컨대 세계사의 흐름은 공존공영과 개방화, 자유화의 방향으로 나아가고 있으며, 한반도내에서도 이념과 체제를 초월하여 국제질서 재편에 동참하고 있는 것이다.

국내·외 정세의 변화는 남·북한이 평화공존 체제를 정착시키고, 통일에의 본\궤도에 진입할 수 있는 기회를 제공하고 있다. 따라서 우리는 국제 정세와 주변 환경이 제공하고 있는 민족의 공존, 번영, 통일의 좋은 기회를 잘 활용하여야 하며, 이러한 국제적 흐름에 보다 적극적이고 능동적인 대응 자세로 통일을 모색해야 한다.

왜냐하면 세계적인 화해와 협력의 분위기 속에서 대립과 대결을 벗어나 통일을 지향하는 이 시점에서, 지구상의 유일하게 남아 있는 남·북한은 기대와 우려의 대상이 되고 있는 것이다. 더욱이 이러한 맥락에서 舊소련은 한국과 90년 9월 수교이후, 2차례에 걸친 정상회담을 통하여 국내 경제적 난관을 타개하기 위한 경제협력 관계에 중점을 둠과 동시에, 미국 중심의 질서가 정착되어 온 동북아 지역에서 新사고 외교정책을 수행하는데 한반도를 조종간으로 활용하려는 전략을 구상하였으며, 특히 한·소 우호협력조약 체결 제의나 아·태 안보협력 기구 창설 같은 획기적인 제의들은 이 지역에서의 미국의 역할을 축소하고자 하는 舊소련의 전략적 의지이다. 이는 북한으로 하여금 新국제질서 조류에 동참과 불참의 선택의 폭을 좁혀가고 있으므로 북한으로서는 이에 순응하지 않을 수 없는 것이다. 따라서 국제환경의 변화와 북한권력 엘리트들의 성격변화, 주민들의 요구변화 등은 경제개혁을 촉진함으로써 물질적인 동기와 관심이 주체사상의 이념을 퇴색시킬 가능성이 높아질 전망이다.

결과적으로 한반도에 지속적인 영향을 미쳐왔던 주변강대국의 정책 역시 한반도 문제에 관해 남·북한 두 당사자의 통일 의지를 부추기는데 긍정적으로 작용하고 있다고 볼 수 있다. 즉 소련, 중국의 북한 일변도 정책이 완화되고 對한국·對서방정책을 희망하고 있으며, 또한 미국·일본도 한반도의 안정과 평화를 희망하면서 북한과의 교류를 시도하고 있는 것이다. 이러한 맥락에서 한반도 문제에 있어서 당사자들의 의사가 중요시 되고 있고, 소위 「한반도 문제의 한반도화」 82)현상이 강화되고 있는 실정이다. 이에 따

82)이도형, 양성철 남북한 UN 시대의 새 출발(서울 : 자유평론사, 1992) p. 125.
 1960년에서 1970년대 초, 아시아·아프리카 신생국들이 대거 UN에 등장, 제3세계 중심의 UN 외교시대, 비동맹 중립노선의 외교시대가 UN을 주도하게 되었다. 이로써 과거 한반도문제에서 남한만을 일방적으로 지지하던 것이 지양되고, 「한반도문제는 한반도화」 라는 탈 UN정책이 시작되었다. 이로 인해 1975년 남북한 두 정부가 내놓은 한반도 통일방안을 UN이 모두 채택한 이래 1976년부터 15년

라 남·북한도 점차 민족주의가 확산되고 있다. 이를 남·북한 통일로 연계하여 민족통일의 열망이 더욱 높아지고 있다. 영원한 우방이던 미, 일에 대한 경제적 감정으로 반미, 반일 감정이 일고 있고 남·북한 통일에 대한 인식을 고취시켜 주고 있다. 이러한 양상은 지역 경제와 결부되어 남·북한 경제교류 협정이 추진되고 있으며 이로 인해 북한의 개방화는 멀지 않은 장래에 다가올 것이라 예측된다.

이러한 의미에서 新국제질서의 전망은 첫째, 동·서 냉전 체제에서 국제정치의 흐름을 주도하던 미·소 초강대국의 위상이 쇠퇴하고 힘의 다극화 현상이 야기되고 있다. 국제 정세의 대변혁이 민주화, 자유시장 경제화 양상으로 변모, 전개됨에 따라 국제 경제적 측면에서는 지역적 통합으로 경제 블록화 될 전망이다. 정치적 측면에서의 민족주의는 자체적으로는 통합운동으로, 대외적으로는 배타적 분리운동과 민족분쟁, 영토분쟁으로 나타나고 있으며, 경제적 측면으로서의 경제블록화는 지역경제권을 형성하고 있다. 민족분쟁의 대표적인 예는 독립국가연합의 민족분규, 이스라엘과 아랍간의 민족대립을 들 수 있고, 경제블록화는 유럽공동체를 들 수 있다. 유럽공동체(EU)는 이미 자유무역 지대 설정, 관세동맹, 공동시장 등 경제통합 단계를 지나 정치통합으로 나아가고 있다.83) 둘째, 냉전 시 국제적 외교무대에서 중시되

동안 한국문제 결의안이 남·북한 모두에 의해 제출되지 않았다. 구체적으로 한반도문제에 대한 UN 입장과 활동(1945-1991)을 살펴보면;

기 간	입 장	활 동
1947-1949	미국 : 한국입장 지지	UN감시 하 사실상 38선 이남에서의 단독선거 지지 대한민국 정부를 UN선거 감시가 가능한 지역(38도선 이남)에서의 한반도 유일한 합법 정부임을 결의
1950-1953	미국 : 한국입장 지지	UN군사행동 지지 : UN군사령부 창설결의
1954-1961	미국 : 한국입장 지지	한국 정부가 제출한 UN 감시 하 총선에 의한 통일 방안지지 연례적 상례화
1961-1970	한반도문제 탈 UN화 1단계	북한에의 유화입장 시작
1970-1975	한반도문제 탈 UN화 2단계	UN한국통일복구위원회 (UNCURK : The United Nations Commission for the Unification and Rehabilitation of Korea)해체 UN군 사령부 해체 결의
1975-1991	한반도문제 탈 UN화 3단계	남·북한 제출 결의안 동시 통과 한반도 문제 UN결의안 제출 중지
1991-	한반도문제 새 UN시대	UN 정식회원국으로서 이제까지의 피동적 입장 지양, UN의 주체로서 입장 변신.

었던 군사력의 중요성이 반감되고 점차 경제력의 중요성이 부각되고 있다. 셋째, 냉전 시 이데올로기 대립의 결과로 파생된 제로섬(Zero-Sum)적 사고가 핵무기를 비롯한 무기체제의 발달로 더 이상 무한경쟁을 계속할 경우, 자칫 공멸할지도 모른다는 자각과 더불어 상호공존이 협력적 사고로 전환되고 있다. 물론 이러한 국제질서의 변화는 한반도 주변질서에도 적용되기 시작했다. 예컨대 과거 북한의 동맹국이며 일방적인 후원국이었던 중·러 양국이 노선을 바꿔 한국과 국교를 정상화하고, 對한반도 정책의 기조를 이념 중시에서 경제중시로 전환하고 있는 점이 대표적인 실례라 하겠다.

이러한 주변정세의 변화는 독일이나 예멘의 통일사례가 분명히 입증해 주었듯이 소련을 비롯한 사회주의권의 몰락은 이념적이고 군사적인 대결을 지양하고, 탈냉전의 새로운 국제 질서를 형성시키기 위한 변화를 모색하고 있다. 동구의 각 나라들은 공산당 독재에서 벗어나 다당제의 정당정치와 의회민주주의의 기초를 수용했으며, 다양한 소유형태의 인정과 시장경제의 도입을 추진하고 있다.

결국 1989년 몰타에서 열렸던 미·소 정상회담, 그리고 1990년 미국과 캐나다를 포함한 유럽 34개국이 참여한 유럽안보협력회의(CSCE)가 합의서명한 새로운 유럽을 위한 파리헌장은 냉전시대의 종식을 공식 선언함으로써, 1945년 2차 세계대전의 종전이후 세계를 東西 양대 진영으로 나누어 놓았던 냉전체제는 해체된 것이다.

역사는 올바른 사관을 읽는 민족과 국가편에 항상 서 왔다. 오늘날 독일, 일본 등이 세계사에 강대국으로 등장하고 있음은 그들 나름대로 독특한 민족사관에 입각하여 내적 통합역량을 극대화 하였고 그것을 바탕으로 대외적 흡수 및 영향력 확장으로 표출되고 있기 때문이다.

따라서 우리도 이제부터는 민족 주체성을 갖고 남·북 관계를 보다 더 적극적으로 개선하며, 공고한 평화체제를 구축하기 위해서는 우리 내부부터 먼저 결속하고 북한의 변화를 유도해야 한다. 즉 지역감정, 계층 간의 불신, 정치적 이해관계의 대립 등을 종식하는 등 남한 내에서 먼저 민족적 통일을 이룩한 뒤에 남·북한이 통일되는 것이 순서이다. 통일자체가 무조건 최고의 가치요, 최고의 선이 아닌 것이다. 각각 상이한 체제에서 서로 다른 의식구조, 사고방식, 행동 및 생활양식을 갖고 살아온 남·북한 주민들의 정신적,

---

83) 임수용, "21세기를 향한 한국의 과제", 국방일보, 1992. 2.25일자.

문화적 동질성을 회복해서 하나의 정치, 경제, 사회적 공동체를 이루어야 하는 통일은 그 당위성만으로는 실현될 수 없다. 즉, 40여년의 긴 세월 속에 형성된 분단구조를 일시에 해결할 수는 없다. 독일의 통일도 20여년이 넘는 민족교류를 추진 시켜온 결과였으나 서독경제력에 의한 흡수통일로 지금까지 후유증에 시달리고 있음을 상기해야 한다.

물론 독일과 비교할 때 그 분단의 배경이나 성격뿐만이 아니라 남·북한 양 체제의 특성으로 인해 직접적인 대비는 곤란하겠지만, 우리는 1991년 12월에 '남·북한 화해와 교류·협력에 관한 기본합의서'를 도출하였다. 이 '기본합의서'는 독일의 '기본조약'에 비견되는 한반도의 분단 사상 획기적인 전기를 마련한 사건이라고 할 수 있겠다. 다만 여기서 중요한 것은 통일 노력을 기울이는 데에 있어서 인내와 끈기가 필요하다는 것이다. 돌이켜보면 우리와 같은 시기에 분단의 비극을 안게 된 독일과 같은 경우에는 우리처럼 동족상잔의 전쟁을 치른 적도 없었다. 이미 1969년에 들어와 빌리 브란트 정권은 이른바 동방정책(Ostpolitik)을 통하여, 1972년12월 동·서독 기본 조약을 체결함으로서 공존의 기틀을 마련하였다.

동·서독 기본조약으로 서독은 그때까지 인정하지 않았던 동독을 국내법적으로 인정하여, "1민족 2국가" 라는 특별한 관계를 설정하게 되었다. 이에 반해 동독은 대외 정책에 있어 소련의 강력한 영향을 받아 "독일의 통일은 중립화와 주권 및 군사력의 제한이 선행되어야 한다." 라는 중립화 통일방안을 제시하였으나, 서독정부의 거부와 냉전의 심화로 결국 독자적인 사회주의 국가 노선을 추진하였다. 그러나 사회주의 민족 이론을 내세워 분리정책을 고수한 동독의 호네커 정부는 서독의 끈질긴 설득으로 1973년 9월에 UN에 가입하여 국제적 지위를 공고히 하고 인적 교류를 늘려가면서 신뢰회복을 구축해 갔다.[84] 이어 1974년 3월에는 상주 대표부를 교환, 설치한 후 양국의 개방과 정치지도자의 접촉과 교류, 시민의 교류와 전화·통신이 급

---

84) 서독인의 동독방문은 1970년의 경우 125만여 명, 1972년에는 207만여 명, 1970년대 말에는 300만여 명, 동독인의 서독방문은 1980년대 급증. 연간 150만여 명을 넘어섰다. 또한 서독 내무성의 공식발표로는 동서독 인적교류가 1987년은 1천만명, 1988년에 약 5백만 명에 달했다. 한편 동서독 간 우편협정은 1976년3월에 맺어져 1987년의 경우, 편지는 서독에 7500만 통, 소포는 2400만 건이나 되었고, 동독이 편지는 9500만 통, 소포는 900만 건에 헤아릴 정도였다. 동아출판사, 동아연감, p. 312.

증하여 兩독 간의 정치적, 경제적 비교가 되기 시작했다.

독일의 통일노력은 브란트의 말처럼 "지루하고 끝없는 대화"를 필요로 하여 현실적으로 불가능한 통일에 집착하지 않고 그들이 분단 상황에서 취할 수 있는 최선의 방책으로 통합논리의 기능주의적 접근을 택하여 경제교류, 인적교류, 문화교류, 스포츠 교류, 언론교류 등과 같은 비정치적 분야에서부터 협력 체제를 증대시켜 나감으로써, 통일의 가능성을 찾아보려고 우선 공동 체제를 구축하였던 것이다.85)

이러한 공존의 형태는 결과적으로 '빵'을 요구하는 동독의 상대적 빈곤감이 체제를 압력하고 개방과 통일의 열기, 탈냉전과 유럽 평화유지의 영향 등으로「2민족 2국가론」을 정립하여 체제를 유지하려는 호네커와 강경파들이 축출되었다. 이어서 크렌츠가 총서기가 되어 정치국이 개혁파와 보수중도파의 연합으로 구성되고 이러한 진행 과정에서 1989년11월28일 콜 서독총리는「3단계 통일방안」을 제시하였다. 따라서 서독의 통일정책은 독일의 분단을 극복하기 위해 경제지원을 전제로 동독의 자유 총선을 유도하고 계약 공동사회를 통해 공화국 연합을 만들자는 것이었다. 그래서 먼저 독일인의 통일 의지를 국제 사회에 확고히 천명하고 EU와 유럽안보협력회의, 그리고 평화 질서를 강조함으로써 주변국을 설득하려 하였다.

한편 동독과 소련은 서독에 흡수통합 가능성이 엿보이자 이를 반대하였다. 그러나 동독개혁과 통일문제에 대한 동·서독의 쟁점이 부각되면서 소극적 반대의 입장이 허용되지 않았고, 통일문제를 중심으로 국론이 분열되었다. 이후 1989년 12월 22일에는 분단의 상징인 '브란덴브르크'문이 兩독의 정상이 지켜보는 가운데 동·서 베를린 시장에 의해서 개방되는 역사적 환희를 맞이한 것이다.

이를 계기로 1990년1월6일 통일의 전제조건이「안보2000」이라는 군축안이 제시되고 2월에는 모드로프의「4단계 중립화 통일방안」86)이 서독에 제의 되었다. 이로써 동·서독내의 통일 방안은「1민족 1국가론」에 입각한 콜(Kohl)의 흡수 통합방식인 급진적 통일방안과 중도개혁과 좌파의「1민족 2국가론」에 의한 점진적 통일방안으로 대별되어 전개되어 나갔다. 그러나

---

85) 정용길, 통일 환경론(서울, 고려원 1990), pp. 294-295.
86) 모드로프의 4단계 안은 군축 문제해결을 전제로 조약공동체, 국가연합, 중립연방 구성의 점진적 단계적 통일과정을 주장했다. 신기하, 변혁의 시대 (서울 : 일월서각, 1992), p. 57.

1990년3월18일 실시된 총선거에서 조기 통독을 주장한 기민당이 높은 지지율을 받자 기민당 주도의 연립정부가 구성되었다. 이어 논란을 거듭해온 동·서독의 통일 방법에 대해 급속한 재통일 방식을 동독 의회가 채택하고 서독 기본법에 의한 통독 방법을 채택함으로써 사실상 흡수통일에 진입하게 되었다. 이로써 경제·화폐 통합에서 전 독일의 자유총선거와 1990년 10월 3일에 '서독의 동독 흡수'에 이르는 독일의 통일이 이루어지게 되었다.

그 외에도 최근에 통일을 이룬 예멘의 경우를 비롯하여 아직도 분단 상태에 있는 중국의 경우와 이미 오래 전에 통일된 오스트리아와 베트남의 경험을 분석하여 한반도의 통일 환경을 대비하면 다음과 같다.

첫째, 중국은 1945년8월 일본이 패망하자 국·공 합작을 잠정적으로 유지해오던 국민당과 공산당의 투쟁은 급속하게 표면화되면서 1946년 전면적인 내전으로 치달으면서 1949년 5월에 장개석 국민당 정부는 대만으로 물러나게 되고 10월에 공산정권인 중화인민공화국이 탄생되어 분단되고 말았다. 현재 중화인민공화국이 통일정책으로 제시하고 있는 것은 "1국 양제론"이다. 즉 한나라가 그 헌법과 법률에 의거하여 그 나라의 일정한 지역에 주제도 (Main system)와 다른 정치, 경제, 사회 제도를 채택할 수 있음을 의미하며 이러한 지역의 지역 정부는 지방 정부들로서 국가주권을 행사하지 못한다.[87]

중국통일정책은 현재 대륙에 있어서는 중화인민공화국과 대만 정부는 통일문제 접근에 있어서 내·외적 여건이 전혀 대등한 위치를 갖지 못한다. 그러므로 중화인민공화국 정권이 중국을 대표하는 주권 정부가 되는 것이며 홍콩과 대만은 특별 행정구로 자본주의 경제제도를 당분간 유지하는 정치적, 경제적 자치가 허용된다는 것이다. 이러한 통일 정책은 완벽한 단일 국가체제도 아니고 연방제 성격도 아닌 것으로 평가를 받는다.

대만정부의 입장은 그들이 중국의 정통정부이며, 공산주의는 포기되어야 하고 국·공 합작의 예로 보아 일국양제 론의 제의는 결국 위장평화 공세라며 중화인민공화국의 제의를 일축하고 있는 실정이다.[88]

대만정부가 주장하는 정책은 일국 양 정부(一國兩政府) 체제로서 하나의 국가에 두 개의 정부를 두어 내정과 외교를 분리시키고 외교 활동과 국방관계에 있어서 상대방 정부에 간섭하지 않도록 한다는 것이다. 그것은 통일

---

87) 정용길, 상게서, pp. 297-298.
88) 민병천, 전환기의 통일문제 (서울 : 대왕사, 1990), p. 187.

목표를 성취하기 위해 갈등, 대립의 요소를 제거하고 상호 이해와 불간섭의 원칙을 준수하려는 것이다. 분단된 국가에서 통일을 목적으로 잠정기간 동안 평화적 경쟁을 통하여 일정한 통일의 기회를 포착하기 위한 하나의 수단이라고 한다면 어느 면에서는 합리적인 방법이라고 평가를 받을 수 있다.

대만정부는 최근까지 3불 정책(불 접촉, 불 담판, 불 타협)을 고수하고 있었으나 점차 3화 정책(평화공존, 평화경쟁, 평화통일)으로 대체 전환되고 있는 것이 일국 양 정부(一國兩政府) 방안을 실현하기 위한 점진적 전환으로 보고 있다.

둘째, 오스트리아는 이미 제1차 세계대전 때부터 천주교를 중심으로 하는 보수 세력과 '오스트로-마르크시즘'을 표방하던 사회당계가 심한 갈등을 보이면서 시민전쟁을 일으키는 등 첨예한 대결을 계속하였다.

이러한 가운데 히틀러의 나치에 의해 합방되었고 제2차 세계대전이 끝나면서부터 패전국의 하나가 되어 4대 강국의 분할 통치하에 들어갔다. 지금까지 서로 갈등, 대결 상황에 있던 보수, 진보세력들이 그동안 겪었던 시민전쟁에 대한 반성과 치욕적인 히틀러 나치 폭정에서 얻은 교훈을 바탕으로 극한적인 내적 이념 투쟁을 버리고 오스트리아를 위협하는 외부 이데올로기 세력인 소련의 공산주의에 대응하여 민주주의 수호와 획득을 제1의 목표로 삼게 되었다.

오스트리아 정당 지도자들은 그들은 당리당략에 얽매이지 않았을 뿐만 아니라 투쟁적 성격이 강했던 사회당은 그들의 이데올로기인 오스트로-마르크시즘에서 크게 후퇴하여 인도주의적이고 민주적인 사회주의를 표방하게 되었고 종교에 밀착되어 보조적이었던 국민당도 국민정당으로 과감히 변신하면서 오직 오스트리아의 완전한 독립과 분단 상황의 극복을 위해 모든 노력을 기울였다. 오스트리아의 국민들과 정치 지도자들의 이러한 노력은 결국 동구를 적화시킨 여세를 몰아 오스트리아를 공산화 시키겠다는 소련의 의지를 일축해 버렸고, 소련은 오스트리아를 서방세력으로 빼앗기지 않으려고 오스트리아가 중립국으로 통일되는데 동의하게 되었다.

오스트리아 통일의 성공 요인은 오스트리아의 지정학적 위치, 당시 국제적 환경 등의 작용도 부인할 수 없으나 더욱 중요한 것은 완전한 독립을 획득하고 민주·자유국가를 건설해야 하겠다는 정치 지도자들의 끈질긴 노력과 국민적 합의와 오스트리아인들의 슬기와 끈기가 이룩해 놓은 결과로 본다.

셋째, 베트남은 프랑스의 오래 식민통치를 받았고 일본군에 의해 국가의 체제가 붕괴되고 포츠담 협약에 따라 북부 베트남에는 중국군이 남부 베트남에는 영국군이 진주하였고 미국의 참전과 미국의 철수도 끝이 나는 등 매우 복잡한 국제 관계에 얽혀 있어서 우리의 입장에서 볼 때 외세에 의한 식민지, 분단, 이데올로기의 대립, 동족 간의 전쟁 등 우리와 유사한 점이 많았다.

오랜 프랑스의 수탈과 착취 위주의 식민 통치를 받은 경험에 의해 베트남인들에게는 반자본주의, 반 식민주의, 반외세의 성향이 뿌리 박혀 있었으므로 베트남의 독립과 통일을 주장하며 반 프랑스 식민주의와 투쟁에 앞장선 호지명의 공산주의 세력이 쉽게 뿌리를 내릴 수 있었고, 남부 베트남의 지도자들인 바오다이, 故딘디엠 등 민족주의자들은 프랑스 식민세력과의 연계 아래 수립된 정부로 인식되어 대다수 베트남인들에게 지지를 받지 못했다.

이러한 상황에서 호지명은 하노이에 수도를 정하고 베트남의 공산화를 위해 베트남의 지리적, 자연적 조건을 최대한 활용하면서 베트남의 지하 세력인 베트콩을 동원하여 베트남 내부의 불안을 조성하였다.

베트콩의 게릴라 전술은 주효하여 농촌 지역을 독립화 시키는 등 베트남 정부의 행정력을 농민층까지 미치지 못하는 상황으로 만들었다.

1960년대 후반에는 영토의 반 이상이 낮에는 사이공정부가 통치하고, 밤에는 베트콩이 지배하는 형태를 빚어내기도 하였다. 베트남인들의 오랜 식민주의 정치체제와 지겨운 전쟁경험에서 비롯된 이기주의, 기회주의적 성향은 각종 비리와 분열의 요소가 되었다. 종교계의 갈등, 군 지도자들의 반목과 알력, 민간 지도자들과 군 지도자들 간의 갈등, 베트남 민족과 소수 타 민족과의 잦은 마찰 등이 국가 안보에 대한 무관심과 방관을 자아내게 되었다.

결국 1975년 국내정치의 혼란에 편승한 베트콩의 게릴라 활동과 북부 베트남의 군사적 위협이 엮어낸 전형적인 내우외환적 사례의 공산화 통일로 39년간 외세가 개입된 내전에 종지부를 찍게 되었다. 정부가 국민들로부터 지지를 받을 수 없을 때 통일 논의는 고사하고 패망의 지름길이 된다는 커다란 의미를 보여주고 있다.

넷째, 아라비아반도 남단에 위치한 예멘(Yemen)의 분단은 제1차 세계대전 당시 오스만이 터키에 점령되어 그 지배를 받게 된데서 연원을 찾을 수 있다. 1918년 전승국인 영국은 패전국인 터키로부터 예멘을 불리, 북예멘만 독립시키고, 남예멘은 남 아라비아 연방에 편입시켜 지배해 왔다. 이후 북예멘은 영국의 보호조약 아래 이슬람 종작들이 통치하는 반봉건 체제를 거처 왕정을 실시하다가 1962년 군사 쿠데타로 공화제로 전환, 이른바 '예멘 아랍 공화국'이 되었다. 남예멘은 1967년 영국으로부터 독립하였으나 북예멘에 통합되지 않고 마르크스 레닌주의의 이념을 도입, 중동 유일의 사회주의 국가가 되었다. 북예멘이 비동맹 중립 정책을 표방하는 보수 이슬람 국가로서 쿠데타에 시달리고 있는 동안 남예멘은 독립 직후 소련과 군사 및 기술 원조 협정을 맺는 등 정통 마르크스주의로 출범, 근대적 개혁 정책을 펼치며 사회주의 건설에 주력하였다.

남·북 예멘은 근본적인 입장 차이를 보이면서 통일의 주도권 다툼을 계속해 왔다. 양측 노선의 차이, 이해대립 등 갈등 관계 속에서 국경 분쟁과 충돌을 치르게 되었는데 그때마다 兩정부 당사자 간의 대화를 통해 분쟁을 해결하면서 통일 논의를 활발히 전개해 왔다.[89]

1972년9월 양국은 국경분쟁을 둘러싼 무력충돌이 발생했다. 그러나 아랍 연맹의 중재로 충돌 1개월 만에 카이로에서 정전 협정을 체결하고, 이를 계기로 양국의 정상은 11월 트리폴리(Tripoly)에서 회동하여 통일국가 수립에 합의하였다.[90] 이 정상회담에서는 국명을 예멘 공화국으로, 수도를 북예멘의 수도인 시나로, 국교를 회교로, 국어를 아랍어로 할 것, 그리고 양측의 통일 실무위원회의 구성 원칙에 합의를 보았다. 그러나 이 합의는 1973년 다시 국경분쟁 발생과 1974년 親사우디아라비아 경향을 가진 함디(Ibrahim al-Hamdi)정권의 등장으로 진척을 보지 못했다.[91] 이후 1977년 남·북 정상회담이 재개 되었으나, 북예멘 대통령 암살 사건으로 양국 간에 지속되어온 국경이 전면전으로 비화되어 통일의 기운이 사라지는 듯 했다. 그러나 이

---

89) 유영옥, "독일과 예멘의 통일과정이 한반도에 주는 교훈",「국제문제」, (서울 : 국제문제연구소, 1992), pp. 69-71. 동화출판사, 동아연감, 1991, pp. 321-322.

90) 남예멘의 루바이어 알리 대통령과 북예멘의 이르야니 대통령 간에 통일예멘공화국 건설을 위한 기본 협정이었다. 이를 트리폴리 선언(1972.11.28.)이라 하며 예멘을 통일시키는 기본 조약이 되었다.

91) 사우디는 1972년 트리폴리 협정, 1979년 남·북 예멘협정을 강력하게 반대하였다. 이는 공화정으로 수립된 통일예멘이 왕정을 유지하고 있는 자신들의 정체와 안보를 가장 위협하는 세력이 될 것을 두려워했기 때문이다. 그러나 1980년대 말부터 사우디아라비아의 입장이 변화하여 1990년에는 사우디 국왕이 대외적으로 "우리는 남·북 예멘의 통합을 지지한다."는 입장을 표명하였다. 금상문, "남·북 예멘의 통일 노력과 통일장애에 대한 소고"「한국중동학회」, pp. 375-376.

내전도 아랍연맹의 중재로 양국이 휴전에 합의하고, 휴전 협상 차 만난 兩국은 통합 원칙에 또다시 합의하게 되었다. 1978년 국내문제, 1979년 재 국경 분쟁 등으로 양국관계는 악화되었으나, 무력분쟁의 극한상황을 계기로 통일 분위기가 고조되게 되었다.

1980년대에는 북예멘의 살레(Ali Abdullah Saleh)정부와 남예멘의 무하마드 (Ali Nasser Muhammad Hosni)정부가 모두 정치적으로 안정되어 통일 협상이 순조롭게 진행되었다. 이에 따라 1981년11월 북 예멘의 살레 대통령이 남예멘의 수도 아덴을 방문함으로써, 예멘 통일의 실질적인 출발점이 되었다. 이로 인해 1982년1월 양측은 전문 136조로 된 통일헌법 초안을 채택, 국호, 입법부 및 행정부 구성 등에 관해 확정하였다.

1983년8월 남·북 예멘 통일 헌법 초안 심의, 그러나 1986년 남예멘에서 親소 강경파 주도의 쿠데타가 발생, 무하마드 대통령이 실각하여 북예멘으로 도피하고 알 아타스(Haidar Abu Bakr al-Attas) 대통령이 집권함으로써 통일 열기는 다시 냉각기를 맞이하였다. 1986년 내전종료와 함께 양국 정상은 「카다피」의 초청으로 리비아에서 통일문제 협의를 위한 정상회담을 가졌다. 이어 1988년5월 남·북 예멘 간 여행규제 완화 합의, 1989년 11월 여행규제 완전해제 등의 통행자유화 협정이 체결됨으로써, 서신교환, 국제전화와 팩시밀리의 상호 송·수신 허용에 이어 개인의 자유 왕래까지 확대 되었다. 결국 남예멘의 사회주의 법률이 폐기되고 다당제를 허용, 북예멘에 대한 국경 개방조치가 이루어졌다. 아울러 舊소련의 개방·개혁정책과 탈냉전의 국제 정세에 강한 영향을 받아 결국 1989년11월30일 아덴의 정상회담에서 예멘연방이 선포되고 정치·외교통합을 이루는 「통일 헌법초안」[92]에 합의서명을 하였다. 이어 1990년 1월과 3월 양측은 공동 각료회의를 잇따라 열어 세금, 은행, 여권, 재외공관 등 정부 및 공공기관 조직 법안을 승인하고, 5월 20일 軍통합이 발표되었으며, 1990년5월22일 통일 예멘국가가 수립되었다. 이러한 예멘의 통일과정[93]은 제1단계 통일협상단계(1972.11.-1989.11.30.), 제2

---

92) 이 초안은 이전의 내용과 큰 차이는 없으나 좀 더 구체화한 것으로서 그 내용은 ①통합 실천을 위한 기구로 남·북 예멘 통합각료회의 설치, ② 6개월 이내 양국 의회의 인준을 거치고, 그 후 6개월 이내에 양국 국민투표를 거쳐 통합헌법안 확정, ③확정된 헌법에 의거 통일예멘 단일의회 구성, ④통일의회에서 권력기관 결정. 「시사저널」, 1991. 5. 9, p. 37.
93) 예멘의 통일과정을 살펴보면 :

단계 통일교섭 단계(1989. 11. 30 ~ 1990. 5. 22), 제3단계 통일과도기(1990. 5. 22 ~ 1992. 5. 22)로 구분될 수 있다.

결국 통일된 예멘은 외형적으로는 무력에 의한 일방적 통일의 베트남의 경우와 국력이 강한 체제가 약한 체제를 흡수하는 통일 독일과는 달리 쌍방이 거의 동등한 지분을 나누는 균등통합 방식이었다는 유례없는 형태로 평가받을 수 있으며 28년 동안의 꾸준한 접촉의 결과라고 할 수 있어 우리에게 시사하는 바가 크다. 그렇지만 내적으로 볼 때 예멘의 통일을 말 그대로 '합의 통일'이라고 할 수는 없다. 예멘의 경우 합의란 정권 세력 간의 쌍방의 이익에 의한 합의였기 때문이다. 이러한 밑으로부터의 합의, 즉 국민의 합의가 이루어지지 않은 경우는 어떠한 형식과 과정, 환경조건이 이루어진다고 하여도 결국 지금의 예멘과 같이 전쟁으로 밖에 결말을 맺을 수밖에 없을 것이다. 합의 측면은 통일의 합의, 즉 총선에 의한 국민적 합의가 더욱 올바른 방향이라고 할 수 있다. 통일 예멘에서는 3가지 정도의 문제점이 드러나고 있다.

첫째는 정치적인 면에서의 문제점으로, 통일과정에서 형식상으로 1:1 통합이 이루어졌다. 그러나 내용상으로는 북예멘 위주의 흡수 통합이 이루어졌다고 해야 할 것이다. 통일예멘이 과거 북예멘의 국기, 국장, 국가를 채택하고 권력 배분에서 대부분의 요직을 북예멘이 차지한 것만 보아도 그것을 알 수 있다. 이러한 잠재적 불평등 관계 속에서 남·북예멘의 야전군은 통합되지 못하였고 기존의 軍 배치와 동일하였기 때문에 총선에서의 인구가 적은 남예멘의 패배는 불을 보듯 뻔한 일이었다.

둘째, 경제적인 부분으로서, 석유 수입으로 경제 성장을 이루리라는 낙관적인 기대 때문에 남예멘 지역의 국유와 기업과 토지를 사유화 하는 과정을

일 자	협 의 사 항
1980년 5월	아덴 정상회담 : 공동경제 사업과 통일 협력
1981년 5월	사나 공동 각료위원회 구성 : 통일정책에 대한 완전합의 발표
1982년	예멘공화국으로 국명 채택
1983년 8월	남·북 예멘 통일헌법 초안 심의
1988년 5월	남·북 예멘 간 여행규제 완화 합의
1989년 11월	여행규제 완화 실시
1989년 12월	아덴 정상회담 : 통일헌법 초안을 의회의 비준을 받아 국민투표 실시 합의
1990년 5월 22일	통일예멘 공화국 선포

너무 과소평가 하였다. 그러나 국제적으로 걸프전 당시 예멘이 중립적 입장을 고수하였기 때문에 사우디아라비아, 쿠웨이트, 미국 등은 연합군을 지지하지 않은 대가로 경제적 지원을 철회하였다. 이로 인하여 경제난과 실업난이 급증하게 되었다.

셋째, 사회적인 측면이다. 남·북예멘은 각각 사회세력에 대한 통제력이 강하지 못하였다. 즉 부족 세력과 같은 봉건 체제적 집단이 상당한 영향력을 행사하였다. 이러한 요인은 비록 문화적 동질성을 유지하는 등의 긍정적인 기능도 하였지만 통일 후 이슬람 정신이 사회 통합의 기조가 되면서 사회주의 사상에 길들여졌던 남예멘의 정서와 많은 갈등을 초래하게 되었다. 이를 통일 정부는 적절히 해결할 수 없었다.

이러한 제반 문제점 때문에 예멘은 결국 다시 내전이라는 더욱 악화된 상황으로 치달을 수밖에 없었다. 이러한 예멘의 통일 과정에서 국민적 합의 의사가 없이는 다시 분열될 수 밖에 없음을 가장 절실하게 알 수 있다. 그리고 통일 준비과정 속에서 외교와 내적인 동일성 회복, 특히 이데올로기라는 면에서의 동질성 회복이 무엇보다도 중요함을 알 수 있다. 특히, 독일과 예멘의 통일을 지켜보았을 때 한반도의 분단 극복과 통일을 성취하기 위한 행보는 정치적·경제적 해결만으로는 한계가 있는 것이다. 내면적인 통합의 요인이 성숙되어 일체감을 이루도록 해야 하며 이를 위해서는 무엇보다 먼저 민족적 신뢰를 회복해야 할 것이다. 물론 공산주의가 소멸된 현 시점과 이데올로기가 심화되었던 당시의 독일과 예멘의 사례는 남·북한의 경우와 평면 비교하기는 어렵다. 또한 이러한 분단국이 우리 민족의 분단 과정과 구조와는 상이한 국제적 조건과 역사적 배경이 있고, 통일정책, 兩체제의 상대적인 역량, 정치·경제적 흡인력 역시 커다란 차이가 있다. 그리고 또 한 가지 고려해야 할 문제점은 독일 통일에서 보는 것처럼 통일 비용이 과다하게 소요됨으로 만약 한반도가 그러한 상태로 통일이 된다 해도 통일 이전보다 더 많은 혼란과 국가 발전의 퇴보를 초래하는 결과를 가져올 것이다. 따라서 북한이 경제적으로 파탄에 빠질 경우 통일이 더 어렵다는 우리 현실에 비춰 통일을 모색함이 중요한 것이다.

여기에서 지금까지 동·서독의 통일 과정과 남·북 예멘의 통일 과정이 한반도 상황과는 몇 가지 다름을 제시하고자 한다.

첫째, 민족주의나 민족 주체성으로 볼 때 독일은 정상 회담을 통해 협상을 정례화하면서 개방과 대화로서 민족 자결주의를 대내·외에 천명하였다.

이렇게 함으로써 게르만 민족의 동질성을 부추겨 통일을 이룩할 수 있었던 것이다. 반면 예멘의 경우 정치 엘리트들에게 통일정책이 목표이며 사상이었으나 예멘 주민은 정치·문화 의식의 낙후성으로 분단의 의식을 갖지 않고 反오스만·반영(反英)운동에 의해 구체적 민족 운동으로 발전된 것이다. 따라서 통일은 민족적 정통성의 공통 감정을 가진 예멘 민족주의 운동의 일환이었다. 그러나 남·북한은 배달민족이라는 단일 민족의식이 자리 잡고 있으나 북한의 폐쇄 정책과 이데올로기 대립으로 민족 감정이 이질화되어 있어 통일을 가로막는 장애 요소를 극복하기 위한 문제는 현존하는 이질성과 대립적 요소를 장기적 안목으로 하나씩 하나씩 제거하고 동질성 요인을 확대 접목하여야 한다.

결국 남·북한 간에 통일방안을 모색함에 있어서 이러한 "이질화된 현상을 부인하거나 경시하는 것은 비현실적인 감상론이요, 통일노력을 소홀히 하는 결과를 빚을 수 있다."[94] 즉 개방화를 통해 화해와 협력의 기반을 확산하여 남·북한 주민 모두가 민족 동질성 토대위에 남·북한 현실과 국제적 흐름을 인식, 올바른 민족사관을 갖고 통일 논리를 전개하여야 한다.

둘째, 국제적 통일 환경 측면에서 독일은 민족국가의 정통성을 주장하던 서독에 대해 동독이 국제법상 국가승인을 요구하며 관계 개선에 적극적으로 임하였다. 이에 따라 서독은 국제적 고립과 갈등을 겪게 되었다. 반면 한반도는 독일과 반대로 북한이 개방으로 인한 체제위협을 두려워하여 소극적인 자세를 취하고 또한 국제적으로도 고립화됨에 따라 남한이 적극적인 관계 개선을 모색하고 있다. 더불어 지정학적인 면에서 예멘은 민족 생존문제로서 아라비아 반도와 홍해 반도에 대한 안정문제가 예멘 통일을 가속화시켰다.[95] 따라서 아랍연맹, 사우디아라비아 등 예멘 주변국이 적극적인 노력으로 분쟁종식과 통일협상의 조정자 역할을 해온 반면, 한반도 주변국들은 한반도의 평화와 안정의 중대함을 인식하고 이를 유지하려고 노력하고 있으나 진정으로 남·북한의 통일을 바라지 않고 있는 입장인 것이다.

셋째, 통일과정에 있어서도 독일은 정상회담, 기본조약 체결, UN 동시가입의 순으로 추진하였다. 예멘 역시 정상회담, 교류, 협상, 통일의 단계를 밟

---

94) 이상두, "남북통일의 장애 요인에 대한 고찰", 건국대학교 중국문제연구소, 「통일문제연구」, 제4집 (1986. 11), p. 58.
95) 홍순남, "남북예멘의 통일 정책과 UN". 「통일문제연구」 제2권 4집 (서울 : 국토통일원, 1991), pp. 110~114.

았다. 그러나 우리의 입장은 UN 동시가입을 계기로 UN 무대와 한반도 주변 강대국을 중심으로 우리의 통일 노력에 대한 국제적 지지 분위기를 확산시키고, 여기에 무력과 폭력의 포기가 가시화된 상태에서 정치·경제·문화·체육교류 등이 증진되고 이러한 바탕 위에 군축 및 정치 협상이 실효를 거둘 수 있는 것이다. 일단 이러한 노력들이 선행되어 어느 정도 남·북 관계 개선을 위한 돌파구가 마련될 때, 민족통일을 이룰 수 있다고 생각된다.

넷째, 통일방식에 있어서도 과거 베트남은 무력 공산화 흡수 통일로, 독일은 경제적 흡수 통일로 예멘은 흡수 통일이 아닌 평등한 입장에서 1 : 1 연방식 통일을 이루었다. 최근 통일의 후유증에 시달리고 있는 독일을 볼 때 우리의 통일 방식은 흡수 통일이 아닌 단계적 동질성 회복을 이루어 동등한 입장에서 상호간의 제도와 체제를 인정하는 바탕 위에서 교류와 협력을 통해 한반도내 평화를 정착시켜 신뢰를 구축하고, 실현가능한 과도 기구를 통해 정치적 협력을 성취한 후 통합될 국가의 형태와 정책에 완전 합의를 이루어 자주, 평화, 민주의 원칙이 보장되는 민족 통일국가를 이루어야 한다.

지금의 한반도 정세는 통일 과도기의 부족으로 양 체제 간의 이질성이 극복되지 못한 상황 하에서 급속한 통일, 한쪽 체제의 붕괴로 인한 통일 방식도 전혀 배제할 수 없는 형국이다.

따라서 보다 적극적인 남·북 대화 및 교류, 협력을 통해 남·북한 관계 개선과 평화통일을 이루어 남·북이 함께 강대국들의 도전을 물리치고 태평양 시대의 주역으로 위상을 확립하여야 한다.

이러한 견해에 입각해서 우리가 새로운 지역 환경에 적응할 수 있는 외교[96]와 전략을 찾아내기 위해서는 변화된 세계질서와 역학관계 등의 주요 변수를 분석해서 이에 부합되는 전략을 찾아야 한다. 즉 걸프전쟁 이후 새로운 양상을 보이는 세계질서 속에서 미국의 영향력은 점점 증대해가고 있으나 「넌 워너 안」에 대한 미국 국방부의 1990년 4월 의회보고서에는 미국이 아·태 지역으로부터 감군과 역할 축소를 구상하고 있으며[97] 이에 따라 주한 미군이 점차 감축할 것으로 예상되고, 부시 미국 대통령의 전술 핵무

---

96) Raymond Aron, Daixet Guerre Entreles Nation, (Paris : Calmann Levy, 1962) 6 Edition, p. 36. "외교는 힘을 사용하지 않고 설득하는 기술이고, 전략은 가장 적은 비용으로 상대방을 정복하는 기술이다."

97) A satratetic Framework for the Asian Pacific Rim : Looking toward the 21st century, U.S.D.D Report to Congress, April 19, 1990.

기 감축 선언에 따라 한반도에 있는 전술 핵무기도 조만간 철수되어 질 것이 예상됨에 따라 동북아와 한반도의 정치, 전략적 상황에 많은 변화를 보일 것으로 예견된다.

소련의 쿠데타 실패는 발트 3국(에스토니아, 리투아니아, 라트비아)을 독립시키는 계기로 작용하였고 마침내 보수파의 몰락과 급진개혁파의 등장 및 공산주의 실패선언과, 연방공화국들의 독립 운동에 따른 연방이 해체되면서 현재 11개 공화국 간의 독립국가연합(CIS)을 구성하는 등 장래예측이 불투명한 시점에 있다. 중국은 천안문사태 이후 정치개혁이 두려워 보수 강경파들은 당 중앙 체제를 강화하고, 사회주의의 견지(堅持), 공산당의 지도, 인민민주주의 독재, 마르크스 레닌주의 및 모택동 사상의 4대 원칙을 지속적으로 고수할 것을 시사함으로써, 급격한 개혁 및 개방정책은 채택하지 않으려고 하고 있다.98)

이러한 것은 강택민 총서기의 "중국은 소련 방식의 급진개혁을 실시하지 않을 것"(1990.2.9.)이며, "사회주의만이 나라를 구할 수 있다99)."

(인민일보 사설 1990.6.3.)라고 한 말에서도 잘 나타나고 있다. 그러나 강력한 중앙계획아래 일련의 긴축 경제는 사회주의 현대화 건설목표 달성에 크게 미흡하여, 등소평은 1990년 11월에 들어와서 개혁과 개방정책 추진을 강력히 촉구하면서 중앙계획경제와 시장경제의 조화100)를 이루는 방향에서 정책 조정을 한 것이라고 밝혔다.

한편 중국의 한반도정책에 있어서도 2050년까지의 '사회주의 현대화 건설' 달성을 목표로 하고 이를 위해서는 무엇보다 먼저 주변환경의 안정을 요구하고 있다. 따라서 여러 국가와 국경을 접하고 있는 중국은 한반도의 지정학적 위치의 중요성을 인식하고 한반도 내에서의 전쟁 방지 및 긴장 완화에

---

98) Lee, soong Hee, Northern Policy and North-South Korea Relations, The 8th German-Korean Conference on Consequences of German Unification and Its Implications for A Divide Korea, p. 73.
99) 중국식 사회주의는 모택동 사상에서 나온 것으로서 1982년9월 12차 전당대회에서 등소평은 연설을 통해 "우리의 현대화 건설은 중국의 현실을 바탕으로 시작되어야 한다. 외국의 경험을 활용하고 참고하여야 하나 외국의 경험과 모델을 그대로 받아들임으로써, 성공을 거둘 수 없다. 중국의 특색에 맞는 사회주의를 건설하여야 한다는 것이 우리의 결론이다"고 밝힘으로써, 중국식 사회주의를 강조했다.
100) 북한 및 주변정세 동향 일지, 전게서, p. 227.

관심을 갖고 있는 것이다. 이에 따라 중·소 관계 개선(1989. 1. 5)이후에는 중·소가 한반도 문제에 공동의 입장을 취하여왔고, 1991년에 와서 강택민 총서기가 일본의 중일신문 '가토'회장과의 회견에서 "한반도 안정이 세계 전체에 커다란 영향을 미친다."고 언급함으로써 대외적으로 평화적 환경의 조성을 주장하였다. 중국도 개방화 속도는 느리겠지만, 남·북한 UN 동시가입과 한·중 수교가 완료된 현 상황 하에서는 중국도 사회주의 체제의 고수를 위한 최후의 동반자적인 위치에 있는 북한과 정치적·군사적 유대 관계를 유지하면서 개방화로 나아갈 것이 확실시되는 시점에 와 있다. 따라서 남·북한의 현실인정 방향에 볼 때 중국과 북한 관계는 적극 적에서 소극적 지지로 나갈 것이며 북한에 대해 미국·일본과의 관계 개선을 권장하는 한편, 자국의 경제적 실리획득을 위해 노력할 것이다.

이를테면 중국은 정·경 분리원칙에 따라 정치와 경제를 분리한 대외정책을 지향하면서 그들의 경제정책은 지역 경제권을 중심으로 한 동북아경제권 구상을 하고 있다고 볼 수 있다. 한국은 이러한 중국과 교류를 통해 정치적으로는 북한에 간접적 영향력을 행사하고 경제적으로는 산업구조의 변화, 우회 수출시장 등의 필요성에 의해서, 중국은 일본 의존체제에서 벗어나고, 한국의 자본과 기술투자를 촉진시키기 위해 한국과 교류는 더욱 활발해질 전망이다.[101] 이를 바탕으로 최근 중국 국무원 예하의 경제기술 사회개발 연구중심과 현대 국제관계 연구소, 사회과학원, 중국 미래학회, 그리고 동북아 연구중심(장춘) 등에 소속된 학자와 전문가들이 공통적으로 예견하는 향후

---

101) 중국 길림성 사회과학원 조선 문제연구소의 진룡산 부소장은 1990년 5월 서울에서 개최된 한 세미나에서 한·중 경제협력의 중요성을 강조하고, 한·중 경제협력으로 중국이 얻는 효과를 다음과 같이 열거하고 있다. 첫째, 한국의 투자를 유치하여 중국, 특히 동북 3성에 필요한 자금 부족을 보충할 수 있다는 것이다. 한국은 과잉자본 상태는 아니나, 산업구조조정과 해외자원개발, 해외시장개척을 위해 대외투자를 점차 확대하고 있는데, 한국의 노동집약적 수출주도 산업을 동북지역에 유치하면 경제발전을 촉진시킬 수가 있다는 것이다. 둘째, 한국의 기술설비 및 기업경영 방법을 받아들여 낙후된 중국의 산업기술과 경영수준을 발전시킨다는 것이다. 발전된 선진 기술이나 최신 첨단기술보다는 오히려 중간 수준인 한국의 현재의 기술 체제가 더욱 쉽게 소화 흡수되어 단시일 내 효과를 볼 수 있다는 것이다. 마지막으로 수출시장의 다변화에 서로가 기여한다는 것이다. 중국은 자본과 기술유치를 위한 정책에서 일본에 대한 일방적인 의존으로부터 벗어날 수 있다는 것이다.

세계 질서는 더 이상 군사력을 배경으로 한 미·소간 전략적 각축에 의해 결정되지 않고 지역 경제권을 중심으로 한「전 방위 경쟁체제」로 전환되리라는 것이다.[102]

이들은 1990년대 이후 전개될 국제정치경제질서의 재편에 대비한 대응전략구축이라는 차원에서 옛 만주 땅인 동북 3성(요녕, 길림, 흑룡강 성)과 내·외몽고, 중국의 산동 반도, 소련의 시베리아 및 원동지역(연해주), 한반도의 남·북한 그리고 일본 열도를 포함하는 동북아경제권의 구상을 활발하게 진행시키고 있다.

동북아 경제권 구상 중에서 한·중 간 에는 분업관계가 대단히 중요한 의미를 갖고 있는 것으로 보인다.

이러한 중국의 입장과 한국의 정치, 경제적 상황을 고려해 볼 때, 對중국에 대한 경제 정책은 첫째, 중국은 지역별로 발전단계, 부존자원 등이 상이함으로 경제 특구별로 지역 특색에 맞는 협력 방안을 모색해야 한다. 둘째, 투자는 섬유, 전자 등의 분야 중 한국의 경쟁력 약화 산업에 중점을 두고, 노동 집약적으로 국제 경쟁력을 확보할 수 있는 산업에 투자해야 한다. 셋째, 한국은 중국을 제3국으로 수출하는 우회수출 기지로 활용하도록 해야 한다. 현재 한국은 미국, 일본, EU 등지에서 관세 장벽 등의 많은 수출 장애가 존재한다. 그러나 중국은 미국에서 무역 관계에 있어서 최혜국 대우를 받는 등 무역조건이 한국에 비해 양호함으로 중국에 합작투자를 추진 새로운 시장을 개척해야 한다.

정치적 측면으로는 첫째로, 경제적 정책의 성공이 우선되어야 가능하다. 경제적 정책의 성공은 이것이 정치적인 측면에도 자연히 영향을 미쳐 중국이 한반도의 통일에 긍정적인 역할을 할 수 있도록 해야 한다. 즉 중국에 대하여 한국이 북한보다 더 높은 경제적 영향력을 확보함으로써 한국의 중요성을 인식시켜 한국이 주도적으로 통일하는데 간접적인 영향력을 발휘하도록 유도해야 한다. 둘째, 아·태지역에서 미국의 역할 축소와 소련의 영향력 감소에 따른 새로운 국제질서 속에서 아시아 유일의 핵 보유 국가인 중국은 동북아의 전략 환경을 결정짓는 위치에 있다. 따라서 한국은 이러한 중국과 협력, 군사 대국화 및 동북아 질서를 새롭게 주도하려는 일본을 견

---

102) 김성훈, 중국의 동북아 경제구상과 전망, 국제문제조사연구소, 정책연구2호, 1991, p. 150.

제하고, 북한을 개방하도록 하는 정책을 개발해야 한다.

일본은 경제력에 걸 맞는 국제 정치적 영향력 확대를 위해 군사대국화를 통한 대동아 공영권을 구상하고 있다. 이를 위해서 소련과의 평화조약 재협의, 유엔 안보리 상임이사국으로의 발돋움, 유엔 평화유지군 참여 및 對북한 수교준비 등으로 「재팬 파워」를 급격히 부상시키고 있다. 이와 같은 선상에서 미국의 전 대통령 「카터」와 일본의 전 총리 「나카소네」가 「부시」 미국 대통령에게 아시아 안보기구의 창설과 일본의 역할증대를 위한 양국의 노력을 건의하는 등 일본을 아시아 대표로서 아시아에 새로운 질서를 형성하려 하지 않나 하는 우려를 낳고 있다.

북한 역시 新세계질서 속에서 고립을 면하기 위하여 근본적으로는 중국과 태도를 같이하면서도, 한반도에서 하나의 국가 정책에서 후퇴하여 UN에 가입하고 UN 핵 안정 협정(IAEA)에 서명함으로써 그들의 대외 정책에 조금씩 변화를 보이고 있으며, 대미ㆍ일 수교에 적극적으로 나서고 있다.

세계는 지금 경제를 블록화 하는 방향으로 나아가고 있다. 미국을 중심으로 한 북미자유무역지역 창설 및 유럽공동체(EU)와 유럽 자유무역지역연합(EFTA)의 통합으로 세계 최대 공동 시장인 유럽경제지역(EEA)창설 준비 등 세계 경제는 지역이익 중심의 경제로 흘러가고 있다.

아시아에서는 일본을 중심으로 결속하여 아시아 자유무역지역이나 공동시장을 창설하자는 제안이 말레이시아 등 아시아의 몇 나라들에 의해 제안되어 지지만 아시아는 역사적 배경을 달리하고 경제발전의 단계가 너무 다르기 때문에 아시아의 국가들이 서로 단합하여 경제 공동체를 창설하기는 어려우며, 설사 창설된다 할지라도 그러한 공동체가 제대로 역할을 다할 것으로 보이지는 않는다. 특히 일본이 동북아에서 그 영향력이 축소된 미국과 소련의 지위를 대신하여 동북아에서 국제 질서를 주도하려는 움직임을 보이고 있는 사실에 주목해야 한다. 이러한 움직임은 결코 남ㆍ북한의 통일에 긍정적으로 작용하지 않는다고 보는 것이 일반적인 견해이다.

마지막으로 북한은 소련ㆍ동구권의 몰락에도 불구하고 사회주의체제의 고수를 천명하면서 '우리 식대로 살자'는 주체사상에 입각한 폐쇄노선을 유지해오고 있는데, 이러한 북한의 정치노선도 경제 침체와 무관하지 않다고 볼 수 있을 것 같다. 이 중에서도 특히 외화 부족에서 오는 경제난은 폭발 직전이며, 식량난에도 봉착해 있다. 최근의 북한의 경제 실태를 살펴보면 먼저 '89년도부터 계속하여 마이너스 성장을 기록하고 있으며, 국민소득은 전년대비 5% 감소, 공업생산은 10% 감소, 그리고 대외무역 역시 3~4% 정도 감소하였다. 현재 북한의 1인당 국민소득은 400달러 정도로 중국과 비슷한 수준으로 평가되고 있는데, 이 같은 낙후된 경제 사정은 대외경제 부문에도 반영되어 수출 적자가 누적되고 있으며 외채도 GNP의 30%를 상회하고 있다. 게다가 소련의 붕괴 후 1991년부터는 북한과 러시아간의 무역이 세계시장 가격에 따라 태환성 경화로 결제하게 됨에 따라 북한 측의 어려움을 더욱 가중시키고 있다. 그렇다면 북한 경제가 왜 이 지경에 이르렀는가? 1960년대만 해도 모범적인 개발도상국으로 손꼽힐 만큼 나름대로 경제 발전에 성공하였던 북한이 1980~1990년대에 이토록 극심한 경제난에 시달리는 원인은 무엇인가? 그러한 요인에는 무엇보다도 북한의 경제 발전을 가능케 해왔던 기존 경제 정책들이 이제는 오히려 경제 발전을 저해하는 요인으로 작용하고 있기 때문이다.

먼저 북한은 기존 산업구조의 개선, 기술의 개발, 국내 자원의 최대 활용을 통해 자립적 산업 구조를 이룩하고자 했다. 그러나 이 같은 '자력갱생'과 '자립적 민족경제 건설'을 위한 대내 지향적 공업화 전략을 채택해온 결과 성장에 필요한 자본과 기술을 확보할 수 없게 되었고, 그 여파가 전 산업에 걸친 기술 수준의 낙후 및 생산시설의 노후화를 초래하게 되었다.

둘째, 북한은 갈수록 각 산업 분야 간의 불균형이 심화되어 가고 있다. 중공업을 우선해 온 북한의 산업 정책은 생활·필수품의 생산과 중공업 분야를 낙후시켰으며, 에너지, 수송 등과 같은 사회간접 자본의 만성적인 애로를 겪게 만들었다.

셋째, 북한 경제정책의 고질적인 약점은 스타하노프식의 독려에 과도하게 의존하는 대중조직·대중동원은 이제 한계생산의 체감을 초래하는 지점에 이르렀고 효율성과 기술 향상 등의 분야에 장애 요인이 되고 있었다. 결국 경제 협력과 교류에 관한 북한 측의 기본 시각은 한마디로 경제적 요인보다는 정치적 요인에 의해 좌우되어진다고 볼 수 있다. 그러나 김일성 사망 후 일련의 북한 내에서도 개방 경제로의 이행 필요성이 확대되고 있기는 하나 정책적인 요인으로 인해 경직적이고 보수적인 대외 정책을 고수하고 있는 것이다. 따라서 아직도 북한은 남한 정부나 기업과의 직접적인 교류·협력을 기피하는 경향이 있어서 남·북한 간 경제협력 사업이 지지부진한 실정에 있는 것이다. 하지만 남·북한이 경제 협력을 추진하게 되면 한국의 경우는 어느 정도 자본·기술 및 해외시장 기반을 갖추고 있는 반면에, 북한

측은 풍부한 자원과 값싼 노동력을 보유하면서도 폐쇄적인 경영 체제를 운용해왔다. 따라서 그 상호 보완성이 크다고 하겠으며, 나아가 민족 경제 공동체가 형성될 경우, 정치·군사적 측면에서 군비 축소 등이 병행 되어진다면 지금까지의 고도성장 경험으로 미루어 우수한 인적 자원을 활용하여 동북아에서 강력한 경제 단위로 부상할 가능성도 매우 크다고 하겠다.

일례로, 북한은 1991년4월 제9차 최고인민회의에서 사유 재산의 허용 범위를 넓힌 민법을 채택함으로써, 이후 남·북한 간의 일용품, 가전제품, 자동차 등의 소비재 교역은 대부분 중소기업에 의해 이루어지고 있는 것으로 나타났는데, 정부로부터 승인을 받은 남·북한 교역업체 107개 사 가운데 중소기업은 90개 사에 이르고 있고 승인 실적도 전체 1억4천8백만 달러 중 62.1%에 달하는 9천2백만 달러를 차지하고 있는 것으로 나타났다.

남·북 통일을 위한 전초 작업의 일환으로 시도되고 있는 남·북 교육과정에 대해 미국 조지타운 대학교의 「맥도날드」 교수는 한반도 주변 4국의 이해관계에 있어서 통일 그 자체보다도 통일에 이르는 과정, 즉 긴장완화에 더 쏠려 있다고 주장했다. 그에 의하면 한반도 통일에 소요되는 비용은 향후 약 1천 7백억 달러 정도의 엄청난 비용이 들어간다는 것이다.

이 경우 한국의 경제력에 어느 정도 도움의 기대를 걸고 있는 중국과 소련이 반가워 할리 없다. 미국이나 일본의 경우에도 만약 통일에 소요되는 비용으로 인해 한국경제 전체가 뒤흔들린다면 결국 그 부담이 자신들에게 돌아온다는 것을 잘 알고 있기 때문이다. 한국은 미국과 일본의 무시 못 할 시장인데 이러한 시장이 그 구매력을 상실한다면 좋아하지 않는 것은 당연하다. 따라서 남·북한이 경제 교류를 통하여 상호 보완함으로써 통일 비용을 줄이고 또 주변 4개국의 이해관계에도 부합될 수 있는 통일의 발판을 마련하는 것이 급선무이다.

이를 위해서는 소규모 거래로부터 대규모 거래로, 상품거래에서 시작, 對북한 투자에 이르기까지 그 폭을 확대해야만 한다. 먼저 남한에서 남아돌고 있으나 국제적 곡물거래 관행에 막혀 수출도 하지 못하는 한국 쌀을 식량이 부족한 북한에 장기차관으로 제공할 필요가 있으며, 두만강 유역 개발에 적극참여 이를 발판으로 보다 큰 경제 교류로 확대하는 정책을 개발하는 것이 바람직하다. 그리고 가장 중요한 것은, 주변상황에 대한 우리의 주체적인 대응 자세이다. 이것은 냉전적 사고의 탈피와 함께 남·북의 상호협력과 민족주의에 의해 뒷받침되지 않으면 안 된다. 따라서 통일접근의 방법은 상호간의 제도와 체제를 인정한 바탕 위에서 교류와 협력을 통해 민족 동질성을 회복하여 통일에 이르는 점진적이고 단계적인 접근과 동시에 민족의 자주와 평화, 민주의 통일의지를 견지하면서 주변 정세에 능동적으로 대응하여, 주변 4강을 비롯한 외세는 한반도의 평화를 보장하는 조정자 및 보증자로서의 역할을 하도록 외교를 펼쳐야 할 것이다.

제 4 장

한반도에 예상되는 워 게임

제 1 절 군사전략의 개념

군사전략은 전쟁 당사국의 시대적 환경, 군 규모 및 무기체계, 시간요소, 심리적 요소성 등에 의해 각각 독특하게 나타난다.「앙드레 보프」장군은 이러한 가변성과 특수성을「아인슈타인」공식으로 집약·설명하고 있다.[1) 따라서 전략은「아인슈타인」의 일반적인 물리공식으로 $S($전략$)$[2)$=KFit$ 이다. 여기서 K는 사안별로 적용되는 특수한 요소이다. i는 심리적인 요소이며 t는 시간요소이다. F는 물질적 요소 즉 현존 군사력이다.

---

1) Andre Beaufre, An Introduction to Strategy (New York, N.Y : Frede- rick A. Prager Co. 1966), p.129.

2) Julian Lider, Military Theory : Concept, Structure, Problems(Alolershot, England : Gower Puvbishing Co. Limited., 1983), pp. 193~194 참조. 라이더(Julian Lider)에 의하면 현세에 들어와서 전략은 첫째, 전략은 전시 무장폭력을 사용하는 것 이상을 의미하며 정치, 경제, 사상, 그리고 과학기술 등의 총체적인 국력 사용을 포함한다. 그것은 승리를 추구함에 있어서 전 국력을 사용하는 술(術)로서 해석되고 있다. 둘째, 전략개념은 평화시의 군사력 운용을 포괄하는 전쟁 이상을 의미한다. 그것은 직접적인 무기 충돌을 피하고 간접적인 방법으로 군사력을 이용하려는 군사적 압력 이론으로 발전되었다. 셋째, 전략이란 각각 전·평시를 불문하고 정치적 목적 전체를 달성하기 위해 그 국가의 정치적, 경제적, 군사적, 사상적, 그리고 기타 잠재적인 힘들의 총체를 사용하는 것으로 정의된다. 그것은 정책 차원의 모든 계획을 의미하며 개념의 일반화이다. Edward M.earle, "notes on the Term Strategy", Stewart and Lykke, Jr. des, Military Strategy : Theory and Application (Carlisle Barraks, P.A. : U.S. Army Warr College, 198 2) p. 2/4 재인용 "전략이란 말을 평화시와 관련시키거나, 정치와 연관해서 사용하는 것은 오류일 것이다." Andre Beaufre, An Introduction to Strategy (New York : Frederick A, Praeger, 1966), p. 22. "전략이란 분쟁을 해결하려고 무력을 사용하는 상호 상반된 의지의 변증법적 술(術)이다." Beaufre, op.cit., pp. 25~26, 34~35 참조. 전략은 핵 공격으로부터 선전 또는 무역협정에 이르기까지 물리적이든 정신적이든 모든 가용한 수단을 가질 수 있다. 전략술(The Art of Starategy)은 이런 가용한 수단 중 가장 적절한 수단을 선택하는 것이다. 물론 전쟁의 주 수단은 군사력이지만 다른 수단들도 "행동의 자유"를 증대시키기 위한 중요한 요소들이다. 여기서 행동의 자유란 국내, 국제적인 정치, 경제, 사회, 심리, 과학기술이 허용하는 군사력의 동원과 운용 범위이며, 자신의 "행동의 자유"를 극대화하고 적의 "행동의 자유"를 박탈하기 위해 전략은 비군사적 수단을 운용한다. 수단의 선택을 위해 피아 강약점이 비교, 검토되어야 한다. 적의 강점은 어떤 수단으로 대응하고, 적의 약점은 무슨 수단으로 이용 확대하며, 아(我)의 약점은 어떻게 보완할 것인가를 결정하고 어느 수단이 상대방에게 결정적 인가를 판단해야 한다. 또한 수단 선택시 정치적인 임무를 군사적 수단에만 맡기면 효율성 감소에 그치지 않고 오히려 역효과를 초래한다.

그러므로 군사 전략은 「카멜레온」처럼 변화된다. 그런데 그 변화는 대개 두 가지 범주 내에서 변화된다. 수세와 공세가 그것이다.

첫째, 수세 전략은 다만 전략적 견지에서 적보다 열세할 때 취하는 전략 태도로서 적절한 시기에 공세로 전환할 수 있는 기회를 포착하지 못하면 패배를 자초하는 전략이다.

둘째, 공세 전략은 선제공격의 결정적인 이점에도 불구하고 현실적인 제한을 내포하고 있다. 즉 전쟁의 승리보다 전쟁의 억지를 추구하는 현대 전략에 있어서는 공격 그 자체는 스스로 억제를 포기하는 행위가 될 수 있기 때문이다. 그러므로 결정적 승리에 의한 목적 달성이 확실한 경우 또는 적의 공격 징후가 명확하게 판단될 경우에는 공세 전략이 유효한 것이나 현실적으로 이를 채택할 수 있는 여건은 극히 제한될 수밖에 없다. 우리는 이의 가장 큰 현실적인 전례를 「이라크」의 「쿠웨이트」침공과 이에 대한 세계 각국의 제재 조치에서 볼 수 있다.

그러나 적의 취약점이 노출되는 시기를 기다리는 수세적 전략보다는 능동적으로 적의 취약점을 발견하여 타격하는 공세 전략에 대한 선호도는 줄지 않고 있다. 왜냐하면 현대전에서 장기전은 승패에 관계없이 피아를 파멸로 이끌며, 무기체계의 발전 추세를 볼 때 공격무기가 우세하기 때문이다.3)

셋째, 수세 및 공세 전략은 현대 전략에서 가장 대표적 전략이다. 그러나 이 전략 수행의 전제 조건으로 현대 적의 가공할 초공의 위협으로부터 군사력을 온존하기 위해 조기경보 태세 구비는 적의 기습을 거부하고 아군의 기습을 가능케 하는 전장감시 및 표적탐지 능력에 확보가 필요하고, 전투 즉응태세는 정예전력, 특히 공세전력의 반응속도에 의해서 보장된다.

인류가 지구상에 생존하기 시작한 이후 오늘에 이르기까지 전쟁은 그 양상만을 달리할 뿐이지 여러 곳에서 자주 발생하고 있으며 대부분 선제공격을 하였다.

전쟁사를 통해 볼 때 가장 오래된 전장의 하나는 최근에 걸프전쟁의 무대가 된 이라크 주변 티그리스·유프라테스 강변이었음을 알 때 놀라지 않을 수 없다. 이집트에서 아라비아 반도와 페르시아 만에 이르는 일대는 고대 중국

---

3) 「걸프」전은 우리에게 이러한 추세를 극명하게 보여준다. 공격무기는 방어무기를 압도하였으며, 다국적군의 공세 전략은 이라크 군의 수세적 지구전 전략을 패배시켰다.

과 함께 「전쟁의 고향」으로서 이곳에서 슈메르인, 바빌로니아인, 앗시리아인 등이 메소포타미아에서 대규모의 교전을 처음으로 치렀던 것이다. 이는 大河 유역에 있어서 농업의 발달 및 정주(定住)에 따른 인구증가, 권력의 확립과 국가의 형성 등이 이루어짐으로써 대규모의 군대와 전문화된 군사조직의 편성이 가능해졌기 때문이다.

불가사의하게도 인류의 전쟁사는 최근의 전차전(戰車戰)과 최고(最古)의 전차전이 다 같이 이곳 메소포타미아에서 행하여졌음을 보여준다. 「사막의 폭풍」 작전기간 중 M1A1 전차의 캐터필러가 굉음을 울리며 횡단 질주한 이라크와 쿠웨이트는 바로 고대의 전차가 위용을 자랑하던 곳이다.

말이 끄는 고대전차는 이집트보다 훨씬 앞서 메소포타미아에서 출현한 것으로, BC 3,000년부터 BC 2,500년까지 널리 사용되고 있었던 것이다. 메소포타미아에서의 수 세기 동안에 걸친 경험과 개량 및 발전이 이루어진 결과로, 처음으로 이집트에서 기동성 있는 이륜 전차가 등장한 것이 BC 1,400년경이었다. 당시 시대적 배경은 게르만인, 노르만인(바이킹족), 이슬람교도 등에 의해 이루어진 침입과 정주, 그리스도교와 이교도들의 교화 및 반항의 와중에서 유럽에 기사라고 불리는 계급이 생기고, 이를 뒷받침하는 봉건제 사회가 확립되었다.

기사란 기마에 탄 전사를 지칭하는데, 영주가 기사에게 토지 보유권을 부여하고, 기사는 무구와 전문 기술의 제공을 서약했으니, 이는 경제적 보증과 개인적 의무의 교환이며, 영지와 충성을 주고받는 관계라고 하겠다. 기사는 중세의 전쟁에 있어서 주역으로 등장하였다.

그러나 절대군주 밑에서 기사들이 싸운 봉건시대 전쟁은 일종의 제한 전쟁이었다. 전쟁에 의한 적군격파를 추구하기보다도 이 방법이 자 군의 손해를 감소시키는 것으로 이해하였던 것이다. 따라서 전쟁의 결정적 요소는 피가 아니라 돈이었다.

귀족에 의해서 지휘되고, 돈에 의해서 고용된 용병과 강제 징병으로 구성된 군사 조직인 이상, 결정적인 전투는 행하여지지 않았던 것이다. 그래서 클라우제비츠형의 전쟁이 아니라 손자형의 전쟁이 주도한 시대였다. 마키아벨리가 지적했듯이 합계 2만 명의 병력이 4시간 동안 접전을 했으나, 전사자는 단 한사람 밖에 생기지 않았으며 그것도 낙마 때문이었다고 할 정도였다. 이를테면 이집트 新왕국은 나일강 하류에서 전차를 구사한 사상 최대의 세력권을 이루었으나, 주변의 유목 기마민족으로부터 공격을 받아 멸망하고, 전차는 그 후 페르시아, 그리스 및 로마에 차례로 전수되어 많은 경우 지휘·연락, 전사의 수송, 차상궁시전(車上弓矢戰) 등에 활약하였으나 이때 활용된 전략은 섬멸 전략이 아니라 소모 전략이었으니, 적을 살상하는 것이 아니라 피로하게 하는 것이었다. 통상 싸움의 목적이 적군 자체가 아니라 적의 보급선과 요새를 공격하는 것이었기 때문에 실제로 직접적인 충돌 전투가 행한 적은 없었다.

따라서 군인들은 적의 국고를 고갈시키는 것이 전쟁에 이기기 위한 효과적인 수단으로 전쟁은 국가적인 사업이 아니라 봉건 군주의 소관이 되었으며 때로는 어떤 개인의 이익을 위하여 이루어지기도 하였다. 십자군 전쟁처럼 종교적 동기에 의하여 전쟁이 이루어지기도 하였다. 어찌되었든지 군의 규모는 점(點)이랄 수 있을 정도로 소규모였다. 고대 중국에서는 강대국이라고 하였을 때 3군을, 중소국가는 1군을 보유하였다. 주대의 軍 편제는 오(伍), 졸(卒), 여(旅), 군(軍)의 편성을 가지고 있었는데 오(伍)는 5명, 졸(卒)은 100명, 여(旅)는 500명, 군(軍)은 12,500명으로 구성되었다.4)

그리스, 로마의 군 규모도 유사하였다.「마라톤」전투 시 그리스군은 11,000명, 페르시아군은 10여만 명이었으며 그리스군은 그의 최전성기에도 5만 이상을 넘지는 못하였다. 그리스 군제는 10×10의 대형을 가진 Taxis, 10개의 Taxis로 구성된 Chiliarchia, 4개의 Chiliarchia로 구성된 Phalanx로 되어 있었다.

이러한 Phalanx는 중국군과 비슷한 개념으로 그리스군도 이러한 Phalanx를 1~3개 보유함에 그쳤다.5) 그리스 이후 마케도니아군, 로마군에서 이러한 Phalanx는 조금씩 발전되나 그 구성과 규모에서는 큰 변화가 없었다.

중세시대에 특기할 만한 군대가 몽고군이다. 몽고군은 검소, 질박한 생활이 습성에 배인 유목민을 중심으로 하여 편성된 기병이 그들이 주력군이었다. 몽고군은 이 기병을 가지고서 구라파까지 전 세계를 휩쓸고 다녔다. 그 당시「징기스칸」의 군대와 비교할 만한 군대는 없었다.

「징기스칸」군대의 조직은 십진법(Decimal System)에 기초를 두고 있었다. 대독립 부대는 10,000명으로 구성되는 Touman인데 오늘날 기병 사단과 거의 동일했다. 3개의 Touman은 통상 1개 군으로 편성되었다. 10명으로 편성된

---

4) 당경무 편저, 손자병법 최신해(대북시 : 대진인쇄유한공사, 중화민국, 1970), p. 30.
5) 구자총, 근대 이전의 전쟁 (서울: 육군사관학교, 1967), pp. 34~36.

기병분대 10개가 1개 기병중대가 되었고, 10개의 기병중대가 기병 연대가 되었으며, 10개의 기병연대가 1개의 Touman이 되었다.[6]

특히「징기스칸」의 기동방식은「나폴레옹」에게 전수되어 현대적 전장의 막을 올리게 하였으며, 그의 기마에 의한 기동전 방식은 기동전 교리의 핵심적인 영(Soul)이 되었다.

카르타고의「하니발」과「로마」의「바로」간에 일어났던 칸네 전투는 고대군의 기동 방식의 전형을 보여주고 있다.

「하니발」은 아우피투스 강을 연하여 배수진을 치고「바로」군을 교묘하게 유인하였다.「바로」군은「하니발」군의 계략에 말려들어 계속 전진하자 대형 내에 혼잡이 일어났고 병사들 간의 간격이 좁아져서 전투력을 제대로 발휘할 수 없게 되었다. 거기에다「바로」군이 전진하면 할수록 측방이 노출되었다.

이때「하니발」은 좌우 측방에 기병으로 노출된 측 후방으로 기습적으로 공격케 하여 병참선을 절단하고 로마군을 마비, 와해시켜 격멸시켰다.[7] 이때 기병의「out flank」는 고대, 중세군 기동의 전형으로 보아도 무방할 것이다.

그러나 중세에 있어서 획기적인 두 가지의 발전적인 변화는 중국으로부터 화약이 도입됨으로써 14세기 후반에 총포가 등장하였으며, 화약에 의한 대포의 개발에 힘입어 해전의 규모가 확대된 것이다.

포르투갈에 의한 인도 항로의 개척과 스페인에 의한 아메리카 대륙에의 항해가 이루어짐으로써 대항해 시대가 도래하여 유럽 제국은 식민지 획득과 유지를 위한 해군력 건설의 필요성을 인식하게 되었다. 그리하여「바다를 지배하는 자는 세계의 통상을 지배하고, 또한 세계의 부와 세계 그 자체를 지배한다」는 월터렐리의 말대로 대영제국과 미국이 19세기와 20세기에 융성을 바다에서 찾도록 동기를 부여했던 것이다. 이를 계기로 중세의 전쟁을 규정했던 제한 전쟁이나 간접전략을 배려하고, 손자형 전쟁관이 클라우제비츠형 전쟁관으로 이행됨으로써 나폴레옹은 프랑스 대혁명(왕제 전복과 국왕 처형)의 열기를 확산시켜 반혁명 연합을 형성하여 압박하는 인접 국가들에 대항하기 위해 사단(Divisional) 개념을 도입, 귀족으로 충원되었던 사관이 평

---

6) ibid, pp. 94~95.
7) 어깨와 어깨를 마주한 인(人)의 장벽으로 구성된 전투 대형에서 방향 전환이 지극히 곤란하였으며, 이런 상황에서 측 후방으로 기병 공격은 쉽게 공황을 일으켰다.

민 출신으로 대치되고 자유지원병으로 애국적 감정이 충만한 중세형 군대와 결별한 국민군이 탄생한 것이다. 그래서 둔중한 군을 분할·운용함으로써 작전의 융통성을 가질 수 있게 되었다.8) 따라서 집단의 위력과 중력에 의존하던 밀집 종대 대형을 버리고 개개인의 전투 의지에 의존하는 산개 전술을 채택할 수 있게 되었다. 나폴레옹군의 보병은 1분간 120보를 부대 행군 속도로 설정함으로써 유럽 여러 나라 왕군의 표준 분속 70보를 기동력에서 압도하였으며, 그 외에도 분진합격 전술이나 척후병 활용 및 밀집 종대의 기동성 있는 돌격으로 일거에 적을 제압하는 등 특이한 전법도 사용했다.

그리하여 고대로부터 「프러데릭」 대왕 시절까지 사용된 밀집대형 전술은 점차 퇴색되어 갔다. 또한 군의 규모가 커졌기 때문에 고대군 처럼 측익(側翼)을 쉽게 찾는 것이 불가능하게 되었다. 군의 통제가 사령관의 지휘 범위를 벗어남으로써 총체적인 사령관의 「작전개념」을 예하 사령관이 구체화시켜서 실행하는 것이 중요하게 되었다.

고대군은 최고사령관의 시야에서 육안을 적의 측 익을 보고 들어갔으나9) 이제는 과학 기술의 발달로 말미암아 효과적인 적의 동태를 파악할 수 있게 되었다. 따라서 인위적으로 측 익을 만들어 돌파하는 개념이 중요하게 되었다. 이러한 상황을 잘 인식한 「나폴레옹」은 측 익 탐색(out flaonk)에 이어 돌파(Break-in, through)하는 기동방식을 취하였다.

이처럼 모든 국가는 국가 보위의 한 방편으로 국가목표를 설정하고 국방목표를 달성하기 위하여 군사력을 건설하고 관리하고 유지하며 운용하는데, 이는 군사 정책과 군사 전략을 통하여 실현된다.

군사정책은 군사력의 건설, 유지에 관한 기본적인 방향을 제시하고, 국가 예산과의 문제를 해결하는 국정 기능이며, 군사전략은 군사력의 배비와 운용을 다루는 군령기능으로서 이들은 수레의 앞뒤 바퀴로서 상호 보완적 성격을 갖고 있다.

이중에서 군사전략은 군사력의 운용을 다루는 술 「術」(Art)과 군사에 관한 이론적 탐색을 포함하는 과학(Science)의 문제로서 세계 각국은 군사이론 체계 내에서 용병체계로 이 문제를 다루어 가고 있다.

---

8) 나폴레옹은 포병을 God of war(군신)으로 부르며 포병을 적극적으로 운영하였다.
9) 그러므로 수기와 징, 북의 신호, 육성에 의한 통제 등 소위 「호명」에 의한 지휘가 가능하였다.

용병체계는 국가마다 조금씩 상이하나 보편적으로 군사전략과 작전술, 전술의 영역을 포함하고 있으며, 그 중에서도 작전술은 군사전략과 전술의 연결고리로서 아주 중요시되며, 협의로 볼 때 용병술은 작전술을 말한다.

작전술은 나폴레옹으로부터 태동하고 있으나, 제1차 세계대전 직후 제정 러시아의 참모장교였던 A. Gerua대장과 E. Messner 대령의 두 사람이 공동으로 만들어낸「오뻬라찌까」라는 용어로 설명했던 유사 개념을 인용하여 제정 러시아 육군소장 A. Svechin이「전략」이라는 그의 저서에서 형성시킨 독특한 군사교리이며, 1950년대에 독일이, 1980년대 이후부터 미국 육군에서 사용하고 있다.

어원의 창시자인 소련의 A. Svechin은 작전술을「군사전략 목표를 달성하기 위하여 부대 작전을 준비하고 수행하는 이론과 실제」라고 정의하였고, 소련군은「각 군종의 독립 및 합동작전의 준비와 수행을 위한 이론과 실제를 다루는 것이며, 전략과 전술을 연결시키는 요소」로 보고 있으며, 미국군은 전구(戰區)내에서 전략적 목표를 획득하기 위한 군사력 운용기술로 보고 있어 전략은 최초에는「전시 군사력을 운용하는 장군의 술(術)」로 통용되었다. 즉 전략은 평시가 아닌 전시에, 군사력을 운용하는 장군, 즉 야전지휘관의 술(術)로써 그 범위가 한정적인 것이다. 그러나 이처럼 그 범위가 단순하고 한정적이었던 전략개념이 시대가 변천됨에 따라 일반화되어감으로써 그 범위가 내외적으로 크게 확장되었다.

이것은 전쟁과 사회가 더욱 복잡해지고 상호 긴밀하게 연계됨에 따라 전쟁 전략도 정치, 경제, 사회, 심리, 과학기술 등 여러 가지 비군사적 요소를 고려해야 할 필요성이 증대되었기 때문이다. 또한 핵무기의 출현으로 억제가 전략의 초점이 되고 전쟁이 미치지 못하는 평화적인 군사력의 운용 형태인 강압시위 등이 군사력의 주요역할로 대두된 이래 전략개념은 목적과 수단의 양면에서 확대되었다.

이와 같은 개념의 확대는 개념의 혼란을 가져왔다. 개념의 일반화는 정치, 경제, 사상 등의 고유의 영역에 전쟁 요소를 개입시킴으로써 본래의 의미를 훼손시켰으며, 또한 전략을 평시 군사력 운용의 술(術)로 확대함으로써, 전쟁과 평화의 구분이 모호한 상황 하에서 전략 고유의 개념을 왜곡시켰다.

결국 전략의 궁극적인 목적은 자신의 의지를 적에게 강요하는 것이며 그것은 적의 의지를 굴복시킴으로써 달성된다. 의지를 굴복시키려는 노력은 2개의 상반된 의지간의 변증법적 투쟁이다. 상대방의 의지를 굴복시키기 위해서 쌍방은 국내·외적인「행동의 자유」를 적에게 거부하여 군사 행위를 불가능하게 만들거나 적 군사력의 격멸, 또는 적 조직을 와해시켜 적의 심리에 영향을 미치려 한다. 따라서 전통적으로 전략은 한 국가의 생존을 좌우하는 전쟁에서 자연히 총체적인 수단을 사용하므로 수단의 운용에 중점을 둔다.

리델하트(B. H. Liddell Hart)는 전략이란 정책상의 제 목적을 달성하기 위하여 군사적 수단을 배분하고 운용하는 술(術)이라고 정의하고 있다. 18세기 최고 전략가 삭세(Marchal Maurice de Saxe)도 「다른 모든 과학은 고정된 원칙의 토대위에 확립되어 있으나, 전쟁이란 과학만은 원칙이 결여되어 있다.」라고 주장함으로써, 전쟁의 마성과 지휘관의 임기 응변성(improvisation)을 강조한 바 있다.

그러나 다른 한편 전쟁의 특성을 사회변혁, 인간성격, 그리고 국제관계의 포괄적 연구를 통한 철학적, 이념적, 심리적, 그리고 정치·사회적으로 명확화 및 합리화함으로써 초 현대화된 무기(특히 대량살상)가 클라우제비츠의 절대 전쟁을 현실화시킨다는 논리가 설득력을 가진다. 즉 동서고금을 막론하고 변하지 않는 전쟁의 본질은「집권적, 의도적, 나아가서 조직적인 폭력으로서의 사회적 성격과 육체의 철혼이나 정신력으로 불가능한 것도 가능케 하는 공인된 살인」이란 두 가지 측면이라 하겠다.

아이러니하게도 평상시에는 하나의 인간을 죽여도 살인자가 되지만, 전쟁에서는 100만인의 적을 죽여도 영웅이 되는 바, 전쟁은 국가가 공인한 폭력적 가해행위이다. 흔히 직업 군인을「폭력관리의 전문가」라고 칭하고 있는데, 이는 세계 모든 국가가 폭력기술자를 합법적으로 훈련·양성·보유하고 있는 이상, 무기를 사용하는 직업(profession in arms)이 존재하기 때문이다.

살인자 카인의 후예인 인류는 유사 이래 수많은 전쟁을 치러왔다. 전쟁의 성격도 변천·진화해온 것이 사실이다. 한마디로 분명한 것은 금세기의 전쟁은 한 지역이나 한 국가 또는 한 부족이나 한 민족을 넘어서서 지구라고 하는 혹성, 인류라고 하는 생물학상의 종 그 자체의 운명을 좌우할 정도로 대형화 되었다.

전장의 광역화와 살상력의 증대가 경합해온 20세기에 들어와 전쟁은 다시 한번 일대 전환기를 맞았다. 제2차 세계대전의 여진은 한반도, 베트남뿐만 아니라 중동까지도 파급되었다. 1949년에 휴전한 제1차 중동전쟁 후, 이집트가 강력하게 밀어붙인 수에즈 운하의 국유화와 관련하여 영국, 프랑스 및 이스라엘과 소련의 지원을 받는 이집트가 1956년 10월 말에 전투를 개시하였다.

이스라엘군은 수에즈 운하로 진격하였고, 영국군과 프랑스군은 수에즈 운하 북단에서 헬리콥터로 상륙 작전을 감행하였던 것이다. 그런데 일반적인 예상과 달리 이집트군은 약체로 밀리게 되자, 이에 놀란 소련은 핵무기 사용을 불사한다는 강경한 태도로 영국과 프랑스에 정전을 요구하자, 미국이 이에 동의함으로써 급진전되어 휴전이 성립하였다. 그래서 이집트는 위기를 모면하였고 운하의 국유화가 성취되었던 것이다.

이를 계기로 제2차 세계대전의 악몽(Nightmare)은 지상군의 기동 방법을 변화시킴은 물론 발전 방향을 모색토록 하였다. 그러기 위해서는 방어력을 압도하는「공격력」의 향상이 전제조건이 되었다. 즉 난공불락의「기관총+유자철조망+참호진지」를 어떻게 극복할 것인가가 기본적인 과제였다.

여기에 대한 대답이 바로 전차요 항공기였던 것이다. 이러한 무기는 처음에는 단순히 기관총 진지를 극복하기 위하여 구상되었으나,「풀러」,「리델하트」등에 의하여 장갑화 된 기병개념으로 운용될 수 있는 보다 적극적인 개념으로 발전되었다.[10] 이러한 무기와 사상을 중심으로 하여 공격력을 압도하게 되자 전선을 돌파할 수 있는 능력을 갖게 되었다. 이제 방어 진지는 더 이상 난공불락이 아니었다.

군은 이제 기계화의 추세에 따라 기민성을 갖게 되었고, 고도의 기동성을 보유하게 되었다. 따라서 군의 기동은 먼저 상대보다 압도적인 부대화 화력을 집중, 적의 방어진지에 틈(Gap)을 만들고 틈을 신속히 확대한 후 적중으로 종심 깊게 전진하여 적 방어진지의 유기성을 파괴하여 굴복시키는 기동 방식이 대두되었다.

이제 기동을 위하여 인위적으로 적진에 간격을 만들어 돌입(Break- in)이용, 돌파구를 신속히 확대하는 돌파(Break-through), 돌파된 진지를 종심 깊게 진출, 최종적으로 마무리 짓는 돌진(Break-out)의 3단계 공격방식이 정립하게 되었던 것이다.

이러한 기동방식은 2차대전시 독 · 불전 초기 전투인「프란더즈」전에서

---

10)「Fuller」가 이러한 이론의 창시라고 할 수 있다. 1919년에서 근 10년간 기계화전 이론은「풀러」에 의하여 주도되었다가 그 이후 1939년까지는「리델하트」가 계승자가 되어 발전시켰다.

잘 나타나 있다. 이 시기에 다시 공격적 전략이 수세적 전략에 우위를 확보하게 되었다.

이와 같은 기동 방식에 대하여 당시 오스트리아군이나 프러시아, 러시아 군은 대항할 능력이 전혀 없었다.

이태리 전역(戰役)에서는 피에드몽트군과 오스트리아군을 정면 공격으로 고착시킨 후 약한 측 익이라고 할 수 있는 피에드몽트군을 분리시켜 격파하는 기동을 보여주었고, 울름전역에서는 정면공격과 포위공격을 연결하는 절묘한 기동을 보여 주었으며, 예나 전역에서는 분진 합격에 의하여 상대방을 분산시킨 후 집중하여 정면과 측방에서 동시에 공격하는 공격 방법을 보여 주었다.

이런 면에서 나폴레옹의 참모 조직은 그 후 프러시아 군에 전수되며, 현대적인 참모제도로 계승·발전되었다. 그러나 군의 규모가 획기적으로 성장된 것은 나폴레옹 전쟁 이후 시기이다. 왜냐하면 1차 대전 중반 이후 나폴레옹식 기동 방식의 유용성이 서서히 감소되기 시작하였기 때문이다. 그 이유는 두 가지로 요약된다.

첫째는, 방어력의 공격력 압도 현상은 러·일 전쟁 시 부터 나타나기 시작하였다. 남·북 전쟁 시 부터 출현하기 시작한 기관총은 방어력을 증가[11] 시키는 결정적인 역할을 하였다. 사실 나폴레옹 이후 크라우제비츠의 절대전 사상에 영향을 받은 독일, 프랑스 등은 공세 위주의 전략 사상에 도취되어 있었다. 독일의 몰트케, 슐리펜 등은 크라우제비츠의 수제자로서 공격위주의 군사사상을 형성시키는 주역이었다. 거기에다 보·불, 보·오 전쟁에서의 승리는 독일군에게 공격 사상을 절대적인 것으로 신봉하게 하였던 것이다. 프랑스도 공격 위주의 사상을 발전시켰는데 듀피크, 포슈 등이 프랑스군의 공격 중심사상 형성의 주역이었다.[12]

---

11) 증가된 기관총의 화력은 방어력 우위로의 선도자가 되었고, 산업화의 여파로 대량 생산된 화포는 방어력을 결정적으로 증강시켰다.

12) Jack Synder, The Ideology of the offensive Military decision Making and the disasters of 1914(Cornell university press, 1948), p.31~32에서 「시나이더」는 1차 대전시 군사 사상은 군사적인 필요성 보다는 정치가들의 잘못된 선입관과 인식 때문에 공격 위주의 군사 사상이 형성되었다고 하면서 1차대전시 적합한 군사 사상을 독·불 공히 방어 위주의 사상이 되었어야 했다고 했다. 1차 세계대전 결과는 이것을 반증하였다.

그러나 이러한 군사사상의 기류와는 역행되게 1953년5월 북베트남이 프랑스로부터 독립한 전쟁 역시 프랑스군의 화력에 대항한 북 베트남 측의 백병전에 의한 대결에서 프랑스군은 라오스로 전장을 옮기려는 북 베트남군의 기도를 예견한 나머지, 라오스에 이르는 요충지인 디엔 비엔 푸(Dien Bien Phu)를 점령하고 요새화함으로써 북 베트남군을 원격지에서 포착 섬멸하여 전세를 일거에 만회하려 했던 바, 다음과 같은 4가지 계획을 구상하였다.

첫째, 북베트남군은 보급력이 빈약하므로 근거지에서 수백 킬로미터나 떨어져 있는 大부대에 대한 보급이 곤란하지만 프랑스군은 공수 보급에 전적으로 의존할 수 있다.

둘째, 디엔 비엔 푸는 분지라 주위의 능선으로부터 중심의 활주로까지가 5킬로미터 이상 되는 바, 열악한 북베트남군이 비행장을 공격하기는 어려울 것이다.

셋째, 만약 북베트남군이 능선 내부로 들어오면, 압도적인 화력과 공중폭격으로 섬멸한다.

넷째, 디엔 비엔 푸를 근거지로 하여 분지의 안팎을 기동부대에 의해 수십 킬로미터에 걸쳐 기동 작전을 전개한다.

이리하여 1953년 11월에 프랑스군은 보병 12개 부대(약 1만6천명)로 비행장을 중심으로 반경 1.5킬로미터의 요새화된 전면 방어진지를 점령하였다. 그러나 프랑스군은 현지주민에 의한 병력충원이 이루어지지 않고 본국으로부터의 증원도 불가능해짐으로써 처음부터 병력의 열세함을 감수해야 했던 것이다.

제네바 회의가 시작되는 날인 1954년 4월 26일을 기하여 북 베트남군은 3개의 경보병 사단과 1개의 중보병 사단을 디엔 비엔 푸에 투입하였다. 당시 각 사단은 디엔 비엔 푸에서 1천 킬로미터 이상 떨어진 곳에 위치하고 있었음에도 수많은 노무부대, 마필, 나룻배, 자전거 등으로 예상외의 진격 속도로 공격대기 지점까지 접근했던 것이다.

특히 이들의 주 화력인 105밀리와 75밀리 야포는 주변 고지 후사면의 암반에 지하진지를 구축하여 비행장을 집중 포격하였으나 프랑스군은 반격을 가하지도 못하였다. 55일간의 격전 끝에 고립무원 상태에서 화력에 제압당한 프랑스군은 항복하고 말았다.

둘째는, 군 규모의 성장이다. 산업혁명 제2기 이후13) 산업화가 급속히 진행되고 국가의 재정이 증가되자 무기 생산을 싼값에 대량으로 할 수 있게 되었다. 거기에다가 이제 모든 국가가 징병제를 실시하게 됨에 따라 군대의 규모가 거대해지게 되었다.

따라서 이제 군은 선(線)의 단계에서 면(面)의 단계로 넘어가게 된 것이다. 즉 군대는 이제 전면과 종심을 전체적으로 커버할 수 있을 만큼 증가되었던 것이다.

여기에다 증가된 화력, 기관총의 위력은 방어력을 획기적으로 증가시켜 「나폴레옹」식의 측 익 탐색(Out flank)에 이은 돌파는 불가능하게 되었다. 즉 전장이 곧 전선이 되어 측익을 탐색, 포위하는 것이 불가능하게 되었다.

슐리펜의 웅대한 對포위전략계획은 피아간의 측 익 탐색(Out flank)의 경쟁 속에서 「마르느」 일대에서 종료되었다.

리델하트는 이러한 현상을 「Race to the Sea」(해안으로의 경주)로 표현하게 되었다.[14] 1차 세계대전이 시작된 지 6개월이 지나지 못해 전선은 알프스에서 도버 해협까지 연장되었으며 교착되었다.

이제 전장에서 기동은 유명무실하게 되었으며 작전은 필요가 없게 되었다. 다만 누가 얼마나 더 많은 화력을 쏟아 넣느냐의 경쟁으로 전쟁양상은 변화되었다. 전투가 곧 전쟁이 되었고 「장수의 도」 는 불필요하게 되었으며, 그 결과 전선은 교착되고 무모한 돌격의 연속 속에서 대량의 부상자가 속출하는 비극적인 전쟁이 되었다.[15]

이 시기에는 공격 전략이 수세전략에 압도되었다. 이는 주로 화력의 획기적인 증가에 기인한 것이었는데, 기관총은 방어력을 증강시키는 획기적인 무기가 되었다. 전쟁은 정부의 전쟁에서 국민의 전쟁으로, 군인들만의 전쟁에서 전 국민의 전쟁으로, 군사적 영역에서 정치, 사회, 경제적 영역으로 확장되었으며 복잡화되었다.

---

13) 내연기관의 발명으로 산업의 자동화가 본격적으로 시작된 시기로 19세기 후반을 지칭한다.
14) 공ㆍ방자 간에 측익을 노출시키고, 이를 감추고저 하는 노력, 소위 「Race to the sea」 는 「마르느」 전선 일대에서 종료되었다. 이때 이후 전쟁은 교착되었으며 전쟁은 전투형으로 전환되었고 승자와 패자가 없는 소모전이 계속되었다.
15) B. H. Liddel Hart, The Remaking of Modern Armies(Wesport connecticut : Green Wood press pub., 1980), pp 3~4에서 기관총이 주도되어 증가된 화력은 방어력을 증강시켰고, 방어력이 공격력을 압도하자 전선은 진지 교착전에 빠져, 피ㆍ아간에 의미 없는 살육전이 계속되게 되므로 전쟁의 목적을 상실하게 되었다고 하였다.

그러나 지금은 제2차 세계대전과는 군사적 상황이 판이하게 달라졌다. 이러한 현실은 무기체계의 발달, 특히 항공기, 전차의 발명에 따라 파괴력의 엄청난 증가로 신속한 기동력과 화력의 증가로 전술적으로는 기동전, 단기전의 양상을 기대할 수 있으나 전략적으로는 소모전, 장기전, 총력전의 양상을 띠었다.

　특히, 지상군의 기계화 추세는 가속화 되어 일반화 되고16), 방어적인 측면에서 對기갑, 기계화 능력이 변증법적으로 병행, 발전되고 있다.17) 항공력이 전쟁의 일개 차원을 더하면서 전쟁을 완전히 입체화시켰다. 2차 세계대전과 비교할 때 두드러지게 발전된 두 가지 사항은 항공력의 획기적인 발전과 전차 및 對전차 무기의 변증법적인 발전이다.

　항공력은 2차 세계대전 육군의 부속 부대로 출발하여 전투에서 독립된 군으로 성장하였다. 항공기는 이제 항속거리에서, 폭탄적재 능력 면에서 정확도 면에서 2차 세계대전의 수십 배로 성장하였다. 육군 항공의 발전을 심프킨은 「회전익 혁명」(Rotarg Revolution)은 특별한 의미라고 지칭 하면서 기계화 부대 발전의 과정으로 특별한 의미를 부여하고 있다.18) 이러한 회전익 항공기 역할의 증대는 현실적으로 볼 때 제2차 대전이후 발발된 3, 4차 중동전에서 그 가치가 입증되었다. 1967년 6월 6일 제3차 중동전쟁은 현대 전쟁에 있어서 단기 결전이었다. 이스라엘군의 전격기습 작전에 의해 우세한 아랍 연합군이 단시간 내에 괴멸된 이 전쟁은 이스라엘군이 제2차 세계대전 초기에 독일의 기갑 군단이 감행한 전격 작전을 그대로 적용, 현대화한 전형적인 사례라고 하겠다.

　작전 병력면에서 2대1, 전차의 대수 면에서 2.8대1, 항공기의 대수에 있어서 2.6대1이란 전반적으로 2배 이상의 전력을 가진 아랍 연합군에 대하여 이스라엘 군은 절묘한 선제 기습작전과 높은 사기를 구사한 결과 6일 만에 완승하였던 것이다.

---

16) 미군이나 소련군에서 보병사단과 기계화사단, 기갑사단의 구분이 모호하다. 즉 거의 유사한 형태이다. 이처럼 현대의 육군은 기계화하는 방향으로 일반화 되어 가는 현상을 볼 수 있다.

17) 3, 4차 중동전은 항공기, 전차가 더 이상 전장의 왕자가 아님을 보여주었다. 각종의 P.G.M 무기 체계는 대 기갑력과 대 항공능력을 획기적으로 증가시켜 전장의 양상을 더욱 복잡하게 하였고 입체화시켰다.

18) Richardn E. Simpkin, Race to Swift(Washington D.C : Brassey's defence Pub., 1985), Chap.7.

특기할 사항은 제3차 중동전쟁이 군사대국들의 무기성능 전시장내지 시험장이었던 바, 제2차 세계대전 직전의 스페인 내란과 다름 없었다. 평소에 비밀의 베일에 가려 있던 소련군의 무기에 대한 세계 각국의 관심은 소련제 무기 일색의 이집트 군이 예상외로 무기력하게 무너지고 만 것은 최근의 걸프전쟁에서 이라크가 쉽게 항복한 것이나 같은 맥락에서 이해될 수 있을 것이다.

제4차 중동전쟁은 1973년 10월 6일, 이집트와 시리아 양군의 기습 선제 공격에 의해 개시되었는데 Yom Kippur War라고도 부른다.

제1, 제2, 제3차 중동전쟁은 이스라엘이 이긴 전쟁이었으나, 제4차 중동전쟁은 서로 비긴 전쟁이라고 하겠다.

전쟁초기에는 아랍 측의 공세로 시리아전선에서 시리아군은 고란고원의 대부분을 탈취했고, 수에즈 전선에서 이집트군은 대거 수에즈 도하에 성공하여 동안(東岸)을 이미 제압함으로써, 이스라엘 군은 중대한 위기에 직면하였다.

그러나 이틀 동안 대부분의 동원을 완료한 이스라엘군은 공군의 엄호 하에 반격으로 전환함으로써, 시리아 전선에서 시리아군을 격파하여 일주일만에 舊점령지를 회복하고, 수도 다마스커스 방면으로 진격하여 重砲의 사정거리까지 육박하였다. 한편 수에즈 전선에서는 수에즈의 도하 작전이 성공하여 고란고원의 병력을 수에즈전선으로 전환시켜 대반격으로 가함으로써, 개전 20일 만에 수에즈-카이로 가로를 연하여 수도 카이로로 진격하기 시작했던 것이다. 그러나 이스라엘의 전차는 이집트의 對전차 무기 때문에 엄청난 피해를 입었다.

이러한 정세 하에 미·소의 조정 하에 이스라엘, 이집트, 시리아는 유엔 안보이사회의 결의를 수락하여 정전이 성립되었다.

그런데 제4차 중동전쟁은 현대 병기의 대량 투입에 의한 신무기의 각축장이 되었으며, 물량의 대량 소모란 형태를 취하는 소모 전쟁이었다. 그리고 아랍 · 이스라엘 쌍방의 지원 국가에 의한 대리전쟁이었으며, 大國의 무기수출에 의한 소비시장이 되었다. 또한 제4차 중동 전쟁이래 전차 · 항공기의 전투 능력에 관한 논의가 활발해졌다. 한마디로 이스라엘군의 수에즈 반격의 실패를 교훈으로 한 對전차 화기를 가진 보병의 우월론과 전차 우월 불변론과의 논쟁이었다.

이스라엘군의 실패는 적이 당연히 對전차 화망을 구성할 것에 대비하여 지원포병으로 이들 對전차 무기를 사전에 제압할 것을 고려치 못한데 있다고 판단된다. 즉, 기동력 있는 유력한 포병 지원 하에서 타격력으로서의 전차의 우위가 지속된다는 원칙을 망각했던 것이다.

이 전쟁에서 나타난 것은 이제 전차는 단독으로 더 이상 전장을 지배할 수 없다는 것이었으며, 정밀유도무기(P.G.M) 시스템과 보병의 對전차 무기가 기계화 부대의 기동에 결정적인 장애가 된다는 것, 항공력이 기계화 부대의 기동에 절대적이라는 교훈을 우리에게 남겼다. 포클랜드 전쟁과 1982년 베카 계곡에서 벌어진 레바논 전투는 정밀유도 무기의 역할이 얼마나 중요하며, 또한 보병의 對기갑 수단의 위력이 얼마나 큰가를 보여준 또 하나의 전례가 되었다.

소련의 총참모총장을 지낸 오가르코프는 전차가 출현한 이래 이 전차를 파괴할 對전차 무기가 변증법적으로 발전되었다는 이론으로 현대전의 실상을 잘 증명하였다. 이러한 전차를 파괴하기 위하여 최근에는 P.G.M 무기체계 등, 각종의 對전차화기가 등장하게 되었다.[19]라고 하면서 對전차 무기가 전차에 우위를 점하는 것으로 분석하고 있다. 따라서 기계화 부대의 기동이 제한될 것이며 기동전의 시대가 마감되고 화력전의 시대가 다시 도래 할 것이라고 주장하고 있다.

이렇듯 기계화 부대와 對기계화 능력이 변증법적으로 발전되어 지상에서의 기동이 어려워짐에 따라 전통적인 지상군의 집중에 의한[20] 돌파가 불가능하게 되자, 새로운 개념으로써 적진을 뛰어넘는(over)기동이 필요하게 되었고 이 수단이 바로「회전익」(Rotary Wing)이 되었다.

제2차 세계대전 식 '돌입→돌파→돌진' 방식의 기동은 '지상군 돌입·공중기동→돌파→돌진' 방식의 기동으로 발전되었다. 즉 돌입과 공중 기동이 동시에 진행되어 작전의 속도를 증가시키는데 항공기 등의 수단으로써「회전익」(Rotary Wing)이 결정적인 역할을 하게 되었다. 이러한 경향은 80년대에 나타난 소련군의 OMG이론이고 미군의 ALB이론이다.

소련은 군 단위에서 전차 사단을 중심으로 작전 기동군(OMG)을 편성하고 있는데 이 작전 기동군은 전차사단 편제 그 자체보다 지원되는 화력 및 기

---

19) Dale R. Herspring, "Nikolay Ogarkov and Scientific Technecal Revolution in Soviet Military Affairs", Commparative Strategy, vol. no 1, p. 29~30.

20) 전장(Battlefield)밖에서의 집중, 가시적인 집중(Mass), 최초 단계부터의 집중을 의미한다. 현대전에서 이러한 집중은 상대방의 집중 화력의 좋은 표적이 된다.

동군을 직접 지원하며 전차대대 당 18문~24문의 152밀리 자주포가 수반 지원하고, 공격헬기 여단이 직접 화력지원을 하며, 전후 사령부에서 통합 방공망을 운용함으로써, 작전기동군의 기동을 보강하여 주고 있다. 기동부대는 항공기동 헬기여단이 여단 규모의 輕기계부대를 공수하여 작전 기동군의 시동을 촉진할 주요 애로지점과 비행장을 선점하고, 필요한 첩보를 획득 보고하도록 하고 있다.

소규모의 게릴라로부터 고도로 훈련된 스페르나츠 부대에 이르기까지의 다양한 적 후방 운용부대(Desanty)를 운용, 작전기동군의 기동속도를 촉진시키고 있다.21) 소련군은 회전익 부대를 작전 적 차원에서 적장을 뛰어넘는 개념의 부대로 적극 활용하고 있으며 80년대 이후 전선군 예하에 기동헬기 여단을 편성「나르는 보병」(Fly Infanrty) 개념으로 적극 활용, 지상 기동의 제한을 보완하여주고 있다.

미군도 1986년 ALB 교리를 정식으로 채택하면서, 군의 편성을 대폭으로 바꾸었는데 주요 내용이 바로 회전익 부대의 증강이다. 즉 重 사단에 헬기 연대로 편성하고, 군단에 헬기 여단을 편성하여 필요시 사단 전투력의 1/3을 나를 수 있는 체제를 갖추었다. 이는 ALB 교리의 핵심인 종심 전투의 수단으로써 헬기의 기능을 이용하자는 것이요, 지상 기동의 수단의 제한을 인식한 결과인 것이다. 이처럼 미·소가 공히「회전익」에 관심을 표명하고 이의 증강을 서두르는 것은 현대전에 대한 인식이 일치하였기 때문이다.

즉, 지상기동 부대에 의한 노력만으로는 충분히 적진에 돌입할 수 없기 때문에 적진을 뛰어넘는 수단으로 헬기를 도입했다는 것이다. 미래 지향적으로 사고를 확대할 때 장차 군은「회전익」에 더욱 많은 비중을 두고「회전익」에 의하여 적진을 뛰어넘는(over) 기동이 중시될 것이다.

제 2 절 한국의 군 구조 실태와 문제점

한국군의 군사지휘 체제는 1948년11월30일 제정된 국군 조직법에 따라 국군은 대통령을 정점으로 하여, 국방장관, 육·해·공군 참모총장, 각 군 작전 부대장으로 지휘 계선이 형성되어 있고 합동참모본부는 국방장관에 대하여 순수한 군령 보좌만을 하도록 되어 3군 분석적 지휘 체제이다. 한국전쟁 초

---

21) 박기련, "소련군의 종심 전투 교리의 현대적 발전".

기 한국군의 작전 부대에 대한 작전 지휘권을 UN군 사령관에 이양한 1969년 이후 4차례나 군 구조 개선을 시도하였으나 분석 결과 그간의 연구는 군사적 능률성을 지나치게 강조한 나머지 각 군의 전통과 특성을 수용하지 못하였고, 한국군에 대한 작전 지휘권이 미군에 이양될 당시에는 한국군 3군 총사령관의 예하에 들어감으로서 全 한국군의 작전지휘권이 미군에게 귀속되었었다. 그러나 한국군의 질적 · 양적 신장에 따라서 8군사가 한국육군을 주한 미 해군사가 한국해군을, 주한 미 공군사가 한국공군을 각각 작전지휘하는 체제로 바뀌었다가 1970년대에는 한국 각 군의 작전부대만 주한 미 각 군사가 작전 휘하고 한국군 각 군 본부는 주한 미 각 군사와 동격으로 협조 및 지원체제로 지휘권관계가 변경되었었다.

이것이 1978년 주한 미 지상군 철수문제와 관련하여 제10차 한미안보협의회에서 주한 미 지상군의 제1진이 철수완료하기 전에 한국방위를 위한 작전상의 능률을 개선할 수 있는 새로운 한 · 미 연합사령부를 설치하도록 결정하여 현행 한 · 미 연합군사 지휘체제가 형성된 것이다.

이렇게 하여 1978년 11월 7일부터는 한미 군사위원회(MC)로부터 전략지침 및 임무를 부여받아 한 · 미 연합사령관이 한국군에 대한 작전 통제권을 사용하도록 한 · 미 연합작전체제를 구성하고 있으며 근본적으로 이러한 군사지도 체제는 외국군의 군사 지휘 유형에 비추어 볼 때, 합동참모총장제와 유사하다. 그러나 국방장관은 군정을 장리하는 외에 군령에 관하여 대통령이 부여하는 직무를 수행하고 참모총장은 대통령 또는 장관의 지시를 받아 국방 및 용병 등에 관하여 각 군을 지휘 통할하며, 군정에 관하여 장관을 보좌하도록 규정하여 군령에 관한 사항은 대통령이 침모총장에게 직접 하달할 수 있도록 함으로써 군정 · 군령 이원화체제를 유지한 것이 특색이다.[1]

따라서 현재 한반도 방위는 한 · 미 연합방위체제를 형성하여 한 · 미 연합사령관이 정규작전을 위한 한국군의 작전통제권을 행사할 수 있도록 지상

---

[1] 국군조직법, (법률 제9호, 1948.11.30.) 제2조 국군은 육군과 해군으로 조직한다. 제3조 대통령은 국군의 최고 통수권자이며, 헌법과 법률에 의하여 국군통수 상 필요한 명령을 발할 권리가 있다. 제7조 국방부에 참모총장과 참모차장을 두고 그 밑에 육군본부와 해군본부를 두며, 필요에 의해 기타의 보조 또는 자문기관을 둘 수 있다. 제9조 참모총장은 대통령 또는 장관의 지시를 받아 국방 및 용병 등에 관하여 육 · 해군을 지휘통할하며, 일체의 군정에 관하여 장관을 보좌한다.

군, 해군, 공군 등 3개의 구성군 사령부를 두고 있으며, 연합사령관과 그의 참모는 각각 지상 구성군 사령관은 한국 측이 공군 구성군 사령관은 미 공군 측이 보직되어 있다.

한·미 연합 야전 사는 지상구성군 사령관의 작전지휘를 받게 되어 있으며 이와 동격으로 한국육군의 야전부대에 대한 작전 지휘권은 물론 한·미 연합사령관 즉, 지상 구성사령관에게 있다. 또한 한국해군 및 공군의 작전 부대는 각각 연합사령부 예하의 해군 및 공군구성군 사령관의 작전지휘를 받게 되어있다.[2]

연합사의 임무는 한·미간의 공동 노력으로 전쟁을 억제한다는데 주안점을 두고 한·미간의 통합된 군사노력으로 외부의 적대행위를 사전에 억제하며 만일 노력이 실패했을 경우에는 한·미 연합전력으로 무력 공격을 분쇄한다는데 있다.

한·미 연합사의 전략은 한국이 주로 대규모의 지상군을 제공하고, 미국은 해·공군 및 군수지원을 제공하여 최전선 방어로서 현실적 억지력을 행사함에 있다.

이러한 한·미 연합사의 지휘체제와 기능은 한·미 양국의 합의에 의하여 이루어진 관계로 양국의 승인과 합의 없이는 해체될 수 없는 기구로서, 이는 고등 방위협력 강화 노력의 중요한 구현이며 한반도에서의 안보정책 목표를 뒷받침할 일치된 수단의 확보와 제도화의 실현이라고 할 수 있다.[3]

그러나 1990년대 안보환경 변화에 따른 주한 미군의 감축, 미국의 국방예산 감축, 미·소의 동아·태(東亞太) 전략변화에 따른 新데탕트체제의 형성과 미·소의 新전략 구상, 이에 따른 한·미관계의 변화 등을 예측해 볼 때 군사 조직 차원에서 UN사로의 작전지휘권 이양과 한·미 연합체제 형성이라는 현실적 여건을 고려하여 현재 한·미 연합사의 작전 통제권 행사에 지장을 주지 않도록 한·미 연합사에 위양된 작전 통제권이 환원될 경우에도 우리군의 독자적 통합지휘체제 구성에 공백이 없이 효율적으로 수용할 수 있는 조직체제상의 준비를 시급히 하여 한국방위의 한국화가 절실히 요구되고 있다.

---

2) 김용부, 「미국의 對韓안보협력체제에 관한 연구」, (서울 : 국대원, 1981), pp. 45-51.
3) 최상진, 「연합사 이후 한·미 군사안보 관계의 성격」, (서울 : 국토통일원, 1978), pp. 28-29.

일반적으로 국방체제의 기능은 군정과 군령의 2대 기능으로 이루어지며, 군정 기능이란 군사행정 또는 양병의 개념으로 군사정책의 수립과 이에 수반한 군사력의 건설, 유지 및 관리의 기능을 포함하는 반면, 군령 기능은 군사작전 또는 용병의 개념으로 군사작전의 발전과 이에 따른 군사력 운용 및 소요제기의 기능을 포함한다.4)

따라서 국방체제는 국방 목표를 달성키 위해 군정과 군령 기능을 통합하고, 국방조직 구조내의 수평적·수직적 권한과 활동을 명확히 하기 위한 최고 통수권자, 국방결정기구, 국력책원기구, 국정·군령 통할기구, 국정·군령 집행기구의 다섯 가지 요소로서 구성되며, 군사작전 지휘 체제는 군정·군령과 군종병종의 균형을 유지하는 형태에 따라 네 가지 요소로서 분류할 수 있다.

첫째, 자문형 합참의장제는 국방장관이 각 군 본부를 통해 군정·군령권을 행사하고, 합참을 군령 계선 상에서 제외하고 군령 보좌기능만을 수행토록 한 군제이다. 이 제도는 육·해·공군의 전통과 특성을 유지하고, 권한의 집중을 방지할 수 있는 장점이 있으나, 통합작전 발휘가 곤란하며, 조직의 중복 현상을 초래하는 한편, 각 군간 이해 상충으로 합리적 의사결정에 제한을 주는 단점이 있다. 한국과 일본에서 채택하고 있고 아르헨티나도 포클랜드 전쟁 이후 합참에 군사력을 부여하여 지휘체제를 보완하였다.

둘째, 합참의장 제는 자문형 합참의장제와 유사하나 합참에 군령권을 부여하되 각 군 본부는 그대로 두면서 작전 부대에 대한 작전권을 직접 통제할 수 있도록 군제로서, 자문형 합참의장 제 보다는 통합전력 발휘를 부분적으로 제고시킬 수 있도록 개선한 제도이나, 방대한 자원이 소요되며, 각 군간 그리고 군정·군령 기능간의 마찰로 합리적인 의사 결정에 제한을 받고 조직의 이중성과 기능간의 중복이 초래되는 단점을 가지고 있다. 전 세계를 무대로 하고 있는 미국이 채택하고 있는 제도이다.

셋째, 국방 참모총장제는 국방장관이 군정·군령 모두를 통합하되, 군정권은 각 군 총장을 통해서, 군령권은 국방 참모총장을 통해 행사하는 합동군제이다. 이 제도는 영국, 프랑스, 서독, 호주 등 유럽 선진제국이 채택하고 있는 제도로서, 비교적 3군이 균형된 선진국형 대규모 상비군을 보유한 국가에서 채택하고 있다. 문민통제를 준수하면서도 국방장관의 통제권을 강화

---

4) 1990년대 중반이후는 주한 미군의 상위 변화가 예상되며, 공산국의 자유화 기류 및 우리의 북방외교 결과가 복합 작용할 것이므로 부(負)의 작용에 대비해야 한다.

할 수 있을 뿐만 아니라, 한·미 연합지휘체제와의 기능적 연계와 CFC 통제기능을 강화할 수 있으며, 통합적 전력 발휘가 보장되고 국방자원 관리와 군사력 운용의 효율적인 통합과 개편이 용이하다.

부언하면 국방 참모총장 제(합동참모총장 제)에서 장관은 현재와 같이 군정·군령을 일원화하되 군령권은 국방참모총장을 통하여, 군정 권은 각 군 총장을 통하여 행사하게 된다. 그러므로 국방참모총장은 장관의 명을 받아 각 군의 주요 부대만을 작전 통제하며, 각 군 총장은 작전권을 제외한 지휘권 즉 인사권, 예산권, 군 사법권, 감사 권과 군기 및 사기유지, 개인교육 및 부대훈련 등의 책임과 권한을 종전과 같이 행사한다.

또한 장관은 현재와 같이 인사권, 예산권, 정보사용권 등을 직접 행사함으로서, 국방참모총장과 각 군 총장을 통제하며, 군령권은 국방참모총장을 통하여 보좌 받음은 물론 이를 통하여 작전 부대를 지휘하게 됨으로 문민통제 원칙을 저해하지 않는다.

국방참모총장은 장관의 군령에 대한 보좌역할을 수행하는 참모진의 장으로서 총장 명칭을 갖게 되는 것이며, 각 군 총장을 직접 지휘하는 상급 지휘관이 아니고, 육·해·공군의 총사령관은 더 더욱 될 수 없다. 과거 각 군 총장에게 집중되어 있었던 권한을 분할·견제하게 되어 오히려 권한의 집중화 현상을 방지할 수 있게 된다.

넷째, 단일 참모총장 제는 국방장관 예하에 전 군을 대표하는 1명의 총참모장(통합군 사령관)을 두며, 총참모장은 국방장관의 지휘, 감독 하에 군정과 군령을 일원화하여 행사하는 통합군제로서 이스라엘, 캐나다, 필리핀, 인도네시아, 그리고 북한을 포함한 대다수 공산주의 국가에서 채택하고 있다. 또 다른 형태는 군령은 통수권자(대통령)가 총참모장을 통해 직접 행사하고 국방장관은 군령계선 상에서 제외되어 군정만을 통할하는 군정·군령 이원화 체제의 통합군제로서 대만, 터키에서 채택하고 있다.

이 제도는 안보위협이 큰 국가 및 비교적 소규모의 군사력을 보유한 국가에서 채택되고 있는 제도로서, 자원절약, 통합전력 발휘, 의사결정의 신속성 등을 보장할 수 있는 장점이 있으나, 총참모장에게 과도한 권한집중으로 문민통제의 저해가 우려되고, 군사지휘 및 통제 폭이 신장된다는 단점이 있는 제도이다.

또한 통수권을 중심으로 한 군정·군령의 통합 및 분리 여부에 따라 군정·군령 이원화 체제로 국방체제로 유형을 분석하는데 비하여, 작전공간을 중심으로 한 전통적인 군종, 즉 육 · 해 · 공군의 구분과 무기체계나 기능을 중심으로 한 현대적 개념의 병종을 근본으로 해서 세계 각국의 국방체제를 살펴보면, 첫째, 군종체제(Service System)는 군사력의 기반을 전통적인 육·해·공군의 3군 체제에 두고 있는 군제 형태로서, 영국, 서독, 이탈리아 등 서방국가의 대부분이 이에 속하며 우리나라도 이 체제를 택하고 있다. 둘째, 병종체제(Functional Force System)는 군사력을 무기체계의 특성이나 임무의 성격에 따른 기능 개념 또는 작전 지역 개념에 따라 분할 편성하는 군제형태로 소련의 5대 병종 제(작전로켓 군, 지상군, 해군, 항공 군 및 방공 군)가 이의 전형적인 체제이다. 이밖에도 대부분의 공산국가와 이스라엘, 캐나다 등이 채택하고 있다. 셋째, 군종·병종 병립체제는 전통적 3군종(육 · 해 · 공군)체제에 기능적인 병종체제를 결합하여 군사력을 이중 구조적으로 편성하는 군제 형태로 미국, 프랑스 등이 이를 채택하고 있다.

이와 같이 오늘날 병정 통합주의를 채택하고 있는 민주주의 국가체제에서는 군국주의를 배격하고 민주주의의 원리를 관철할 수 있는 문민우위의 통수체제를 갖추는 것을 기본적인 원칙으로 하고 있다.

문민통제란 국가정책 결정에 대해 최고책임을 지고 있는 문민이 군을 지배하고 통제하여야 한다는 국방조직 원칙상 지휘의 통일이란 군을 편성, 운용하기 위한 직접적인 통제수단이며 통수권을 단일계통을 통해 유지하고 행사하는 원칙으로서 고금동서를 막론하고 모든 조직의 기본원칙이다.

특히 작전운용 면에 있어서는 이러한 지휘의 통일 못지않게 현대전의 신속한 상황 변화에 적응할 수 있도록 지휘 반응의 신속성이 보장되어야 하며 이를 위해서는 전쟁지도 및 국방정책 등에 관한 최고의사 결정권과 군사지휘의 근본이 되는 통수권을 문민인 대통령 또는 수상이 보유하고, 이 권한이 다시 문민인 국방장관에 위임되어 국방장관이 군정 · 군령권을 통할하도록 일원화함으로써, 정부차원의 행정체제에 융합시켜야 한다. 이와 같은 국방장관 선에서의 군정 · 군령 일원화를 전제로 하여 장관의 군정권과 군령권에 해당하는 권한의 행사를 보좌하고, 이의 효율적인 집행을 위해 국방부 조직 내의 국방부 본부 및 합참은 물론 그 예하 군정 · 군령 관련기관 또는 각 군의 군 부대에 이르기 까지 상 · 하부조직에 상당하는 권한과 기능을 적정 배분하고 위양함으로써, 전체 국방조직의 효율성을 증대시킬 수 있도록 해야 한다.5) 따라서 통합작전 수행을 위한 군사지휘체제는 한국적 특수한 작전 환경과 장차전의 양상, 적의 속전속결에 대비한 통합전력의 발휘, 즉응

태세 강화 등 작전의 효율성 보장과 국방자원의 효율적 운용 측면을 고려하여 개선되어야 하며, 단일 참모총장 제는 군사력 운용의 통합성과 즉응성을 보장할 수 있는 자원절약형 통합지휘체제이나 권한이 과도하게 집중되고, 군사지휘 통제 폭이 신장될 뿐만 아니라 전통적인 3군 체제의 급격한 변경은 현실적 저항과 마찰이 예상되며, 개편의 부담이 과중한 문제점이 있다.

이렇듯 한 나라의 군사지휘체제는 자국의 정치체제, 위협의 정도, 군사력의 규모, 군의 전통에 따라 상이하나, 미국과 영국을 비롯한 서독, 프랑스 등과 같은 서구 자유민주주의 선진국들은 대부분 문민통제 원칙에 입각한 합참의장 제 또는 합동 참모총장 제를 채택하고 있다.

주변의 월등한 군사적 위협에 직면하고 있는 이스라엘, 대만 등의 국가는 군사작전 지휘의 효율성 및 자원 절약 등의 이점이 있는 단일 참모총장 제를 채택하고 있다. 이는 전시국가 또는 소규모 군사력 보유국에 적합하나 문민통제 기능이 제한되고 있어 대부분 자유민주주의에 적합하나 채택하지 않고 있다.6)

공산국가의 통합군제형은 총사령관제로 보다 강화한 통수권 완전독립체제로서 군사력이 당의 지배하에 예속되어 있다. 이 제도는 소련, 중국, 북한 등 대부분 공산국가에서 채택하고 있다.

이러한 맥락에서 한미 연합 지휘 체제상 군사위원회 운영과 한·미 연합사의 한국 측 요원관리에 효율성을 도모할 수 있는 발전적 체제가 되어야 하고, 독자적 입장에서 한국적 군사전략 및 전술교리를 발전시켜 나가는 가운데 한·미 연합사의 작전 수행을 효과적으로 통제 조정할 수 있도록 해야 한다.

이는 우리가 그동안 미군 주도의 한·미 연합방위 체제에 너무 의존해 왔기 때문에 우리 자신의 군제 발전을 소홀히 해온 결과인 것이다. 세계 속의 한 주권국가로서 선진국을 지향하고 있는 대한민국이 아직까지 자기의 안보를 다른 나라에 의존해 올 수 밖에 없다는 것은 여러 현실적 측면에서 불가피하였다고 하더라도 이제는 국민이나 군이 모두 생각해야 할 시점이며, 재정립을 강요받고 있는 시점이기도 하다.

제2차 세계대전 후의 메가톤급 핵폭탄과 대륙 간 탄도 미사일의 결합은

---

5) 유재갑, 국군조직법 개정과 문민통제, (서울 : 국방대학원, 1990), pp. 3-11.
6) 국방부, 장기국방태세 발전방향, (서울 : 국방부, 1990), p. 16.

핵무기 1발 투발로 인구 1백만의 도시 1개를 잿더미로 바꿔 놓을 수 있는 메가데스(megadeath)의 개념으로 종래의 전사(戰史)를 무효화시키고, 지정학 (地政學)을 무의미하게 만들어 버렸다.

투발된 핵탄두가 30분만 초음속으로 탄도를 따라 비행하게 되면 지구 어느 곳에라도 정확하게 표적까지 명중 운반될 수 있기 때문에 지리적 제한조건은 불필요하게 되었다. 다시 말해 전면 핵전쟁 수행 시 상호 공멸만이 존재하므로 전면 전쟁은 더 이상 정치적인 수단이 될 수 없었고 전략의 개념은 억제를 목표로 하는 핵전 방지에 초점이 모아졌다.

이러한 것은 군사력 사용의 전통적인 견해, 즉 군사력이란 무장력(armed force)으로 단지 전쟁의 도구이며, 분석의 초점은 전쟁이란 무엇인가, 전쟁을 어떻게 이길 것인가 등의 전쟁 중심적 접근방법(war centered approach)과는 틀린 것이다. 따라서 전쟁을 방지하거나 적을 위협할 목적으로 군사력의 간접적 사용방법과 직접적이지만 제한적으로 사용하는 것이 바람직하다는 군사력중심 접근방법(military centered approach)에 대두되었으며 그 중심 분석 대상은 군사력이란 무엇인가, 평시군사력을 어떻게 효과적으로 사용할 것인가, 이것을 위해 어떻게 준비할 것인가 등이다. 군사력을 일상적 군사기능 수행의 도구로 보는 한편, 정치적 수단과 더불어 압력과 위협 등 대외적 정책을 지원하는 수단으로 보였다.[7]

이러한 표면에는 우리 군의 군대구조가 3군 병립체제로 되어 있어, 3군을 통합 지휘할 기회가 결여되어 있었으며, 작전통제권이 한·미 연합사령관에게 이양되어 있으므로 합동작전 및 훈련을 계획하고 시행하는데 다소의 제한이 있었고, 부차적으로 전담교육 및 연구기관이 없었다는데서 그 원인을 찾을 수 있겠다.

작전술은 작전교리의 적용기술이므로, 군사이론을 군사 교리화 하기 위해서는 필연적으로 합동 작전을 수행할 수 있는 부대 구조와 지휘체제가 정립되어야 하고, 교리 발전을 위한 노력이 결집되어야 하는 것이다.

합동 작전술의 목표는 전략적 목표 달성을 위해 창출해야 할 군사적 조건으로서 작전목표와 그를 위해 요구되는 일련의 작전, 일련의 작전을 위한 자원의 적용 등에 관한 계획을 구상하는 것이며, 그 결과로서 산물이 합동 작전 계획이다.

---

7) Tomas C. Schelling, Arms and Influence, (New Haven : Yale Univ. Press,1967), p. 2.

이러한 합동작전술 목표를 한국적 여건에서 염출하여 보면, 우리의 군사 전략 목표는 "전쟁을 억제하고, 억제실패 시 적을 격멸하는데 있으므로, 주변 4강과 역학관계 속에서 전략 환경을 평가하고, 장기, 중기, 단기 군사 전략 목표와 군사전략 기조를 토대로 능력 면에서 달성 가능성을 고려해야 하며, 지상, 해상, 공중의 지리적 영역을 통제하고, 실패 시 북한의 핵심을 마비시키고, 단기 결전으로 전승하는 것이며, 이는 우리의 가용자원과 능력을 고려하여 달성 가능한 것 이어야 한다.

달성 가능한 목표는 작전의 범위와 개념을 충족하도록 적절하여야(adequacy)하고, 실현 가능성(feasibility)이 있어야 하며, 인력, 장비, 물자, 시간, 위상의 추가적인 손실 없이 수행하여 수용가능(accept-abillity)한 목표를 말하는 것이다.

이러한 합동작전 목표는 일련의 군사 작전으로 달성되는데, 군사작전을 위해서는 중심, 작전선, 공세 종말점을 인식하고, 작전을 단계화 하는 계획을 면밀히 구상하는 것인데, 이는 작전개념 구상으로 귀결하게 된다.

실제적으로 작전목표의 설정은 국가 통수기구(NCA)의 전략 지침으로부터 도출된 임무를 기초로 하며, 여기에는 작전의 목표, 가용자원의 사용, 제한요소, 고려되는 위협요소 등이 포함된다. 이러한 일련의 군사작전은 한반도의 지리적 특성으로 보아 전 국토의 75%가 산악 지형이고, 3면이 바다로 둘러싸여 있으며, 수도권이 전선에 근접되어 있고, 서부는 소 구획성 평지, 동부는 산악지형인 점과 특히 북한이 대륙에 육속되어 있는 점은 작전구상에 결정적인 영향 요인이 되고 있다.

따라서 서부지역에서는 제한된 기동전 개념으로 동부지역에서는 산악지형의 이점과 제한을 최대한 이용할 수 있도록 공중기동전, C^3I체계 마비전 등이 바람직하며, 작전종심이 짧은 점을 고려하여 북한지역으로 적지전장 확대하고, 제공, 제해권을 확보하도록 하여야 한다.

특히 한국은 자원이 빈약한 나라이므로 자원의 효율적인 운용은 작전의 성공에 직결되므로, 할당된 자원이 상황 변화에 따라 어떻게 변화될 것인가를 예측해야 할 것이다.

그러나 핵무기에 의한 '공포의 균형'과 '핵전쟁 3분전' 등 억제상황은 20세기 후반의 냉전 구조를 군비 전쟁으로 몰고 갔던 것이다. 소련은 미국보다 한발 늦게 핵무기를 개발 보유한 이래, 미국을 모방·추월하기 위한 당(黨)·관(官)·학(學)의 확립된 성역 속에서 핵 군비 확대를 서둘렀으나, 이데올로기

경쟁 및 경제 경쟁에서 뒤진 나머지 탈냉전 세계와 더불어 군비축소로 선회하게 되었다.

비록 냉전은 선언되었지만 핵무기가 폐기되거나 영속적인 평화가 보장된 것도 아니다. 지구상의 50억 인구는 여전히 핵의 인질로 남아 있으며, 제3세계에 있어서 핵의 확산은 한층 더 기승을 부리고 있는 가운데, 일단 핵전쟁의 위험은 줄어들고 있지만, 지역 분쟁의 가능성은 더욱 고조되고 있는 것이다.

20세기 후반 하이테크 전쟁이 절정을 이룬 걸프 전쟁의 싸움터가 되었던 중동 사막에 버려진 패전국 이라크의 소련제 T-72 전차 잔해 밑에는 용맹을 떨친 고대 앗시리아나 바빌로니아의 전차와 전사들이 말없이 땅속 깊이 잠들고 있음을 생각할 때, 금단의 열매인 핵무기가 아니더라도 인간은 이제 극한적인 자기 파멸의 능력을 자업자득으로 갖게 된 이상, 「살아있는 육체 속에 철혼(鐵魂)을 집어넣는 행위」란 전쟁의 본질적 개념을 되새겨 보아야 할 것이다.

제 3 절 예상되는 한국군의 작전술

역사적인 유산을 통하여 볼 때 우리는 끊임없는 외침(外侵)속에서 적극적이며 공세적인 전략을 추구하기보다는 공세적이며 방어적인 전략을 취하여 왔다. 또한 주자학적인 척사위정의 명분론은 전략을 실행보다는 구호 또는 의지 표현의 성향을 강하게 갖도록 하였다.

한반도 성격의 한국의 지형적 여건은 대륙국들에게는 해양 진출의 관문으로, 해양 국가들에게는 대륙 진출의 교두보가 됨으로 양 세력의 전략적 요충지가 되었다. 즉 미국이나 일본과 같은 해양세력의 입장에서 볼 때, 한반도는 대륙진출을 위해 절대적으로 필요한 관문적 위치에 놓여 있다. 중국이나 소련과 같은 대륙세력의 입장에서 볼 때는 해양으로 진출하는 데 없어서는 안 될 가교적 위치가 되는 국방지정학적인 특성을 갖고 있다.

구소련은 비록 연방의 붕괴로 힘은 매우 약화되었지만 극동군의 질적 증강을 계속 강화하여 왔다. 중국은 군 현대화 계획으로 병력은 감소시키는 반면 현대식 장비와 무기로 교체하여 전력을 강화하는 즉, 군 전력의 재편성 작업을 지속적으로 추진하고 있다. 일본은 해·공군력의 질적 강화와 경제력을 바탕으로 2000년 대에는 GNP의 2%를 방위비에 투자할 것으로 예상되어 군사대국화가 현실화 되어가고 있으며, 북한은 전 공군력의 41%를 평양-원산 이남기지에 배치하고, 스커드 B형 미사일을 1992년 말 부터 자체 양산하여 배치함은 물론, 현재 경제 사정 악화 및 유류공급의 곤란으로 언제든지 도발을 해올 수 있는 가능성이 증대되고 있다.

이러한 맥락에서 한반도는 중국·소련·일본 등 다수 국가의 정치적 중앙에 놓여 있어 이들 국가에 대해 결합작용이나 분리작용의 기능적 역할을 수행한다. 결합작용은 국가의 정치, 경제, 문화, 사상 등의 접근과 수용에 의해 나타나는데 반해, 분리작용은 국가 간의 이해가 상충될 경우 한반도가 대립적 이해관계를 갖는 국가에 대해 영향력을 행사할 때 나타난다.8)

특히 주변 강대국의 전략은 한반도에서 상호 자국의 이익을 위해 각축을 벌이고 있으며 1980대 중반부터 세계적 화해의 추세와 한반도 주변 강대국들이 한반도 내에서 어떠한 분쟁이나 변화도 원치 않는다는 인식에 따른 미국의 동북아 전략구도 변화, 미국이 당면한 경제 난관 타개를 위한 국방예산 삭감 추세, 한국의 경제 성장에 따른 경제·군사력의 재평가, 한국의 반미 감정 확산과 제6공화국의 북방정책 성공 등과 관련하여 한소 수교로 인해 한반도에서의 대부로서 일방적이며 안이하게 전략을 추구해 오던 미국의 세력도 변화하고 있다.

북한을 일방적으로 지원하던 소련과 중국도 개혁·개방의 물결로 평화 공존과 자국의 경제개발을 위해 한국의 진출을 요구하고 있으며, 더구나 소련과는 이미 국교 정상화를 이루어 경제 협력이 매우 진척되고 있다.

반면 일본은 한국이 소련 및 중국과의 국교 정상화시 자국의 경제이익과 이 지역에서의 기득권 상실을 우려하여 북한과의 관계 개선을 추구하면서 군사력 증강을 도모하는 양면 정책을 추구하고 있다.

한편 북한은 6·25전쟁의 패인을 분석하여 모택동식 유격전략을 수정한 배합(配合)전략을 발전시켜 공세 전략의 기본 개념으로 삼아 공격과 방어를 같은 차원에 두고 비정규전 확대에 따른 정규전의 발전을 포함하여 비정규전이 결합된 독자적인 전쟁수행 능력을 구상하고 신속성과 기동성을 강조하고 있다.

또한 장차전(將次戰)의 양상은 조기에 결정적 이점을 확보하기 위한 기습,

---

8) 육군본부, 동양병법연구(서울 : 육본, 1982), p. 118.

그리고 제한된 범위 내에서 군사력 증강에 따른 막대한 전비지출의 증가로 단기 결전의 수행이 불가피한 상황이므로 북한은 초전의 승리가 곧 전쟁의 승리라고 판단하여 고속 기동전, 전장의 광역화, 대량 소모전, 전선의 불규칙한 병력 운용을 감행할 것이다.

향후 북한이 채택할 가능성이 가장 많은 전쟁 양상은 비핵 재래식 전쟁이다. 중·소의 지원을 받는 전면 전쟁은 처음부터 중국이나 소련의 사주 또는 지원 하에 전면남침을 감행하는 경우와, 단독 남침 후 제3국을 개입으로 인하여 중소가 지원하여 전쟁규모가 확대되는 경우이다. 이는 중·소 공히 한반도에서의 긴장 완화와 안정을 희구하고 있는 만큼 새로운 여건 변화가 없는 한 현 단계에서 실현 가능성은 희박하다. 단독 전면전쟁은 주관적으로나 객관적으로나 북한에 유리하고, 제3국의 개입 가능성이 없다고 판단할 때 중·소의 지원이나 간섭 없이 단독으로 전면 남침을 전개하는 경우로서, 북한의 현존 군사력으로 볼 때, 채택 가능성이 가장 높은 방안이다.

이러한 측면에서 한반도의 작전환경을 고려해 볼 때, 우선 공중작전 여건에 있어서 짧은 전투종심을 가지고 있다. 북한의 평양이 휴전선으로부터 11분 거리에 위치하고 있는데 비하여 우리의 방위목표인 수도 서울은 불과 3분 거리에 위치할 뿐만 아니라, 한반도 전 작전지역이 25분 비행거리에 위치함으로써, 시·공간적 전투 종심결여로 기습공격 시 즉각적인 대응전략이 요구된다. 특히 북한은 최근 남침 공격시간 단축을 위하여 평원선 이남에 지상군 전투 부대의 65%와 全 전투기의 41%를 전진 배치함으로써 기습공격이 가능한 상황이다.

북한은 제트기지, 비제트기지, 비상활주로 등 총 70여개의 항공기지를 건설하였으며, 이중 20여개 기지에 항공기를 분산 배치시켜 놓고 있다. 주요 전술기(戰術機)들은 휴전선과 비교적 가까운 전방 기지와 평양권을 위주로 배치되어 즉각적인 공격이 가능하도록 하고 있다. 이와 같이 북한은 모든 시설 및 전력을 엄체화 하고 있는 반면, 우리는 全 인구의 20% 이상(경인지구까지 합하면 총인구의 1/2), GNP의 50%이상 등 국가의 잠재력이 총집결되어 있으며, 한국의 상징적 존재이자 정치, 경제, 사회, 군사 등의 심장부인 수도권이 휴전선으로부터 불과 40km로 근접해 있어서 초전의 공중 폭격에 그대로 국가의 중추부까지 파급될 가능성이 많으며, 이럴 경우 치명적인 전력 손실을 초래할 우려가 있다.

현재 북한 공군은 전투기(SU-7/25, MIG-15/17/19/21/23/29) 약 760대, 폭격기

(IL-28) 80여대, 수송기(AN-2/24, IL-18, LI-2, T-134/154) 300여대, 헬기(H-500, MI-2/4/8/17) 약 280대 등 1,600대의 항공기를 보유하고 있다. 이 중 1950년대에 생산된 구형 전투기인 MIG-15/17전투기가 300여대로 보유 전술기의 약 40%를 차지하고 있으나 MIG-15/17전투기는 구형임에도 불구하고, 부품을 북한이 직접 생산하고 정비가 손쉬운 까닭으로 가동률이 높아서 전장종심이 짧은 한반도에서는 대지공격 등에 효과적으로 운용될 수 있을 것으로 판단된다. MIG-15/17/19기는 우리 수도권을 포함한 북부지역까지, MIG-21/23/29, SU-7/ 25기는 중부 및 남부지역까지 현 기지에서 발진공격이 가능하고, IL-28 폭격기와 일부 전술기는 제한된 후방차단 작전이 가능하며, 각종 전술기 및 AN-2기와 헬기를 이용하여 지상군, 해군에 대한 제한된 근접지원도 가능하다.

최근, 북한공군은 기종과 임무별로 구성된 항공기 사단을 지역별 3개 전단 사령부로 개편하면서 항공기를 대량 재배치하여 전단별 작전체제를 강화하였다. H-500헬기, MIG-23/29전투기, SU-25근접지원 전투기 등 신예기의 대량 도입, 구형 전투기의 질적 개량으로 항공공격 능력을 강화함으로써 한반도의 동서해상에서 5개국 전투기가 조우(遭遇)로 인한 충돌, 서해 6개 도서의 수송선 및 백령도 수송기 운항 시 북한의 의도적인 도발 등 국지·우발전의 가능성을 전혀 배제할 수 없게 되었다. 한반도의 지형적 측면에서 짧은 종심과 좁은 전투지역으로 인해 교전 쌍방은 지구전 적인 전략보다는 단기전적인 속전속결을 택할 것으로 볼 때, 우리 군의 전략사상은 시대의 흐름에 맞지 않게 보수적이며, 소극적이고, 소모전적인 성향을 띠고 있다.

따라서 새로운 방향으로 우리들의 전략사상을 형성하기 위해서 는 과감한 의식 전환과 창의적이고 독창적이며 적극적인 노력의 경주가 필요하다. 장차 한반도에서의 전쟁 유형은 한반도 자체가 갖는 전장 환경의 특성, 전쟁의 국제정치적 성격에 따른 외세개입의 정도, 피아(彼我)전쟁 수행능력에 따르게 되나 여러 가지가 복합된 형태를 취하게 될 가능성이 크다.

현대전의 발전 방향, 북한의 전략전술, 편제 및 무기체계 그리고 북한의 전쟁능력 등을 고려할 때, 단시간 내에 충격과 효과를 극대화 시키는 전격전에 의한 속결전이 시도될 것이다. 또한, 수도권의 취약성 등 한반도 전장 환경의 특성을 고려하여 볼 때, 남·북간의 將次戰은 공격과 방어가 독립된 전투형태가 아니고, 공격과 방어가 결합된 전투형태로 발전될 것이다.

同一민족간의 대결로서 비군사적 요소까지도 실용 전력으로 활용되고 적의 내부 깊숙이까지 전장이 확대되게 되어 전후·방 동시 전장화가 된 국가 총력전의 형태로 발전될 것이다. 이에 대해 북한의 고급 장성인 김철민 상장(上狀)은 "현대 전쟁의 특성과 승리의 요인"이라는 그의 논문에서 전쟁의 양상을 다음과 같이 언급하고 있다. "현대 전쟁은 전면 전쟁이다. 현대 전쟁의 특성의 하나는 전체 인민이 싸우는 전쟁이며, 전선과 후방이 따로 없는 입체전이라는 데 있다. 정규군과 함께 전체 인민이 싸우는 것은 지난날의 전쟁과 구별되는 현대전의 특성이다. 현대 전쟁에서는 싸우는 사람이 따로 있고, 전쟁마당이 따로 있는 것이 아니라 전체 인민이 다 같이 싸우는 전쟁이며 전 국토가 하나의 전투 마당으로 변하게 된다."고 가설하고 있다. 비록 국지전 일지라도 한반도가 4강의 이익 상위 지역으로 4강이 한반도 내의 전쟁에 어떠한 형태로든 개입할 가능성과 명분을 보유하고 있다는 데서 국제 정치전의 성격으로 발전될 것이다. 또한 시·공간적인 특성 면에서 볼 때, 병력의 원천인 인구가 한국에 비해 절반 정도밖에 안되고 경제력이 한국보다 열세하여 시간이 흐르면 흐를수록 남·북의 경제적 격차가 심화되자 김정일은 이것을 타개하기 위하여 선제 기습공격에 의한 단기 결전을 하지 않을 수 없게 되었으며, 이것을 위하여 기동과 화력에 주안을 두고 있다.

이렇게 볼 때 북한의 전략은 정치, 경제, 외교 및 심리 분야 등의 전 역량을 집중한 총력전을 수행하고 정규전과 비정규전의 배합에 의하여 전·후방 동시 전장화를 기도함과 동시에 선제 기습공격을 감행하여 국부적이거나 결정적인 승리를 한 후 국제적인 분위기에 편승 휴전을 실시, 우리에게 불리한 상태에서 이를 기정사실화 시킨다면 초전에 정상적인 방어 작전으로 적의 공격력을 파괴한 후 공세로 전환한다는 기존의 전략은 매우 불리한 것이 될 것이다.

한반도의 경우 미·소·중의 간섭으로 초기 휴전을 강요받을 가능성이 높으므로 현상유지에 역점을 두는 전략을 택하는 데는 시·공간 면에서 결정적 제약이 될 것이다. 따라서 지형적인 방어중심이 짧으면서, 강대국의 간섭에 의한 초기 휴전의 가능성이 높은 중·소국의 전쟁에 있어서는 어느 때라도 "현 전선에서의 휴전"을 강요받을 수 있기 때문에 공격, 방어 작전 공히 단기전에 의한 속전속결로써, 현상타파를 위한 군사전략이 요구되고 있다.9)

---

9) 김철만, 현대전의 특성과 그 승리의 요인, 근로자 8월호, 1976년. 현대전은 그 수

이에 대처하기 위한 전략적 후퇴가 불가능하다는 우리의 지리적 여건을 극복하고 오늘날 적의 위협에 대응하는 총력전의 근본개념을 충족시키는 방향 설정이 마련되어야 할 것이다.

이렇게 볼 때 한국의 현실에 부합하는 전략의 구상방향은 첫째, 독자적인 조기경보 및 군사정보체제 능력의 확보이다. 우리의 가장 취약한 부분으로서 공격징후 판단 및 각종 군사정보 획득능력은 전쟁의 승패에 결정적인 영향을 미치므로 우선적으로는 북한의 도발 징후 판단능력 및 공격목표 감시 그리고 공격성과 판단 등 전술정보 수집능력 확보에 중점을 두고 발전시켜야 할 것이다. 장기적으로는 한반도 전역 및 주변국에 대한 원거리 광역 감시능력을 발전시켜야 할 것이다.

현재 한반도에서 운영되고 있는 미국의 조기경보 및 전쟁 감시체제는 인공위성을 비롯하여, SR-71, U-2 및 RF-4 팬텀 정찰기 등의 항공기와 각종 전자감시 수단을 이용하여 24시간 자동화된 최신 감시체제를 운영하고 있기 때문에 북한의 동태는 사전에 탐지되고 경보가 가능하다. 이러한 능력을 구비한 주한 미 공군에 한국은 조기경보 및 군사정보체제 면에서 거의 의존하고 있는 실정이다.

그러나 미군 철수를 기안할 때 독자적인 조기경보 및 정보수집 능력의 단계적 신장이 무엇보다 절실히 요구된다. 따라서 정찰기 및 공중 지휘통제기 등에 의한 감시능력 신장은 물론 우주공간을 이용한 전략 감시 능력 발전계획 수립과 이의 과감한 추진이 적극적으로 이루어져야 할 것이다.

둘째, 우리의 작전 지형을 분석해 볼 때, 70%가 산악 지형이므로 수도 서울에 이르는 주요 항공 접근로는 저공 침투에 대단히 양호하며, 한반도 전 작전 지역이 25분 비행거리에 위치함으로서 시·공간적 전투종심 결여로 기습 공격을 받을 시 대응 조치를 하기 전에 큰 피해를 입을 수 있는 취약점이 있다.10)

행 방법과 전투에서 속전속결을 요구하며, 위력 있는 타격 수단과 기동성에 의하여 진행되므로 북한은 全 인민의 무장화 노선에 따라 全 인민을 군사화 하여 전쟁에 임하고 있으며, 정치, 경제, 외교 및 심리분야 등의 전 역량을 집중하여 총력 전화하고 있다. 따라서 정치, 경제 등 남한의 핵심 지역인 수도 서울 지대를 신속히 장악하면, 전세를 유리하게 몰고 갈 수 있기 때문에 속전속결을 택할 것이다. 그리고 미국의 본격적인 참전과 지원이 있기 전에 전략적인 절대 우위를 확보할 필요에서도 이 전략을 택할 가능성이 높다.

북한은 AN-2기 및 헬기로는 저고도 기습공격을 감행할 것이다. 전투기 및 폭격기로는 우리의 수도 서울을 비롯한 주요 전략목표와 지휘·통신시설 그리고 레이더 기지 및 유도탄 부대를 대량 편대군을 구성하여 공격할 것이다. 스커드 미사일로는 화학 및 재래식 탄두를 장착하여 투발을 병행함으로써, 남한 사회의 혼란조성과 전면전 공격을 하리라 예상된다.

반면 현재 아군이 보유하고 있는 무기를 보면 단거리 방공무기인 발칸과 오리콘(Oelicon), 휴대용 유도탄인 쟈브린(Javelin), 레드아이(Red eye) 그리고 유도탄 무기로서 호크, 나이키 허큘리스 등이 있다. 이 중에서 오리콘과 같은 무기체계는 아주 소수로 중요 시설방어에 한정되어 있고, 대공방어의 중요 대상인 기동부대는 현재 발칸이 담당하고 있으나, 사정거리의 제한으로 보다 개량된 무기체계가 요구되고 있는 실태이다. 유도탄 무기 중 나이키는 차량에 의한 견인 이동식으로서, ECM 영향을 30~90%를 받으며, 나이키 허큘리스는 반고정식으로서 적 항공기의 ECM 영향을 90% 받고 있을 뿐만 아니라, 동시 교전 가능 표적이 제한되고 있는 실정이다.

앞에서 언급했듯이 우리의 지형이 70%가 산악지형이며, 수도 서울에 이르는 주요 항공 접근로는 저공 침투에 대단히 양호하므로, 이를 이용한 북한의 저고도 기습 공격을 예상할 때, 호크 및 나이키를 대체할 차세대 유도미사일의 실전 배치의 중요성은 더욱 증대된다고 하겠다.

셋째, 과학기술과 무기체계는 현대전에서 아주 중요시 되는 것이지만, 무기를 다루는 사람의 술(術)이 더 중요시되고 있다.

우리는 북한에 비하여 일부 무기체계는 앞서 있고, 장비성능도 우수하지만, 부대 구조와 운용 개념에 비추어 볼 때 과연 적절한 편성이며, 전투력

---

10) 자유평론사, 북한의 대남적화전략 전술, p. 181~186. 북한은 곡산, 현리, 태탄, 과일 등의 비행장을 작전 기지화 하여 서울을 4~5분 내에 공격 가능토록 하고 곡산 일대에 전차 사단을 전진배치(휴전선에서 40km)시켜 놓았으며, 도처에 땅굴을 파서 기습의 통로로 이용하려고 하고 있다. 특히 서울 수도권은 인천, 부천, 안양, 의정부 등에 남한 전 인구에 4분의 1이상과 정치, 경제 문화적 중심지대와 공업지대 등 전체 민족 역량의 3분의 1을 차지하는 매우 중요한 지대로서 이 지대의 장악은 국민 전체의 사기와 안보적인 면에 큰 영향을 받는다. 또한 현재 휴전선에서 제주도까지는 300마일 이내이므로, MIG기로써, 북한의 기지에서 30분 이내에 공습을 받을 수 있으며, 수도 서울은 휴전선으로부터 불과 40km 밖에 떨어져 있지 않으므로 장거리포의 사정권내에 들어가고 전폭기가 수 분 내에 공격할 수 있으므로 군사지리상 심각한 취약점이 되고 있다.

발휘가 극대화될 수 있는가 하는 점은 종합적으로 검토 발전시켜 나가야 하겠다. 무기체계는 무기 자체뿐이 아니고, 그와 관련되는 부속 장비와 일련의 정비, 보급, 작전 지속성 등이 통합된 개념으로 검토해야 할 것이다.

따라서 한반도에서 작전에 적합한 즉응(卽應)반격 전략개념에 따라, 지형의 특성을 이용한 제한된 기동전과 진지전을 수행하기 위해서는 공(功)/방(防)이 혼합된 비선형 동시 전투상황이 예상되므로, 부대를 경량화하고 기동성을 증진시키고 작전지속 능력을 구비하여 적을 마비시킬 수 있는 합동 작전술을 구상하여야 한다.

이러한 즉응입체 기동전은 공군력에 의한 전략목표 폭격, 후방차단 작전, 지상군 근접항공 지원, 해군력에 의한 동·서 해양 수상작전, 상륙작전 및 해상침투 작전으로 지상군 측방을 보호하는 작전, 공군의 해군 화력지원, 지상군의 통합된 후방차단 작전으로 해·공군력 방호, 합동공정 작전, 연결 작전 등 다양한 합동 작전으로 수행된다. 따라서 이를 구현할 수 있는 우리 군의 통합전력 발휘가 가능하도록 정보, 기동, 화력, 작전지속 능력, 기만계획을 구상하여 발전시키며, 합동작전 차원에서 제 기능이 통합되어야 한다. 여기에는 전투 지휘관의 지휘통솔 역량이 크게 작용해야 하며, 기(奇)와 정(正)의 조화를 꾀하도록 해야 할 것이다.

넷째, 항공강압 작전은 적의 공중 공격을 격퇴하고, 후방의 주요 전략기지와 산업시설을 파괴함으로써, 전쟁지속 능력을 감퇴시키고, 지상군 및 해군 작전을 지원하는 한편, 적의 지휘 핵심 요소를 파괴함으로써, 전쟁지도 능력을 말살하는 등의 일련의 작전으로 상황에 따라 융통성 있게 운용되어야 한다. 즉, 작전의 형태를 전략적인 면에서 우방의 지원을 배경으로 장기 소모전의 전제 하에 지속적으로 공격할 것인지 수술식 공격으로 시위력을 과시할 것인지 여부는 전적으로 상황 전개에 따라 결정되어야 한다. 따라서 항공강압 작전을 부분공격에서 전면적인 상황 전개에까지 고려한 만반의 준비가 필요하다.

항공강압 작전은 기습적으로 기동력 있게 집중적인 공격을 해야 한다. 기습적으로 공격을 하기 위해서는 적이 예상치 못한 시기와 장소를 택함과 동시에 기술적인 기습으로 적의 지휘통제체제 및 방공체제를 마비시킬 수 있는 ECM 능력과 레이더 미사일 체계가 필요하다. 또한 화력의 집중문제는 주·야 작전이 가능한 정밀유도 무기로 최소한의 무장으로 최대한 효과를 달성하는 방법으로 해결할 수 있다.

또한 PACKAGE 전력을 이용한 파(WAVE)별 공격으로 기동력 있고 신속하게 대응하여야 할 것이다. 이러한 면에서 항공 전력 규모의 신장은 병력 수적인 측면에서도 증강되어야 하나, 전술기의 질적인 측면에서 최첨단 전자전 수행능력 및 특수작전 임무를 수행할 수 있는 고 성능기를 보유하여 신속 대응성, 침투성, 파괴성 및 생존성 면에서 월등한 능력을 갖추어야 할 것이다.

항공 전력을 병력 수적인 측면에서 살펴보면, 한반도 주변국의 공군병력 규모는 중국의 경우 전체 병력의 15.5%, 일본은 18.6%인 반면 한국 공군은 5.3%에 불과하여 북한 공군의 6.3% 수준에도 미달되는 실정이다. 이는 우리와 위협정도가 유사한 이스라엘의 19.8%, 대만의 18.8%에 비하여도 매우 낮은 병력수준[11]이므로 항공 전력 증강에 필수 요체인 적정 규모의 병력구성이 이루어져야 할 것이다.

북한은 개전 초 수적으로 우세한 공군력을 다량 투입하여 선제기습 공격을 감행, 공중우세 권을 확보하고, 초 저공 침투기를 이용 아 공군기지, 레이더 및 유도탄기지, 전쟁지도 본부, 주요 지휘 및 통신 시설을 공격, 전쟁 수행 능력을 마비시킬 것이며 지상 및 해상 작전에 근접지원 및 차단작전 지원에 주력하고 가용한 공중침투 수단으로 비정규전 부대의 후방 침투를 지원하는 등 전쟁 발발 시 속전속결 전략으로 단기전을 추구할 것인 바, 이에 능동적으로 대처하기 위해서는 전천후나 주야간을 불문하고 24시간 공중작전이 요구된다.

이와 같은 작전 요구는 저성능 항공기로는 수행이 불가능할 뿐만 아니라 북한은 고성능기의 비율이 86년에 평균 46%에서 90년에는 54%로 8%가 증가되어 과학기술 발전과 더불어 질을 중시하고 있는 것이 명확하며, 또한 걸프전은 양과 질의 대결에서 질이 승리한 전쟁이라고 평가되고 있다.[12]

그러므로 한국공군은 대북 억제전력의 핵심으로서 질적 우위의 대북 억제를 달성하고, 도발 시 제공권을 장악함으로써 전쟁 승리의 주도적 역할을 담당할 수 있도록 한·미 연합사령부를 통한 한·미 국가통수 및 군사지휘기구(NCMA)[13]간의 강압 작전의 시행에 관한 한·미 연합방위 체제로 긴밀한

---

11) 1990 세계 각국 편감, 공군본부, 1990.
12) 한국국방연구원, 걸프전쟁과 한국안보연구(서울 ; 한국국방연구원, 1991), pp. 16-22.
13) NCMA(National Command and Military Authority) : 한·미 연합사령부 창설 권한

연계가 필요하다. 특히 정치적인 역량의 발휘가 필요하고 항공강압 작전의 시행에 있어 정치적인 면을 제외하면 주한 미군의 역할은 항공강압 작전의 뒤 배경(억제력, 엄청난 보복력으로 작용)으로 북한의 의지에 영향을 미칠 수 있는 좋은 여건이 된다.

다섯째, 지상군 작전은 적의 주력을 격멸하여 전투의지를 말살하는데 목표를 두고, 전방 지역에서는 현 전선을 방어하여 반격 여건을 조성하고, 공세 작전 시 기동성과 진지전을 서부와 동부지역으로 구분하여 실시하며 정규병력 중에 유격전에 전문적으로 대처할 수 있는 특수 단위부대를 확보하고 수도권이나 인구 밀집지역에서의 도시 게릴라전에 대비하여 특수 단위부대 및 경찰 기동대의 유형별 훈련(Case discipline)을 강화하여야 한다. 이렇게 함으로써 특수 작전부대의 적지 투입으로 심리적 교란을 달성하여 적의 중심을 파괴하고 연결 작전을 하는데 완벽하게 시행할 수 있을 것이다. 이의 효율성은 우간다의 엔테베 공항에서의 이스라엘 특별 공정대의 활약으로 입증된 바 있다.

여섯째, 초기 전에서 다량의 물량 소모와 파괴가 수반되는 현대전은 고도로 발달한 현대 무기를 사용하므로 물량 전, 소모전, 보급 전으로 특징지을 수 있다. 그러므로 해상 통제권[14]을 확보하고 해상 수송을 보장하기 위해 고도로 발달된 정밀무기와 장거리포로써 속전속결을 시도할 시는 초전에 대량의 파괴가 필연적으로 수반되는 것이며 지속되는 전투를 지원하고 반격작전을 준비하기 위해서는 긴급한 물자수요가 보충되어야 함에 따라, 다량의 물자를 수송해야 하는 해상수송로 확보가 전쟁 승패의 관건이 되는 중요한 양상을 띠게 된다. 따라서 북한을 지원하는 해상세력으로 동해와 황해 및 남지나해 일원에 소련과 중국함정이 활동할 수 있으므로, 이들 지원세력을 분쇄하고 주 전선의 지상 작전을 지원해야 하는 한국해군력은 동 · 서 · 남해의 해상통제권을 확보하여 전략적 고립을 방지해야 한다.

통일 후의 한반도 안보 환경의 차원에서 조명해 볼 때, 한반도는 지정학

위임 사항에 근거하여 군사위원회(Military Committee)에 전략 지침 및 지시를 제공함.
14) 미국의 해양 전략가 마한 제독은 해상권을 "국가의 위력과 위신을 높이기 위한 정책의 수단이 되는 힘"을 Power라고 하고, "해양을 이용하는 능력"을 Sea Power 라고 하였다. 즉 국가가 자국의 정책을 실시하기 위하여 해양을 이용하는 능력을 해상권이라고 한다.

적으로 유 러시아 대륙의 동단에 위치하며, 동남쪽으로는 동해와 대한해협을 사이에 두고 일본이 위치해 있고, 서북쪽으로는 황해와 압록강 및 두만강 일부를 사이에 두고 중국 대륙과 접경하고 있으며, 북쪽으로는 두만강의 일부와 동해북부를 사이에 두고, 소련과 연접되어있는 삼해양적 위치(Three-sea Loca- tion)인 반도국(Peninsula state)이다. 따라서 대륙세력과 해양세력의 중요한 전략적 전초기지로서, 주변국가 간 해상교통로 및 수자원·해상 광구 권 확보와 일본과는 독도 영위 권 주장에 따른 영토 분쟁의 가능성이 상존하고 있다.

단기적으로는 북한의 위협에 대처하고 장기적으로는 통일 후 주변 강국의 위협에 대한 국가안보의 차원에서 항해 행동을 지배하는 적절한 규모의 해상권 확보의 중요성은 현재까지도 강력히 대두되고 있다. 특히 북한의 지원역량인 극동소련 해군력의 증강은 전술적 차원을 넘어선 정치 심리적 영향을 갖고 있으며, 원자력 잠수함을 위시한 중앙해군력의 증강은 한국해상 방어에 부정적 영향을 미칠 것이다. 이를 견제하기 위한 미 7함대와 일본 해상 자위대의 증강은 우리에게 긍정적인 영향을 줄 것이므로, 한·미·일 해군간의 상호 정보교환과 긴밀한 협조 체제를 유지하는 것이 한국 해상방어를 위해 바람직하다고 할 수 있다. 그러나 對소 견제 전략을 위한 미·일·중국의 연합전선 형성과 주변해역의 해양자원 확보를 위한 각국의 이해는 서로 상반될 수도 있다. 또한 일본 해상자위대의 급격한 증강은 장기적 안목에서 우리의 해상 방어에 부정적인 영향을 줄 수도 있다.

호전적인 북한이 기동기습 전략, 속전속결 전략 및 배합 전략 아래 유도탄고속정, 잠수함을 포함한 공격적인 해군력을 증강시켜 유사시 我전방 해상세력을 기습공격하고, 후방에 비정규군을 상륙시키며, 남해안 해상교통로를 교란하여 전시 군수물자 수송 및 경제활동을 방해하고, 한국지원 세력에 대한 차단 및 견제로 단기간에 적화통일을 시도하고 있으므로 이에 대응하기 위한 한국 해군력의 증강도 필수적이다.

제 4 절 전쟁과 군비통제, 항공강압 및 해군전략

전쟁을 국가의 인적 물적 자원이 총동원되는 총력전으로 파악한 두혜(Guilio douhet)의 전략폭격 개념으로 항공전략 목표는 적의 근원지를 파괴하는 대가치 목표를 추구하였고 1945년 일본에 원자폭탄 투하로 위력은 절정에 달하는 것 같았다. 그러나 전략 강압적인 면에서 대규모적인 소모전은 더 이상의 정치 목적에 부합되지 못하는 것이었고 저 강도 분쟁에는 효용가치가 의문시 되어는 바15) 제한된 정치 목적 달성을 위한 기동전적인 전술 폭격의 중요성이 대두되었다.

이에 대해 엘스버그(Daniel Elsberg)는 강압이란 위협에 의하여 타국가의 행태에 영향을 주는 술(術)로 죠지(Alexander L. George)는 위협에 의하여 타국가가 하고 있는 행위를 중지시키거나, 해 오고 있는 것을 원상복귀 시키거나 이미 달성한 것을 되돌려 놓도록 하는 행위를 강압이다.16) 라고 정의한다.

따라서 강압 작전의 목표는 점증적인 군사 방법으로 對군사목표가 바람직할 것이다. 對군사목표는 국제적인 여론의 비난을 상대적으로 줄일 수 있고, 상대의 능력을 무력화시킬 수 있다는 의지와 능력을 보여줌으로서, 상대방의 의지에 영향을 줄 수 있고, 쌍방의 국내적인 반대나 감정도 상대적으로 줄일 수 있다. 목표문제는 정치의 수단으로서 군사가 강조된 이래 군사작전상의 성공을 위한 목표와 정치적 고려에 의한 목표제한 간의 마찰적인 요인이 대두된 바, 작전수행 상 군사적 목표와 수단이 정해져야 한다. 군사목표는 정치적인 요구에 종속되어야 하나, 전장에서 행동의 자유를 보장한다는 면에서 작전 전략적 차원의 목표를 지나치게 구속해서도 안 된다.17)

---

15) 국방대학원 역, 전략 폭격기와 재래식 무기 : 핵무기 없는 전략적 분쟁(안보정책 자료 85-13, 서울 : 국대원, 1985), p. 7. 저자(Thomas A. Deaney)는 2차대전 이후 전략폭격 개념은 재래식 전쟁에 주력을 두지 못하고 억제전략의 도구로 전략함을 지적하고, 전략 폭격기의 정밀 폭격의 필요성으로 PGM(Precision Guided Missile) 등에 대단한 기대를 갖고 있다. 권재상, "항공전략 사상의 변천", 공군(서울 : 항공본부, 1986. 4), p. 63. 저자는 항공력 운영 사상이 수직적 우회 개념에서 화력의 연장, 연장된 화력으로 변모해 왔고, 미래에는 전면전이나 저 강도의 전쟁을 막론하고 전(全)전쟁의 스펙트럼에 적절히 투사할 수 있는 융통성과 유연성을 고루 갖춘 투사 능력의 항공세력을 강조하고 있다.

16) W. Scott Thompson and Donaldson D. Frizzel, The Lesson of Vietnam, (Newyork : Crane, Russark and Company, 1977), p. 132.

17) 이원양, 전쟁목적과 군사목표에 관한 연구(서울 : 국방대학원 1986), p. 90. 저자는 제한 전쟁에서의 갈등 관계를 다루고 있으나 정치의 종속성이 더욱더 강조되는 강압 전략에서 작전 목표는 그 성공 여부가 더욱 중요함으로 군사적으로 달성가능한 정치적 임무가 주어져야 하며 조화가 매우 필요하다.

이러한 것은 작전이 제한적이고 단편적인 형태를 띠므로 정치적 목적 달성 측면에서 작전의 성공가치는 처벌적 의미에서 더욱더 중요하고 커질 것이므로 정치적 목적 달성을 위한 목표는 종속적이면서 조화가 더욱더 필요할 것이다.

정치는 지배적이고 궁극적인 요소이며, 군사작전은 단지 하나의 수단에 불과하다는 차원에서 지휘관계도 정치적 목적달성을 위한 군사적 목표를 적절히 파괴할 수 있는 작전 재량권의 한계가 절실히 요구된다. 정치적 목적에 의한 군사적 조언에 의한 작전의 목표와 수단이 정해지면 현장 지휘관의 판단에 의한 전쟁의 원칙을 적용할 수 있는 술(術)을 발휘할 수 있는 작전적 상황의 위임이 필요하다.

정치목적, 군사목표의 설정 아래 지휘관은 항공력을 어떻게 적용할 것인가? 항공작전의 주요한 원칙은 공중우세의 확보이다. 이러한 공중우세의 확보는 시간과 공간, 정도의 개념으로 일시적인 것에서 장기적인 것과 부분적인 것에서 전면적인 공간의 상호작용하는 수준으로 인식할 수 있다. 항공강압 작전에서의 공중우세 확보는 정치목적 달성을 위하여 제한된 목표에 제한된 군사력을 사용하는 것으로 볼 때 비교적 공중우세의 수준은 원하는 시기, 장소가 구체적일 수 있다. 무력사용의 작전적 원칙에 해당하는 것은 집중, 기동, 기습이다.[18]

집중은 일정한 시간과 장소에서 전투행동을 하고 있는 전투력의 하나로 상대적인 우위를 말한다. 그러나 밀집은 집중의 한 방법일 뿐 집중 자체는 아니고 또한 최근의 무기체계 발달과 파괴력의 확대로 화력(화력의 장사정화 및 정확성은 밀집을 회피하면서 집중을 달성할 수 있는 최고의 수단)과 장비의 성능개선으로 집중을 달성해야한다. 일정시점과 장소에 정확하게 집중하고 분산할 수 있는 능력이 중요하고 이를 위한 필수조건이 기동력이다. 기동은 공간적 이동으로 집중을 달성하는데 필수적인 요소이다. 기습은 적이 예기치 않은 의도, 시간, 장소, 방법 등으로 행동하는 것이지만 본질적으로 적의 정상적인 대응은 박탈하면서 아군의 전투력은 제대로 발휘하도록 하는 방법이다.

---

18) 박휘락, 한국군사전략연구(서울 : 법문사, 1989), pp. 175-176. 전쟁의 원칙에 대하여 John M. Collins는 손자, 클라우제비치, 풀러 등의 다양한 전략가들이 강조한 전쟁의 제 원칙을 종합하고 분석하여 12가지 요소로 집약하였다. 그러나 저자는 전쟁의 본질적인 면에서 3가지를 듦.

이러한 강압전략의 형태는 전통적인 군사전략과는 달리 능력을 거부하기보다는 의지에 영향을 미치는데 초점을 둠으로써 정치적 목적을 달성하기위해 결정적인 군사력을 사용하는 것보다는 선택적이고 더욱 더 제한적인방안으로 사용된다.

강압전략은 군사력을 회유와 위협의 수단으로 사용함으로서, 군사력은 본질적으로 군사전략보다는 갈등을 화해하고 해결하기 위한 정치외교 전략에종속되는 것으로 명확한 이익을 보호하고 필요시 더 많은 군사력을 사용하려는 신뢰성을 상대방에게 시위하는 것이다.

이는 과거 유럽의 최후통첩과 비슷한데 이런 흥정과정에는 영토, 독립, 평화, 교역, 위신, 자존심 등과 같은 상대방이 소중히 여기는 가치를 약탈하겠다는 말과 행동이 상호 작용하는 형태를 취한다.[19]

이러한 강압전략은 명예나 감정 등과 같은 요소에 의해 무제한적인 절대전쟁의 가능성이 내포되어 있는 전통적인 군사전략에 비해 경제적이고, 정치적, 심리적 비용이 적게 들며 확전의 위험이 적고 미래관계를 덜 악화시키면서 국가목적을 달성할 수 있다. 그러나 이 전략은 각 상황의 일정한 협상방법이 있는 것이 아니고, 구조 의존적이므로 성공적으로 이행하기가 어렵다.

따라서 폭력의 사용은 상황의 구조에 따라, 적으로 하여금 그 계산을 수정하고 분쟁을 상호간에 수락할 수 있는 범위에서 강요하기 위해 사용되기때문에 본보기나, 시범적이거나, 선별적이고, 통제될 뿐만 아니라, 점증 주의적 방법으로 행사되고, 에스컬레이션 전략으로 인식할 수 있다.

왜냐하면 강압전략의 방식은 확전의 위협을 통한 적의 의지를 통제하는것이고 만약 적의 의지를 완전히 굴복시키는 방위적인 군사력의 사용단계로무력사용이 확대되면 강압은 실패하는 것이기 때문이다.

이러한 의사전달을 위한 제한적이고 단계적인 행동이 특히 쌍방 간에 제한과 무력행사의 억제를 위한 기본으로 인정될 때 작전 형태에서 비교적 뚜렷한 특이성을 보이는 것이 필요하다.[20]

---

19) Grant Sharp, Strategy for Defeat, (San Rafael : Presidio Press, 1987), p. 52.
20) Richard G. Head and Ervin J. Rokke, Strategy and the Use of Force, 국방대학원역, 미국의 전략과 군사력(안보총서 6호, 서울 : 국방대학원, 1976), p. 328. 저자는확전의 매개 변수로 지리상의 범위(작전지역 범위), 무기의 특성(재래식, 화학무기, 핵무기), 목표의 구별(대가치, 군사목표), 충돌의 속도(군사행위의 시간간격)을 들고 있으며, 제한 전쟁에서 확대 전략으로 이런 요인의 인식을 강조하고 있

억제는 단지 상대방의 행동을 강화(reinforce)하는 것이나, 강압은 상대방의 행동에 어떤 변화를 위한 굴복적인 요구를 하는 것이고, 더구나 정책은 때때로 전술적, 정치적 기세를 얻어 계속 그 정책을 유지하려는 경향이 있으므로 상대방에게 그 정책을 지속토록 하는 것보다 강압하여 정책을 변경시키는 것이 더욱 어렵다.

월남 · 리비아 전에서의 항공강압 작전

1952년 미국은 동남아에 대한 공산화를 방지하고 내외적으로 공산주의를 물리칠 수 있는 의지와 능력을 발전시키도록 지원하여 자유세계의 강화에 기여하도록 한다는 정책목표를 책정하고 동남아 국가들에 대한 경제 및 기술 원조를 지속하였으며, 프랑스의 전쟁수행을 군사, 경제 및 재정적으로 지원하였다.

1954년 프랑스의 패전에 따라 공산화를 방지하기 위해 월남정부를 지원하기 시작했다. 여기서는 도미노이론도 개재되어 있었고 봉쇄정책의 일환으로 월남전에 개입하였다.[21)]

1964년 말에 월남의 정치, 군사적인 상황은 미국의 지원에도 불구하고 거의 절망적인 것으로 보였다. 월남의 극심한 정치적 혼란은 월남정부의 통치력은 물론 월남정부군의 전투능력을 크게 약화시켜서 평정계획도 실패한 반면 월맹의 지원과 통제를 받는 베트콩의 전력은 크게 향상되었다. 베트콩은 小부대 위주의 전술에서 벗어나 그들 전략의 최종단계로 믿어지는 대규모 공격전을 감행하기 시작하였다.[22)]

이에 대한 미국의 항공 전략은 대별하여 월남과 월맹상공에 대한 전략으로 구분할 수 있으며, 월맹에 대해서는 점진적 대응전략, 월남영내에서는 對게릴라 지원전략으로 나누어진다. 월맹상공에 대한 공중공격계획은 1964년 3월에 처음 준비되었고 이 계획의 목표는 다음 세 가지였다.

첫째, 월맹에 월남방어에 대한 미국의 확고한 의지를 전달하며, 둘째, 월

다. 강압에서 확전요인도 이런 요소들이 참고가 될 것이고 부가해서 무력행동 자체를 상대방이 어떻게 인식하느냐가 중요할 것이다.

21) Bernad Brodie, War & Politics, (New York : Macmillan Publishing Co., Inc, 1973), p. 114. The Domino Theory 참조.
22) 윌리암 C 웨스트 모어랜드, 왜 월남은 패망하였는가, 최종기 역(서울 : 광명출판 사, 1976), pp. 119-120.

남군의 사기를 증진시키고, 셋째, 월맹의 계속적인 베트콩 지원은 희생과 고통이 가중될 것임을 알리는 것이며, 궁극적으로 회담을 통하여 문제해결을 도모하는 것이었다. 이 목표를 두고, 월맹에 대한 폭격을 가함에 있어서, 군부와 민간인 보좌관들은 처음부터 그 의견을 달리했다. 합참은 항공력의 강력하며 결정적인 운용을 건의한 반면 대부분의 민간 보좌관들은 폭격의 범위와 강도에 있어서 점진적이며, 제한된 접근방법을 옹호했다. 극동문제 담당 차관보인 윌리암 번디는 국가안보회의 對게릴라전 실무진을 주재하여 장차 월남문제에 관한 정책수립을 하고 있었는데, 민간인으로 구성된 이 실무진 은 월맹폭격에 대한 항공 전략의 기본개념, 즉 점진적 대응 전략을 내놓았다. 이 개념은 월맹에 대한 항공폭격을 가함에 있어서, 정확히 계산된 압력을 점진적으로 증가시킨 것으로 월맹의 반응을 고려하여 폭격의 강도를 크게 하고 지리적 범위를 확대하는 것이다.

반면 전통적 전쟁논리에 입각하여 미 합참과 태평양 사령부는 의견의 맥을 같이 하면서 일단 항공력을 투입하기로 결정하였다면 강력하고 신속하게 운용할 것과 월맹의 주요 목표물에 대하여 초점을 맞추어 시행되어야 한다고 주장했다. 또한 태평양지역 사령관 샤프(Grant Sharp)제독은 전쟁을 단시간 내에 종식 시키려면 월맹, 라오스, 캄보디아의 군사 원천지에 대한 최소한의 공중 공격이 전략의 기초를 이루어야 한다고 건의했다. 그러나 최종 승인 과정에서 존슨대통령은 민간지도자들의 의견을 경청했고 목적, 기준, 선택, 비용 대 효과와 같은 체계분석에 기초한 점진적 대응전략을 채택하였다. 이처럼 점진적 대응전략은 핵시대 상황 하에서 적과의 협상에 중점을 두는 제한 전 이론과 결정적 군사력의 사용이 아닌 최소의 압력으로 적의 반응을 얻어냄으로서, 가장 큰 효과를 얻을 수 있다는 합리적 경제적 사고에 의해 수립된 것이다.

월맹은 한국전쟁에서 전면남침에 대한 미국의 대응책을 인식하여 공공연한 공격은 미군의 대대적인 대응조치를 유발시킬 것을 우려하여 게릴라 공격으로 전투를 시작하였다.

호지민이 게릴라 공격으로 전투를 시작한 후 1963년 12월부터는 전쟁의 성격은 달라지기 시작했다. 월맹은 베트콩에 대한 군사지원과 게릴라 간부들을 파견하여 전쟁에 직접 개입하였으며, 1964년 여름이 지날 무렵 월맹은 정규군을 남파하여 전쟁을 더욱 확대시켰다.

1964년5월2일 통킹 만 연안 25마일 공해상에 위치해 있던 미 구축함 매독

스호가 3척의 월맹 고속 어뢰정에 의해 공격을 받았다. 미 구축함의 피해는 없었고 항공모함으로부터 출격한 미 해군의 항공기가 월맹 어뢰정 2척을 격파시켰다. 미국은 즉각 월맹에 대하여 외교 루트를 통해 재차 동일한 사태가 발생하면 중대한 결과를 초래할 것이라고 공식적 항의를 제기했으나, 월맹은 이틀 후 다시 미 구축함에 공격을 가해왔다. 존슨 대통령은 미군으로 월맹의 공격을 격퇴하여 더 이상 침략행위를 하지 못하도록 하는데 필요한 모든 대책을 취할 수 있는 권한을 대통령에게 부여할 것을 요구하였다.

그 결과 통킹 만 결의안(The Gulf of Tonkin Resolution)으로 더 잘 알려져 있는 동남아시아 결의안(Southeast Asia Resolution)을 상원 88 : 2, 하원 416 : 0 만장일치로 통과시켰다. 동남아시아 결의안을 근거로 하여 미 행정부는 월맹 상공에 폭격을 가할 수 있는 권한을 가지게 되었고, 1964년 8월 5일 오후 월맹의 빈 어뢰정기지와 유류저장소에 첫 공격을 가함으로서, 월맹에 대한 공중 공격이 시작되었다.23)

월맹에 대한 폭격을 가함에 있어서 미국의 폭격은 월남방어에 대한 미국의 확고한 의사표현, 월남군의 사기증진, 월맹의 베트콩 지원을 중단하는 것이며 더 나아가 협상테이블로 유도하기 위해 압력을 가하는 것이었다.24) 월맹에 대한 모든 폭격은 적의 군사 잠재력을 공격하여 적의 의지를 꺾음으로써, 미국의 확고한 의지를 월맹에 표현하며 월남군의 사기증진은 물론 협상테이블로 유도할 수 있다는 것이었다.

1965년 2월 소련 수상 코시킨은 월맹에게 소련의 지원을 시위할 목적으로 하노이 정부를 방문하였는데, 이튿날 베트콩은 월남주둔 플레이쿠 미 공군기지에 포격을 가하여, 미 고문단 막사와 헬기에 피해를 입히자 이에 대한 보복조치로 플레이밍 다트 I 작전이 실시되었다.

상부 민간관료들은 가장 가치 없는 목표물을 선정하여 폭격을 허락 하였으며, 3척의 항모에서 항공기의 출격을 위해 대기하고 있었지만 1척의 항모에 있는 항공기만 출격이 인가되므로 인하여 월맹에는 거의 충격이 될 수 없었다. 며칠 후 베트콩이 퀴논에 있는 미군 막사를 공격한데 대한 보복 폭격이 실시되었는데, 국방부에서 허락한 목표물은 월맹의 남단에 위치해 별로 효과가 없는 것이었다. 플레이밍 다트 I, II작전은 제1단계 조치에 의해

---

23) 향전충, 항공전력, 조영철 역(서울 : 배성출판사, 1981), p. 293.
24) W. Scott Thompson and Donald D. Frizzel, op.cit., p. 132.

실시된 것으로서, 월맹의 폭격목표에서 언급하고 있는 미국의 월남방어에 대한 확고한 의지의 표현으로서는 너무나도 허약한 공격으로 끝나고 말았다.

그럼에도 불구하고 존슨 대통령은 월맹에 대해 보복 범위를 벗어난 제한 적이지만 계속적인 폭격을 선언함으로써, 제2단계 조치인 롤링썬더 작전[25] 이 시작되었다.

이 작전은 초기부터 순조롭지 못하였는데 합참은 1965년2월20일 월남 공군과 합동으로 롤링썬더 I 작전을 하달하였고 목표는 월맹 남단에 위치한 쾅케(QuangKhe) 해군기지 막사를 공격하는 것이었다. 그러나 이 폭격작전은 월남 내의 정치 소요로 인하여 월남공군과 합동작전이 되지 않아 취소하였 으며, 연속 계획된 롤링썬더 II, III, IV 작전도 마찬가지였다.[26]

따라서 1965년3월2일 롤링썬더 IV 작전이 실질적인 첫 출격이 되었다. 104대의 미 공군 항공기와 19대의 월남 공군 항공기가 소규모 쾅케 해군기 지 및 한 개의 화약고에 대한 공격을 하였다. 목표물 자체가 월맹군 전의에 타격을 입히지 못한 것은 말할 것도 없고, 다음의 작전은 무려 13일이 지난 3월 15일에야 인가되어 수행할 수 있었다. 목표물은 푸퀴 지역 근처 화약고 와 타이거 섬의 레이더 시설로 한정되었다.[27] 이후 공격도 일주일에 1회 정 도의 폭격에 불과했고, 목표물은 여전히 월맹 남단의 지극히 제한적인 것이 었다.

월맹은 1965년 폭격의 경험을 살려서 부대 이동이나 보급 활동은 거의 야 간에 하였기 때문에 미 항공기의 후방차단 성과는 줄어들었고, 최선의 방법 은 월맹의 공중목표물인 중요 군사시설과 산업중심지, 그리고 하노이, 하이 퐁 지역에 대한 폭격을 감행하는 것이었다.

---

25) 웨스트 모어랜드는 롤링썬더 작전에 대하여 "롤링썬더 작전은 분명히 미국의 월 남전쟁 정책상의 일대 전환이라는 것을 인정하면서도 나는 큰 희망을 걸지 않았 다. 작전에 가해질 제약들을 고려할 때 전쟁 전체의 방향에 극적인 효과가 있으 리라고는 기대할 수 없었다. 미국의 전략은 폭격 강도와 지리적 확대를 조금씩 증대해 가는 점진적 대응전략에 그 기초를 두었고 처음부터 끝까지 미국의 확고 한 의지와 결단을 보여주는 폭격 즉 월맹의 전략요충지인 하노이, 하이퐁 지역 에 대한 집중 공격은 단 한번도 하지 않았을 뿐 아니라 전략 폭격기인 B-52 출 격은 1주에 2~4회, 매 출격시 공격 목표는 북위 19도선 이남, 월맹의 南西 부근 에서만 약간 사용되었을 뿐이라고 평하고 있다.

26) 황병무, 안보정책의 군사·외교대안 개발, pp. 3-4.

27) Thomas C. Schelling, op.cit., p. 105.

1966년도 중순 대단한 논란을 거쳐서 하노이, 하이퐁 유류저장 시설에 대한 공격이 처음 인가되었고 95%의 피해를 입혔다. 그러나 후방차단 작전에 투입되는 항공기 소티가 증가되고, 지리적 범위가 다소 확대되었어도 하노이, 하이퐁지역, 중국과의 국경지대 등에 대한 계속적인 제한을 하였기 때문에 월맹의 가장 중요한 산업시설, 병참, 철도 및 도로 등은 전과 다름없이 건재하였다.[28]

월맹과 중국을 잇는 주요 철도망에 대한 공격은 롤링썬더 작전이 시작된 지 만 2년이 훨씬 지나서야 인가되었다. 이 철도망을 통해서 주요 전투무기, 병참물자가 입수되어 하노이, 하이퐁, 탄호야 같은 도시에 집결되었다. 중국·하노이를 연결하는 철도는 월맹으로 볼 때, 가장 중요한 철도망으로 길이 82마일 하루 약 27,000톤의 물자를 운반할 수 있었다.[29] 또한 이 시기에 비로소 하노이 부근에 대한 일부 비행장에 공격이 허가되었다.

1968년 최초의 3개월은 기상이 예상외로 불량하여 월맹에 대한 폭격은 한 달에 평균 3일에 불과하였다. 4월에 미 대통령이 월맹의 최남단을 제외하고는 폭격을 중지시켰다. 1968년5월 월맹과 미국이 파리회담을 가지자 1968년 10월에는 폭격이 전면 중지되었고 1972년 전까지는 부분적인 폭격만 실시됨으로써, 사실상 롤링썬더 작전은 끝을 맺었다. 물론 월맹이 회담에 임한 것은 미국의 폭격 압력에 굴복한 것 때문이 아니라 월남 전쟁을 위해 전략적으로 재정비를 하기 위한 것이었다. 대통령이 수락한 월맹폭격의 중지는 하노이 당국을 파리 평화 회담에 끌어내긴 했으나 협상의 어떠한 진전도 안겨 주지 못했다. 워싱턴 당국이 폭탄을 절약하고 월맹이 일방적 주장을 계속하면서 회의 탁자를 지키는 것을 제외하고는 아무런 합의를 이루지 못한 채 월남전은 그 후 4년이 계속되었다.

결국 월남전에서 항공 작전이 전술적으로는 성공하였으나 전략적으로는 월남 공산화로 실패하였다고 볼 수 있다. 즉 항공강압 작전이 부분적으로는 성공하였으나 항공 목표에 대한 정치적인 간섭과 적시성의 결여로 항공강압 작전의 성공을 전략적인 승리로 승화시키지 못한 정치적인 원인을 고려하면 항공강압 작전 자체(행동차원)만으로 봐서 실패했다고 보기는 어렵다.

---

28) 항공전술(서울 : 공군대학, 1986), pp. 33-38.
29) M.J. Armitage and R. A. Mason, Air Power in the Nuclear Age, 1945-1982, (London : Macmillian Press LTD., 1983), p. 100.

또한 리비아에서의 항공강압 작전의 실질적인 사례를 살펴보면 1969년 정권을 장악한 카다피는 그의 "Green Book" 틀 내에서 아랍통일을 위한 범 아랍주의 반 시온주의, 미국과 미국의 동맹국에 대한 반 제국주의를 추구했다.16)

1971년 말 미국은 월맹에 춘계 대공세를 수행하기 위해 상당한 규모의 병력을 군사분계선 부근에 집결한다는 정보를 입수하자 닉슨 대통령은 작명 라인 백커 I 작전의 개시를 명령하였다.17)

1971년12월 처음으로 월남해역을 봉쇄하고 하이퐁 항을 포함한 주요 항구에 기뢰를 부설하고 월맹의 전략 요충지인 북위 20도선 이하 지역에 대한 폭격을 가하였다. 작전에 투입된 항공기는 B-52, F-4, F-105, F-111, A-6, A-7, ECM 장비를 장착한 EB-66, EC-135, AC-130 등 다양한 항공기가 참가했으며, 특히 북위 17도선 이하에서 제한적으로 사용된 B-52 항공기가 북위 20도 지역에서의 폭격에 가담하게 되었다. 공격대상은 군사적 가치가 높은 목표물이 선정되었고, 선택에는 현장 지휘관이 상당한 재량권이 행사될 수 있었다.

1972년10월 파리 평화회담이 재개되었지만 회담에는 별다른 진전이 없었고 同년 12월13일 회담이 결렬되자 닉슨 대통령의 단호한 결정 아래 하노이 하이퐁 지역을 중심으로 한 대대적인 라인백커 II 월맹 폭격이 시작되었다. 이 기간 중 전술 폭격기 2,123소티, B-52 729 소티의 폭격이 있었고, 이때까지 제한되었던 하이퐁 항의 조선소, 통신시설, 비행장에 대한 폭격을 가했으며 월맹은 보유하고 있던 1200기의 지대공 미사일과 고사포 전력을 총동원하여 응사하였다. 라인백 커 II 작전은 미국의 확고한 의지를 최초로 표현한 폭격이었으며 1973년1월28일 파리 협상이 체결되는 결정적인 역할을 하였다. 그러나 1973년11월 욤 키퍼(Yom Kippur) 전쟁시 미국이 이스라엘을 지원하자 리비아는 시드라만을 「죽음의 선」(Line of death)으로 명명하고,

---

16) Dr. Maurizio Cremasco, "Two Uncertain Futures", Adelphi Papers(II- SS, Spring, 1988, p. 231), p. 48. Green Book(1973) : 모든 국가 내 부르조아적 관료주의를 근절하는 민중 혁명주의, 모택동의 Red Book과 유사한 자신의 수양 철학서. 이 책에서 자본주의는 일부 엘리트의 이익만을 위하고, 공산주의는 개인을 질식시키는 것이므로 그가 제3의 우주 이론이라고 부른 체제 내에서 이슬람의 열정과 베두인 종족의 사회주의에 대한 카다피의 조화론이 실려 있다. 원칙적으로 미국, 소련을 공히 제국주의로 기술하고 있으나 이스라엘에 대한 미국의 지원 때문에 친소적인 정책을 폈다. By New York Times (1986. 4. 21), p. 16.

17) Drew Middleton, Air War-Vietnam, (New York : Arno Press Inc, 1978), p. 249.

이 선(線)이하로 월선(越線)하는 세력에 대해선 영해침범으로 간주하고 공격할 것이라고 선언하는 등 반 제국주의(반미주의)정책과 혁명 노선의 요소를 더욱 강조했다. 이것은 대외 정책이 철저한 반 이스라엘 색깔을 유지하면서 확장됨을 의미한다.

결국 미국의 명예로운 철수를 위한 미봉책으로 체결된 1973년 파리 협정에서조차도 미국의 월남전 개입 종식과 미군 포로의 귀환이란 단지 2가지 효력만을 발생케 했을 따름이다. 즉, 협상에서 또 다른 월맹의 군사행동 시 더 큰 보복을 하겠다는 강압적인 의사표시가 없었고, 여기에 따른 신뢰할 만한 능력의 전개가 없었다.

이러한 이유는 강력한 의사표시인 강압전쟁에서 군사목표가 민간인에 의해 선정되었고 군사적으로 가치가 없는 목표였으며 지휘관계에서 보면 정책 결정과정에서 군 지휘관을 경시한 풍조의 결과로 볼 수 있다.

1979년부터 1983년 사이 국제 테러사건이 년 평균 500건이었다. 1985년 그 건수가 800건으로 늘어나고 희생자는 2,233명(미국인 23명 사망, 139명 부상)에 달했다. 同기간 중 미국인과 미국의 이익은 점차 테러의 요긴한 목표가 되었다. 이러한 테러는 중동에서 1983년 베이루트에서 미 대사관과 해병대 숙소에 대한 폭탄 세례로 295명 이상이 사망한 것을 포함한 109건에서 1985년 378건으로 크게 증가하고, 1985년 유럽과 그 밖의 지역에서 중동 단체와 관련된 60건의 또 다른 사건은[18] 지난 10여 년간 미국인들의 자존심과 명예에 커다란 심리적인 좌절을 안겨주어 일종의 무력감을 안겨 주었던 바, 미국 내 여론은 심기 일 전 하기를 바라는 잠재력이 강하게 내재[19]되어 있어 보수 강경 노선이 주효하는 상황이었다.

레이건 대통령은 대통령 취임 후인 1981년1월 이란에서의 미 대사관원 인질 석방에 뒤이어 테러리스트에 대한 미 정부의 신속하고도 효과적인 보복을 단언했다. 이러한 선언은 극단적인 도전을 처리하는데 미국이 주저하거나 군사적으로 무능함을 보여주었다는 미 행정부의 새로운 인식에서 비롯되었다.

이를 극복하지 못하면 테러리즘의 증가를 고무시킴은 물론 초강대국이나

---

18) Oakley(Ambassador), "International Terrorism", Selected Document, (Washington : Department of States, No.24, 1986), p.2, p.10.
19) 남주홍, 리비아 위기상황 및 문제점 전망, (국대원 안보연구소, 1986), p. 5.

세계의 지도자로서 미국에 대해 신뢰를 손상시킬 수밖에 없다는 것이다.[20) 그러나 이러한 공약에도 불구하고 테러 행위는 계속 증가되었다.

이런 가운데 1985년12월 로마와 비엔나에서의(리비아의 지원 가능성) 테러 공격에 자극받아 레이건 행정부는 리비아에 대한 강압의 포괄적인 정책을 펼쳐나가기 시작했다. 전략적 수준에서의 강압은 테러리스트와 그의 지원자를 고립시키기 위해 우방과의 협력을 통한 포괄적인 정치, 경제적 제재조치를 취했다.

1986년1월 레이건 대통령은 행정 명령을 발동하여 리비아로부터 수입이나 리비아로 수출 금지, 미국-리비아 간 해상이나 항공관계 금지, 리비아 내 사업에 관계되는 용역거래 금지, 신용·대부 금지, 여행 금지, 리비아 자산 동결 등을 시도하였다.[21)

한편 1986년3월14일 의회 연설에서 강력한 군사, 안보지원과 경제지원을 택한다고 연설했다. 이러한 목적은 1970년대 베트남, 캄보디아 사태, 이디오피아, 남예멘 사태, 엘살바도르에서 공산 니카라과 반군지원, 아프가니스탄 침공 등 소련이 팽창정책을 더욱 가속시킨 점과 지역안보에 대한 미국의 접근은 우방과 협력이 더욱 요청된 점을 납득시키는 것이다.

이러한 조치에도 불구하고 1986년3월23일 통상적인 미국의 항법 자유훈련을 카다피가 일방적으로 선언한 「죽음의 선」을 침범했다는 이유로 미 항공기에 공격을 가했다. 同년 4월 5일에는 서베를린에서 테러분자들은 미군이 자주 출입하는 디스코텍에 폭탄을 폭발시켰다. 이러한 것은 리비아 대사관에서 트리폴리로 사건의 성공을 보고하는 무전을 미국이 도청함으로써 리비아가 도발한 명백한 증거를 잡았다.[22)

이에 따라 미국은 보복으로 미국의 확고한 강압의 신뢰성을 보여주어야 했다. 리비아 폭격작전계획을 작성한 실무요원들은 위기 사전계획 그룹이라는 소수 집단이다. 이 멤버는 합참본부의 존 펠러링 중장, 국무부의 마이클 아마코스트 차관, 국방부의 리처드 아미타지 차관보이며, 이 그룹이 작성한

---

20) Tim Zimmerman, "The American Bombing of Libya", Survival, (IISS, May/June, 1987), p. 196.
21) "Letter From President Reagan to the Speaker of the House of Representatives, (O'Neil), 1986. 1. 7", American Foriegn Policy 1986, (Was- hington D.C : Department of States, 1987), p. 445.
22) "Statement by the President 1986. 4. 14", Ibid, p. 450.

계획서는 국가안보회의(NSC)의 테러 담당 책임자인 올리버 노스 중령이 이끄는 소위원회에 넘겨졌다. 이 소위원회의 멤버는 극동전문가인 하워드 라이커, 정치군사 전문가인 제임스 스타크 대령과 노스 중령이었다. 이들에 의한 계획은 백악관 안보회의에 보고되었다.

리비아 공격작전 계획(Eldorade Canyon)은 1986년4월9일 합참의장인 크로우(William J. Crowe) 제독의 브리핑이 있던 날 확정되었다. 이 회의 참석자는 국가안보회의(NSC) 및 백악관 수석 보좌관들로서 레이건 대통령, 슐츠 국방장관, 베이커 재무장관, 테프트 국방차관, 포티어 대통령 안보담당 부보좌관, 케이시 CIA국장, 미즈 법무장관이 참석했다. 와인버거 국방장관은 대통령에게 백악관 안보담당 보좌관인 포인 텍스터로 부터 접수한 세부사항을 보고했다. 참모총장은 이번작전은 해·공군 합동작전으로서 지중해 전력에 제3의 항모를 추가하고 영국에 있는 제3공군에 F-111 전폭기들을 사용하며, 전략 공군급유기들을 증원시킬 것을 건의했다.23) 1986년4월10일 공군 참모총장 가브리엘 대장은 영국의 밀덴 홀 공군기지에 도착하여 F-111기들의 출격 준비를 점검한 후, 기습효과를 최대로 얻기 위해 야간공격을 실시하기로 결정했다. 지휘체계는 대통령, 국방장관, 합참의장, 해·공군 참모총장, 제6함대와 제3군으로 연결되었다. 전체적인 작전 지휘권은 해군중장 캘소(Kelso)에게 부여되었다. 캘소 해군중장에게는 항모 항공지휘관으로서 현장지휘를 위해 E-2C기가 주어졌으며 모든 보고는 그에게 보고하도록 지휘체계를 단일화 시켰다.

공군은 가용한 작전 수단인 전략공군의 B-52 폭격기와 급유기 전폭기, 전술 공군의 전투기들로서 작전을 구상했다. 그러나 민간인 피해를 최소로 줄이고 프랑스, 스페인 영공을 우회해야 한다는 것을 고려하여 장거리 항공작전과 B-52의 재래 폭격보다는 정밀폭격이 요구되었다. 그리하여 이 계획은 급유기를 포함한 영국기지의 F-111 기들과 전자전 및 공중 감시기들을 포함시키게 되었고 폭탄 미사일 로켓 등 전체 무장은 350톤이 소요될 것으로 보았다.

해군은 對리비아 작전을 위해 제6함대의 항모 코랄 씨 호 및 사라토호 외

---

23) Friedrich Korkisch, "U.S. Air Strike Against Target in Libya", Military Technology, 1986/1987, p. 51.

에 아메리카 호를 추가로 증강시킬 것을 계획했다. E-2C 조기 경보통제기가 시드라만을 주야로 계속 감시하여 리비아 항공기들이 야간에 부분적인 것을 제외하고는 거의 행동이 불가능하도록 계획하였다. 작전 1주일 전부터 F-14 20대의 엄호를 받으면서, SR-71기는 계획된 목표물에 대한 정찰을 실시했다.[24]

<공격방법(고고도-저고도-고고도) 및 공격 시간표>[25] 1986년4월14일 아침. 지중해의 항모 코랄 씨(Coral Sea)는 시실리아의 북쪽을 항해하고 있었고, 아메리카 호는 지중해 한가운데에 정박하고 있었다. 이러한 상태에서 제6함대는 F-111기들과 함께 목표를 타격할 것을 명령받았는데 코랄 씨 호는 뱅가지 지역을 공격하고 아메리카 호는 트리폴리 지역의 목표들을 강타하는 F-111기들을 엄호하도록 명령을 받았다. 코랄 씨 호는 그를 따르는 소련 구축함을 따돌리고 4월14일 해지기 전에 Messina 해협을 통해 고속으로 남진하였다.

1986년4월14일. 17 : 13(리비아 시간)에 10 KC-10, 9 KC-135기들이 밀덴홀 기지에서 5 KC-10, 4 KC-135는 페어포드(Fairford)기지에서 총 28대의 급유기가 이륙했다. 17 : 36 24대의 F-111기들이 영국의 레이큰 히드 기지를 이륙했으며 동시에 EF-111A ECM기 5대가 영국의 헤이포드(Heyford)기지를 이륙했다. 이중 6대의 F-111과 1대의 EF-111은 예비기로 첫 급유 후 귀환하고, 5대의 F-111과(2대는 계통결함, 3대는 이유 불명) 1대의 EF-111은(엔진고장)임무를 포기해 13대의 F-111기와 3대의 EF-111기가 참가했다. 21 : 20에 코랄 씨 (Coral Sea)호는 8대의 A-6E, 6대의 F/A-18A를, 아메리카(America)호는 6대의 A-7E와 F-14기들을 발진시켰다. 21 : 45~22 : 15 사이에는 아메리카호로부터 6대의 A-6E기, 코랄 씨 호로부터는 8대의 A-6E기가 발진했는데 이들 중 2대가 항법장비 고장으로 회항했다.

항법단계는 6개 편대 2파로 나누어 무선을 사용하지 않고 항법을 하였으며 레이더 회피가 필요한 몇 개 구간만 항법장치(INSTRUMENT NAVICATIONAL SYSTEM)에 의한 저고도 비행을 하면서 공격 진입 시 4회, 귀환 시 2회의 공중 급유를 받았다. 저고도 침투단계는 리비아 레이더 포착 범위 밖에서 저고도로 강하 후 침투하면서 목표 30NM전에 정밀 유도 장비인 Pave Tack(AN/AVQ-26)을 작동하고 IP(초기 진입점)에서 항법 오차를 시계 참조물

---

24) Friedrich Korkisch, op.cit., p. 51.
25) Friedrich Korkisch, op.cit., p. 53.

기준으로 수정하여 정확하게 목표지점으로 진입했다.

목표 포착단계 때는 항법장치(INS)가 가르친 목표물을 정밀유도 장비인 시계(Pave Tack Line of Sight)를 통해 실제 목표물을 찾았다.(목표 90초전 400FT, 540KTS) 목표추적 및 무장투하 단계 시는 적외선 영상수상기(IR Imaging scope)의 조준점 중앙에 목표물이 오도록 Tracker Button을 조절한 후 LASER를 발사하고, 무기통제사는 계속 목표를 조준점 중앙에 오도록 Tracker를 조절하여 사거리에서 Bomb Button Press 상태로 접근하였다. 이탈 단계는 폭탄이 떨어지면 회피기동으로 목표를 이탈하면서, 폭탄이 Impact 될 때까지 유도장비인 Pave Tack으로 목표물을 계속 추적하였다.

E-2C기 1대는 지브랄타 동쪽에서, 1대는 트리폴리 북쪽에서 저녁부터 다음날까지 임무를 수행했다. 항모에서 발진한 EA-6B들은 전자전 임무를 수행케 했다. 23 : 54에 3대의 EF-111과 2대의 EA-6B가 적의 통신망과 레이더 전파를 교란했고 A-7, F/A-18 항공기들이 대공 제압으로 슈라이크(Shrike)와 함께 함(Harm)미사일을 발사했다. F-111 폭격기들은 트리폴리 지역으로 접근할 때 이탈리아의 Lamp-edusa 섬의 미군기지에서 발사하는 전자 표식의 유도를 받아 전열을 갖추어 목표 지역에 진입하였다. 24 : 00, 8대의 F-111은 트리폴리의 카다피의 숙소가 있는 알 아지지아(Al Azzizija) 병영과 시디비랄(Sidi Bilal) 해군기지를 공격하고, 12대의 A-6기들이 벵가지에 있는 베니나(Benina) 공항과 알주마히리아(Al Jumahiriya)병영을 공격했다. 00 : 06-00 : 11 사이에 5대의 F-111기들이 트리폴리(Tripoli)공항을 공격하고 폭격 중 EF-111기는 적의 통신 주파수와 목표 탐지 레이더(Target Acquisition Radar)을 방해하고, EA-6기들은 서트(Sirte), 벵가지(Benghazi) 미사일 기지를 Jamming했다. 아메리카호로부터 발진한 F-14기들은 공중엄호를 했으나, 리비아 기들은 이륙하지 않았다. 몇 분 후 리비아군의 대공포와 미사일들이 발사되기 시작했다. 00 : 13에 임무를 완료하였으며, 53 분에는 함재기들이 귀환 완료하였고, 01 : 14 1대의 F-111기가 실종으로 보고되었다. 23 : 24에 1대의 F-111기가 고장으로 스페인의 로타(Rota)공군기지에 비상 착륙을 하였다. 05 : 10에 F-111기들이 영국으로 귀환 완료하였으며, 10 : 00 탐색구조 작전(Search and Rescue)를 취소함으로서 상황은 종료되었다.

미국의 리비아 항공폭격은 작전적으로 성공하였다. 또 다른 공격의 가능성을 제시함으로 확전의 공포를 주었으나, 이러한 작전의 성공이 정치적 목적을 달성하였는가는 논란이 많다. 미국 국내의 정치적인 면에서는 1970년대 무력감에서 탈피한 듯한 국민적 자존심을 주었고 NATO 제국은 무력사용에 비판적인 태도를 취하였으나, 지중해에서의 對소 힘의 균형을 우려하여 1986년4월27일 EU모임과 同년 5월5일 도쿄정상 회담에서는 대테러 제재 조치에 리비아를 직접 지칭하는데 합의를 했다. 이것은 미국의 요구가 일방적으로 받아들여졌다고 해석하기 보다는 유럽의 우려사항 때문에 미국을 진정시킬 필요에 의해 합의를 해줬다하더라도 유럽의 對리비아 제재를 강화하도록 요구하는 미국의 요구를 들어준 결과가 되어 작전의 효과는 NATO국들에 대한 미국의 지도력(Leadership)에 다소나마 기여한 것으로 본다.

한반도내 군비통제와 강압작전

동·서양 진영 간 경쟁과 대립으로 특징 지워졌던 戰後 얄타체제의 붕괴 이후, 국제적인 협력과 상호공존의 논리를 갖는 새로운 국제질서가 도래함에 따라 한반도 분단의 문제를 바라보는 새로운 시각의 필요성이 점증하고 있다. 특히 중요한 것은 냉전체제를 근본적으로 규정하던 군사적 대치상황으로부터 실질적인 차원에서 상호신뢰구축과 군비통제의 문제를 논의할 수 있는 진일보된 상황이 도래하고 있다는 점이다. 이와 같은 현상은 최근 고르바초프의 신사고정책과 일련의 동구개혁, 그리고 소련 쿠데타 이후의 개방 가속화와 공산주의 포기, 민주주의 실현, 공화국 주권인정 등 新국제질서의 흐름이 한반도 군비 통제에 유리한 영향을 미칠 것이라는 점이다. 물론 북한이 근본적으로 군사력에 의한 한반도 문제의 해결책을 포기하였다고 말할 수는 없겠으나, 군사력이 한반도 문제해결의 효율적인 수단이 될 수는 없다는 것이 증명된 이상, 한반도 긴장 완화의 핵심 이슈로서 군비통제 논의는 남·북한 양 당사국에 의해 보다 구체적인 필요성을 띠고 진행될 것이다. 따라서 군비통제에 관한 보다 구체적인 정책의 하나로 현 시점에서 남·북한 간의 한반도안보협의체(CSCK : Conference on Security and Cooperation in the Korea peninsula)와 같은 상설회의체를 구성하는 것도 고려할 가치가 있다고 하겠다. 군비통제를 위한 상설기구는 한국의 입장을 보다 명확히 북측에 전달하고, 북한의 의도를 정확히 파악하며 상호신뢰 증진을 통해서 실질적인 이익을 공유하고, 신 국제질서에 동참할 수 있는 기회를 제공할 수 있을 것이다.

이와 더불어 남·북한 간의 신뢰구축상의 특수성과 제반 여건을 고려하여 한반도 군비통제를 위한 신뢰구축 방안을 검토함에 있어서, 첫째, 남·북한 간의 갈등의 핵심적인 문제는 정치, 군사문제로서, 이로 인한 긴장과 불신을 해소하기 위해서는 상호신뢰구축이 우선적으로 고려되어야 한다는 것이다. 둘째, 이러한 신뢰구축을 위한 노력은 군축협상에 선행되거나 최소한 병행 되어야 하며, 군축협상과 더불어 지속적으로 확대해 나가야 할 것이다. 그러 나 남·북한간의 뿌리 깊은 상호불신 상태 하에서는 군축에 앞선 신뢰구 축조차 달성하기 어려우므로, 이를 위한 기초적인 예비신뢰구축조치(Pre CBMs)나 신뢰구축을 위한 신뢰구축조치(CBMs for CBMs)가 필요하다. 이러 한 예비 신뢰구축조치는 자국이 일방적으로 행할 때 초기 신뢰형성은 더욱 촉진될 것이다. 셋째, 남·북한 간의 각각 상이한 체계와 정치현실을 고려할 때, 쌍방에 의해 제기된 여러 가지 방안 중에서 상대방이 쉽게 수용할 수 없는 방안이 있으므로, 일괄타결보다는 공통된 제안의 부분적 합의전략이 초기의 신뢰구축 협상을 위해서 바람직할 것이다.

유럽의 경험과 한반도 군비통제방안 검토과정에서 도출될 수 있는 효과적 인 절차는 예비신뢰구축조치(신뢰구축을 위한 신뢰구축조치) - 정치적 신뢰 구축조치 - 군사적 신뢰구축조치 - 군비축소의 4단계 접근방식을 채택함으로 써, 점진적이고 단계적인 군비통제의 전략을 수립하고 각 단계에서 효율적 인 정책들을 개발하여야 한다.

이러한 4단계 접근 전략에서 남·북한 간에 적용 가능한 신뢰구축방안으 로서 첫째, 예비 신뢰구축방안으로 인적, 물적 교류 확대와 상호 협의 없이 실행할 수 있는 자발적인 조치들이 검토될 수 있다. 둘째, 정치적 신뢰구축 조치로는 남·북한 기본 관계에 대한 잠정 협정체결, 남·북한 평화 및 불 가침 협정, 최고 책임자 회담 및 국회회담 정례화, 남·북한 상주대표부 설 치 및 다각적 교류확대, 전파 및 출판물 교류, 정보의 이용보장, 그리고 국 제적인 보장 장치가 강구되어야 할 것이다. 셋째, 군사적 신뢰구축 방안으 로는 정보교환 조치, 중요한 연중 군사 활동의 사전통고, 부대기동의 사전통고, 군사 활동의 참관 조치, 기습공격과 무력충돌 방지를 위한 규제조치, 검증 및 제재 조치 등이 다각적으로 검토될 수 있을 것이다. 이러한 신뢰구축방 안은 비록 단시일 이내에 가시적인 효과가 없을 지라도 인내심을 갖고 지속 적으로 추진해야할 과제인 것이다.

유럽의 군비통제 협상 접근방식 측면에서 크게 유럽안보협력회의(CSCE)식 접근 방식과 상호균형 감군(MBFR)식 접근방식으로 대별되는데, 선 신뢰 구축 후 군비축소의 방식을 채택한 CSCE식 접근방식은 최근의 파리헌장 및 유럽 재래식 무기감축협상(CFE)의 타결로 성공리에 완수되었으나, 군비축소로의 직접적 접근방식을 채택했던 MBFR은 결국 실패하고 말았다는 사실은 특히 기본적인 신뢰마저 형성되어 있지 않은 한반도 군비 통제 접근방식에 시사하는 바가 크다고 하겠다.

북한은 그동안 위장평화 공세를 위한 남·북 대화를 계속하여 되풀이 하고 있을 뿐이다. 1970년대 7·4 공동성명 합의, 1980년대 고려연방제, 민족통일 촉진대회, 남·북한 1백인 정치회담, 3자 회담 등 무수한 제안을 내놓으면서 실질적으로는 폭력혁명 전략을 구사하고 있다. 즉, 평화적인 제스처로 위장하여 한반도를 국제무대에서 고립시키고 남한 내부의 체제를 혼란시키면서 적극적인 테러, 요인 암살로 무정부상태로 만들고 남한 내의 혁명역량을 봉기시켜 결정적인 순간에 정규군을 동원하여 무력적화 한다는 것이다. 예를 들면 1968년1월 북한의 무력도발은 절정에 이르렀다. 북한은 김신조 일당의 무장 게릴라 조를 서울로 침투시켜 청와대를 기습하려던 1·21사태를 야기시켰으며, 바다에선 미 해군정보 수집함 푸에블로호를 납치하여 승무원 83명 전원을 인질로 잡는 모험을 감행했다.

1969년 4월에는 청진 동남쪽 공해상을 날던 미 해군 대형 정찰기 EC-121기를 북한의 미그기 2대가 요격 격추시켰다.

1970년대 7·4 남북 공동성명 발표로 남·북 화해무드가 한창 고조되고 있을 때, 그들은 휴전선 땅 밑으로 남침용 땅굴을 파 내려오다 발각되기도 했다. 1976년8월18일 판문점에서 미군 장병 2명이 현장에서 피살되고 9명이 부상한 도끼만행 사건을 일으켰으며, 1980년대에는 세계를 깜짝 놀라게 하는 극악범죄를 저질렀다.

아시아, 태평양 순방길에 오른 전두환 대통령 일행을 멀리 버마까지 쫓아가 몰살할 목적으로 폭탄을 장치하여 17인의 정부 요인과 수행원들의 목숨을 무참히 앗아갔다. 또한 1987년도에는 88서울 올림픽을 저지할 목적으로 민간인이 탑승한 KAL 858기에 대한 폭파 테러는 남·북 대화 뒤에 숨어있는 그들의 대남 적화통일을 위한 폭력성을 그대로 나타내 보이는 것들이다.

따라서 북한의 테러가 계속된다면 적의 테러 지원능력을 제거하여 적의 의지에 영향을 주어 더 이상 이러한 행동을 차단하는 목적이 설정될 수 있다. 이러한 경우 확전의 매개변수를 고려하여 전면적인 보복이 아닌 부분적

지역, 재래식 무기를 이용한 무기의 제한 정치적 목적 달성을 위한 목표를 확실히 구별하고, 응징 보복에 따른 적의 대응을 고려한 전면적인 작전 대비로 적의 재도발을 억제하면서 적의 재도발 시 엄청난 보복을 할 수 있는 준비가 되어야할 것이다.

북한은 앞으로도 한국을 교란시킬 가능성은 상존하고 있으나 그들의 도발 사례에 대한 항공력의 강압적 사용 전략은 전무한 실정이다.

1976년8월18일 도끼만행 사건 때 한·미 상호협동 하에서 미드웨이 항모를 주축으로 한 기동 함대가 동해안으로 진입하고 B-52 전략 폭격기가 위협 비행을 하는 가운데 미루나무 절단 작업을 감행한 것이다. 한국군도 만일의 사태에 대비, 만반의 일전 태세를 갖추고 있었다.

한·미 兩國군이 보여준 그 같은 군사력의 시위는 자유세계에 대해서는 한·미 양국의 안보 파트너십이 견고하다는 사실과 한반도의 평화와 안전을 위협하는 북한의 무력 도발을 절대로 용납하지 않겠다는 두 동맹국의 단호한 결의를 적대세력에게 천명한 케이스였다. 이 힘의 시위는 상당한 효력을 발생했다. 전쟁 가능성까지도 각오하고 강행된 이 작전은 마침내 김일성의 유감 표명을 얻어내기에 이른 것이다. 물론 미군 장교 2명이 살해된 충분한 보상은 아니더라도 유엔군 측의 대규모 군사력 시위 직후에 나온 김일성의 수세적 반응이었다는 점에서 보복 확대를 의식한 간접적인 굴복으로 해석할 수 있다. 즉 항공강압 전략은 對북한에 대한 미루나무 사건으로 그 효용성을 입증하였음에도 불구하고 평시 군사력 운용에 관한 인식은 매우 미약하다.

이러한 작전을 위한 군사력 건설방향은 전쟁의 전 스펙트럼에 대비한 무기 체계가 필요하고 특히 주, 야간에 기습이나 화력의 집중을 달성하기 위한 무기체계의 질적인 면의 고려가 우선시 되어야할 것이다.

항공력의 강압적 사용은 강압전략 자체가 매우 정치 외교적이고, 구조 의존적이므로 최후의 사용수단으로서의 인식이 중요하다. 정치외교적인 차원의 많은 대안개발과 함께 유연억제방안(FDO : FLEXIBLE DETERRENT OPTION)의 하나인 항공력의 사용에 대한 적극적인 인식이 필요하다 하겠다.

무력의 충돌은 국제정치 현상으로 국제여론, 국내여론의 적극적인 지원을 받을 수 있는 객관적인 정당성을 확보하기 위한 최선의 노력과 상대방에 대한 강압외교의 끈질긴 줄다리기가 있어야 할 것이다.

한반도를 위협하는 일·중·러의 항공 및 해군전략 실태

지난 15년 동안 소련의 극동 군사력은 양과 질적 측면에서 획기적으로 증강되어 왔으며, 이러한 결과 군사력의 규모, 살상력, 동원능력, 행동반경, 다양성 등에서 전반적으로 전략적 강점을 확보하고 있다. 소련은 미국과의 중거리 핵무기 폐기 협정에도 불구하고 여전히 핵전력을 개선하고 있다. 대양해군의 역량과 핵잠수함, 핵 항공모함 등의 질적 개선에 박차를 가함으로써, 소련 최대 규모의 태평양 함대를 보다 강력히 유지할 것으로 판단된다.

비록 현재 蘇연방의 붕괴로 힘은 약화되었지만 캄란 등의 기지와 연결하여 西南 태평양 어디서나 군사력을 행사할 수 있는 능력을 갖추고 있어 태평양국가로서의 조건을 군사적으로 충족시키고 있다는 것을 현 분단 상황에서는 물론 장차 한반도통일 후 국가안보 차원에서도 항상 염두에 두어야 할 것이다.

舊소련은 다섯 개의 전략 전구(TVD) 중 하나인 극동전략전구가 시베리아에 설치되어 있다. 이 전구에는 해병 1개 사단을 포함한 58개 지상군 사단, 전차 15,000대, 장갑차 17,000대, 전투폭격기 1,800기, 폭격기 280기, 전략폭격기 130기, 탄도미사일 1,000기, 포병화기 13,700문, 총병력 72만 명이 배치되어 있으며, 블라디보스톡에 본부를 둔 태평양 함대는 공격 잠수함 140척과 항모 2척, 전투함 128척, 보조함 97척, 대형 수상전투함 75척, 해군 항공기 360기, 해군보병 1개 여단으로 편성되어 있다.

특히 공군은 근래에 들어 획기적인 질적 개선을 이룩하였는데, 항공전력에 있어서 MIG-27/31 및 SU-24/25/27 등 전투기와 백파이어 폭격기 등의 최신형기를 비롯하여 2,000여대 중 80%이상이 신형기로 배치되어 전 공군력의 30%에 이르고 있다. 유도미사일 전력에 있어서는 대륙간 탄도탄(ICBM) 380기, 잠수함 발사탄도탄(SLBM) 30기 및 SS-20 중거리 핵미사일(INF) 150기를 포함하여, 총 1,000여기에 이르고 있어 舊소련 전체 핵전력의 35%를 차지하고 있는 등, 중거리 핵이 폐기된다고 하더라도 전략적 균형에는 별 변화가 없을 것으로 판단된다.

한편 지휘통제체제 면에서는 극동지역 작전사령부의 지휘·통제체제를 통합 일원화하고 극동 전구의 자율성을 부여하면서 캄란기지와 연결하고 있다. 캄란기지에는 함정 30척, 항공기 50대 및 해군보병 500명을 주둔시키고 있다. 1991년3월 중순에는 필리핀과 선박수리 및 교역증대 협정 등 관계 증진을 강력히 추진하였는데, 이는 필리핀과 미국 간에 기지협정 연장 문제의 난항의 틈을 이용하여 미국을 견제하면서 西南 태평양 상의 전략적 교두보를 강화하기 위한 노력의 일환이라고 볼 수 있다.

현재 소련의 對아시아·태평양 전략은 본질적으로 전략적 우위를 유지하는 가운데, 정치적 수단과 군사적 수단을 연계시키는 강·온 양면의 적극 전략으로 집약될 수 있다. 소련은 아·태지역의 전략적 이점을 유지하는 동시에 전쟁 발발을 방지하고 지역 내의 안정과 평화를 근본적으로 저해하지 않는 범위 내에서 새로운 변화를 수용하는 이른바 "본질적 계승과 상황적 변용"으로 균형을 취해 나가고 있다.

「고르바초프」는 「블라디보스톡」 연설(1986.7.28.)에서 지역 내의 비핵지역화, 태평양 해군세력 감축, 재래식 군사력 감축, 태평양 상의 해상교통로 안전을 위한 신뢰조성 조치, 국제테러 방지조치, 중·소 국경지대 군사력 감축, 일본과의 관계개선 협상, 중거리 핵 폐기 등 일련의 제의를 통하여 지역안보 및 경제개발에 관한 광범위한 구상을 밝힌 바 있다. 「블라디보스톡」 연설은 중·소 관계 정상화를 위한 분위기 형성을 비롯하여 아·태지역 국가들 간의 관계 개선을 위한 포괄적 의도의 천명이라는 점에서 국제적인 관심을 환기시키고 있다.

「크라스노야르스크」 연설(1988.9.16.)에서는 아·태지역국가들 간에 관계개선을 위한 상호협력의 중요성을 강조하고, 지역의 안정과 긴장완화 및 군비축소 등 일련의 조치를 위해 미국과의 공동 협력의 필요성을 역설하고 있다. 특히 한국 관련사항을 언급하고 있다. 「크라스노야르스크」 연설에서 언급된 한국 관련사항은 남·북한 대화재개의 희망, 한반도 주변의 안정, 경제 교류의 증진에 관한 것들이다.

또한 소련은 중·소 정상회담(1989. 5. 15.)을 통해 소련의 對중국 화해와 동북아의 긴장완화를 위한 노력을 상징적으로 추진한 바 있다. 그러나 소련은 지역 내 군사력의 질적 개선을 추진하면서 베트남 및 북한의 군사적 결속을 강화하고 있다. 따라서 극동 소련 해군력26)의 증강은 평시에 있어 국

---

26) 해상에서 해상통제권을 획득하고 상대국에게 해상권 사용을 거부하는 수단이 곧 해군력의 구성요소라고 할 수 있다. 오늘날 통상 해군력은 해군함정을 뜻하며, 이러한 목적을 달성하기 위하여 함정은 필요한 여러 가지 장비를 갖추고 있다. 영국에서 발간된 JANE'S FIGHTING SHIPS에서 분류된 해군 함정의 각종 장비로서, <가> 해군함정(Naval Ships) : (1)잠수함 : 탄도미사일, 순항미사일, 공격 및 초

가 정책의 도구로서 주변 4강의 군사력 중 가장 한국안보에 큰 영향을 끼칠 수 있는 요소이므로 이를 견제할 수 있는 미 해군력이 계속 이 지역에 유지되어야 한다는 것이 관건이다. 舊소련의 극동해군 전력증강은, 첫째, 한국을 지원하는 미 7함대를 견제하여 우리의 지원 역량을 약화시킬 것이다. 미 7함대의 세력은 항공모함을 주축으로 하여 구성되어 있다. 이러한 항공모함이 동해와 남해의 좁은 지역에서 수 척 또는 수십 척의 함정 군을 형성하여 작전하므로 사전에 탐지될 가능성이 많다. 극동소련 해군의 잠수함, 유도탄 순양함 및 구축함의 장거리 함대 함 미사일과 Back Fire, Bare 장거리 폭격기의 공대공 미사일로서 공격받을 수 있는 취약점도 있으므로 극동소련 해군력의 증강은 상대적으로 미 해군의 지원역량이 약화됨을 뜻하게 되어 한국안보의 가장 중요한 영향 요소가 된다. 둘째, 한반도주변 해역의 활동 강화로 한국을 군사, 경제 및 정치 심리적으로 고립시킬 수 있을 것이다. 증강된 소련 해군력을 동·서·남해의 공해에 배치하여 활동을 강화함으로써, 한국에 외부로부터의 군사지원을 견제하고, 경제활동을 제한(수송로 방해)할 수도 있는 정치 심리적 도구로 활용함으로써 한국에 압박을 가하여 무력공격 없이도 한국을 핀란드 화하거나, 고무된 북한에 의한 남침의 동기가 될

계잠수함으로 구분하며, 추진력에 따라 원자력과 디젤엔진 잠수함으로 구분할 수 있다. (2)항공모함 : 원자력 항모와 통상 함모로 구분하며, 항공 공격형과 대잠 항모로 구분함. (3)전함 : 큰 전투함으로 주포 구경이 280mm 이상인 포를 장착하고, 배수용적은 4만 톤급 이상인 함정. (4)순양함 : 7,000톤 이상 25,000톤급 이하 함정, 중순양함과 경순양함으로도 구분. (5)구축함 : 대공, 대함, 대잠 등 다목적 중형 전투함, 통상 2,500~6,000톤급. (6)프리게이트 : 대잠수함전용의 중형 전투함, 통상 1,000-3,000톤급. (7)콜 벨트 : 500-1,000톤 미만의 미사일 고속함. (8)고속 경비함 : 500톤 미만의 미사일, 어뢰, 포, 경비정. (9)경비정 : 500톤 전후의 연안 경비정. (10)기뢰함 : 기뢰를 부설하는 함정. (11)소해함 : 기뢰를 소해하는 함정. (12)상륙 공격함 : 상륙부대를 탑재하고 헬기, 보트 등으로 상륙작전을 실시하는 함정 (13)상륙함 : 해안에 직접 접안하여 상륙군을 상륙시키는 함정 (14) 기타 지원함 : 유류공급, 수리, 정보수집, 통신, 탐사 등 각종 임무를 수행하는 함정. <나> 해군장비(Naval Equipments) : (1)항공기 : 전투기, 헬기, 레이더 경보기, 전자전기 등이 있음. (2)대잠병기 : 어뢰발사관, 로켓 발사대 등. (3)전자전 장비 : ECM, ESM 등 전자전 병기 (4)함포 : 16인치 포로부터 20mm 등 각종 구경포. (5)미사일 : 잠수함발사 탄도 미사일, 함대함, 함대공, 공대함 미사일 등 각종 미사일. (6) 레이더 : 대공레이더, 수평 레이다 등. (7)소-나 : 수중음향 탐지기로서 능동 및 수동형이 있다. (8)어뢰 : 함대, 대잠수함 어뢰로 구분되며 자동 추적과 직진형 으로도 구분된다.

수도 있을 것이다. 이 경우 소련 해군의 항공모함을 주축으로 한 순양함, 구축함 및 잠수함 세력이 이 목적에 사용될 수도 있으며 원거리 폭격기 및 연안 공군력이 지원될 수 있을 것이다. 따라서 미 7함대 세력의 활동 제한이나 중동 등 타 지역의 지원을 위한 대량 이동은 이 지역의 힘의 공백상태를 만들므로 경계해야 할 사항이다. 셋째, 한반도 주변해역의 정보수집으로 북한을 지원할 것이다. 정보 수집함을 대한 해협에 상주 배치하고 주요 훈련 시에는 수척을 증강 배치함으로써, 대한해협을 통항하는 함선의 동태를 파악하고, 통신, 전자 등 군사 정보와 정치, 경제, 사회정보를 수집하여 북한을 지원할 수 있을 것이다. 넷째, 유사시 북한해군을 직접 지원하여 군세를 북한에 유리하게 할 수 있을 것이다. 조선 조약에 의거 직접 참전하거나, 비밀 병기인 잠수함을 참전시켜 남해안의 아(我) 해상교통로를 은밀히 교란함으로서 전세를 북한에 유리하도록 할 수 있다. 다섯째, 일본과 중국을 견제 또는 포위하여 미·일·중국의 對소연합전선 형성을 와해함으로서, 한국의 지원역량을 약화시킬 수 있다. 극동 소련해군의 항모 순양함, 구축함 및 잠수함 세력으로 일본 해상자위대를 견제하여 우리의 지원역량을 약화시킬 수 있으며, 중국 포위를 강화하여 미·일·중국의 對소 연합전선 형성을 와해 시켜 한국 안보에 영향을 줄 수 있을 것이다.

중국은 국내 발전정책을 우선적으로 추진하고 대외적으로는 전략적 안정과 현상유지 정책을 지향하고 있다. 따라서 미·중 관계개선, 미·소 관계개선, 국내 경제의 발전을 위해 미·일 등, 서방의 자본과 기술도입을 확대할 수 있는 경제외교를 중시하고 있다. 또한 농업, 공업, 과학기술, 군사 등 4대 현대화 계획 완수를 위해서는 외국과의 경제·기술 협력이 필요하기 때문에 지역적 안정과 긴장완화를 희망한다. 이러한 점에서 중국은 한국과의 경제 교류를 증진시키고자 노력하고 있으며, 동시에 북한의 모험적 도발도 견제하여 한반도의 안정을 바라고 있는 것으로 보인다.

중국이 한반도에 대한 안보적 측면에 관심을 갖는 이유는 첫째, 한반도가 만주의 공업지대와 접해있기 때문이며 둘째, 미·중국 또는 일·중국과의 직접 대결을 완충하는 방파제적 위치에 있으며, 소련의 對중국 포위 봉쇄를 완충하는 지역이라는데 깊은 관심을 갖고 있기 때문이다. 따라서 중국은 한반도가 계속적으로 중국의 영향권 안에 있도록 소련과 경쟁적으로 북한을 지원하거나 영향력을 행사하려고 할 것이다.27)

그러므로 중국의 해군력이 한국안보에 미칠 수 있는 영향은 첫째, 서해 및 동지나해에 제한된 해상 통제권을 확보하여 북한을 지원하고 아(我)해상 작전에 제한을 줄 수 있을 것이다. 100척 이상의 공격 잠수함, 12척의 미사일 구축함이 이 목적을 위해 사용될 수 있으며, 특히 잠수함의 은밀한 활동은 아(我)해상교통로의 안전에 커다란 위협이 될 수 있다. 둘째, 미 7함대 세력과 일본 해상자위대를 견제하여 한국의 지원역량을 약화시킬 수 있을 것이다. 80년대 후기에 등장할 중국의 원자력 미사일 잠수함은 비핵국인 일본과 미 7함대 세력에게는 잠재적 위협이 될 수 있으므로 유사 적 중국이 북한을 직접 지원할시 미·일 등 우리의 지원 세력에 약화를 초래할 수 있다. 셋째, 중국 해군의 현대화는 북한 해군의 기술 발전에 기여함으로서 우리에게 영향을 줄 수 있다. 중국은 현재 미국, 일본 등 자유 진영으로부터 선진 기술을 습득하여 현대화 계획을 추진 중인 바, 이는 중국을 의지하고 있는 북한에게 기술을 전수함으로서, 북한해군의 능력을 강화하여 우리안보에 나쁜 영향을 줄 수 있다. 북한 해군이 R형 잠수함을 건조할 시 중국 해군의 기술적 지원을 받은 사실이 있다.

이와 같이 중국의 위협을 분석해 볼 때 중·장거리 전략무기(비핵)를 이용하여 전략목표를 타격하고, 해·공군 동시 작전으로 쉽게 서해안 제해권 및 제공권을 장악할 수 있을 것이다. 그럼에도 불구하고 중국의 군사력은 병력 면에서 대규모이지만 무기와 장비 면에서는 선진수준에 이르지 못하고 있는 실정이다. 1970년대 후반부터 실시하여 2000년까지 국방 현대화 목표를 추진하고 있지만 재원의 한계 때문에 진전이 늦어지고 있는 실정이다. 현재 병력은 100여만 명을 감축하여 320만 명 수준에서 동결하고 있으며, 무기와 장비의 질적 개선 및 군조직과 편제, 교리의 발전에 주력하고 있다.

군 현대화의 우선적인 목표는 무기와 장비의 질적 수준향상 및 준비태세 강화이며, 對소 핵전력 열세와 공세적인 재래식 기동전력 열세의 극복에 노력을 집중하고 있다. 이러한 군 현대화를 위한 방법으로서는 무기 및 장비의 해외구매보다도 기술 및 설비도입을 통한 기술도입 생산개발을 지향하고 있다. 최근에는 신형 초음속 전투기 AS-M기 개발에 착수하여 공군 전력 증강에 경주하고 있다. 특히 중국의 안보상의 주요 관심 대상은 한반도보다도 소련의 군사적 위협이기 때문에 중국 군사 전략의 최우선 과제는 중·소 국경선 상에서의 소련의 직접적인 군사적 압박과 한반도와 東만주를 통한 포

---

27) 김학준, 한반도에 대한 강대국의 기본 구상, 국토통일원, (1976), pp. 50-52.

위 전략을 저지하기 위하여 소련의 남진정책을 저지하는 것이다. 중국은 북경에서 소련과의 접경까지 거리가 불과 500마일 밖에 안 되어 7,500마일에 달하는 중·소 국경선 상에 배치된 소련군과 전략 핵무기를 1차적인 위협 요소로 고려하고 있다.

따라서 중국은 최소한의 핵 억제력을 보유하면서, 미국의 對소 견제전략을 이용하고 중·소간의 전쟁이 발발하는 경우 중국은 초기에 보복을 가함으로써 소련에 막대한 손실을 입힐 수 있음을 인식시킴으로써, 핵 공격을 억제하고자 한다. 또한 중국은 군사전략적 對소견제 외에 미·일과의 협력 강화로 소련과의 긴장완화 추구 등 비군사적 방법으로 대소 견제를 달성하려 하고 있다.

중국은 최근 들어 소련에 의한 아·태지역 긴장완화 및 경제적 개방과 협력 제의를 호의적으로 수용하고 있다. 중·소 관계는 1969년 다민스키 충돌사건 이래 대립적 관계로 전개되었으나, 금년 들어 30년 만에 개최된 양국 정상 회담을 계기로 획기적으로 개선되고 있다.

결론적으로 볼 때 중국의 국방 정책은 對소 견제와 지역안정 및 자체적인 군 현대화를 지향하고 있다. 그리고 중소 화해는 중국의 전략적 선택과 자주성을 높여주게 될 것이다. 동남아 지역에 대해서는 전통적인 지위를 유지하려고 하기 때문에 중국은 소련과 베트남과의 관계를 견제하고 소련과 베트남에 의한 캄푸치아 개입을 경고하고 응징해 왔다.

한편 대만에 대한 중국의 태도는 비교적 온건하여 군사적 해결보다는 장기적인 비군사적 국가 통합을 정책목표로 하고 있기 때문에 경제적 협력과 교환방문 등 다원적인 교류를 증진시키고 있다. 그 결과 양측의 관계는 상당한 수준으로 전개되고 있다.

일본은 방위비를 GNP의 1%선을 유지한다는 「비무장 원칙」을 내세우고 있지만 국력 자체가 크기 때문에 2000년대에는 GNP의 2%까지 국방비를 증액할 가능성이 커지고 있다. 즉 방위를 하지 않는다는 일본이 방위에 총력을 기울이고 있는 한국에 비해 5~7배 정도의 예산을 쓰고 있다.

군사현황으로서는 지상군은 소규모 전력으로 구성되어 있으며, 일본 전력의 주력은 해·공군력이다. 해군은 함정의 수는 적으나 현대화된 장비를 갖추고 있어 동북아지역에서 미·소 해군 다음가는 해상전력이라 평가할 수 있다.

일본에 대한 보안상의 주요 위협은 소련의 군사적 팽창이며, 부차적으로 북한에 의한 한반도 통일의 불안, 그리고 해상 교통로의 불안이다. 그러므로 주요 위협 방향은 북해도 방면과 한반도 방면이며, 소야, 쓰가루, 쓰시마 해협은 소련의 태평양 진출을 통제, 차단할 수 있는 이점을 제공하기 때문에 미국의 對소 태평양 전력에 있어 중요한 위치를 차지하고 있다.

일본이 안보적 측면에서 한반도에 대한 관심의 중요한 점은 첫째, 한반도가 대륙과 일본을 연결하는 지점이라는 점과 둘째, 한반도를 통하여 대륙 세력의 영향력 진출을 저지하고 일본의 안전을 도모할 수 있다는 점이다. 이러한 관점에서 일본의 對한반도 안보정책은 한반도의 안전이 일본의 안전에 중요하므로 첫째, 자유 한국을 유지하고 둘째, 분단 현상을 유지하며 셋째, 긴장 완화를 추구하고 있다고 할 수 있다.28)

일본주변의 해역 방위와 해상교통로 안전 확보를 기본 전략으로 하는 일본 해상자위대는 對잠수함작전 능력과 소해작전 능력을 주축으로 부대를 구성하고 있으며, 우리의 안보에 다음과 같은 영향을 미칠 것으로 생각된다. 첫째, 한반도의 남부 및 서해 일대는 수심 100m미만의 뻘 해이므로, 잠수함이나 항공기에 의하여 좁은 해협에 기뢰를 부설하면 7함대 작전을 방해하고 수송선의 연 항을 저지할 수 있다. 그러나 동해의 대한해협 및 대마도해협은 미 7함대가 한국을 지원하기 위하여 도착하려면 필히 통과하고 작전하는 해역이므로 이 해역을 소련이나 중국해군의 잠수함 활동으로부터 사전에 보호하는 것은 매우 중요하다. 이런 경우 한국과 일본이 다 같이 관련되어 있는 이 해협을 봉쇄하게 되면, 이는 소련해군력이 동해를 거쳐 남지나해를 잇는 가까운 길을 차단하게 되며 이 해역의 활동을 제한하게 되므로 우리의 해상 교통로 보호에는 적극적 방법의 하나가 될 수 있기 때문이다. 둘째, 일본 연안과 해상자위대에 의하여 보호된 해상교통로는 우리의 수송선 연 항에 도움이 될 것이다. 우리의 많은 선박들은 현재에도 일본연안과 외국항로를 같이 사용하고 있거니와 유사시 이들 항로는 일본 해상자위대가 보호해야 되는 구역이 되므로 한국의 수송선 연 항 안전에 도움이 된다.

또한 일본 군사전략의 목표는 외세 침공의 억제, 침공 억제 실패 시 전수 방위를 채택하고 있다. 억제 방법은 일본 열도의 해상교통로의 안전 확보로 국한되는 전수방어에 입각하여, 침공하는 적에게 치명적 손실을 입힐 수 있

---

28) Cf. Nathan White, "Japan Security Interest in Korea" Asian Survey. Apr. 1976. p. 306.

음을 인식시킬 수 있는 최소한의 전력수단을 보유하는 것이다. 재래식 무기에 의한 소규모의 직접 및 간접 침략에 대해서는 독자적으로 대처하고, 핵을 사용한 대규모의 전면전은 미·일 안보체제로 대응하려 한다.

따라서 일본은 미국의 핵우산의 보호 아래서 지역 역할을 강화하고, 자주적인 전략을 발전시켜 나갈 것으로 보인다. 그러나 미국과의 협력수준은 당분간 중국을 위협하지 않는 소극적 수준이 될 것이다. 또한 주변 1,000해리 해역의 해상교통로 안전 확보를 위해 점진적으로 일본 자체의 역할을 확대해 나갈 것이다. 이를 위해 해상 및 항공억제력을 중점적으로 발전시켜 나가고 있다.

특히 일본공군(항공 자위대)은 요격기 중심으로 편성되어 있다. F-15 90기, F-4/EJ-130기로 편성된 10개 요격대대와 일본산 F-1 77기로 편성된 3개 요격기 대대를 보유하고 있다. 이처럼 일본은 미 전력의 상대적 감축 추세에 따라 해·공군력을 증대해 가는 추세에 있다. 비록 현재 전력은 약해도 엄청난 잠재력 전력을 보유하고 있어서 "잠재적 군사강대국"의 대우를 받으며, 동북아 최강의 해·공군력을 만들어 낼 수 있는 돈과 기술과 공업 능력을 갖추고 있다는 것을 우리는 항상 명심해야 할 것이다.

또한 일본은 생존을 의지하고 있는 북태평양 해상통로와 동남아 해상통로가 태평양에서 위협을 받게 되는 상황이 오게 되면 일본은 해상방위를 위한 해·공군 전력을 스스로 갖추게 될 것이며, 서기 2000년에는 군사강대국으로서의 위치를 굳히게 될 것으로 전망된다.

이렇게 볼 때, 한반도에서의 일본의 위협은 대단히 크다고 할 수 있다. 즉 일본은 중·장거리 전략무기를 이용한 전략 목표를 타격하고 대규모 해·공군력으로 동·서·남해안 제공권 및 재해 권을 장악 후 육상작전 및 지상작전을 수행하면서 지상군은 현대식 전격전인 지·해·공 통합작전 등을 가상해 볼 수 있으므로 우리의 적절한 대비책이 요구되고 있다.

제 5 장
한반도 정세 진단

러·일 전쟁 발발 가능성 있다[1]

북한의 핵탄두 개발을 둘러싸고 벌이는 미국, 일본, 소련, 중국 등 열강들의 숨 막히는 외교전. 그 속에서 정작 문제의 당사자인 우리는 제 역할을 하지 못하고 있는 게 아닌가. 북한의 핵문제에 미국이 그토록 과민반응을 보이는 이유는 무엇인가. 이 복잡한 문제는 군사·정치·경제·외교를 동시에 풀어나가야 어느 정도 해석이 가능하다. 이 문제에 대해 군사평론가 김정선 씨는 정치·경제의 연결고리 속에서 전혀 새로운 해석을 내리고 있다. <편집자 주>

북한의 핵 도발 가능성은 상상하기조차 어렵다

1945년7월16일 미국이 뉴멕시코 주의 로스알라모스 사막에서 핵분열장치를 성공적으로 실험 폭발함으로서 핵시대가 개막되었다. 그로부터 한 달도 못 된 8월6일 히로시마, 8월8일 나가사키에 핵포탄이 투발되어 각각 6만8천명과 3만8천명의 양민을 대량 학살했다.

이후 핵전쟁 불가피론 적 승전전략 때문에 미·소가 핵무기 개발경쟁에 돌입, 지금은 세계 47억 인구가 1인당 4.5톤의 TNT를 짊어진 정도의 핵무기를 보유하게 됐다. 미·소의 핵탄두는 총1만5천MT이다. 1만 메가톤은 세계 인구의 30배가 넘는 천억 인구를 동시 살상할 수 있다.

핵이 폭발할 경우 치명적인 방사능 동위원소로 지표면이 오염되고 이중 토론치움은 90%가 붕괴되는데 95년, 세시움–137은 1백년이 걸린다. 舊소련 체르노빌 원전사고로 북쪽 평야 일대가 앞으로 2백년이상 못쓰게 됐다. 지금 핵탄이 터지면 방사능이 완전 제거까지 2만4천년이 걸린다. 따라서 핵이 터질 경우 최소 한 세기 이상 동물의 서식이나 생존이 불가능해지고 대기권의 상층부에 생성되는 산화질소로 오존층이 파괴돼 생태계가 사멸한다. 만약 한반도에 핵이 터질 경우 핵폭발 지점으로부터 수백 수천 킬로미터까지 핵 진이 날아가 한반도 전역은 물론 중국 일본에까지 심각한 영향을 미친다.

따라서 한반도의 핵폭발은 한반도를 비롯한 주변국까지 영구 죽음의 땅으로 몰고 갈 것이다. 때문에 일·중국 등의 핵전 발발 저지 노력은 그만큼

---

1) 김정선, 「군사평론」 월요신문(1994. 3. 14), 제83호, p. 12.

커질 수밖에 없다. 적어도 한반도라는 좁은 국토를 생각할 때 어느 누구도 핵을 무기로 한 전쟁은 도발할 수 없다.

북한의 핵전략 의도대로 가지 않고 있다

그런데도 북한이 핵문제를 계속 물고 늘어지는 것은 이를 무기로 순조로운 체제 승계를 노렸으나 이것이 차질을 빚고 있기 때문이다. 즉 핵개발이라는 카드를 이용, 미국 · 일본 등과 적절한 흥정을 붙이면서 그 반사이익으로 탈 이데올로기 시대에 적응을 시도해왔다. 그런데 김일성에서 김정일로 이어지는 권력승계에 문제가 생기면서 핵문제가 의도했던 방향으로 가지 않고 호재보다는 악재로 등장하게 된 것이다.

현재 군사전문가들은 북한의 권력승계가 김정일에게 보다는 김평일에게로 갈 가능성에 주목하고 있다. 이처럼 북한의 핵문제가 체제유지라는 절대적 상황에 맞물려 있는 상황에서 우리는 너무 쉽게 비핵화를 선언해버렸다. 한반도에 핵무기를 보유하는 것은 문제가 있다. 그러나 앞으로 계속 건설될 원전에서 나오는 핵폐기물 처리가 골치 거리가 되고 있다. 따라서 핵무기 개발 차원이 아닌 핵 처리를 위한 정도의 핵개발은 이뤄져야 한다.

세계질서는 경제경쟁 논리로 통일되고

북한이 국제 핵확산금지 조약 탈퇴를 선언하자 가장 다급한 쪽은 물론 한국이었다. 다급해진 한국이 지원을 요청한 곳은 미국이었고 미국도 이 문제 해결을 위해 발 벗고 나섰다. 최상의 한 · 미 공조가 이뤄진 셈이다. 그 결과 일단 북한이 핵사찰을 받는 상황까지 몰고 갔다. 다시 한 번 미국의 국제적 역량을 과시하는 계시가 됐음은 물론이다. 여기서 짚어 보아야 할 문제가 있다. 미국이 왜 북한의 핵문제에 그토록 민감한 반응을 보였는가. 분명한 단정을 하기는 어려우나 다음 시각으로 접근 정리해 볼 수 있다. "미국은 정치 안보전략 차원에서 한반도 핵 위기론을 유포하고 있다." 다소 비약적인 이 같은 해석이 가능한데는 우선 소련의 붕괴로 탈 이데올로기화된 점을 생각할 수 있다.

과거 미 · 소로 양분된 힘의 한쪽 축이 사라지면서 미국만이 세계유일의 강대국이 됐다. 이제 세계는 군비경쟁을 벌일 필요가 없게 되었으며 오로지 무한경제 경쟁시대에 돌입하게 된 것이다.

세계의 질서논리가 경제경쟁 하나로 통일된 것이다. 미국도 예외는 아니어서 세계를 상대로 경제 전쟁을 선포하게 됐다. 때문에 세계의 모든 나라들이 소위 미국과의 경제 전쟁을 붙게 된 형국이 됐다.

이 시기에 미국은 세계 모든 나라와의 경제적 적대 관계를 갖는 것에 크게 위기의식을 느낄 수 밖에 없으며, 경제 이외의 분야에서 세계를 결속시킬 수 있는 대안이 필요했다. 이 긴요한 시기에 북한이 핵이라는 절묘한 빌미를 제공한 것이다.

미국의 對북한 핵전략 노림수의 실체들

북한의 핵문제를 빌미로 미국은 세계경찰국으로서의 발언권을 높이는 결정적 기회를 잡았다. 북한의 핵개발에 따른 세계 핵확산 저지를 명분삼아 세계무대에서 절대적 지도력을 여전히 유지하면서 한편으로는 한반도에서의 '핵 위기설'을 유포, 또 다른 실리를 노리는 양수 겹장을 놓고 있는 셈이다.

이데올로기의 붕괴로 침체 일로를 걷고 있는 미국의 군수산업에 새로운 활로를 터는 것이다. 이러한 시점에서 한반도에 핵 위기설을 유포함으로서 한국과 또 유사한 상황에 처한 각 국의 군비증강을 부추길 수 있다. 한편으로 미국은 APEC 중심국 부상을 노리는 한국과의 연대강화라는 또 다른 실리를 얻고 있다. 한국을 중심으로 태평양 연안국 특히 전통적 반미 국가 말레이시아 등이 APEC 회원국으로 결속을 강화할 경우 APEC의 경제적 독립으로까지 나가게 된다. APEC의 경제적 독립이 이뤄지기 전에 미국은 이들 국가에 영향력을 최대한 확보할 필요가 있다. 이때 이들 국가 중 핵심국 이면서 영향력 행사가 용이한 한국을 잡아 놓는 데는 핵 위기설은 유효적절한 카드로 보인다.

미국의 핵 위기설 부추긴 율곡사업 비리 폭로

미국을 상대로 한 세계 각국의 무역 전쟁에 따른 적절한 한국의 역할이 필요한 시점이다. 이 같은 시점에 한국에서는 율곡사업 비리라는 전대미문의 무기도입 비리를 폭로했다. 이 사건은 對韓무기수출의 중단을 가져왔을 뿐만 아니라 세계 각국으로의 무기거래를 경색시켜 가뜩이나 부진한 미국 방위산업에 치명타를 주었다. 때문에 미국으로서는 창고에 쌓이고 있는 무기를 팔 수 있는 어떤 계기가 절실해졌다.

미국의 이 같은 욕구에 우리는 능동적으로 대처해야 한다. 즉 미국의 고성능 무기를 적절한 수준에서 수입해 주는 완충적 역할을 해야 한다. 그 대신 종전과 같이 막연히 무기만을 들여와서는 안 된다. 우리 측 기술자와 학자를 보내서 조작기술 뿐 아니라 생산 기술까지 익히는 반대급부를 취해야 한다. 뿐만 아니라 국내 기업과 미국의 방위산업체와 연계, 적절한 부분에서 무기 및 高기술 부품제품 생산에 참여해야 하고 일정 부분의 해외수출 길까지 보장받아야 한다. 이때 우리는 미국으로부터 들여온 高부가의 기술을 민간 기업에 이전, 민간 기업의 기술력을 획기적으로 발전시키는데 활용해야 한다. 이렇게 될 때 미국과 한국은 경제 충돌에 따르는 문제점을 적절한 연결고리로 묶을 수 있다.

러시아의 동해 핵폐기물 투기 폭로는 일본 겨냥

북핵문제가 지지부진한 시점에서 지난해 러시아는 느닷없이 동해 핵폐기물 투기사실을 폭로했다. 소련 붕괴 이후 국가 재건에 몸부림치고 있는 러시아는 경제회복에 큰 차질을 빚고 있다. 이중에도 서구의 지원은 미흡한 생태다. 특히 일본의 역할을 크게 기대했음에도 일본은 對러 지원에 적극성을 보이지 않고 있다. 일본이 러시아에 경제 원조를 하고는 있지만 그 규모가 미미할 뿐 아니라 '원조'라는 형태가 大國 러시아의 자존심을 계속 구기고 있다. 따라서 러시아는 일본에 대해 보다 적극적이고 대폭적인 거래 관계를 원하고 있다. 그것도 지원 형태가 아닌 수입과 수출 형태의 대등한 거래 관계를 원하고 있다. 러시아가 일본에 수출할 수 있는 것에는 핵연료인 플루토늄과 각종 지하부존 자원이다. 그런데도 일본은 플루토늄을 프랑스와 독일 등에서 들여다 쓰고 소련 것은 사주지 않는다. 산업의 각종 생산원료도 미국, 호주, 캐나다 등 엉뚱한 나라에서 사오고 있다. 이는 일본이 러시아와 거래하는 것보다 여러 가지로 득이 많기 때문이다.

인접한 경제부국 일본의 이 같은 소행은 大國 러시아의 자존심을 짓밟는 것뿐만 아니라 경제부흥을 어렵게 하고 있는 한 요인이 되고 있다. 알미운 일본에 뭔가 거래관계를 틀 수 있는 계기를 찾던 중 북핵문제가 세계적 주목을 받고 있는데 새로운 착상이 떠오른 것이다. 舊소련시대부터 버려온 동해의 핵폐기물 투기사실을 터트림으로 해서 북핵문제에 강 건너 불구경을 하듯 점잔을 빼고 있는 일본을 깊숙이 공격하는 효과를 그렸다. 예상대로 일본 열도는 들끓었다. 특히 고농도 플루토늄을 대량으로 수입 비축, 핵무기 개발즉응 태세를 갖추면서도 겉으로 북핵 문제로만 세계 이목을 끌고 가는 일본의 양면성을 폭로하는데도 성공했다.

제3차 세계대전 러·일 전쟁 발발 가능있다

러시아의 이 같은 경고에도 불구하고 일본의 對러경협은 별다른 진전을 보지 못하고 있다. 이는 군사 전략가들의 러시아산 플루토늄 수입 요청에도 불구하고 일본 내각제가 가지고 있는 복잡한 체제 때문에 즉각 실행을 하지 못하고 있다. 당장의 이익이 적은 對러 경협에 기업들이 거래를 꺼리기 때문이다.

일본의 군사력은 舊소련의 남하에 대비, 꾸준히 증강시켜 왔다. 특히 소련 붕괴이후 러시아의 돌발 행동에 대비해 두드러진 증강을 추진해 왔다. 일본은 러시아로부터 분리 독립한 동유럽 각 국과의 국경선이 안정되지 못했던 과거 몇 년 동안은 군사적 위험에 어느 정도 등한시 할 수 있었다. 그러나 지금은 러시아의 국경선이 점차 안정되고 있는데 반해 과거 독재정권하 권력을 누렸던 보수 세력들의 과거 향수 분위기가 일고 있고 경제개발 지연에 따른 내분도 날로 격화되고 있다. 따라서, 러·일 전쟁이 발발 세계 제3차 대전으로 번질 가능성이 크다. 이 같은 사실은 미국 민주당 군사위원장 샘 넌의 증언으로 뒷받침되고 있다. 즉 러시아에 계속된 경제성장 부진은 보수 세력의 영향력을 점차 확대시키고 있다. 보수 세력의 복귀는 개혁개방 주도 세력과의 끈질긴 권력투쟁으로 계속될 것이고 이 내분은 어느 한곳으로 분출될 가능성이 높다.

그 분출 시기는 개혁세력이나 보수 세력 중 어느 일방이 확고한 주도권을 다지기 직전에 이루어질 가능성이 높고 그 대상은 일본이 될 가능성이 높다.

타 국가와의 전쟁에서 러시아가 얻을 수 있는 것이 거의 없다. 그러나 反

日감정을 등에 업은 對日전쟁은 문제가 다르다. 러시아는 국내에 무진장 쌓여있는 재래식 무기의 소모로 큰 손해를 볼 것이 없는데 반해 경제파탄의 위기를 느낀 일본이 큰 이익을 협상 카드로 내놓을 가능성이 크다.

러·일 전쟁이 발발하더라도 핵전쟁으로까지 가지는 않을 것이며, 재래식 무기에 의한 제한전이 될 가능성이 높다.

남·북 전쟁 재발 가능성 있나[2]

지금 이 시점에서 한반도의 전쟁발발을 가상하여 남·북의 군사전략을 고려해 보는 것은 의미가 있다. 북한의 평양은 휴전선으로부터 11분 거리 위치하고 있다. 이에 반해 국가 경제력의 70%, 인구의 4분의 1이 집중된 서울은 불과 3분 거리에 위치해 있다.

핵전이 아닌 국지·우 발전으로 부터 시작되더라도 한반도의 현대전은 남·북한 무기체제의 대량파괴 능력으로 보아 최소한 한반도내의 산업시설의 80%이상, 인구 천만 명 이상이 파괴 및 살상을 가져온다는 것이 양측의 공통 인식이다. 그러나 기습공격의 차원을 떠나 한반도 전 작전지역이 25분 비행 거리에 위치해 있는 제한된 시간·공간적 전투종심으로 볼 때, 남·북한 어느 쪽도 절대승리가 보장되지 않는 한 함부로 전쟁을 도발할 수 없는 절묘한 지리적 환경을 가지고 있다.

특히 북한정치구도에 커다란 변화가 없는 한 친중 세력에 의존된 김일성 세습체제의 주도권을 중국 정부가 쥐고 있어 중국의 도움 없이 전쟁도발은 불가능하다.

현재 동북아의 지형을 살펴보면 중국 황해경제권의 유일한 젖줄인 산업 중심지가 옛 만주 땅인 동북3성, 내·외몽고, 산동 반도 등 한반도 국경선과 접해있다. 또한 중국과 러시아의 접경지역에 중·러 합영으로 국제적 개발을 도모하기 위해 한반도의 선봉, 나진, 청진 항구를 기축으로 하는 경제무역 지구가 형성되어 있다. 만약 한반도에 전쟁이 일어난다면 중국과 러시아의 경제권 지역도 붕괴될 가능성을 배제할 수 없다. 따라서 최근 북한이 '불은 불로써 다스린다.' 는 전쟁불가피론을 피력한 것은 단지 핵카드 실패에 귀속된 하나의 정치적 수단에 불과하다.

---

2) 김정선, 「군사평론」 월요신문(1994. 4. 4), 제85호, p. 13.

북한이 한국에 대해 구사하고 있는 강압전략은 무제한적인 절대 전쟁의 가능성이 내포되어 있는 전통적인 군사전략에 의한 것이 아니라 제한적이고, 점증적인 방법으로 보여 진다. 즉, 경제적, 정치적, 심리적 비용을 적게 들이며 북한의 의도를 관철시키고자 하는 에스컬레이션 전략으로 인식할 수 있다.

다시 말해 중국이 북한에 대한 경제제재에 소극적인데다가 최근 중국은 자국의 인권문제와 관련한 미국과의 분쟁으로 악화되어있는 점을 이용하고 있다. 북한은 핵문제와 관련해서 안보리가 북한에 대한 강력한 제재결의를 하는 과정에서 중국 측의 지지를 얻어낼 수 없다는 확신 속에 한국에 대한 강압전략을 구사한 것이다.

핵외교 실패 후속타

북한은 핵전의 위협을 통하여 국제 여론의 비난을 상대적으로 줄일 수 있고 일순간에 한국의 능력을 무력화 시킬 수 있다는 의지와 능력을 보여준 것으로 생각된다. 이 경우 북·미 협상과정에서 한·미간의 대북 공조체제를 일시에 통제할 수 있다는 판단이 가능한 것이다. 그러나 이 전략은 각 상황의 일정한 협상 방법이 있는 것이 아니고 중국에 의존적이므로 성공적으로 이행하기가 어렵다. 그렇다면 왜, 북한은 자처하여 상대에게 밧줄을 내어줌으로서 스스로의 손과 발을 묶는 것일까?

북한은 미국의 경제침체 주요인이 국가 산업의 65%가 군수업체라는 취약한 산업 구조인 점을 간파하고 있다. 이 때문에 한반도에 긴장을 고조시켜 미국의 **對韓** 군수물자 판매 여건을 형성시켜 고갈 되어가는 미국 경제에 활로를 제공해 주자는 전략으로 보여 진다.

북한은 그동안 핵카드 실패로 인해 매듭이 얽혀버린 북·미 수교 접근에 있어 새로운 관계 모색을 간절히 바라고 있다. 또 지난 역사의 자존심 대결 국면으로 인해 미묘한 중·미 관계를 개선하기 위해 중국의 사주를 받았을 가능성도 있다. 한편으로는 거간꾼임을 스스로 자처한 북한이 한반도 긴장 고조를 담보로 하여 중·미간 협상테이블을 만들어 주고자 하는 고차원의 전략일 가능성도 배제할 수 없다.

북, 중·미 간 거간꾼 자처

중·미 관계에서 북한이 나설 수밖에 없는 상황을 분석해 볼 때, 북한의 중요 우방인 중·소 양국의 관계 정상화로 인해 이제 중·소 줄다리기 게임을 할 수 없게 되었기 때문이다. 오히려 북한은 서방에 문호를 개방한 중·소로부터 지원보다는 개혁·개방이라는 모종의 압력을 받고 있다. 북한은 체제의 제한 때문에 중·소처럼 전면적인 개방을 통해 서방자본과 기술을 도입하기 힘들고 중·소로부터 지원도 축소될 것이 분명하다. 결과적으로 김일성 세습체제 존속을 위한 거대한 1백 10만 명의 재래식 군사력 유지는 더 이상 감당할 수 없게 되었다.

이처럼 주요 우방의 상실과 가속화될 경제붕괴가 맞물려 혹여 북한식 사회주의가 동북아 질서 재편으로부터 희생되거나 또는 고립화되는 것을 막아야 되는 절대 절명의 기로에 놓여있다. 따라서 북한은 핵카드 하나를 가지고 북·미 수교까지 끌고 간다는 전략 때문에 다소 무모해 보일 정도로 핵곡예가 가능했다.

만약 북한의 강력한 전쟁 불가피론에도 불구하고 한국이 전혀 동요가 없거나 미·중 및 미·북한간의 관계개선이 보이지 않을 경우 북한이 감행할 가상 시나리오에 구체적인 대책을 세워야 한다.

첫째, 對북한 도발저지를 위해 서울에 방어용 패트리어트 미사일 배치 결정이 과연 북한의 대응전략에 어떤 효율성을 가져다 줄 수 있을까? 라는 점이다. 예로서, 북한이 노동 1호 미사일에 50킬로톤 급의 핵무기나 VX 화학무기를 장착하여 쏘아 올린 미사일이 서울 상공에서 방어용 패트리어트 미사일에 의해 성공적으로 공중 격추시켰다고 가정하자.

결국 서울전역으로 방사능 및 유독가스가 누출되어 심대한 인명피해를 안겨줄 뿐만 아니라 방사능 낙진은 바람을 타고 한반도 전역으로 확산될 것이다.

전술핵 재배치 고려돼야

따라서 방어용 패트리어트 미사일의 효율성보다는 지난날 노태우 대통령 재임 당시 김종휘 전 외교안보수석의 일방적 비핵화 선언으로 인해 한반도에서 철수시켰던 공격용 전술핵 미사일을 도입, 재배치하는 것이 오히려 효과 면에서 극대화를 가져올 수 있다는 점을 고려해 봐야 한다. 왜냐하면 북한이 핵 인질을 이용한 남침오판에 일격을 가할 수 있는 유일한 방법은 우위 전략으로서만이 전쟁억제가 가능해질 수 있기 때문이다.

둘째, 북한의 테러이즘을 통해 컴포지션 C4, 오스트로라이트 P형 폭약을 이용한 제2의 KAL 858편 및 미·팬암 103편 폭발 도발과 철도 전복을 노리는 게릴라전에 대비해야 한다.

셋째, 북한의 전쟁도발 시 즉각 대응할 수 있는 한국적 군사지휘 체제 및 군 구조의 재편성이 시급하다. 북한이 채택하고 있는 단일 통합군제는 군정과 군령이 일원화되어 있어 지원전략, 통합전력 발휘, 의사 결정의 신속성 등을 보장할 수 있는 장점이 있다. 반면에 한국의 군사지휘체제는 미국식 합동참모총장제와 유사해 군정과 군령이 이원화 된 체제이다.

통합군제 도입 필요

이는 지난날 군부로 인한 12·12 사태에서 지적되었듯이 군 조직의 책임의 한계가 불분명하여 각 군의 지휘통합에도 상당한 문제가 발생될 소지가 있고, 신속성과도 거리가 멀기 때문이다.

북한의 호전적 외교 노선과 때를 맞추어 국내 전력증강이 필요한가에 대해서도 지적할 필요가 있다. 최근 북한은 군축의 필요성을 주장하면서도 실제로는 정치적 선전물로만 이용하고 있다. 북한이 전력증강을 하고 있는 상황 하에서 한국 역시 군축의 가능성을 찾기란 매우 힘든 일이다. 특히 중국의 북한에 대한 군사력 지원이 계속되는 한 한반도에서 군축의 실현은 불가능하다. 중국의 북한지원은 결국 한반도에서 긴장을 조성하는 요인이 되고 있다. 더구나 한반도 긴장위기의 분위기와는 반대로 한반도 주변국들의 군사력 질적 증강추세가 가속화되고 있음을 예의 주시할 필요가 있다.

舊소련은 비록 소련의 붕괴 및 미·소간 INF 협정에 의거하여 SS-20 중거리 핵미사일을 철수하고 약 12만 명에 해당하는 병력을 극동에서 감축했다. 그럼에도 불구하고 현재의 러시아는 블라디보스톡의 극동기지에 27만톤 규모의 함대를 증강하고 일본 북방 탁제 섬에서 불과 20km 떨어진 천도열도의 신지도에 비밀 잠수함 기지를 완공하여 공격형 잠수함 배치하고 있다. 또 공군력에서도 최대속도 마하 2.5의 초음속에 고도 7천7m의 무급유 항속성능을 자랑하는 폭격기 백파이어 편대와 유사시 일본 전역을 폭격 범위로 잡는 전천후 전투폭격기 U24 펜서 편대까지 배치가 완료된 상태이다.

중국도 군 현대화 계획으로 병력을 감소시키는 반면 프랑스나 영국의 핵 전력을 훨씬 넘어선 총 위력 500메가톤이라는 중거리 전술 핵무기를 증강하고 있다. 즉, 군사력의 재편성 작업이라는 명분 아래 최근 750마일 사정의 중거리 탄도탄에 핵탄두를 장착하여 시험 발사하고 실전 배치를 들어갔다.

주변국 군비증강 추세

일본 역시 경제력을 바탕으로 한 군사대국화 대규모 플루토늄 수입, PKO 법안에 의한 타 국가로의 파병 UN 안보리상임 이사국 가입 노력 등은 한반도를 긴장시키고 있다. 그렇다면 지금 북한의 사정은 어떠한가. 소위 사회주의의 변혁은 '냉전의 마지막 섬' 한반도에도 엄청난 변화의 파고를 예고하고 있다. 지금 북한에선 밖으로는 자주·평화·친선으로 세계의 모든 나라들과 평등과 우호선진의 원칙에서 다방면적인 교류를 진행하고 있다. 하지만 안으로는 날로 심각해져 가고 있는 경제위기를 맞고 있는 가운데 타 국에 간섭받지 않는 '북한식 사회주의'를 고집하고 있다. 특히 후계자 김정일은 김일성의 유고시 탈 김일성주의 화를 경계하고, 동요 없는 권력승계를 위하여 80년 초부터 권력세습 기반을 다져 왔다.

그러나 예기치 못한 탈냉전 기류에 북한체제가 중심을 잃게 되자 국민적 여론을 무마하기 위하여 상대적으로 비용이 적게 들어가는 對南 강경노선으로 방향을 급선회하고 있다. 그러나 김정일이 의도하는 북한식 사회주의가 허덕이는 경제난과 국제 정치적 고립 하에서 개혁과 개방이라는 대외 정세에 대처하기에는 힘이 약하다.

북 체제유지 불안 가중

김정일이 후계자로 부상하는 과정에서 가장 특징적인 것은 김일성의 후광이 사라질 경우 지도자적 권위가 급속하게 붕괴될 것을 우려하여 자신의 정치권력 기반이 용이할 수 있도록 일련의 숙청을 시도한바 있다. 북한의 중추적 권력기관인 노동당·공무원·군부를 비 롯, 각 관내의 항일 빨치산 출신 및 소련군 출신들로 요직 주류를 형성해온 반대 세력들을 밀어냈다. 그 대신 김정일 사단으로 불리는 핵심요원 25인을 주축으로 한 만경대 혁명학원 및 김일성 군사종합대학 출신의 신진인물들을 대거 기용했었다. 특히 김정일은 한때 김일성의 후계 자리를 놓고 김성애(당시 여성동맹위원장)와의 불꽃 튀는 암투 끝에 1974년6월 김성애 측이 몰락함으로서, 권력획득을 얻게 됐다. 김정일은 그 이후, 자신의 유일한 公敵인 계모 김성애와 이복동생 김평일의 잠정적 위해 요소를 사전 제거하기 위해 '10호실'을 특별히 조직하여 통제를 강화시키고 있다.

이미 김평일의 출신학교인 남산고등학교, 김일성 종합대학 동기생들을 모두 산간 오지로 추방시킨 상태이다. 이처럼 김정일은 위장된 정통성을 주축으로 하는 정치통제체제를 위협하는 사회불안을 자초하여 내적 붕괴의 요인을 심화시키고 있다. 따라서 김일성 死後 수년 내에 김일성 격하 움직임이 태동할 조짐이 형성되면 김정일 추종세력들과 소외 및 배척된 세력들 간의 뿌리 깊은 반목과 갈등구조 속에 '헤게모니', 권력 다툼이 증폭되어 표면화될 가능성이 있다.

열강 이권다툼, 한반도통일 최대 변수[3]

최근 중국 정부는 한·중 국교 수립에도 불구하고, 북한과의 우호관계에 전혀 변화가 없음을 천명했다. 이는 한마디로 중국이 북한의 생존을 원하고 있다는 뜻이다. 반면에 한국과는 중국과의 새로운 협력체제 속에서 경제교류가 확대되기를 원하고 있다는 뜻도 된다. 즉 중국은 북한의 고립방지와 한국과의 관계개선이라는 이원화 속에서 고민하고 있음을 단적으로 보이는 것이 된다. 중국의 이 같은 등거리외교가 가능한데는 최근 중국의 입장이 아·태 지역에서 급격히 부각되고 있음을 반증하고 있다.

미국의 역할 축소에 이은 러시아의 영향력 감소가 새로운 국제질서를 형성 시키면서 중국은 아시아 유일의 핵무기 보유강국이 된 셈이다. 때문에 동북아의 전략 환경을 결정짓는 위치에 있는 게 사실이다.

---

3) 김정선, 「군사평론」 월요신문(1994. 4. 11), 제86호, p. 13.

이러한 시점에서 한반도의 통일이 중국의 절대적 우월권 행사를 위축시키거나 아니면 제3국이 한반도를 거점으로 일방적인 세력신장의 결과가 초래된다면 중국은 등소평 死後에도 권력체제에 큰 변화가 없는 한 한반도 통일을 반대할 가능성이 크다.

중국은 한반도가 고대로부터 중국 문명의 영향을 받아온 속국이라고 생각, 한반도에 다른 타국 세력들이 개입하거나 지배하에 놓이는 것을 원치 않는다.

따라서 한반도의 통일문제를 풀기 위해서는 중국 정치엘리트들의 실용주의적 세계관에 지대한 영향을 미치고 있는 중화사상을 점검해 볼 필요가 있다.

만약 남·북한의 통일이 현실화 된다면 중국은 북한 체제에 의한 사회주의적 통일 또는 공산주의 이데올로기 식 가치하의 통일을 원하는 것은 당연하다. 결국 개혁·개방 물결로 뒤덮인 국제화 시대를 헤쳐 나가기 위해서도 중국이 한반도를 보는 북한 편향적 시각의 변화는 당연한 순리이다. 따라서 중국의 최대 관심사는 한반도 이권을 둘러싼 열강들의 '헤게모니' 다툼에서 주도권을 잡는 것이다. 그것은 곧 한반도가 어떤 과정과 형태를 그리며 통일되는 것이 중국의 국익에 있어서 절대적 가치인가 하는 것이다.

등 死後, 제2천안문 사태가 강택민 실각 예고

중국의 실력자 등소평 死後를 대비한 권력계열화 작업은 이미 상당 폭 진행되고 있다. 즉, 등의 생존 중에 국가주석 강택민 총서기를 중심으로 한 당 주류파들이 군권과 당권을 장악하기 위해 등의 개혁·개방 노선을 바탕으로 한 경제성장 및 군부와 산업구조 조정을 서두르고 있는 것이다. 이는 시장경제 체제 확립과 권력 승계의 합법성 제고를 위한 정계재편으로 이어지고 있는 것. 그러나 1978년 등소평을 위시한 개혁주체 세력들이 권력 창출 당시 농업·공업·국방·과학기술 등의 4개 현대화 목표가 뒤로 밀린 채 최우선 과제로 군 개혁부터 단행됐다. 이후 군 개혁은 일관된 국방 계획의 기반을 형성하기보다는 임시변통 방법을 채택, 기존체제의 불가피성을 인정한 채로 시도돼 왔다. 때문에 군 개혁은 당 차원의 개혁과 이에 반대하는 군부 지도자들의 비판이 갈등 요인으로 나타났다. 당시 군 개혁의 실패는 결국 현재의 사회·경제적 농·공업 우선정책에 비해 환경 변화 요구를 수용할 수 있는 폭이 제한 되게 되는 결과를 낳았다.

그 결과 군 고위정책 결정이 정상적인 당이나 행정부의 계통을 무시한 채 하향식 뒷거래에 의한 정치·사회적 조직망에 의존하게 되는 문제점을 낳고 있다. 즉 군사지휘체제와 통제구조가 와해되는 국면을 가져온 것이다. 더구나 핵무기 보유 억제를 위해 국방예산을 전체 예산의 17.9%에서 13.9%로 삭감했다. 하지만 프랑스나 영국의 핵전력을 훨씬 넘어선 총 위력 5백 메카톤이라는 중거리 전술 핵무기를 보유하게 됐다. 때문에 이미 자체적인 군축은 물론 군 개혁 및 개혁 세력들의 군부통제가 한계성을 극명하게 드러내고 있다. 이로써 누적된 사회적 모순과 당내 보·혁 양 세력 간의 뿌리 깊은 반목과 갈등 구조는 등 사후 제2의 천안문 사태가 발발될 경우, 이를 빌미로 보수 세력을 등에 업은 군부가 쿠데타를 야기 시킬 소지가 다분히 내포되어 있다.

현재 중국은 외적으로는 개방과 개혁의 요구를 받고 있고, 내적으로는 근대화 달성 및 민주화 요구 때문에 사면초가에 놓여 있다. 또한 군 개혁 실패가 가져온 보·혁 양 세력 간의 내분은 강택민 체제의 위력이 점차 그 유용성을 잃게 되어 실각될 가능성도 전혀 배제할 수 없다.

중국 공략에 나선 미국의 '차도살인 음모'

중국은 천안문 사태를 계기로 미국의 정치·경제·군사도 아닌 선교사 입국을 근원적으로 봉쇄하고 나선 것은 무슨 까닭인가. 이는 미국의 감리교 총회가 파견한 최초의 중국인 선교사 '촬리 송'이 중국 상해에 도착한 19세기 말엽을 더듬어 보면 실마리가 풀린다.

그 당시 미국은 태평양을 향한 프론티어 스피릿정책을 구사, 중국을 자국 이익의 발판으로 삼기 위하여 상해에 정착한 선교사들을 이용한 미래 중국 정치의 지도력을 구상했다. 이 구상은 미국 기독교계가 나서 근대 중국을 만들기 위해 중국 전역을 기독교화 할 엄청난 음모를 꾸며냈다. 우연인지 필연인지는 모르겠으나 이 시기에 무명의 중국 고아 '촬리 송'이라는 15세 소년이 미국 동남부에 흘러 들어왔다.

'촬리 송'은 월밍톤 감리교회 목사에게 소개되어 1880년11월7일 노스캐롤라이나에서 세례를 받는 최초의 중국인이 되었다. 그런데 이 작은 한 사건이 역사적 사건으로 근대 중국의 역사를 이끌어 가는 커다란 물줄기의 근원이 될 것을 짐작한 사람은 아무도 없었다. '촬리 송'은 근대 중국 혁명의 기수였던 손문에게 둘째 딸 경령을 출가시켜 손문의 장인이 됐다. 동시에, 셋째 딸 미령을 장개석에게 출가시켜 장개석의 장인이 됐다. 뿐만 아니라 첫째 딸 애령은 중국의 최대 재벌인 공상회에게 출가시켜 공상회의 장인이 되기도 했다. 그 아들 송자문은 후일 중국 국민당의 재정부장과 국무총리, 중국 중앙은행 총재가 된다. 그리고 둘째아들 자량과 셋째 아들 자안은 모두 중국의 주요은행들을 그 손안에 넣게 된다.

이처럼 미국의 중국 선교는 중국의 정치와 경제를 자국이익의 도구로 삼으려는데 철저히 이용됐다. 그러나 '촬리 송'은 아편과 폭력과 정치 음모의 두목으로 변질됐고 결국은 손문도, 장개석도, 중국도 모두 놓친 결과를 낳았다. 결국 모택동에게 중국을 내어준 兩國 간의 우행스런 역사를 되새기고 있는 중·미 관계에 선교사 파견문제는 미묘한 걸림돌로 작용하고 있다.

중국은 9백60만km² 의 광대한 대륙과 수많은 천연자원, 세계 제1위의 인적 자원을 갖고 있다. 한반도를 둘러싼 동북아질서 재편과정에서 중국은 최상의 천연자원 공급지로서는 물론이고, 값싼 노동력, 크나큰 시장성 측면에서 중국이 단순한 한국의 이웃국가라는 개념을 넘어서고 있다. 이 같은 중국을 중심으로 주변 열강들에 의해 복합적으로 구축돼 있던 집단안보 조직은 新세계질서라는 변혁과 역동성에 따라 어떤 형태로든 깨어질 수 밖에 없다.

한·중 밀약은 한반도 통일로 이어지고

이런 가운데도 한반도통일 자체가 독일통일을 모델로 기초한 3단계 한반도 통일원칙들이 무시되고 있다. 한반도의 통일은 어느 일순간 북한자체 내 정변이 발생, 연쇄적 슬립현상을 보이면서 위기의식이 팽배되고 혼란이 가중, 불안정한 통일로 나아갈 소지도 전혀 배제할 수 없다. 따라서 현재 한·중 경제협력 강화가 요구되는 중국의 입장과 한국의 정치·경제적 여건을 고려할 때, 미국의 양해 하에 한·중 수교 차원을 넘어선 한·중 밀약 체결이 시급하다.

불안정한 한반도 통일은 일본 침략 불러온다

1980년대 말에서 1990대 초에 이르러 동구권 공산국가의 몰락으로 동·서독 통일의 新데탕트 시대가 열렸다. 이 과정에서 소련의 분해, 비 공산 러시아(CIS)의 출현으로 동·서 냉전체제의 붕괴를 가져왔다. 결과적으로 미·소의 양대 군사대립 체제가 해체되고 러시아가 유럽안보 체제에 편입되는 등 세기적 공백 상태를 맞고 있다. 이 상황 하에서 미국은 한반도를 '중요한 이해관계 지역'에서 '사활적 이해관계 지역'으로 격상시키고 있다. 미국이 한반도를 '환태평양 방위의 제1선'으로서 서유럽과 동등한 중요성을 부여한 것은 미국의 태평양지역 정책을 가늠하게 하고 있다.

한반도는 동북아 전체에 있어서 미국자본의 자유로운 활동과 투자환경의 안정성 확보라는 차원에서 미국의 국익에 절대적 필요 가치에 있다. 탈냉전 시대를 맞이한 중국은 북한의 주한미군 철수주장을 공식적으로 지지하고 있다. 하지만 내용적으로는 주한미군의 존재를 받아들이거나 지원하는 입장을 취하고 있다.

일본의 군사대국화를 저지해 온 미국이 고질적인 무역 적자와 재정 적자를 줄여나가기 위해 국방예산 지출을 축소하기 위한 명분으로 '한반도 긴장을 고조시키고 미·일 방위조약 확대'라는 안보카드를 내놓고 있다. 따라서 미국은 미국의 핵우산 아래 축적된 엔화를 바탕으로 '재팬 파워'에 걸 맞는 일본의 역할 증대를 요구해 왔다. 그 결과 일본이 점차 군국주의화 하려는 경향마저 드세 지고 있다.

일본은 과거 러·일 '성 피터즈 조약' 때문에 러시아에게 강점된 쿠릴 열도와 시코탄 및 에토로프, 쿠나시리 영토 내에 러시아의 군사력이 집중 배치된 점을 상기시키고 있다. 對러 군사 견제력으로 작용한다고 하지만 2차 대전 당시 일본에게 쓰라린 경험을 한 한국·북한·중국은 일본의 군사대국화를 심각한 상황으로 인식하고 있는 것. 만약 일본은 對한반도의 2중 분리 정책에도 불구하고 남·북한이 통일된다면 일본의 동북아시아에서의 정치·경제권이 급격히 상실되게 될 것이다. 이 때 일본은 대륙진출을 위한 활로를 개척하기 위해서도 한반도 침략의 가능성이 있다.

한·러 방위조약은 일본의 군사대국화 억제

일본의 군사력 강화를 억제하기 위해서는 러시아의 역할이 매우 중요하다. 러시아가 한국의 영해 부산 또는 울산 항구를 이용할 수 있도록 한·러 방위조약 체결이 필요하다. 러시아에게 블라디보스토크에서 동해를 연결 짓는 서태평양과 대서양을 개방하는 것은 일본의 지리적 환경에 적용한 것이다. 일본의 위치는 러시아 동부지방의 태평양 출구를 길게 가로막고 있다. 특히 쓰야스가루 해협의 경우, 해안지방에서 캄차칸·츄코트 지방으로 연결되는 중요한 군사물자의 공급통로까지 이용되고 있는 점에서 러시아와의 충돌이 필연적이다. 한·러 방위조약에 따르면 다른 반대급부로 한국은 국제정치적 영향력 확대를 가져올 수 있다. 첫째, 군사대국화를 통한 대동아 공영권을 구상하고 있는 일본을 견제할 수 있고, 둘째, 시베리아 지역과 연해주 개발 참여로 인한 한·러 양국관계 확대가 방위협력의 부산물로 자연 창출될 가능성도 있다. 셋째, 러시아도 한반도에서 미군 철수로 인한 힘의 공백을 일본이나 중국의 영향력 증대 방지라는 실리를 얻게 됨으로써 한·중 밀약의 정당성 내지는 북한이 일본과의 관계보다 미국과의 수교가 빨리 이루어질 수 있도록 촉매제 역할을 자처하게 될 것이다.

한반도의 「카멜레온」 핵전술 25시[4]

플루토늄 탄에는 재처리 시설이 필수적이고, 우라늄탄에는 농축시설이 필수적이다. 따라서 핵연료에 대한 재처리시설은 핵무기의 핵심재료인 플루토늄(PU239)을 추출해 낼 수 있는 시설이므로 핵탄 제조에 있어서 상당히 중요하다. 재처리시설이 확보되어 있을 경우, 원자로에서 타고 남은 찌꺼기의 핵연료에서 플루토늄이 추출되는 것은 시간문제다. 재처리시설에 주로 사용되고 있는 퓨우렉스 기술은 재처리 시 독성과 방사능을 발산 하는 물질이 외부에 누출되지 않도록 납유리로 완전히 차단된 핫 셀이라고 불리는 고속증식로 및 우라늄 혼합(MOX)연료용 신형 전환로를 이용해 외부에서 내부 물질들을 원격 조정하여 처리하는 방식이다. 일반적인 비료화학 공업을 취급하는 기업들의 기술 수준으로도 충분히 실현 가능하다. 그러나 플루토늄의 재처리 시 반드시 고속증식로 방식에 의한 핫 셀 안에서 이루어지지만 그 규모와 자동화 정도에 의하여 재처리 능력이 결정되기 때문에 핫 셀의 재처리 용량을 상정하는 것은 매우 어려운 일이다.

우라늄 농축을 획득한 경로는 우라늄 광산에서 채광한 우라늄 원광을 가지고 생산 공장에서 '선광 – 분쇄 – 산침술 – 이온교환 – 침전'공정을 거치

---

4) 김정선, 「군사평론」 동대신문(1994. 5. 4), 제1148호, p. 4.

는 정련 과정의, 즉 이온화된 기체 우라늄을 전자기 분리장치인 알파 크로트론 장치를 이용하여 발생되는 강한 자장 속에 넣어서 천연 우라늄(U235)과 보통 우라늄(U238)을 분리시켜 노란색 분말로 정련된 옐로우 케익으로 만든 다음 '산처리-식순 정제-야금-가공-금속 우라늄-피복-핵 연료봉'의 가공 공정을 거쳐 핵연료 또는 핵연료봉의 형태로 만드는 방식이다.

이 외에도 핵무기 제조와 직접적으로 연관성 있는 우라늄 농축방식을 살펴보면, 90% 이상의 고 순도 농축 우라늄을 생산하기 위해서는 2천~3천 단계의 과정을 거쳐 농축이 가능한 가스확산법과 노즐분리법, 그리고 4만 RPM을 이용하여 35단계 과정만으로도 농축이 가능한 원심분리법 등이 있다. 최근 개발 중인 적외선 레이저 분리방식은 1단계의 농축과정으로도 90% 이상의 高순도 농축 우라늄 생산이 가능하고 외부 노출이 전혀 안 되는 장점을 가지고 있으나, 난이도가 높은 하이테크 기술이 종합된 것으로서 극소수 선진국 외에는 개발이 불가능하다.

현재까지도 대부분의 핵개발 국가들이 적외선 레이저 법을 제외한 방식을 사용하고 있기 때문에 우라늄 농축을 본격적으로 추진할 경우 핵무기 개발 의도를 숨기려 해도 핵시설과 핵연료 제조공정상 임계상태(원자력 발전이 가능하도록 물리적 반응이 일어남)의 부유물 유출로 인해 인공위성 등 고도의 원거리 정보 감시망에 의하여 즉시 국제적으로 노출되고 있다.

이와 같은 방법을 통해 핵탄두 1~20KT급 1발 제작에 필요한 임계량은 핵물질이 연쇄반응을 일으킬 수 있는 최소량인데 우라늄탄의 경우는 15~20kg이며, 플루토늄 탄은 5~8kg이다. 핵탄두의 구조는 플루토늄 탄을 이용한 내폭 형과 보조적인 수단으로 高농축 우라늄을 장착시킨 포탄 형이 있다. 포탄 형은 장약과 기폭제가 분리되어 있으며 내폭 형은 핵분열 물질과 장약이 층을 이루면서 복잡하게 구성되어 있다. 플루토늄을 이용한 내폭 형이 고농축 우라늄을 이용한 포탄 형보다 개발 자체가 어려운 점은 많으나 핵물리 이론의 기초라고 할 수 있는 핵융합의 수소폭탄 설계를 바탕으로 핵무기 제조 시 에는 오히려 내폭 형을 선호하는 경향이 있다.

핵겨울의 공포

핵탄두 1MT급 한 발이 한반도 상공에서 폭발되었다고 상정할 때 지상

원점을 중심한 수십 마일 이내의 인적·물적 피해는 물론이고 강전자파 (EMP)로 말미암아 한반도 전역에 발전소의 기능이 자동적으로 정지되고 모든 전기·전자·통신기기는 일시에 작동을 멈추고 말 것이며, 만약 야간이라면 암흑 속의 교통과 통신 불통 상황 하에서 대도시는 아비규환의 연옥을 방불케 될 것이다. 즉 핵폭발 후 초래되는 폭풍과 대규모 화재로 인한 파괴, 대기권 상층부에 형성된 광대한 연기구름과 먼지, 방사능 낙진, 한랭 및 암흑 등은 순간 기류를 통하여 널리 퍼진다. 특히 인체에 치명적인 방사능 동위원소로서 죽음의 재로 불리는 검댕이 입자 파편들이 대기권내 태양 광선을 차단함에 따라 광대한 연기구름 밑의 어두운 지표면이 급격히 차가운 한랭기류로 형성되어지는 핵겨울의 공포가 시작된다. 반면에 연기구름 속에 흡입된 태양 에너지가 급팽창, 상승효과가 가져와 대기권으로 역류·환원시킴으로서 생성되는 산화질소로 말미암아 오존층이 파괴되므로 일시적 백야현상을 동반하게 되는데 이때에 태양의 강렬한 적외선이 지표면에 직접 닿게 되어 모든 생태계는 사멸하게 된다. 결국 핵폭발에 의해 야기될 파멸적인 환경 훼손 및 인간과 모든 생명체에 미치는 생태학적 균형의 질서가 파괴됨으로서 1세기 이상 동물의 서식이나 생존이 불가능해지는 것을 의미한다.

철인들이 바라보는 핵 보유 이론

클라크에 의하면 핵 국가는 비핵국가보다 안전하며 어떤 핵 국가도 타국에 의하여 국경을 심하게 공격받지 않았고 2차 대전 이후 전쟁이 발생하였지만 어떤 핵보유국도 핵무기를 사용한 적이 없기 때문에 핵 국가는 제 국가 및 세계 평화에 다소 이로움을 줄 수 있다. 특히 핵에너지의 군사적 이용을 금지하는 대신 평화적 이용을 장려하기 위한 국가적 협력체제 구축의 기반이 될 수 있다고 주장한 바 있으며, 1964년 중국도 핵보유국의 대열로 들어섰을 당시 비핵화는 오히려 특정지역 국가의 안보를 위태롭게 하는 경우가 될 수 있기 때문에 중국은 스스로 핵무기를 없애버리기 위하여 스스로 핵무기를 갖는 쪽을 택하였고 다른 국가들은 세계에서 핵무기를 없애려 한다면 모든 나라들이 핵보유국처럼 핵무기를 갖는 것이 좋겠다고 밝힌 바 있다.

핵전쟁이야말로 승자도 패자도 없는 인류 전멸을 의미한다

미래에도 핵을 방패로 삼고 재래 형 군사력을 창으로 한 비핵 재래 형 전쟁은 핵의 사각지대에서 끊임없이 계속될 것이기 때문에 미래의 운명은 핵무기의 독점내지 절대 우위로서 이른바 중무장된 평화존속이라는 어떤 단일 논리로도 설명할 수 없는 상황에 이르렀다. 다만 핵전쟁이야 말로 승자도 패자도 없는 인류전멸의 '소돔과 고모라 성'과 같은 불세례를 면치 못하게 될지도 모른다는 상호간의 심리적 위협에 의한 균형이 겨우 전쟁억제를 성립시키고 있다. 그 동안 미·소 양국 상호간의 패권 다툼으로 인해 전 지구상의 47억 인구가 1인당 4.5톤씩의 TNT를 짊어진 채, 핵이 인질로 전락한 오늘날의 상황이다. 그럼에도 불구하고 범세계적 모든 국가들은 머지않아 다가올 지구의 환경파괴와 에너지 부존자원의 제한성으로 인해 핵의 평화적 개발은 불가피하다는 추세이다. 특히 비경제적인 재래식 무기체제에 의한 군사력 축소를 위해서도 군축이라는 합리적 명분아래 핵전력 중심의 군사력 재편만이 제3세계의 판세 작용을 통한 국력격차의 해소, 국위선양, 외교 안보력 강화 등 자국 이익의 극대화를 가져올 수 있는 길임을 잘 알고 있다. 결국은 원자력 발전이 가능한 모든 나라들은 주변국가 정세추이를 살펴가며 핵개발을 질적·양적으로 더욱 발전·확산시켜 나갈 것은 자명한 이치이다.

오늘날 국제적인 핵 다극화 시대에 있어서 남·북한만이 핵의 부재라는 것은 과연 미래의 무엇을 의미하는 것일까? 향후 21세기 첨단과학 산업과 기술개발의 중추적인 역할에 있어서 심각한 문제가 대두됨은 물론 에너지 재원확보 가능성에 대한 포기마저 의미하는 것이다. 아울러 국제정치에 있어서 경제적 부의 가치와 권력분배의 불공평에 대한 중대한 지렛대 역할자체를 상실하게 됨으로서, 제3세계의 핵 강국에 대한 영원한 핵 속국을 자처하게 되는 우를 범할 수 있다.

일예로 오스트레일리아, 뉴질랜드, 피지 등 남태평양 11개국의 핵강대국들은 남태평양 지역에서 핵무기의 획득, 생산, 보유관리와 자국영토 내에서 핵실험 장소로 사용되는 것을 막기 위하여 1985년 8월 6일 체결한 바 있으나 미국, 영국, 프랑스 등 관련 핵보유국들은 안보상의 이유로 지금까지 이 조약의 해당 의정서에 대한 서명을 거부하고 있고, 프랑스는 계속적으로 핵실험을 하고 있는가 하면, 오스트레일리아의 핵무기 관련시설도 상존하고 있다. 더욱이 한반도의 비핵화를 관철시키려는 미·중·소의 탄도미사일 실험도 규제당하지 않고 있다는 점을 새삼 상기할 필요가 있다. 따라서 사활적인 민족 생존의 안보를 위협하는 동북아 정세에 대한 정확한 판단이 요구된다. 결코 한반도 비핵화만이 동북아시아의 안보와 세계평화에 기여할 수 있다는 주변강국에 대한 약소국가로서의 당연시된 의무이행은 현 시점에서 제고되어야 한다. 현 정부가 국가안보정책을 입안하는데 있어서 유의할 점은 국가보존을 위한 국민으로부터 부여된 권한이 5년에 한정된 반면에 민족생존은 영원한 것임을 잊어서는 안 된다.

북한의 3D 핵전략

북한은 핵무기 보유 국가들이 전형적으로 취하는 부인(deny), 지연(delay), 은닉(disgues)의 3D 전략을 구사하고 있다. 최근 IAEA의 사찰로 원자로의 성능 및 재원이 밝혀짐에 따라 북한의 핵무기 제조과정의 농축기술과 핵심 장치의 획득 여부, 또는 개발 가능성, 외부 노출 등 상대적 분석에 따른 핵무기 유무 판별을 판독할 수 있게 되었다. 그럼에도 불구하고 한·미 양국이 북한의 3D 전략에 휘말려 여지없이 이끌려 다닌 것은 당연하다. 왜냐하면 어느 누구도 예측하지 못한 상태에서 불어 닥친 냉전붕괴로 인해 급격히 돌출된 북한의 핵문제는 한·미 정보능력의 한계를 극명하게 보여준 결과로서 북한이 냉전 붕괴 이전 극비밀리에 제3세계 국가인 이집트, 리비아, 시리아, 이란 및 동유럽의 루마니아, 체코슬로바키아와 쿠바 등 국제 핵 암거래 경로를 통해서 이미 다량의 플루토늄 내지는 농축기술과 제조 장치가 밀반입 되었을 가능성도 전혀 배제할 수 없기 때문이다.

북한은 결코 핵무기 개발을 포기하지 않을 것이다

북한은 사회주의 붕괴가 몰고 온 탈냉전의 현상으로 인한 정치·외교적 고립과 세습체제 쇠퇴 및 군사적으로 당면한 열악한 경제적 어려움으로 인해 과다한 군비지출이 불가능하게 됨으로써, 더 이상 한국과의 재래식 무기 경쟁을 할 수 없는 상태이다. 따라서 한국의 경제적 우위가 군사적 우위로 이어지는 것을 우려하여 적은비용으로 한국과의 군사력 균형을 유지할 수 있는 유일한 길은 핵에 의존된 군사력 증대의 불가피성과 동시에 위성국 간의 핵무기 수출로서 경제적 현실을 타개하기 위한 방편으로 핵무기 개발을 서두르고 있다고 예상된다.

미국에 의한 세계평화 시대의 붕괴[5]

세계인구의 4분의 1이 거주하며, 세계의 5대 세력 중심지 중에 4대강국의 이익이 교차하는 동북아는 한마디로 대륙 중심적인 러시아 및 중국의 세력과 해양 중심적인 미국 및 일본세력이 주변지역과 결정지역에서 압력의 상호작용을 견제하는 강대국들의 각축장이다. 이것은 지리적 구조의 특성과 힘의 균형구조의 함수라고 말할 수 있다. 특히 4강의 중심부에 위치한 한반도는 4강의 이념과 실리적 주도권을 놓고 이해타산의 상충에 따라 한반도 지역의 안정과 분쟁을 가름할 수 있기 때문에 동북아에서 한반도만큼 장기 안정의 달성이 어렵고, 또 중요한 지역도 없다. 이외에도 한반도는 세계사에서 분쟁빈도가 가장 많이 나타나는 중위도인 북위 20도에서 60도 사이에 위치한 또 다른 환경적 요인을 지니고 있다.

일본이 베푼 기생 유희에 넋 나간 미국의 동북아정책

닉슨 독트린에 의존된 미국의 극동전략은 과연 어느 단계에까지 이르고 있는가. 미국은 월남패전에 따른 국내 여론의 반작용으로 동북아에 대한 관심과 맞물린 1970년대 초반, 오일쇼크 등 악성인플레로 인한 국가경쟁력 저하 현상이 두드러지자 이 시점을 계기로 작성된 $2\frac{1}{2}$전쟁 전략에서 $1\frac{1}{2}$전쟁 전략으로 전환시킨 닉슨독트린의 동북아정책 기조는 일본만을 본질적 이익 국가에 포함시키고 있고 한반도는 파생적 이익의 국가로서 이는 한반도 자체의 안전보장보다 한반도에서 일어날 수 있는 사태가 일본의 안보에 미칠 영향을 더 중요시하고 있다는 관점에서 공식적 표명된 이래 현재까지도 동북아에 있어서 미국은 일본과 협조하는데 최우선을 두고 있다.

원칙적으로 미국은 동북아의 중·소 분쟁과 1971년 핑퐁외교로 접근이 시

---

5) 김정선, 「군사정치평론」 월간 나라사랑(1994. 6. 1), 제6월호, pp. 56~59.

도된 미·중 화해무드에 따라 對동북아정책의 데탕트에 대한 세력균형을 통하여 對소봉쇄와 중국의 정치적 경제적 실리가 미국의 이익에 부합된다고 믿어왔다. 그러나 중국에 대한 무한한 가능성의 기대로부터 제한된 능력의 실세로 위축 되어진 중국의 모습에 실망한 미국은 일본의 소오야, 쯔가루, 쓰시마 등 3개 해협이 소련의 극동전략 중 부동항의 확보가 부득이 요구되는 인도양과 서태평양의 팽창을 봉쇄할 수 있는 지리적 여건과 국가 경제부흥 차원의 잠재력이 있다고 판단, 미국은 동북아지역의 전략거점을 중국에서 일본으로 서서히 단계적 절차에 의해 전환 증대시켜 왔다.

그 결과 미국이 그동안 일본을 중심으로 아·태 지역에서 지역 국가들과 쌍무 관계를 통해 형성된 무역량은 대서양 무역량보다 50%를 상회하는 수준에 이르렀다. 미국이 이 지역을 최대 무역 상대 지역으로 지정할 만큼 미국과 아세안 간의 무역량이 매년 3천 억 불 거래규모로서 미국 EC 간의 무역량을 초과하고 있을 뿐만 아니라 점차적으로 그 격차는 계속 증가될 추세이다. 그러나 2차 대전 이래 자유진영과 공산진영으로 양극화 되었던 국제정치를 주도하여 팍스아메리카나(미국에 의한 세계평화) 시대의 구현을 외쳤던 미국은 과다한 군비지출 및 사회보장비의 증가 등으로 재정 적자의 누적, 생산성 저하를 가져왔다. 또한 산업구조조정의 지연 등으로 인한 국제 경제력 상실은 1980년대 무역적자의 급증을 유발케 됨으로써 세계 최대의 채무국으로 전락하는 등 상대적인 국가 경쟁력 악화추세를 초래시켰다.

1990년대에 접어들어 동·서 양극체제로서 힘의 상징이던 소련이 예상치 못한 붕괴로 말미암아 냉전 시대에 종지부를 찍게 되자 세계정세는 국제화 개방화라는 탈 이데올로기 식 사고전환을 요구하게 되었다. 따라서 정치와 군사에 의한 세계질서의 구도가 오직 자국만을 위한 경제부흥과 국민복지 차원의 구도로 옮아갈 수 밖에 없는 불가피한 경향이 내재된 경제블록 중심의 다극화 추세 하에서 절대적 국가이익의 추가가 중시되는 현실을 맞게 되었다.

미·일간에 전개되고 있는 안보대립 및 무역불균형에 관한 갈등과 마찰 등으로 인해 빚어진 미국의 對日 무역적자 등 국가경쟁력에 엄청난 곤경을 처함에도 불구하고 지금까지 미국이 일본에 대한 안보역할 부담을 유지할 수밖에 없는 까닭은 미·일간의 미묘한 알력과 반목이 개입되어 있기 때문이다. 따라서 미국이 자처한 세계평화라는 과거 체제에서 급속히 탈출할 수 없는 자유세계의 리더로서의 역할과 역사의 구조가 새로운 환경변화에 효과적으로 적응하지 못한 현상이라고 말할 수 있다. 반면에 일본은 향후 진개될 국제 체제가 미국의 단극 체제에서 벗어나 다극체제로 전환될 수밖에 없다는 판단을 내린 것으로 보인다. 즉, 일본은 미국이 국가 경쟁력 위기제고에 의해 팍스 아메리카나의 절대적 우위를 상실하고 일본과의 동맹관계가 아닌 동등한 동반 관계를 주축으로 비로소 자유진영의 지도적 우위를 유지할 수 있다는 상황적 변화와 더불어 상당기간 동안 미국의 안보를 최대한 활용해온 경제적 이익위주의 체질을 조금이라도 더 지속시키고자 하는 동북아 질서 재편에 대한 절묘한 양수 겹장의 묘수를 두고 있다.

최근 미국은 자국 산업보호를 위해 슈퍼 301조를 부활시키는 등 관세 및 무역에 관한 협정(GATT)과 무역협상 위원회(TNC)를 통해 일본에 대한 對日무역적자 개선을 강력히 요구하고 있지만 미국의 저변에 깔린 의도를 정확하게 파악하고 있는 일본은 일본시장 내에서 미국상품의 경쟁력 약화 문제와 복잡한 일본의 유통구조 및 장시간이 소요되는 일본의 정책형성 과정의 메커니즘을 이유로 일관성이 결여된 미국 정책에 대하여 상황적 전략을 교묘히 활용하고 있다.

이처럼 오늘의 미·일 동맹관계는 방위체제의 한계 또는 무역마찰과 상호협력의 이율배반적인 사고의 틀 위에서 두 나라의 현실적인 대응전략의 이해와 방법의 상이점으로부터 출발된 평행선은 점차 돌아올 수 없는 콰이강의 다리를 건너가고 있다.

일본·럭비공 전술에 무릎 꿇은 미국축구공 전술

국익을 위해서는 영원한 적도 영원한 우방도 없다는 현대 국제정치사회에서 미국에 대한 큰 위협은 붕괴된 舊소련이나 북한의 핵무기가 아니다. 그동안 미국이 베푼 안보무임승차와 미국경제를 매개로 하여 강국화가 된 일본의 경제력이다. 즉, 미국에 의해 급성장한 일본이 미국의 의도대로 사용되지 못하고 오히려 미국의 안전보장 의존체제에서 탈피 내지는 독립하여 미·러 와는 등거리 안보외교 및 경제적 경쟁관계를 시도할 조짐을 보이고 있기 때문이다. 이는 일본이 핵무장을 통한 독자적인 자주방위 노선을 채택함으로써 전쟁전의 대동아 공영권을 연상케 하는 군사대국화의 길로 원대 복귀하는 한편 미·일 안보조약을 폐기하고, 세계정치무대에서 중립주의를 표방하는 형식으로 이른바 전 방위 중립노선 정책을 의미하는 것이다. 한편 이러한 일본에 대한 지나친 시대착오적 우려 때문에 일본이 국력에 상응된 안보 역할의 부담을 회피할 수 있다는 구실을 마련하여 주고 있다고 해도 과언이 아니다.

작금의 미·일 안보체제가 안보 면에서 일본을 무임승차시켜주었다는 종래의 인식이 점차 미·일 양국으로부터 비판을 받고 있다. 새로운 아·태시대의 도래에 즈음하여 일본은 극대 하여진 자국의 경제를 보호하고 평화와 생존을 위한 자위에 눈을 뜨게 되었으며, 러시아의 극동군사력 증강에 따른 위협과 미국의 對러봉쇄 능력의 한계 및 한반도에서의 세력 균형 등 주변 여건이 변화함으로써 일본은 이제 선택의 기로에 처하여 있다고 볼 수 있다.

이에 따른 미국은 일본의 자국방위 분담에 관한 역할증대를 요구하고 있으면서도 구체적으로 어떠한 규모와 방법으로 역할 증대를 할 것인가의 가이드라인을 명확히 제시하지 못하고 있는 실정이다.

황병태 주중 대사의 발언은 미국의 對한반도 전략에 한수 가르친 것

역사적으로 미국의 한반도 전략은 일본의 안보정책구상에 직접·간접적으로 영향력을 행사할 수 있는 지정학적 확보와 미국의 경제적 이익에 의해 점철 되어진 변천사로 하여금, 오늘날 미국의 韓對방위공약에 관한 신뢰마저 의심받게 되었다. 즉, 미국은 동북아의 현상유지를 본질적인 국가이익으로 삼고 있고, 한반도가 이러한 미·일간의 안보체제 유지와 일본의 확보를 위해 필요한 전 소적 요충지로 인식하고 있다. 따라서 한국에 대한 방위공약은 미국의 對일본전략의 틀이란 시각에서 보아야 할 것이다. 이러한 상황에서 일본은 당면한 대내외·적 여건에 따라 과연 어떠한 방위선택을 할 것이며, 이에 따른 일본의 방위정책과 전략에 얼마만한 변화가 올 것인가. 일본이 어떤 선택을 하던 간에 일본의 군사력은 필연적으로 증대되지 않을 수 없다. 따라서 동북아정세에 많은 영향을 미칠 것이며 특히 동해를 사이에 둔 인접국가로서 한국은 유사시 군사작전의 목적상 안전보장에 있어서 중요한 문제가 대두된다. 이제 한국도 미국에 의존하는 타성을 버리고 홀로서기를 배워야 할 때다.

미국이 아·태 지역의 주도권을 잡을 수 있는 정책은 과연 무엇인가

최근 미국 내에서 일고 있는 해외주둔 미군감축과 재조정의 여론, 미 행정부의 국방비 축소 노력에도 불구하고, 일본 책략에 대안이 전무한 상태이다. 더구나, 일본이 친 러시아화하거나 친 중국 일변도화 한다면 미국은 아시아에서 발붙일 것이 없게 될 상황에 놓여있다. 설상가상으로 공교롭게도 미국 역대 민주당 정권의 3대(트루만-닉슨-카터)에 걸쳐 일관된 對韓정책 실패로 인해 민주당 지미 카터 진영의 클린턴 정부와 샘 넌 군사위원장의 차기집권 구상에 불미한 조짐이 일고 있다.

일본에 발목 잡힌 미국은 아·태지역 전략구도를 수립하는데 있어서, 1986년 당시, 별들의 전쟁 가상 시나리오에 대한 SDI 전략방위 구상을 잊고 있음이다. 이를 위해서는 먼저 무엇보다도 한·미·중 협력체제의 세계재활기구 창설이다.

즉, 미국의 65%에 해당 되는 방위산업구조를 폐기 및 축소하는 것보다 군사·경제·과학·복지 등 일원화로 통합운영이 가능한 SDI전략 차원의 재활과학 산업구조로 전환을 의미한다. 따라서 악화된 쌍둥이 적자의 주원인으로 지적되고 있는 방위산업구조를 군사전략 내지는 사회개발 복지차원에서 확대 재생산을 통해 환원될 수 있기 때문이다.

김평일, 김일성 후계자로 급부상[6]

최근 한반도를 둘러싼 국제 정세가 숨 가쁘게 전개되고 있는 가운데 북한의 권력 승계를 놓고 러·북한 군 수뇌부들의 움직임이 심상치 않다. 특히 김정일의 투병 실각 가능성과 함께 이복동생 김평일이 김일성의 후계자로 새롭게 급부상하고 있어 주목된다.

지난 1993년 12월 11일부터 3일간 열린 북한의 제9기 6차 최고인민회의는 사실상 김일성 사후를 대비한 북한 내부의 권력 변화를 겨냥한 것이었다. 6차 인민회의는 오랜 세습작업과정을 통해 공고화 된 김정일 권력승계체제가 완성된 것을 의미했기 때문이다. 그러나 현재 북한이 처한 경제적 침체와 궁핍은 권력 체계의 새로운 변화를 강력히 요구하고 있다. 더구나 열악한

---

6) 김정선,「군사평론」월요신문(1994. 6. 13), 제91호, p. 8.

국제 환경 속에 고립되면서 불 예측·불 안정된 정국이 가속화되고 있다. 이는 김정일이 당권과 군 통수권을 장악한 것만으로 권력 승계가 사실상 마무리 되었다고 판단하기 어렵게 만들고 있다. 특히 사회주의국가들이 자체 내부 사회의 모순으로 잇따라 몰락, 전체주의적 폐쇄사회 북한도 변화를 외면할 수가 없게 되었다. 따라서 舊소련의 붕괴 이후 국제조류는 북한을 필연적으로 개방 쪽으로 몰고 가고 있다. 즉 밀려드는 자본주의 개방물결로 인해, 인민 대중의 의식 변화가 그만큼 빨라지고 있는 것이다. 개방의 욕구가 커지고 있는 만큼 김일성-김정일 체제의 유지 명분이 줄어들고 기존의 북한식 사회주의 가치관에 회의와 불신감이 계속해서 증폭되고 있다. 이 같은 결과는 혁명사상의 붕괴로 연결되면서 김정일 세습권력의 와해를 몰고 올 것으로 북한지도층은 판단하고 있다. 따라서 지금 북한에서는 피할 수 없는 경제 개방 요구의 상황 하에서도 내부적으로 사상 및 제도적 장치를 강화, 개혁과 개방 요소를 막으려 애쓰고 있다.

결국 지난 2~3년 동안 동구권 및 사회주의 국가에 나타났던 혁명적 변화에 위협을 느끼면서 진행되고 있는 김일성 사후 권력승계 구도는 일촉즉발의 권력정변 가능성마저 수반, 북한은 폭풍 전야의 고요함 속에 빠져있다.

김평일로의 세습에 불안 느낀 김정일

김일성은 그동안 중·소의 혁명 1세대인 모택동·스탈린 사후의 인간적인 수모와 정치적 불안 및 혁명 노선의 혼란을 직접 목격했다. 때문에 자신의 사후 보장에 누구보다 집착해 왔다고 볼 수 있다. 따라서 김일성은 혁명위업 계승의 확실한 보장을 위하여 아들 김정일을 후계자로 등장시켜 각종 정치적 조치를 취하기 시작한지 20년이 가까워 온다.

현재 북한은 물론 전 세계도 김정일의 권력세습은 기정사실로 인식하고 있다. 그러나 역사상 유례없는 세습 체제를 위해 김정일을 후계자로 확립시키는 과정에서 소외·배척된 김일성 일족 내부에서도 권력암투가 수면위로 급부상할 조짐을 보이고 있다. 뿐만 아니라 사회전반의 뿌리 깊은 반목과 갈등, 그리고 저항의식도 엄연한 현실로 나타나고 있다. 일단은 김일성이 생존하고 있는 지금까지 과격한 권력 갈등은 잠재상태에 있는 것은 사실이다. 하지만 김일성 사후 수년 내에 북한도 권력찬탈을 둘러싼 골육상쟁이 본격화 될 것은 자명한 일이다. 더구나 항일투쟁 경력 등을 중심으로 우상화·신격화 과정을 거쳐 형성된 김일성과 같은 카리스마를 갖고 있지 못한 김정일의 권력세습에 대한 군부쿠데타 가능성도 배제할 수 없다. 예측 가능한 김일성으로서도 결코 북한에서 극단적으로 치닫고 있는 권력승계 문제가 남의 일로 여길 수만은 없을 것이다.

최근 후계체제를 완전히 장악한 것으로 알려진 김정일은 김일성가의 내부 화합 차원에서 극심한 불화 관계에 있었던 친인척들을 중용했다. 이는 김정일과 김평일 등 김일성 가를 한데 묶어 자연스럽게 권력이동이 이루어지기를 바라는 조치로 보인다. 이 과정에서 김정일은 그의 계모이며, 김평일의 생모인 김성애와 오랜 불화를 정리했다. 또 반 김정일 세력을 대표하던 이른바 항일빨치산 출신 세력의 중심인물로 분류돼 쇄락의 길을 걸었던 김영주를 당 정치국 정 위원으로 복귀시켰다. 뿐만 아니라 1981년 주 유고 북한 대사관의 무관 보를 시작으로 13년간 외국으로 쫓겨나 유배 생활에 머물러 있던 김정일의 이복동생 김평일을 불가리아 대사직을 끝으로 평양으로 불러 들였다.

김정일의 실각 가능성과 김평일의 급부상

김일성은 오래전부터 권력승계에 있어서 자기의 두 아들 가운데서 본처 자식이면서 장남인 김정일에게 권좌를 물려주려는 계획을 구체화시켜 왔다. 대신 후처 소생인 김평일에게는 군사 권력의 자리를 맡김으로써, 자기가 세워놓은 독재체제를 유지하기 위해 노력해왔다. 이 같은 정황을 뒷받침하는 것은 1981년 김평일이 군 생활을 시작할 즈음부터 이미 그가 향후 북한의 군부를 장악할 것이라는 소문이 나돌기 시작했었다. 더욱이 김일성이 정치 계통으로 나선 김정일과는 달리 김평일을 전형적인 군사간부로 육성시킨 것이다. 그러나 한반도 주변 상황과 북한의 변화양상 및 김평일 측의 태도 여하에 따라 김성애·김영주·김평일 등으로 일컬어지는 반 김정일 세력 집단이 권력 갈등을 촉발시킬 수 있다는 점에서 김정일에게 위협의 대상이었다. 때문에 김평일은 김정일 세력의 권력 중심부로부터 계속적인 견제를 받아왔다. 이 같은 일련의 동향을 볼 때 최근 김평일의 등장은 북한의 체제를 어떤 형태로든 크게 변화시킬 것으로 예측된다.

1970년대 중반 김정일이 부각된 이후, 지속된 경제 침체는 김정일의 통치 능력에 대한 회의론을 더욱 부채질해왔다. 그럼에도 심장박동 기에 의존한 김정일의 심장판막 증세가 악화되어 급작스러운 죽음이 초래될 경우 북한 체제가 붕괴될 수밖에 없다는 위기감이 팽배하고 있다. 이 때문에 최근 김일성은 김영주·김평일 등을 불러들여 김정일에게 집중된 권력을 회수하고 있다고 보아진다. 이는 곧 상대적으로 북한의 권력중심이 김성애로부터 김정일에게로 옮겨가던 1970년대 중반 이후부터의 변화에서 벗어나 이제 다시 김성애와 김평일 쪽으로 권력을 이동시키는 것이 아닌가 하는 세간의 추측을 낳고 있다.

김평일 그는 누구인가

김일성(1912년생)은 1939년 前처인 김정숙(1917년생)과 결혼하여 슈라·유라·경희(1946년)라는 2남 1녀를 두었다. 그 중 둘째 아들인 유라는 1947년경에 김일성의 집 앞마당 연못에 빠져 죽었고, 현재 1남 1녀가 생존해 있다. 그 당시 '슈라'라는 소련식 이름을 가진 큰아들이 바로 김정일(1942년생)이다. 그런데 김정숙은 1949년에 임신했다가 출산하던 중 전치태반으로 죽었다. 그 후 김일성은 현재 처인 김성애(1924년생)와 재혼하여 경진(1952년생), 평일(1954년생), 성일(1955년생)의 2남 1녀를 두었다. 그 둘째가 김평일이다. 김평일은 1977년에 김일성 종합대학 상과대학을 졸업한 후, 1981년 9월에는 김일성 군사종합대학을 졸업했다. 재학당시 보병지휘관 및 참모양성 과정 교육을 수료하는 등 남달리 군사전략학에 심취한 그는 졸업 후 10여 년간 군에 복무하면서 보병지휘관과 군단참모를 거쳤다. 또 1988년 8월에 헝가리 대사로 발령되기 전까지 駐유고 대사관 무관 보 및 인민무력 부 경비국장을 역임한 군사통이다. 김평일은 지난 1981년 駐유고 대사관 무관보로 발령과 함께 시작된 13년이란 기나긴 외국 유배생활을 통해 러시아어를 비롯한 4개 국어를 능통하게 구사하고 있다. 특히 그는 스포츠를 좋아하는 호방한 기질을 갖고 있는데다가 외교전문가로서의 세련된 매너와 친화력이 뛰어나다는 평을 받고 있다. 1m 80cm 정도의 건장한 체격에 둥근 얼굴의 미남형이다. 때문에 김일성의 젊은 시절의 외모와 체격이 닮았다는 말을 자주 듣곤 한다. 또 김정일과는 달리 사생활이 깨끗한 것으로 알려져 있다. 현재 가족사항은 대학시절 김순금(1956년생)과 연애 결혼하여 은송(1981년생), 인강(1983년생)의 1남 1녀를 두고 있다.

김평일에게 쥐어질 카드는?

최근 북한은 장차 일본과 같은 입헌 군주제의 성격을 띤 정치체제를 구축, 김일성의 족벌들은 군림만 하고 통치는 수상이 담당하는 체제로의 전환을 모색하고 있는 것으로 전해지고 있다.

이런 가설이 가능한 전제라면 김정일이 건재하다는 가정 하에 김평일을 불러들인 것은 이미 경쟁자로 보는 시각을 거두고 그를 협조자로 새롭게 인식한 게 아니냐는 분석이 매우 설득력이 있다. 그러나 김평일은 오랜 외유로 국내기반이 전무한 취약점 때문에 김정일을 국내에서 보좌하며 김일성 왕조를 뒷받침하기에는 역할의 한계성을 드러내고 있다. 또한 여전히 김정일의 잠재 경쟁자로 여겨지고 있어 그로 인한 김정일의 보이지 않는 견제와 감시가 김평일에게 적지 않은 부담이 될게 분명하다.

DJ·카터 인권정책 동상이몽[7]

역사란 어디까지나 미래 지향적임을 인식하고 다가오는 21세기에 우리는 동북아 강대국 사이에서 주체적으로 우리 문제를 우리 스스로가 결정할 수 있도록 우리상황에 맞는 생존전략을 새로 짜야 한다. 만약 그러한 노력과 준비를 게을리 할 때, 언젠가 역사는 고통의 대가를 요구할는지도 모른다. 이에 대해 한국의 문민정부가 국가 경쟁력 강화를 논하고, 국제화를 중시하며, 新외교를 표방하게 된 것이다.

최근 동북아 新국제질서 형성을 위한 능동적이고 당당한 외교 전략이 필요할 때, DJ는 더 이상 카터의 인권문제정책에 대한 나팔수 역할을 자처해서는 안 된다. 앞으로는 미국의 그릇된 인권문제를 옹호하기 보다는 한국 실정에 맞는 체계적·논리적 자세로의 발상의 전환이 요구된다. 이러한 추세 하에서 카터의 인권 정책의 전모를 밝힌다.

---

7) 김정선, 「군사정치평론」 월간 나라사랑(1994. 7. 1), 7월호, pp. 49-51.

카터 인권정책은 미국경제의 사활 걸린
新 F/X기종 판매를 위한 사전정지 작업용

　미국의 무기이전 정책에 있어서 중요한 계기가 된 것은 2차 세계대전 초인 1940년9월 미·영국 간에 체결된 협정이다. 이 협정에서 미국은 영국에게 구축함 50척을 제공하는 대가로 영국내의 군사기지 수 개를 사용하는 권한을 얻었는데 이는 무기 이전에 관한 대외 정책의 중대한 결정이었다.

　당시 루즈벨트 대통령은 법을 제정하였고 이에 의해 1941~45년 사이에 약 100억불의 무기를 동맹국에 이전하였다. 시간이 흐름에 따라 미국의 무기이전 정책은 무기도입 국가의 국내적 상황이나 특성, 미국과의 정치적 관계 등에 따라 변모되어 왔다. 1950년 한국전쟁을 시발로 동·서간에 긴장이 첨예화함과 더불어 舊소련이 제3세계의 비사회주의 국가들에게도 무기를 공급하기 시작하자 미국의 독점적 지위가 무너지기 시작하였고 따라서 미국은 원조국에 대한 군사적 의무를 부과하는 것보다는 오히려 경쟁 상대의 원조국에 대하여 지배나 영향력을 약화시키고, 자국의 무기판매를 강화하는데 중점을 두게 되었다. 이에 미국의 지원 정책은 단지 동맹국들을 지원하던 것으로부터 동맹국이 아닌 다른 국가들에게도 지원하는 것으로 그 범위가 확대되었다.

　특히 미국의 무기원조국들이 1960년대에 들어와 자주국방을 위한 경제적 부담능력이 향상되었음은 물론, 미국은 대전 후의 비축 및 잉여 장비의 재고가 감소하였고, 국내방위 산업보호와 국제수지 균형유지를 위해 무기판매에 의한 잠재적인 경제이익 효과를 기대하게 됨으로써, 미국의 무기이전은 이권 대상지역이 전통적인 동맹국 위주로부터 분쟁 및 위기지역인 동남아시아와 중동지역의 제3세계 국가로 전환되었으며, 무기 이전방식도 바뀌었다.

　1961년2월, 케네디 대통령은 의회에 제출한 금리 및 국제수지 적자에 관한 특별보고서 가운데서 미국의 만성적인 국제수지 적자를 개선하는 하나의 방책으로 재정적으로 구입능력이 있는 동맹제국에 대하여 보다 새로운 무기 및 무기체계를 적극적으로 구입토록 할 것을 제시하였다. 이와 같이 무기이전은 종래 무상 및 연불 방식에서 유가인상 및 무기수원국의 경제적 능력 향상에 따른 현금 지불방식으로 정책전환과 함께 미국은 무기매각을 촉진하기 위한 여러 조치를 취하게 되었고 그러한 조치의 하나로 1970년대 초에 들어와 닉슨 독트린에 의해 세계 각지에 주둔하고 있던 미국은 철수하기 시작했고 그 대가로 제공된 무기는 급격히 증가하였다. 산유국들의 단유조치가 발표되자, 닉슨 대통령은 무기판매를 1차적인 잠재 대체 수단으로 보고 이의 판매촉진을 위한 모든 가능한 방법을 검사할 목적 아래 특수임무 기구를 배치하기까지 했다. 이러한 미국의 무기판매의 급격한 확대는 구매 당사국의 군비지출을 유발하여 지역분쟁의 위험을 고조시킴으로써 종국적으로는 미국의 이익에 상치된다는 여론이 일기 시작하자 이에 따라 무기 수출 규제를 위한 의회의 활동이 증대되어 1974년에 통과된 해외군사판매법의 넬슨 수정안과 1976년의 무기수출통제법이 제정되어 지역별 수출한도액이 정해졌고 무기수출계약은 의회의 승인을 받도록 규정되었다.

1977년5월, 미국의 카터 행정부는 무기이전정책은 무기이전이 미국 안보 이익에 기여하는 것이 명백하게 입증될 경우에만 유리한 세계질서를 유지하기 위해 명분 된 특례 적 외교정책 수단으로서의 정치적 영향력을 행사하는 것이라고 단언했다.

그러나 오가덴 전쟁과 관련한 불확실성과 변모한 정치적 동맹관계로 잠정 중지되었던 對소말리아 무기 제공이 1980년에 부활을 초래케 됨으로써, 워싱턴은 카터 교리의 실축을 인정하고 베르베라 기지를 사용하고자 하였다.

카터의 무기이전 정책은 예외적인 인권 우선 가치로 포장되어 세상에 유포되어 왔지만, 사실상 표현의 차이만 다를 뿐이지 행동에는 이전의 무기판매전략 가치정책과 별다른 차이가 없다고 말할 수 있다.

이는 구체적으로 무기 수출을 목적으로 한 고성능 무기의 개발과 변조를 금지한 명분상의 통제 규정으로 인해 인권 우선정책을 선언한 계기가 되었지만, 중동위기를 비롯한, 미국 경제의 악화 일로와 일부 수원국들의 경제성장 등으로 새로운 국제질서가 형성됨으로써, 미국의 무기이전의 성격도 변화하지 않을 수 없었던 것을 상기할 필요가 있다.

특히 지난 20년간 미국은 성능이 우수하며 저렴하지만 능력이 한정되어 있는 노드롭 사의 F-5기형에 의존해 외국에 판매하였다. 1,200대 이상의 이 기종이 27개국에 매도되었고 이는 제3국에까지 판매한 기본 기종이었다. 그러나 시간의 경과와 더불어 관사의 지지를 받은 노드롭 사는 여러 나라들이 보다 고성능 기를 원하고 있다고 주장하는 한편 만약 그들이 보유하고 있는 종전의 F-5기종의 교체를 원하는 제3세계 국가에 있어서도 미국이 인권우선 가치에 한정된 무기수출 금지원칙을 고수한다면 무기판매 시장을 서유럽이나 舊소련에 빼앗기느냐 아니면 새로 중간급 기종을 개발하느냐 하는 선택을 결정해야 할 시점에 와있다고 경고하기에 이르렀다. 이로써 1980년1월 카터 대통령은 ACDA에 반대하는 국방 국무 양성의 편을 들어 수출용 신형 중간급 전투기의 개발을 허용하기 위해 무기이전 정책을 포기하는 결정을 내렸다. 두개의 F/X 모형을 제너럴 다이나믹스의 F-16/79(F16기의 성능을 약간 낮춘 기형)과 노드롭 사의 F-5G(F-5를 개량한 것)기종이 개발 완료되어 현재 세계 각국을 상대로 무기판매 경쟁에 돌입한 상태이다.

이를테면 카터 행정부는 초기의 인권문제를 이유로 브라질, 아르헨티나, 우루과이 등에 대한 군사원조의 제한결정은 일부반응 때문에 이들 국가에 무기 이양을 제한시키는 효과가 있었다. 그러나 총 10억불 규모에 달하는 92개국으로부터의 614개 구매요청이 카터 인권정책 전환을 계기로 하여 무기이전 실행이 15개월 동안 거절됨으로써, 점차 구매국들이 자국 내의 정치적 경제적 불안상태에 따른 위험을 우려한 나머지 구소련을 비롯한, 제3세계 군사동맹 기구를 통하여 무기거래관계가 조성되기에 이르렀고 게다가 무기이전이란 국제거래관행 형태에 의존해 오던 미국경제력이 급속한 감소를 가져 왔다.

이에 다급해진 카터 행정부는 경제적 근거로 외국에 대한 무기 이전을 허가함으로써 무역수지 개선, 방위산업 육성 및 희소자원 확보 등의 달성 효과를 가져 오게 되었지만, 결국 무기판매를 외교정책의 예외적 수단으로 삼겠다던 당초의 약속은 실현되지 못했다. 카터 행정부의 인권 정책 포기와 동시에 체결된 무기판매 계약고는 사우디아라비아에 F-15전투기 60대, 이집트에 F-5E기 50대, 이스라엘에 대해서는 이미 판매된 25대에 덧붙여 추가된 15대의 F-15기와 75대의 F-16기 등이 포함되어 있는 총 48억불 상당의 항공기 거래 건을 들 수 있다. 또한 한국의 무기이전 요청에 대하여 미 행정부는 단계적 철군의 보상 대가로 A-10기를 포함한 니케헤르쿠레스 지대공 미사일·전차·토우 대전차 미사일 등을 인도 내지 판매 지원하기로 합의가 이루어졌고 수단과는 미국무기의 새 수원국이 되었다. 모로코는 서부 사하라의 토리사리오 반정진압에 사용할 UV-10 기갑 정찰기의 지원을 약속하는 등 점차 무기 판매에 대한 무기 이전이 중시되면서 확대되었다.

세계 3차 대전, 극동 지역 전쟁 발발 시나리오[8]

'모반과 책략'의 각축장으로 점철된 동북아 정세에 한바탕 거센 바람이 일고 있다. 탈냉전적 新국제질서 형성 과정과 맞물려 나타나고 있는 동북아의 질서 재편 움직임은 최근 북한의 정치·경제적 실정과 이에 따른 불안한 한반도의 안보 환경으로 이어진다면 50년대와 같은 대규모 국지전쟁이 폭발할 개연성을 안고 있다. 뿐만 아니라 러시아의 개혁·개방정책 실패에 따른 경제적 좌절은 곧 일본에 대한 군사적 위협 내지는 대립갈등으로 증폭될 가능성이 크다. 이 경우 러·일 양면 전으로 번질 가능성을 전혀 배제할 수 없다. 이 같은 상황들이 맞물려 하나의 시나리오가 이제 서서히 현실로 다가오고 있는데 문제가 있다.

러시아의 일본 침략

러시아의 운명은 결국 러시아의 손에 달려 있으며, 러시아인들이 현재 진행 중인 개혁과 개방을 어떻게 관리해 가느냐에 달려 있다. 가장 그럴듯한 결론은 러시아를 붕괴로 몰고 가는 궤도이탈의 변화가 러시아인들과 그 주변 국가들의 향후 삶에 중대한 영향을 미치게 되리라는 점이다. 특히 러·일 간의 관계악화가 몰고 올 파장은 당사국 뿐 아니라 주변 국가들까지 위기에 몰아넣을 공산이 크다. 러·일 양측은 군축문제에 대한 희망과 의지에 있어선 이미 일치를 보고 합의에 도달했다. 그러나 이 군축의 전제조건이 러시아의 영토반환과 그에 따른 일본의 경제적 대가지불이라는 명백한 한계를 가지고 있다.

결국 러·일 양측의 군축협상이 결렬되는 전제 하에 극동지역에서의 제3차 세계대전 발발은 상정된다. 또 이와 관련해 한국의 안보외교에 대한 대처 능력 미숙으로 민족 생존을 풍전등화의 위기까지 몰고 갈 것이라는 얘기이다. 이 같은 가정 하에서 언젠가 크나큰 고통의 대가를 요구할는지도 모른다는 경각심을 일깨우기 위해 '악몽의 시나리오'는 쓰여 진 것이다.

이 시나리오는 2004 6월27일 D-데이 를 전후, <119일간>에 걸친 가상의 내용이다.

---

8) 김정선, 「군사평론」 월요신문(1994. 7. 4), 제93호, p. 14.

UN안보리상임 이사국으로 등장한 일본은 APEC 정상회담에서 미국이 對日무역 적자를 담보로 슈퍼 301조를 부활시킨 것과 관련, 통상압력에 관한 부당성을 강력히 비판하고 나선다. 이런 상황 하에서 일본은 미국의 리더십으로부터 독립하려는 구상을 밝힌다. 즉, 동북아구성 국가들이 新태평양 공동체를 구성, 중립화를 선언함으로써, 미·일 안보동맹협약의 명실상부한 종언을 고한다.

일본정부는 탈냉전 시대와 걸프전 이후 PKO법안을 준수하여 왔다. 일본은 PKO법안을 통해 세계평화활동에 적극 참여하는 것이 UN 안보리상임 이사국으로서의 도리요, 시대적 요청이라고 말한다.

더욱이 일본의 안전에 바람직한 전략 환경을 조성키 위해 소극적 전수 방위 전략에서 벗어나 적극적 세계평화 창출로 전략의 대전환을 시도하게 된다. 이는 또한 동북아정세의 일반적 추세이며, 일본 또한 부응하지 않으면 안 될 것이라고 선언한다.

미국은 국가이익에 긴요한 극동방위선을 일본과 필리핀내의 미군기지라고 보아왔다. 하지만 일본의 가치평가 변동과 중립화 선언을 계기로 극동방위 전략 수정이 불가피하게 됐다. 따라서 '일본 본토'로부터 완전철군을 의결한 미국은 일차적 조처로서 1969년7월25일 닉슨 독트린에 의해 발표된 바 있는 하와이-괌 선으로 군사방위선을 축소 발표한다. 미국의 극동방위선은 1950년1월12일 애치슨이 언급한 알래스카-북해도-일본 본토-오키나와-필리핀 선이 최초다. 그 이후 1978년5월20일 브레진스키는 중국방문 시 알래스카-일본-오키나와-필리핀-괌 선으로 조정 발표했다. 또 1979년 10월 9일에는 주일 미 대사 맨스필드가 알래스카-일본-본토-오키나와-필리핀-괌 선에 의존하여 왔다. 이 개념에서 본다면 미국의 방위선이 크게 후퇴한 것이다.

계획경제를 포기하고 탈사회주의 노선을 선택하였던 러시아가 끊임없는 정치적 내전으로 마침내 경제 파경을 맞이한다. 따라서 다급해진 러시아가 일본에 러·일 경제협상을 제의한다. 이에 일본은 쿠릴열도를 비롯한 남해군도를 관련 지어 다자간 영토 분쟁으로 몰고 간다. 결국 정치적 내전에 시달리고 있는 러시아는 또 하나의 정치적 위협만 안은 채 협상에서 아무것도 얻어내지 못한다.

결국 러시아는 개혁 개방주의정책에 실패한다. 따라서 인도양에서 러시아 병사의 군화를 씻게 되는 것을 갈망하는 강경 보수주의세력들과 극렬한 투쟁이 계속된다. 그러나 경제파탄이 몰고 온 개혁개방세력의 약화를 틈타 강경 보수주의세력이 봉기하고 권력 정변은 성공한다.

중국에서는 그동안 모습을 드러내지 않던 등소평이 사망한다. 등소평의 사망으로 중국천하는 대란의 위기에 직면하게 된다. 이 같은 사태에 대비해 온 중국정부는 사태의 조기진압에 나선다. 그러나 등소평의 배후 힘에 의존하던 강택민은 실각하게 된다.

갑작스런 김일성의 죽음, 그의 사후 권력을 승계한 김정일은 위장된 정통성을 주축으로 하는 정치통제체제가 급속하게 붕괴될 것을 우려, 모종의 조치를 취한다.

즉, 자신의 정치권력 기반을 다지기 위해 국내외·적으로 일련의 테러를 시도한다. 목표는 한국경제인클럽 그룹 총수들과 승무원 등 총 240명을 태우고 바그다드 공항을 출발, 아부다비를 경유하여 서울로 향하는 KAL 858기. 이 비행기가 버마 안다만 해협 상공에서 랭군 지상 관제탑에 '방콕 정시 도착, 시간, 위치정상'이라는 최종교신을 보낸 지 4분 후, 공중 폭발하여 항법 스크린으로부터 사라진다. 同시간대 홍콩에서 동경을 거쳐 호놀룰루에 기착 예정이던 JAL소속 항공기도 고도 4천 5백m 상공에서 에프바톨-27번으로 추정되는 함수폭약에 의해 공중 폭발한다.

보수 강경주의가 정권을 잡은 러시아는 1992년9월 조인된 한·러 기본조약을 일방적으로 폐기 선언한다. 그리고 1993년2월 로가초프 외무차관에 의해 폐기되었던 러·북한 우호조약 및 군사블록 조약은 1961년11월 체결된 이래 현재까지 존속되고 있음을 천명한다.

북한 내에서는 러시아의 지원을 받은 친러파가 정변을 일으켜 정권을 잡는다. 친러파에 의해 축출된 김정일은 중국으로 망명한다. 대신 김일성의 배다른 아들이자 친러파인 김평일이 권력을 승계한다.

북한의 김정일 정권붕괴로 중국과 북한간의 수교가 단절된다. 미국의 방위선에서 중립화를 선언한 일본은 러시아에 강경 보수정권이 들어서자 중국과 전략 협력관계를 확인하는 협정을 체결한다.

일본의 군사 대국화와 對日경제 억제력 상실에 따른 러시아의 불만이 증폭된다. 그리고 일·중의 전략관계 변화로 인해 동북아에서 전략적 입지가 불리하다고 판단한 러시아는 모종의 조치를 생각해 낸다. 즉 미·일 안보 체제가 혼란한 틈을 타 블라디보스톡 극동군사령부에 긴급동원령을 타전한다.

몇 분후 발 틱 해를 항해하고 있는 핵 항모 노보로시스크 호를 포함, 불쇼이카메니 항의 극동 함대에서 최신의 백파이어, 미그-23, SH-24펜서 등이 동시 출격한다. 러시아의 전략 폭격기들은 사상 최초로 태평양 연안 요코쇄크 항에 정박 중인 일본의 최신형 F200톤급 이지스구축함에 대한 융단 폭격을 목표로 한다. 이때 일본 오키나와 주둔 미·극동방위 전략사령부는 C$_3$I 조기경보 시스템에 의해 포착된 러시아 전투기들의 회항을 종용한다. 하지만 일본의 적극적 방위개념을 상실한 미국은 우발사태를 억제할 수 있는 즉각 대응태세를 취하지는 않는다. 결국 러·일의 제한적 공중전은 돌입되고 만다.

러시아는 일본의 군사물자 공급통로를 원천봉쇄하기 위해 블라디보스톡-캄란 - 말라카 - 페르시아 만 - 지중해 - 흑해 선상에서 동해로 연결 짓는 캄차칸, 츄코트반도 주변해역에 델타3급 SSBN, 빅타3급 SSN 등의 원자력 잠수함을 발진시킨다. 미국은 핵 항모 엔터프라이즈 호와 7함대 소속 항모 미드웨이 호를 쓰야스가루 해협으로 이동 배치한다.

궁지에 몰린 일본은 중립화구상의 포기를 선언한다. 다시 미·일 양국은 안보동맹관계 준수를 약속한다. 이 약속에 따라 미·일·중 3국은 바르샤바 – 페르시아 만-한반도를 연결하는 3전선 전략을 동시 대응할 수 있는 동시다발 공세 전략을 채택한다.

일본 F15J/DJ전투기 149대가 투입된 미·일 연합 항모 선단이 러·일 접경지역에 전진 배치된다. 러시아는 일본과 대규모 충돌 발생 시 미 군사력을 분산시키기 위해 북한으로 하여금 한반도 분쟁을 사주한다.

러시아군 10개 사단이 시베리아 - 아오모리 근접지역에서 대규모 군사훈련을 실시한다. 미국 정부는 10만 명에 달하는 예비군의 동원령을 발령한다. 때를 같이해 전 세계에 있는 미군에 데프콘-Ⅲ를 하달한다.

러시아군은 미·일 해군과 대치중인 말라카 해협에서 대규모 군사훈련을 실시한다. 미국은 괌 배치 항모 인디펜던스 호를 한반도에 급파하는 한편 FDO 및 신속증원 군을 긴급배치하고 RDF의 경계태세 돌입을 명령한다.

러시아는 '하바로프스크 - 사할린 - 원산'을 연결하는 병참 보급용 철도의 운송 활동을 강화한다. 따라서 미국은 RDF를 오산·군산 등의 공군기지로 이동 배치한다.

러시아의 지상병력이 '두만강' 국경지역으로 이동한다. 이로 인해 중국전역은 비상체제 돌입한다. 이때 한국은 그동안 수면 하에 머물러 왔던 종교분쟁이 분출되어 사회혼란이 가중된다.

러시아의 일본 침공 시간이 임박함에 따라 미국은 NATO군의 부분 동원을 개시한다. 또 일본은 UN 안보리의 긴급 소집을 요청한다.

러시아의 사주를 받은 북한의 한국침공이 임박해지자 미국의 요청으로 일본 자위대 6만 6천여 명이 '한국' 영토 내에 투입된다.

북한은 렌즈 유도탄(W-70-3탄두) 및 8인치 야포(W-79탄두)로 발사할 수 있는 증폭 방사능 무기인 중성자탄 미사일을 3천5백km 사정거리의 신형 탄도 미사일(TD2)로 개조, 신안주로부터 남포에 이르는 축선 상에 전면배치한다. 북한은 중성자탄으로 오키나와 현을 비롯한 일본전역과 태평양의 괌 공격 준비를 완료한다.

미국의 중재로 제3차 러·일 양국은 긴급 전략회담을 모스크바에서 진행한다. 미국의 중재안은 △일본은 對러경제복구 차원의 협력방안을 성실히 이행할 것 △러·일 양국은 쿠릴열도와 시코탄 및 에토로프, 쿠나시리 영토 내에 러시아의 군사력이 집중 배치된 점을 상기, 조기철군이 어려우므로 홍콩 모델방식의 개발을 서두를 것 등을 내놓는다.

한국은 북한산 고농축 플루토늄을 직 구입키로 결정하고, 남·북한 간 바터 무역방식에 의거한 경제 지원 방안을 북측에 제시한다. 한편 러시아에게도 IAEA의 감독 통제 하에서 한·미·러의 3각 첨단기술 협력 관계로서 한국의 핵폐기물 재처리 공장건설을 제의한다.

블라디보스톡 항에 회랑 중이던 러시아 핵추진 순양함 프룬제 호 침몰 및 북한 영변 원자로 2호기 파손에 따른 중국 황해경제권 블록이 피폭된다. 또한 일본의 도쿄, 마쓰야마, 히로시마 등 3대 도시에 연이은 강진의 영향으로 붕괴를 몰고 옴으로써, 20여만 명의 참사가 초래되자 한국에 파병 중이던 일본자위대는 본국으로 급거 철수한다.

북한이 한국에 긴급지원을 요청하기에 이르자 한국은 비상 구호물자 및 원전 사고 특별대책반을 북한에 급파한다.

화해 및 경제교류 협력에 관한 합의서 채택에 준한 남·북 통일방안을 접근 모색한다.

DJ의 대북 정보파이프 '카터센터'는 어떤 기구9)

클린턴이 민주당의 대통령 후보로 지명되기 전 숨겨진 비화가 있다. 현재

---

9) 김정선, 「군사평론」토요신문(1994. 7. 9), 제242호, p. 4.

민주당의 대부로서 정가의 막후 실력자인 지미 카터는 당시 샘 넌 조지아 주 상원의원을 대통령 후보로 지명하고, 샘 넌이 출마수락을 하기도 전에 이미 21개주로부터 승인을 받아놓은 상태였다. 카터 진영으로부터 계속 출마 권유를 받아오던 샘 넌은 일주일여 동안 유럽 등지에 부인과 함께 밀월여행을 다녀온 직후,「대학생인 자녀가 아직 어리므로 성장한 후에나 대권은 생각해볼 일」이라며 애매모호한 여운을 남긴 채 불출마 선언을 하였다.

결국 카터는 히든카드로 클린턴을 지명했고, 민주당은 승리를 장식할 수 있었다. 만약 클린턴의 외교능력에 대한 여론악화로 오는 11월 상·하원 중간 선거에서 민주당이 패배할 경우, 이는 차기 집권에 대한 아킬레스 건을 조이는 결과가 된다. 따라서 카터는 또다시 샘 넌 카드를 사용할 것이 확실하다. 카터가 그토록 샘 넌을 지원하는 것은 상원의원과 군사 위원장직을 겸임하고 있는 그의 덕망과 천재적인 지략을 능가할 인재가 민주당 내에서 아직 없다는 판단 때문이다. 뿐만 아니라 공화계와도 대인 관계가 원만하여 샘 넌 정부가 탄생된다면 무리 없는 행정운영이 가능하다는 치밀한 계산 때문이다. 더구나 미국의 마지막 자존심이자 정신으로 추앙받고 있는 트러스트 그룹의 데이비드 웨이브 부총재와는 동문 수학한 사이로 조지아 주의 비둘기파 인맥「카터-웨이브-샘 넌」은 계파를 초월하여 국민들로부터 폭넓은 신망을 얻고 있다는 점이다. 특히 재활기술연구소 창설자이기도 한 웨이브는 지난날 카터 재임 당시, 보사부 장관 제의를 받고도 스스로가 덕망이 부족하다는 이유로 사양한 일화는 국민에게 널리 알려져 있다.

YS 정부의 외교안보팀이 카터 방북 「맥」에 대한 정보수집 및 객관적 분석에서 크게 실책을 한 근본적인 원인은 대미관계 창구를 클린턴 정부에만 국한시켰기 때문이다. 미국의 정치 원산지는 워싱턴 주가 아니고 조지아 주다. 그럼에도 불구하고 그동안 YS 정부는 조지아 주내에서 은밀하게 한국에 대한 정책이 계획 산출되는 과정에서 한국에 유리한 입장으로 조정가능한 정치력 또는 로비력을 강화시킬 생각은 하지 않고, 정책이 결정된 상황을 다루는 워싱턴 주에만 매달리는 방식에 의존해 왔다고 해도 과언이 아니다.

조지아 주에 위치한 카터 센터를 중심으로 형성된 국무부, 카네기재단, NASA 그리고 조지아 주 정부 산하 재활기술연구소 등의 카르텔 구조체제는 클린턴 정부의 싱크탱크기구로도 운영되고 있다. 이 팀들은 각자 대통령의 지근거리에서 그리고 정보수집 및 분석현장에서 대통령과 정부의 정책 결정에 가히 막강한 영향을 미쳐왔다. 일례로 상임고문에 지미 카터 전 대통령을 비롯해, 명예 부회장에 샘 넌 조지아 주 상원의원, 명예의장에 조 프랭크 해리스 조지아 주지사, 그리고 중국의 실력자 등소평의 장남인 등푸팡이 이사로 포진된 재활기술연구소는 조지아 주정부로부터 연간 1백만 달러를 지원받는데 이 연구소를 통해 얻어진 스페셜 정보자료는 정부의 승인을 거쳐 NASA로 피드백 되고, SDI전략방위구성(일명 별들의 전쟁) 차원에서도 활용되고 있는 실정이다.

이번 카터 방북도 애당초 클린턴 정부의 치밀한 사전 준비에 의해 진행된 것이다. 카터진영의 카네기재단 샐릭 해리슨 수석연구원이 6월초 북한을 방문, 김 주석과 회동한 자리에서 이미 카터와 김 주석 간의 극적 회담이 각본 되었을 가능성이 높다. 뒤늦게 확인된 바에 따르면 당시 해리슨은 이 내용을 즉각 국무부에 전달했고 이 급전은 다시 그 무렵 노르망디 상륙 50주년 행사 참석차 프랑스를 방문 중이던 클린턴 대통령에게 전해졌다. 보고를 접한 클린턴은 이 소식을 당시 미국에 있던 카터 전 대통령에게 직접 전화를 걸어 논의한 것으로 전해지고 있다. 한국정부보다 DJ가 먼저 카터 방북의 필요성을 자신 있게 주장할 수 있었던 것은 DJ가 설립한 아·태평화재단 자체가 카터센터의 각국 지역별 구성된 지점망 형태라는 점과 카터가 DJ 재단의 고문이란 사실에서 비롯된다. 앞으로 남·북 정상회담에도 불구하고 남·북 관계가 북한 핵문제로 교착국면에 빠질 경우, DJ는 지난번 미 방문 때처럼 획기적인 모종의 북 핵 타결 방안을 정부가 아닌 국민을 상대로 내놓게 될 가능성이 크다는 것이다. 한국 정부는 미 정가의 움직임과 막후 실력 단체의 존재를 감안해 한·미·중 3국을 기축으로 하는 세계재활기구 창설을 클린턴 정부를 비롯한 UN 회원국에 역으로 제안하고 나서야 할 때다.

김일성 피살의혹, 북한판 10·26사태인가?[10]

김일성의 사인을 정확히 판별하기는 어렵다. 그러나 최근 북한지도층과 관련된 깊숙한 정보 및 정치적 역학관계를 종합해 볼 때 김일성의 사인배경은 친러파 군부출신이며, 김정일의 이복동생인 김평일의 등장과 김영주의 복권 및 남·북 정상회담과 북·미 수교를 앞둔 시점 등이 한꺼번에 합쳐진 미묘한 상황이었다는 사실을 간과해서는 안 된다.

---

10) 김정선, 「군사평론」 토요신문(1994. 7. 16), 제243호, p. 2.

폭풍 속의 찻잔 정국 즉, 김일성은 과거 남한의 박정희 대통령이 궁정동에서 김재규 중정부장에 의해 피살된 것처럼 반대파에 의해 주석궁에서 북한판 10·26 사태를 당했을 가능성이 큰 것이다.

만약 이럴 경우 주도세력은 누구일까. 빛바랜 권력실세에 불과한 혁명 1세대인 인민무력부장 오진우, 인민군 총참모장 최광 등 기존의 친 중파 군부 세력을 앞세운 김정일의 25인 체제 친위 세력들이 김일성을 거세했을 가능성이 가장 농후하다. 이 같은 전망의 근거로 김일성의 김정일에 대한 불신감이 최근 들어 갈수록 고조되고 있었다는 점, 그리고 근래에 이르러 김정일로부터 소외·배척된 김일성의 추종세력들을 재기용한 점 등을 들 수 있다. 김일성의 이런 파격적인 조치에 더해 남·북 정상회담 및 북·미 수교가 가시화되자 가뜩이나 권력 실각 위협을 느끼고 있던 김정일 사단에게 더욱 불안을 가중시킨 결과를 초래했다면 그 자체만으로도 김일성의 암살로 이어졌을 가능성이 크다.

1994년7월8일. 김일성의 돌연한 사망은 「폭풍 속의 찻잔」같은 형국으로 한반도 정세를 긴장국면으로 몰아넣고 있다. 이제 김일성의 사망에 따라 북한도 내부의 변화가 불가피해졌다. 장기적으로는 개혁·개방이라는 시대적 추세에 동승할 것으로 보이지만 오랜 세월 김일성이 무소불위의 권력을 유지해 오면서 극도의 폐쇄적인 사회로 만들어놓았기 때문에 그 내부에서 어떤 일이 발생될지 예측할 수 없다. 더욱이 김일성의 사인을 둘러싸고 제기되고 있는 타살 의혹 가능성은 북한 지도층간 권력 투쟁의 불가피성을 예감케 한다

지난날 김정일은 한때 김일성의 후계 체제와 관련, 김성애(당시 여성동맹위원장)와 불꽃 튀는 암투 끝에 1974년6월 김성애 측을 몰락시킴으로써 권력 획득의 발판을 마련했었다. 그 후 김정일은 후계자로 부상하는 과정에서 김일성의 후광이 사라질 경우, 지도자적 권위가 급속하게 붕괴될 것을 우려하여 대대적인 숙청을 시도한 바 있다. 숙청대상은 북한의 중추적 권력기관인 노동당, 정무원, 군부를 비롯한 각 기관내의 김일성 추종세력들인 항일빨치산 출신 및 친러파 출신들이었다. 그럼에도 불구하고 김일성은 역사상 유례없는 세습체제를 위해 자신의 장남 김정일에게 정통성을 부여하고 후계 승계 작업을 20여년 이상을 추진해 왔다. 그러나 김정일에게 맡긴 결과 경제난이 가중되고, 개혁·개방이라는 대외적 고립에 잘 대처하지 못해 사회 불안만 가중 시켜왔다. 결국 그가 의도한 세습체제가 체제붕괴의 위협상황

으로까지 심화되자 김일성은 김정일로의 권력이양에 심각한 회의를 느낀 것으로 관측된다.

김정일 실정으로 체제 불안

최근 1993년 12월 11일부터 3일간 열린 북한의 제9기 6차 인민회의는 사실상 김일성 사후를 대비한 북한 내부의 권력변화를 엿보게 하는 것이었다. 겉으로 보기에는 오랜 세습과정을 통해 공고화 된 김정일 권력승계체제의 완성임을 의미하지만, 안으로는 반 김정일 세력을 대표하던 이른 바 항일 빨치산 출신 세력의 중심인물인 김영주를 친인척 간의 내부 화합차원이라는 명분아래 전격 복귀시켜 김정일 라인을 아연 긴장시킨 것이 사실이다. 뿐만 아니라 김정일에게 축출 당해 오랜 세월 유배생활이나 다름없이 해외를 떠돌았던 김정일의 이복동생 김평일이 불가리아 대사직을 끝으로 평양에 다시 불러들인 것은 의미심장한 일이 아닐 수 없었다. 더더욱 아이러니컬한 것은 김일성은 자신이 사후, 수년 내에 북한도 권력 찬탈을 둘러싼 골육상쟁이 본격화될 것을 우려한 것일까. 아니면 북 핵 관련 강경 일변도의 정책을 주도했던 김정일 친위세력들에 의해 암살될 가능성을 미리 예견이라도 한 것일까. 김일성이 이 같은 일련의 사전조치를 취한 전반적인 분위기가 한국의 10·26 당시 상황과 흡사하다는 점이다.

김정일 사단 불만 고조

한국의 10·26 사태는 박정희 대통령의 추종 세력들과 소위 배척된 세력들 간의 뿌리 깊은 반목과 갈등 구조 속에「헤게모니」권력다툼이 증폭돼 민주화라는 명분으로 표면화된 사건이다.

김일성 역시 북한의 권력중심을 김정일에게로 옮겨가던 1970년대 중반 이후 상황에서 벗어나 다시금 김성애와 김평일·김영주 쪽으로 권력을 이동시키거나 아니면 박 대통령처럼「박치기 식」으로 견제시킨 가운데 김정일 친위세력에 의해 암살당한 것은 아닐까. 이러한 가설을 전제할 때 무엇보다도 앞으로 김정일의 권력향배가 관심의 초점이다. 김정일은 당초 계획대로 무사히 후계 권력을 확립할 수 있겠지만 김일성의 사인을 둘러싼 의혹이 증폭될 경우 김평일을 옹립한 新군부측에 의해 역시 한국의 12·12 사태 같은 상황이 재현될 가능성을 배제할 수 없다. 만약 김일성이 암살당한 것이 사실이라면 김정일은 알려진 것처럼 무소불위의 실세만은 아닌 자신의 친위세력에 의해 꼭두각시가 될 가능성도 없지 않다. 한국정부가 정작 주시해야 할 대상은 김정일이 아니고 김정일 사단으로 불리는 만경대 혁명학원 및 김일성종합대학 출신들로 구성된 25인들일 것이다. 이들은 이미 김정일의 범주로부터 벗어나 통제가 불가능할 뿐만 아니라 김정일에게까지도 위험 세력으로 등장, 파워 집단화되어 있을 가능성이다.

북한판 12·12사태 가능성

앞으로 김정일 정권체제는 정치적 안정을 도모하는 한편, 민생문제를 해결하기 위해 남·북 정상회담 개최를 빠른 시일 내에 시도할 것이다. 또한 중국식의 개방·개혁 정책을 부분적이나마 도입할 것으로 추정된다. 만약 김정일이 권력을 잡는데 실패한다면 권력의 중심축은 그의 이복동생인 김평일에게로 옮겨갈 가능성이 크다. 온건 합리주의자인 김평일의 등장은 북한의 체제를 어떤 형태로든 크게 변화시킬 것으로 예측된다. 그러나 일각에서는 김평일이 집권하다 해도 다음 체제로 넘어가는 과도기를 담당할 한시적인 집권이 될 것이다. 결국 북한 지도부가 김평일마저 옹립하는데 실패한다면 군부 내에서 대체 세력이 등장할 것이며 이 경우가 가장 우려되는 상황인 것이다.

「김일성 사망」 KGB에서 CIA에 알려줬다[11]

스파이 세계에선 방첩요원을 곧잘 「스파이더」(거미)라고 부른다. 스파이를 잡기위해 거미줄을 친다는 뜻이다. 비록 소련의 붕괴로 공산주의 몰락과 함께 냉전은 끝났어도 스파이전은 물밑에서 치열하게 계속되고 있다. 현재 워싱턴 정가에서는 올 가을 상원선거와 1996년 대통령선거를 앞두고 공화당 등 보수파가 클린턴 정부의 대외정책, 특히 「미국중앙정보국」(CIA)의 예산 삭감을 놓고 여·야간에 거센 공방전이 한창 벌어지고 있다. CIA의 1년 예

---

11) 김정선, 「군사평론」, 토요신문 (1994. 7. 27), 제244호, p. 2.

산은 약 3백억 달러 규모다. 한국 돈으로 24조원, 우리나라 전체 예산의 3분의 2에 달한다. 제임스 울시 미 CIA국장은 「사실 인간의 직접적인 첩보 활동보다 첩보위성에 의한 전자통신, 다시 말해 전파 정보로 더 유용한 정보를 입수할 수 있다. 그러나 직접적인 첩보활동은 여전히 중요하다」며 CIA 예산유지 론을 강력히 펴고 있다. 반면 모이니 핸 상원의원(민주당·뉴욕)이 지적했듯이 최근 몇 년 사이 CIA 활동은 실패의 연속이다.

스탠퍼드대 후버연구소의 앤젤로 코드빌라, 그는 자타가 인정하는 보수파 정보전문가다. 코드빌라도 첩보위성의 사진촬영이 실효를 거두지 못하고 있다고 말한다. 게다가 「미국 정찰 국」(NRO)의 암호 해독 활동도 암호화 기술이 발달한 지금 전혀 무의미하다.

미국 첩보 스파이더의 산실은 워싱턴 DC 20505. 랭그리 숲속에 위치한 CIA를 중심으로 국방부 산하의 전략 전술 정보를 관장하는 「국방정보국」(DIA), 「국방부 국제안보 국」(ISA), 「정치 군사국」(PM), 「국가안보회의」(NSC), 미국 과학자 연합의 극비 기관으로서 첩보 위성을 관장하는 NRO, 전자정보를 수집·분석하는 NSA, 3군의 전투정보 및 특수작전을 수행하는 TIARA, 그밖에 국무부 내의 중앙정보국이라고 불리는「정보조사국」(INR) 등이 있다. INR의 주된 임무는 세계 각국의 핵심부에 「두더쥐」(정보기관 침투간첩)를 잠입시켜 CIA의 조정이 가능하도록 각 국 고위 관리를 포섭하는 것이다. 이 가운데 최첨단 첩보위성 「키 홀」(Key hole)을 동원해 북한의 영변 핵시설에 관한 정보를 입수했던 CIA의 첩보활동은 가히 독보적이라는 평을 듣고 있다.

CIA가 그 동안 수집한 각종 정보 가운데는 지금도 높이 평가되고 있는 특수 정보가 적지 않다. 예컨대 지난 1970년대 중반 유럽 5개국이 「에어버스」라는 新기종 항공기에 대한 공동개발계획이 있음을 사전 입수한 CIA는 이 신형 항공기가 제작 생산될 경우 미국의 항공기산업의 시장점유율이 20% 감소될 것임을 정확히 진단했다.

또 2년 전 인도네시아 정부가 국내 전화 설비업체를 선정하면서 미국의 AT&T와 일본의 NCC 및 스미모도 등 세 회사를 놓고 저울질했을 때, 일본 기업이 수주하기 위한 미끼로 차관을 제공할 것이라는 정보를 입수한 것도 AT&T가 아니라 CIA였다.

최근 북핵 문제 및 북한 김일성의 돌연 사망에 따른 한반도 위기설과 관련 CIA가 어떤 시나리오를 획책하고 있는 것이 아니냐는 일반국민의 의구심도 많다.

1970년대 초반부터 북한의 핵개발에 관한 핵심 정보를 독점하여 오던 CIA는 북한 핵 정보를 공개하기까지 상당히 인색했다. 그동안 「국제원자력기구」(IAEA)의 거듭된 정보협조 요청을 묵살해 오다가 근래에 와서야 비로소 영변 핵시설을 찍은 위성사진을 제공하기 시작했다. 그것도 IAEA가 북한이 플루토늄 추출량을 속이고 있다는 결정적 증거를 포착해내자 마지못해 정보공유의 협조적 태도를 보인 것이다. 이에 대해 한반도 핵전문가 피터 헤이즈 박사는 탈냉전 후 의회에서 『CIA 예산 삭감 움직임이 본격화되자 CIA와 국방부는 갑자기 북한 핵을 문제 삼기 시작했다. 그들은 고의로 과포장된 북한 핵 정보를 「워싱턴 포스트」 등 주요 언론에 흘림으로써 한반도 위기 국면을 조성, 예산 삭감의 방파제로 이용하고 있다.』고 주장해 주목을 끌었다.

외교소식통들에 의하면 최근 들어 CIA와 FBI 그리고 국무부 간의 고질적인 세력다툼으로 인해 동일한 정보를 가지고도 서로 다른 해석을 내리는 경우가 빈번해 엉뚱한 사태를 불러일으킬 소지가 다분하다는 것이다. 한편에서는 CIA는 북한의 김일성 사망조차 전혀 예측하지 못했을 것이라고 평가 절하하는 시각도 있다.

반면 일각에서는 최근 2년간 CIA와 SUR · FBI · KGB 사이에 전례 없는 협력 관계가 유지돼 왔던 점에 주목하고 있다. 지난해 10월 SVR의 에프게니 프리마코프 국장은 워싱턴을 방문해 CIA국장을 만났다. R.제임스 울시 CIA 국장도 모스크바를 방문했다. 이는 미 · 러 간의 정보협조 체제가 구축됐음을 의미한다. 이 협조체제를 통해 KGB로부터 북한 김일성의 사인에 관한 모종의 정보를 전달받았을 가능성이 크다.

더더욱 석연찮은 것은 애당초 이 정보당국은 9일 새벽 4시 30분경 (현지시각) CNN 보도를 통해 김일성 사망을 알게 되었다고 발표했다. 9일 오후, 극비리에 미 공군기 RC-135 전략 정찰기 1대가 북한 전 지역에 대해 전자 감청한 사실이 북한에 발각됨으로써, 동일한 시간대라는 상황 증거를 정확히 제시한 셈이다.

그런 반면 백악관의 제프 엘레 대변인 발표에 의하면 김일성이 사망했다는 첩보가 워싱턴에 전달된 시각은 8일 밤(현지 시각)이라고 밝혔다. 과연 첩보가 전달된 시각이 제각기 다른 것은 무엇을 의미하는 것일까. 그러나 문제의 심각성은 무엇보다 한국의 정보당국에게도 있다. 북한의 일거수일투족이 그대로 한국의 운명과 직결되는 최근의 한반도 환경을 고려해 볼 때 우리 정보당국의 보다 깊이 있고 세심한 활동이 필요할 때라 하겠다.

YS의 블라디보스톡 반란[12]

YS의 러시아 방문을 한·러 협력과 4강구도 굳히기라는 식의 화려한 수사로 장식하기 보다는 지금 당장 현실화 된 한반도문제를 비롯한 통일 등 유리한 주변 여건조성 차원에서 옐친 대통령과의 만남은 중요한 의미를 갖는다.

특히 북한 핵 문제가 국제사회에서 초미의 관심사가 되고 있는 상황에서 북한과 유용한 대화 통로를 가진 러시아의 수뇌를 만났다는 점에서 그 의미는 더욱 크다고 하겠다.

이번 한·러 수뇌는 회담을 통해 양국 간의 새로운 질서구축이 동북아의 안정과 평화에 얼마나 긴요한가를 확인했다고 본다. 그런 면에서 러시아와 한반도의 안보환경과 접목시킨 경제협력 내지는 군사조약 등 제반문제를 논의하면서 염두 해 두어야 할 점은 동북아를 비롯한 아시아에 대해 이 나라가 최근 어떠한 전략과 외교적 구상을 하고 있는가 하는 점이다. 그 전략이란 동북아에 있어서 다자간 협력 체제를 발판삼아 한반도문제에 대하여 자신의 영향력을 극대화하기 위해서이다. 일례로 북한 핵 문제와 관련해 러시아가 제의하고 있는 남·북한과 주변 4강을 포함한 8자 회담 구상도 한반도문제 논의에서 소외되지 않겠다는 의도가 크지만 그러한 다자간 협력체제 구상과도 맥이 닿아 있는 것으로 볼 수 있다. 이러한 협력체제는 전통적으로 러시아가 추구해 온 블라디보스톡(러시아어로 동방지배를 표기한 명칭) 구상이다. 그럼에도 불구하고 YS는 왜! 블라디보스톡을 가야만 하는가.

러시아의 블라디보스톡 구상 전모

북쪽 바다는 북극해로써 얼음 바다이며, 그 북극해에 연해있는 대부분의 북방 영토는 툰드라, 즉, 동토지대로서 사람이 살 수 없는 지역이다. 할 수 없이 우랄 산맥을 넘어 수천 킬로미터에 걸친 광야를 횡단하여 동으로 이동,

---

12) 김정선, 「군사정치평론」, 월간나라사랑(1994. 8. 1), 8월호, p. 69-75.

오호츠크 해에 이르렀고, 결국 블라디보스톡 항을 얻었으나, 이곳 역시 소오야, 쓰가루, 대한해협으로 태평양으로의 길목이 일본 및 한국에 의하여 통제를 당하고 있는 형국이다.

유럽 후진국이던 러시아가 페트로 대제(1682-1725)의 시대에 스웨덴을 격파하고 발틱 해 깊숙한 곳에 해항을 얻어 이곳을 피테르스버그(후에 레닌그라드)라 명명하여 바다를 구하는 최초의 소망을 이루었고, 에카테리나 2세(1726-1796)시대에 터키로부터 흑해 북안을 탈취하여 새로운 출구를 얻었으나 발틱 해는 스웨덴과 덴마크 간의 카테가트 해협에 의해 막혀 있고, 흑해는 터키의 보스포루스와 다르다넬레스 해협에 의해서 막혀 있으며, 설사 이곳을 빠져 나간다 하더라도 유럽 국가들, 중동 국가들, 그리고 아프리카 국가들의 공동 마당인 지중해로 나갈 수밖에 없다.

결국 러시아는 블라디보스톡 – 캄란 – 말라카 – 페르샤 만 – 지중해 – 흑해선상에서의 大韓해협을 자국 영토 및 공해와 연결시켜 자국의 내해와 호수로 만듦으로써 동북아의 활동해역 장악 내지는 중국을 비롯한 일본, 한국을 고립시킬 수 있다는 의도 아래 첫 번째 길목인 大韓해협의 거문도 점령사건, 즉 1800년대 후반 한반도를 둘러싸고 서구 열강들이 우호통상을 명분으로 하여 한반도 침투활동이 활발하던 과정에서 우리 영토의 일부를 불법 점령한 역사적 사실을 상기해 볼 때, 지난날 러시아는 동북아에 있어서 바로 한국 동해의 호수화를 기획하고 있었음이 분명하다. 따라서 오늘날 한반도에 통일정부가 세워져서 중국이나 다른 세력 일본과 밀착되는 것보다는 분단된 채로 남아서 중국이 북한과의 밀착을 더욱 굳게 한다 해도 러시아는 한국에 대해 영향력을 행사할 수 있기를 바랄 것이다. 또한 북한이 중국밀착을 막기 위해 러시아는 서울 카드를 쓰고 있다고 보며 두개의 한국 정책을 추진하면서 비정치적 영역에서 한국과의 관계를 조심스럽게 증진해 나갈 것이다. 향후 한·러 양국 관계에 있어서 분명 어떠한 방법이 되어든 간에 러시아는 大韓해협의 자유통행이 허용되고 더 나아가서 부산-진해 지역에 기항할 수 있게 되기를 갈망하는 것으로 보아야 한다.

일본의 중립화 및 경제력 유인을 위한 블라디보스톡 극동군 증강 전략

소련붕괴 이후 최근에 와서는 구주지역과 거의 동시에 극동지역에도

T-72전차, 장갑 전투 차, 지대공미사일, 다 연장 로케트 등의 신무기 배치를 더욱 강화시키고 있다. 특히 舊소련 총 핵전략 미사일의 약 30%에 해당되는 ICMB와 SLBM 체계가 극동지역, 즉, 블라디보스톡에 배치되어 있는 것으로 추정되며, 사정거리 5천 킬로미터의 SS-20 중거리 핵미사일은 162기로 증강되고, 그 사정권은 한국, 일본, 중국은 물론 필리핀, 괌까지 미치고 있다.

현재 지상병력은 舊소련의 전 지상병력 191개 사단(약 190만명) 중 1/4에 해당되는 54개 사단(약 47만명)이 배치되어 있다. 또한 舊소련 해상전력의 全 함정 약 2,760여척 중 약 820여척을 보유하고 있는 태평양 함대는 지난 20년간 일괄하여 양적인 증강 추세를 가져왔고, 질적인 면에서도 키에프급 항모 민스크를 비롯한 다른 1척의 항모 노보로시스크 호, 카라급 미사일 순양함, 크리바크급 미사일 구축함, 핵추진 순양함 프룬제 호에 이르기까지 대형 신설함과 델타3급 SSBN, 빅타3급 SSN 등의 원자력 잠수함의 증강에 의해 현대화 되었다. 이와 함께 극동지역에 실전 배치된 항공기는 舊소련 항공 전력의 1/4에 해당되는 규모이며, 제3세대 항공기 증강 계획의 일환으로 이 지역에 배치된 전투기 및 전략폭격기의 90% 이상이 최신예 백파이어, 미그-23, 27, 31 및 SU-24 펜서 등으로 교체되었는가 하면, 80여대의 백파이어를 포함 170여대의 중·장거리 폭격기 등 약 2,100대로 늘어났다. 이러한 러시아의 극동 군사력 증강은 동북아지역에 정치적·경제적·군사적으로 심대한 결과를 초래할 수 있을 것이다. 첫째, 약 4천 마일에 이르는 중·러 국경지역에서 중국과의 군사적 대치에 대한 포위망의 형성과 병행하여 화해를 유도하며, 둘째. 일본의 중립화를 위하여 군사적 위협이 되는 군비증강을 반대하는 한편 경제적 유인을 위한 양면 정책을 병행 추진하고, 셋째 극동에서의 러시아 세에 위협을 가해오는 일본의 계속적인 발전과 미·일·중국으로 연결되는 전략적인 정치·군사적 협력관계 발전을 저지시킴과 동시에 일본과 말라카 해협을 잇는 해상교통로 및 캄차카 반도 주변해역을 러시아의 잠수함봉쇄로 인한 일본고립을 유도함으로써, 북해도에 대한 확보가 가능할 수 있는 것이다.

러시아는 극동군 증강을 배경으로 동북아지역에서 유리한 힘의 상관관계를 만들어 정치적 기회가 생길 때마다 이를 이용하는 한편 주변제국을 위협하여 유사시 동북아국가들에 해상 교통로 통제 및 미국의 태평양진출을 억제함으로써, 북한의 기회주의적 남침에 의한 한반도 분쟁이 발생할 경우, 한국에 대한 미국의 서태평양상의 해양 병참보급로 차단을 꾀함과 동시에 일본이 제2의 한반도 식민지화를 통한 패권주의 열망을 성취코자, 만약 북한의 돌발적인 체제붕괴로 인한 불안정한 한반도 통일내지는 한반도분쟁 시기를 이용, 이를 빌미로 한국에 군사력 투입 시 일본열도 방위를 곤란하게 만드는 측면도 없지 않다.

따라서 한국의 경우 러시아가 직접적으로 군사적 모험을 할 가능성은 희박하지만 한반도의 전략적 중요성을 감안할 때 러시아는 일본침공의 명분을 얻기 위한 방편으로 북한을 사주하여 한반도에서의 무력전쟁을 획책할 가능성을 전혀 배제할 수는 없다.

블라디보스톡 구상을 역이용한 일본, 제2의 한반도 침략을 노린다

일본은 현재 세계 제2위의 경제대국이며, 동북아지역뿐만 아니라 전 세계적인 차원에서 기대되는 일본의 국제적 역할은 막대한 것이다. 일본의 국제적 위치가 중국 및 러시아까지도 상쇄시킬 수 있는 세력으로 새로이 평가됨으로써, 일본의 역할은 미국의 안보에 결정적이라고 생각한 미국은 일본과의 정치·경제·문화 전반 분야에서 다소 의견대립이 상존 하더라도 상당한 국가이익이 상충되는 상황이 발생되지 않는 한 일본을 동맹관계에서 제외시키려고 하지 않을 것이다. 만일, 미국이 일본을 잃거나 일본이 타 적대국 또는 경쟁국에 합류한다면 미국은 결정적인 타격을 입을지도 모른다. 따라서 미국은 전략적으로 동북아에 있어서 그의 이익을 지키기 위하여 미·일 안보 관계를 의존하여 태평양세력으로서 남아 있으려고 하며, 전술적으로는 극동지역 내에 있는 우방이 방위분담을 보다 많이 해줄 것을 바라고 있는 것이다. 그리하여 동맹제국에 대한 자위력의 향상을 강력히 요청하고 있다. 특히 미국에 의존하여 방위 면에서 무임승차의 혜택을 누리면서 경제대국으로 성장한 일본에 대해서 방위력의 분담종식과 이 지역의 해상운송로 보호를 위하여 1천 해리 해상방위를 요구하고 있다. 바로 이점이 일본으로 하여금 방위력 증강을 하지 않을 수 없게 만드는 또 하나의 중요한 배경 요인임과 동시에 일본의 방위정책 기조 자체가 방위력 정비를 위한 점진적 계획의 추진과 비핵 3원칙의 견지, 평화 헌법상의 전수 방위체제 확립, 국민의 콘센서스에 의한 방위력 정비노력의 전개, 미·일 안보체제를 기반으로 하는 방위전략의 수행 총합 안전보장 구상의 추진에 둔다고 명시하였지만, 만약 국제정세의 변화 또는 일본주변의 국제정치체제의 변화 등으로 일본자체에 위협을 느꼈을 때는 이에 대응하는 국제개념과 군사정책 및 전략을 새로 수립하고 적절한 군사력 태세를 이행한다는 것을 명백히 하고 있다는 점이다. 지난 1969년11월 미국과 일본은 오키나와의 일본 반환 방침을 천명한 미·일 공동성명을 발표할 당시 닉슨 대통령과 사토 에이사쿠 총리가 유사시 미국이 오키나와에 핵무기를 반입하거나 통과시킬 수 있다는 내용의 극비 문서에 서명한 사실과 1983년도 일본 방위 백서에서는 戰後 처음으로 현행 헌법을 무시하는 군사대국 지향으로 발표되었으며, 군사력 증강의 의의도 바뀌었다.

일본의 군사대국 추세에 결정적 동기부여를 제공하고 있는 현실은 러시아의 블라디보스톡 구상이라고 할 수 있다. 현재 동해해역을 포진하고 있는 러시아의 Y급 잠수함인 핵미사일은 일본열도를 겨냥하고 있는 실정이다. 또한 러시아는 캄란기지에 미사일 잠수함을 포함하여 핵추진 잠수함, 재래식 잠수함 등 해군력을 대폭 증강하여 배치된 상태이고, 함정들이 인도양으로부터 캄란으로 이동됨으로써 인도양과 남지나해에 걸친 해역까지 광범위한 작전수행 능력을 갖추었다고 볼 수 있다.

일례로 1984년 3월 27일 밤, 동해에서 미국 항공모함 키티호크 호를 이틀간이나 미행하던 러시아 공격형 원자력 잠수함 빅토르 1급이 충돌한 사건은 러시아의 극동 군사력 실체를 단적으로 보여준 것이다. 이에 놀란 일본은 나가사키 현 사세보 항에 정박 중인 미 핵 항모 엔터프라이즈호를 출항, 동해상에서 7함대 소속 항모 미드웨이호 등과 함께 러시아 해군을 가상적으로 하는 종합기동 훈련을 실시함으로써 한반도를 포함한 일본 북부로부터 말라카 해협 사이의 지역에서 위기 발생 시 해당 지역에 신속히 급파할 수 있도록 사세보 항을 모항으로 지상 작전 선단을 고정 배치할 계획설 유포와 이 해상 작전선단은 러시아 군의 블라디보스톡 - 캄란 - 말라카 - 인도양 해역에서의 작전 연결통로를 차단할 수 있다. 필요시 쓰시마 해협을 신속히 봉쇄할 수 있다는 의도적 표명이었지만 러시아는 이에 아랑곳 하지 않고 오늘날까지 극동군사력을 계속 증강시킴으로써, 일본에 대한 잠재적 위협은 날이 갈수록 현재적 위협으로 가중되고 있는 상황이다.

더구나 최근 일본이 러시아 정부에 제시한 액체 핵폐기물 저장·처리 시설 건설에 대하여 1억 달러 지원을 제공하였음에도 불구하고, 블라디보스톡 근처의 볼쇼이카메니 항에 정박 중인 러시아 극동함대가 자체 저장된 2천여

톤 규모의 액체 핵폐기물이 포화 상태이므로 동해투기가 불가피하다고 전제, 한반도 및 일본 해상방위선에 의도적으로 침범할 것을 표명하는 등 일본이 對러시아의 숨겨진 책략에 휘말릴 가능성으로 인해 동해상에서의 러·일간 군사마찰 소지가 다분하다.

일본의 군사대국화 복귀를 주창하는 군사 전략가늘에 의한 한반도성세 분석은 동북아에 있어서의 통일 한국은 지역 내의 새로운 강자로 예견될 뿐만 아니라 통일한국은 중립국가로 남지 않고 4강중 어느 1개 강국과 동맹국이 될 것으로 보아 4강 모두가 통일 한국보다 분단 한국이 덜 위험스러울 뿐만 아니라 일본에게는 한반도가 일본의 심장부를 겨냥한 단도임을 역설하고 있다.

특히 불안정·불확실성이 내재된 남·북한의 전쟁에 있어서 다른 전쟁들의 성격과는 달리 같은 민족이 한반도라는 역사·지리적 고유성을 갖는 지역적 조건 하에서 싸우는 이데올로기의 전쟁이며, 통일국가 형성을 위한 전쟁이기 때문에 총력전이 될 가능성이 매우 높다고 상정할 때 핵전쟁이 아니더라도 고도의 파괴능력을 갖춘 현재의 재래식 무기에 의한 남·북한 간의 총력전은 핵만큼이나 수단이 목적을 파괴해 버리는 즉, 전쟁에 이기더라도 남을 것이 없는 상황이 발생할 소지가 충분히 있다고 판단된 만큼 동북아 4강들의 정치적 우위원칙에 의해 제한성을 띨 수밖에 없다는 것이다.

오히려 경계 대상은 북한 자체 내의 혼란 및 사회 전반에 걸친 주민들의 불만으로 인하여 집권 공산주의자들이 자신들의 기득권 상실을 위협받을 경우 이를 억누르거나 시각을 외부로 돌리기 위해 한국과의 동족상쟁보다는 반일 감정이라는 수반된 명분을 가지고 일본을 겨냥할 수 있다는 것이다.

일본이 군사대국화 될 경우, 북한에 대해서 예상되는 부정적 영향 요소들에 효과적으로 대처할 수 있도록 일본의 정치·경제·사회적 혼란을 유발시킴으로써, 고립된 러시아의 블라디보스톡 구상의 활로를 열어주는 양면 책략아래 한반도 분쟁이 아닌 제한전의 러·일 전쟁 양상으로 부추길 공산도 전혀 배제할 수만은 없는 상황임을 주시하고 있다.

최근 미국경제의 약화와 일본의 경제성장 등으로 새로운 동북아질서가 형성됨으로써, 미·일 상호 동맹관계가 소원해지자 다급해진 일본은 한반도에 군사적 분쟁이 있을 경우, 한국에 거주하는 8천명의 일본인 보호 차원의 빌미로 한반도에 군사력 배치를 허용하는 내용의 자위대법 개정안을 1994년 5월 9일자로 상정함과 동시에 태평양 연안 요코스카 항에 정박 중이던 2개 구축함 전대를 포함 일부함대를 동해에 인접한 히로시마 인근의 구레 항으로 이전하고 있는 것은 러시아의 블라디보스톡 구상에 휘말릴 소지가 있는 동해상의 러·일간 군사 마찰을 원치 않는다는 간접 표현이며, 이를 명분으로 한반도침략의 교두보 마련을 위한 책략일 가능성이 짙다.

미국의 對한반도 전략적 가치상실로 수반된
일본의 군사대국화 명분획득

동해가 극동군의 최전선으로 화하고 있음으로써, 한국·일본에게는 물론 지금까지 지역 내에서 對러 우세를 유지해온 미국에게 새로운 도전이 되고 있다. 또한 오호츠크 해를 이미 내해 화하며, 이제는 미 잠수함의 근접이 거의 불가능하게 된 사실을 상기해야 한다. 러시아는 동해의 내해 화에 그치지 않고 캄란 – 말라카 – 인도양까지에 이르는 완전한 활동 해로를 구성, 확보코자 함은 재론할 여지가 없으며, 이 해로 중 특히 大韓해협은 4강의 극동 전략의 핵심이 될 것이다.

오늘날에도 미·일의 해양세력과 러·중국의 대륙세력이 대치하고 있는 상황을 보아서 한반도는 분명히 4강의 중앙 적 위치에 있고 동북아의 심장 지대라고 할 수 있다. 이러한 한반도의 지정학적 위치는 숙명론적인 것이 아니라 한반도의 정치적·경제적 제 역량에 따라 한민족의 발전에 긍정적으로 작용할 수도 있고 부정적으로 작용할 수도 있는 상반되는 양면성을 갖고 있다.

다시 말해 한반도는 현실적으로 동북아의 전략적 3극의 심장부를 차지하고 있어 역사적으로 대륙 세력과 해양 세력 경쟁의 초점이 되어 왔다.

대륙세력인 북방 3각과 해양세력인 남방 3각의 대결양상은 미·중·일·중 협력관계의 형성으로 남·북이 연결되는 미·일·중 3각이 형성되었고, 러시아는 고립되는 현상을 가져왔으며, 북한은 러·중국 사이에서 줄타기 외교로 이득을 보고 있다고 흔히 평가하고 있으나 사실은 북한을 포함한 러·중국과 완전한 북방 3각을 이루지 못함으로써, 북한을 두 개의 지원세력 중 어느 한 세력으로부터도 강력한 지원을 받지 못하였다.

결국 북한은 무력 남침의 기회를 얻지 못하는 불이익을 안고 있는 것이다. 특히 한·미 안보 관계는 미국의 전략변화와 상관관계를 맺고 있음은 주지의 사실이다. 따라서 미국의 전략개념의 변화에 의해 오늘날 미국의 안보 이익은 한국에서 강대국 간의 전쟁이 유발되는 사태를 막는다는데 국한되고 있다고 할 수 있다.

다시 말해서 남·북한 간에 전쟁이 발생되면 중국과 러시아의 개입 가능성이 있기 때문에 남·북한 간에 전쟁을 막아야겠다는 소극적 이익이 발견될 뿐이다. 이러한 전략상의 관점에서 볼 때 미국의 안보이익과 직결되는 일본으로 하여금 동북아 방위책임을 전가시키기 위해서는 주한 미군 철수가 불가피 하다고 전제함으로써, 한국전 재발시의 미국의 대처 방안에 어떤 한계가 있음을 시사해 주고 있다.

이기주의적 아메리칸 드림이 몰고 온 한반도 운명, 지간에 흩어지고

닉슨 전 미국대통령은 일찍이 [현실적인 평화]라는 저서에서 "완전한 평화란 무덤과 시나, 신문 사설 속에서만 있다."라고 평화의 허구성을 지적한 바 있다. 한국은 바로 이러한 허구에 자신도 모르는 사이에 미국을 위시한 우방국들이 만들어 주는 안보 상황에 만족하고 미국을 비롯한 우방을 과신하여 주변상황을 아전인수 격으로 우리에게 유리한 방향으로만 해석함으로써 위험한 안일 속에 안주하고 싶어 하는 경향으로 길들여져 왔다.

한국이 그토록 신뢰하는 미국은 과연 어떠한 모습을 한 나라인가? 일찍이 미국은 동아시아에 있어서 미국안보에 본질적으로 중요한 이익을 갖고 있는 나라로서는 1차적으로 일본임을 지적하고, 2차적으로 호주를 지적하였으며 한국을 포함한 어떠한 개발도상국가도 미국의 본질적 이익을 갖고 있지 않다고 분명히 하고 있다.

> 한국은 미국이 본질적 이익을 갖고 있는 일본의 방위와 안전을 위해 긴요한 국가라고 보고 있다고 언급하고 있음에도 불구하고 한국은 언제나 미국에 대하여 본질적인 이익의 대상으로 가치를 부여해 주기를 바래왔고 또 바라고 있다. 이러한 상황이 한·미간의 긴장을 초래하였다. 최근에 고조되는 한·미간의 긴장은 미국이 생각하는 한국의 비중과 한국이 기대하는 미국의 對韓협조 사이의 견해차에서 생기는 것이라 볼 수 있다.

다시 말해서 미국은 한국을 본질적인 이익대상으로 생각하지 않고 오직 자국 전략이 요구하는 상황에 따라 필요한 범위 내에서만 이익을 발견하는 상황적 이익 대상으로 가치를 부여하고 있는데 대하여 한국은 미국이 한국을 본질적 이익 대상으로 가치를 부여해줄 것을 기대하는데서 발생되는 갈등이라고 할 수 있다. 그러나 분명한 것은 미국 스스로가 생명 유지에 필요한 지역이라고 늘 중요성을 강조하여 왔던 페르샤 만의 핵심국가인 이란에 대하여 러시아의 침공을 뻔히 알면서도 발을 뺐으며, 10년간 막대한 돈과 귀중한 인명의 희생을 치른 월남에서도 미련 없이 돗자리를 거두어 간 사실을 명심해야 할 것이다.

이제 더 이상 왈가왈부할 필요가 없다. 왜냐하면 한국이 아무리 강력하게 미국에 대하여 본질적 이익의 대상으로 보아 달라고 요구한다고 해서 그렇게 보아 줄 미국이 아니기 때문이며 또한 상황 변화가 오면 그 상황에 따라 한국이 전략상 중요하다면 소극적으로 보아 달라고 해도 본질적인 만큼 중요한 위치에 설정될 것이기 때문이다.

오늘날 일본의 군사대국화 지향은 한국에 대한 미국의 기본이익에 있어서 한국이 기대하는 만큼 그렇게 크지 않다는 점이며 동북아의 안정추구방법에 있어서 상황과 여건의 변화에 따라 한국과의 관계를 맺지 않을 수도 있는 다른 방법이 발견되면 한국의 전략적 의미는 감소될 수 있다는 간접적 표현이다.

결국 한국이 미국에 대하여 중요한 비중을 갖게 하려면 스스로 민족생존의 자생력 제고에 따른 미래를 투망할 수 있는 안보외교 전략이 세워져야 한다는 문제가 제기되는 것이다.

美CIA는 지금[13)]

미국 중앙정보국(CIA)이 존폐의 기로에 놓여 있다. 냉전 초기인 1947년에 소련 등 공산권 스파이 색출을 주 임무로 창설된 CIA는 냉전종식에 따른 新세계질서에 부응하는 새 임무를 모색하는 시점에서 전례 없는 불확실성의 시기를 맞고 있다. 창설 47년 만에 닥친 최대 위기다. 지난 5월3일 공개된 클린턴 대통령의 지시각서는 일단 CIA내 스파이 색출 및 첩보전 능력과 관련 라이벌인 국무부 산하 연방수사국(FBI)의 손을 들어줘 CIA를 더욱 궁지로 몰아넣는 형국이 됐다. 북한 핵과 관련, 강경 노선을 일관되게 주장해온 CIA가 클린턴 고위 정책팀으로부터 점수를 잃게 된 결정적 요인은 미국의

---

13) 김정선, 「군사평론」 토요신문(1994. 8. 20), 제248호, p. 14.

對북한 핵정책이 북한의 성의에 따라 가변성을 나타낼 수밖에 없는 상황 때문이다. 더구나 클린턴 대통령은 북한 핵 해결을 위해 강경(국방부 및 CIA)보다 온건(국무부 및 FBI)을 선호한다. 북한 핵 문제를 둘러싼 미국 조야의 강·온 대립이 새삼스러운 것은 아니다.

CIA와 국무부의 암투

특히 외교를 우선시하는 국무부와 군부의 영향을 크게 받는 국방부과 CIA는 수년 전 북한 핵 문제가 국제 관심사로 떠오른 직후부터 지금껏 끊임없이 의견마찰을 보여 왔다. 무엇보다 관심을 끈 대목은 탈냉전 후 의회의 예산삭감 움직임이 본격화하면서 이를 피하기 위해 펜타곤(국방부)과 CIA가 정략적으로 북한 핵 정보를 고의 유출시켰을 가능성에 대해 국무부는 의심의 눈초리를 보내고 있는 것이다.

1992년 2월 25일 당시 로버츠 게이츠 전 CIA 국장이 「북한의 이미 핵무기 제조 능력을 보유하고 있다」며 의회에서 증언한 것이 사실이고 또 이러한 분위기에서 그동안 국제원자력기구(IAEA)의 거듭된 북한 핵 정보요청을 묵살해온 미 펜타곤 산하 방위정보국(DIA)마저도 인공위성의 첩보사진을 근거로 한 북한의 핵재처리 시설 조감도를 증거로 제시하는 등 일련의 석연찮은 행보가 의심을 낳고 있다.

이와 관련, 레이건 행정부 시절에 CIA에서 對북한 테러부서 책임자로 근무했던 카니스타로는 「뉴욕 타임스」 3월 10일자 기고를 통해 「북 핵 정보 분석에서 CIA가 뉴스전문 채널인 CNN(Cable News Network)이나 학자들 보다 나은 것이 하나도 없다」며 「CIA의 첩보 기능을 FBI로 옮겨야 한다.」고 주장했다. 그는 「CIA의 정세판단 오류는 전자 도청기술이 발달하고 위성사진 기술이 발달하면서 유능한 스파이에 의한 정보수집 활동이 소홀하게 취급되면서부터」라는 분석을 덧붙인다.

지하벙커 핵 추적 불가 즉, 「기술의 발달로 인해 요격 체제가 준중거리 탄도미사일(IRBM)로 분류되는 북한의 노동 1호 및 영변 원자로시설은 위성으로 사진 찍을 수 있다. 하지만 이런 것들이 실제 사용될 것인가 하는 정책결정자들의 의지는 사진으로 찍을 수 없을 뿐만 아니라 폐쇄된 지하벙커에 분산, 제조 될 북한의 핵무기를 추적한다는 것 자체가 불가능하기 때문에 CIA는 한반도 현지에 스파이들을 심어놓고 이들을 통한 정보 수집 활동을 강화해야 한다.」는 것이다.

그럼에도 불구하고 CIA의 조문에 의하면 북한에서 쿠데타 등을 일으키는 비밀공작(Cover Operation)도 불법 활동으로 규정되고 있으며, 오늘에 이르러 자연히 스파이 비즈니스에는 예산도 인원도 부차적으로 할당된 터여서 스파이 활동에 대한 타당성조차 사라지고 있다.

이같이 앞뒤가 안 맞는 일이 계속 공개되자 최근「워싱턴포스트」지는 1994년 5월 9일자와 10일자에 특집으로 북한 핵 첩보의 산실로 불리는 CIA의 모습을 집중 해부했다. 전·현직 CIA 국장과 고위간부, 의회중진들을 두루 만나 CIA의 첩보활동에 관한 현주소를 조명한 것이다.

체니 前 국방장관은「포스트」와의 회견에서 CIA의 3억 달러 규모 예산 삭감에 대해 우려를 표명하며,「의회가 북한 정세에 관한 CIA의 계획을 상세히 밝히라고 하지만 지금 한창 북한과 핵문제로 엎치락뒤치락하고 있는 판에 우리 속을 다 보이면 어떻게 하느냐」고 반문한 뒤,「기존의 국가정세 보고서(NIE)에 의하면 북한은 이미 핵무기를 보유하고 있다고 판단한 상태다. 북한의 핵무기는 핵개발과 밀접한 협력체제로 운용되고 있는 북한의 제 17핵 방위부대에 전면 배치되었을 가능성이 그 전보다 훨씬 높다는 분석을 내놓았다」고 밝혔다.

더욱 놀라운 것은 CIA가「북한의 핵」과 관련, 1970년대 초반부터 북한의 핵개발 야심에 관해 일거수일투족을 세밀히 체크해왔다는 점이다. CIA의 기능변화 필요성을 인정할 뿐, 그 기구 자체 폐지는 물론 예산 삭감마저도 반대하고 나선 상원정보 위원회의 데이비드 보렌 위원장(민주)은 CIA의 북한 핵 첩보 역사에 대해「1974년 미국의 알라모스 연구소에서 직접 핵폭탄 제조에 참여했던 핵 공학자 경원하 박사가 월북할 때부터 시작되었다.」고 말하면서 CIA는 여전히 필요하며 중요한 기구라고 강조했다.

의회서 존폐 논의도 한창

이에 대해 CIA 폐지론자인 다니엘 모이니헌 상원 재무위원장(민주·뉴욕)은 미국의 저명한 심리학자 로이드 드마우스의 견해를 빌어「미국은 걸프전쟁 이후 국방부과 CIA의 정신상태가 PTSD(Post traumatic Stress disorder : 정신적 상해 후유강박 이상심리) 환자의 인상을 주고 있다. 특히 CIA가 舊 소련 붕괴 이후의 세계를 미국의 단독지배 하에 요지부동하게 틀 어지려는 이른바 新세계 질서 구상을 재편해야 한다느니 하는 우스꽝스러운 짓을 해서는 안 된다」며, 「CIA를 아주 없애버리든지 아니면 연간 2백50억 -3백억 달러나 되는 예산이라노 대폭 삭감해야 한다.」고 말했다.

현재 對북한 공식 창구인 국무부에는 아시아·태평양 현안 전반을 총책임 지고 있는 윈스턴 로드 아·태 담당 차관보를 필두로 로버트 갈루치 정치군 사 담당 차관보, 개리 세이모어 정치군사국(PM)소속의 갈루치 보좌역, 존 하버드 국무부 차관보, 로버트 칼린 정보조사국(INR) 소속의 북한 실무자, 케네스 퀴노네스 한국과 북한담당관 등이 긴밀한 협조체제를 이루며 북한과 핵협상을 벌이고 있다.

이들의 시각은 한 결 같이 북한이 설령 핵무기를 개발하고 있더라도 우려 할 수준은 아니며 북한이 對美 협상의 지렛대로 이용하기 위해 핵폭탄을 개 발하는 척하고 있을 뿐이라고 단정한다. 이처럼 북한에 대한 핵정책이 수시 로 바뀌는 것은 북한의 태도와도 관련 있지만 본질적으로는 클린턴 대통령 이 국방부 및 CIA의 강경파보다 국무부의 온건파 입장만을 받아들인 탓도 크다는 지적이다.

美 CIA 한국지부 대변신[14]

탈냉전 이후 미 CIA의 위상과 역할이 크게 변화하고 있는 가운데 CIA 한 국지부의 활동과 역할도 종전과는 크게 달라지고 있어 주목된다. CIA의 한 국 내 활동은 지난해까지만 해도 크게 바뀌지 않았다. 로버트 게이츠 전 CIA국장은 1993년9월 미 상원 청문회에서 「북한이 끊임없이 핵무기, 생화학 무기 등 대량 파괴무기를 보유하려는 것도 미국의 안보와 한반도의 평화에 위협 요인」 이라고 주장하며 CIA의 첩보활동은 앞으로 이러한 방면에서 CIA 중앙참모부(특수공작 부)의 활동 범위(한반도)를 대폭 확대하게 될 것 이라고 강조했다.

CIA의 비밀조직인 이 부서에서 첩보원들이 맡은 일은, 한반도에서 일어나 는 모든 정보를 펜타곤과의 일련의 협의를 통해 연계전략 방침을 CIA 워싱

---

14) 김정선,「군사평론」, 토요신문(1994. 9. 3), 제250호, p. 5.

턴 총국에 전달하는 것이었다고 1986년 10월 24일자 「워싱턴포스트」가 밝힌 바 있다. 세계 어느 나라든 미국과 국교를 맺고 있는 곳에서는 비자발급 책임자가 그 나라의 CIA 책임자로 간주되고 있는 것은 익히 알려진 사실. 그러나 로버트 게이츠 전 CIA 국장의 발언 가운데 가장 주목되는 것은 주한 미 대사관 소속 「CIA 특수공작 부」의 첩보행위에 대한 공식적인 표명이다.

수도 서울 중심가인 세종로 정부종합청사 맞은편에 위치한 주한 미 대사관 왼쪽의 공보처 건물과 나란히 한 쌍을 이루고 있는 누추한 건물이 바로 미 군정 당시부터 존속돼온 「특수공작 부」가 있는 곳이다. 이른바 「정치과」 또는 「K804」로 알려져 있으며 현재 정치안보, 국내정치, 외교(북한 핵 문제 포함) 등 3개 부서로 나뉘어 있다. 이부서는 유신시절 김대중 납치사건과 관련, 당시 도널드 그레그 CIA 한국지부장(前 주한 미 대사)이 기민하게 대처함으로써 DJ를 살리는데 주요한 역할을 하기도 했다. 또 CIA는 박동선 사건으로 워싱턴 정가가 떠들썩하던 무렵 청와대 도청 파문도 터져 나와 주목을 받은 바 있다.

그러나 탈냉전의 돌풍은 마침내 30년 동안 주한 미 대사관 내의 밀폐된 성역 속으로도 휘몰아쳐 들어갔다.

최근 연방수사국(FBI)이 쳐놓은 그물망에 걸려들어 곤욕을 치르고 있는 일련의 군수업자들의 웨드테그(Wedtech corp) 뇌물 증여 및 한국군 전력증강 사업(일명 율곡계획)의 무기도입을 둘러싸고 천문학적 숫자의 검은 돈에 노출된 펜타곤 스캔들과 관련, 「CIA 특수공작 부」가 극심한 변화의 몸살을 앓고 있는 것이다. 결국 냉전이 끝남과 함께 「CIA 특수공작 부」가 생존하기 위해서는 기존의 군사첩보 방식에서 벗어나 펜타곤과 PAC에 의존된 무기 거래 중간 브로커의 역할로 전락되는 상황에 이른 것이다.

이 같은 변신을 놓고 CIA 워싱턴 총국은 물론이고 상급 기간인 백악관과 미 상원정보 위원회에서 논란이 없는 것은 아니다. 즉 시시각각 급변하는 한반도 정세를 볼 때, 「CIA 특수공작 부」가 지금까지 축적해온 북한 핵 첩보에 관한 유용 가치가 과연 미국의 쌍둥이 적자(재정·교역)를 얼마만큼 메워줄 수 있느냐 하는 실용성을 놓고 논란을 벌이는 것이다. 이는 군수산업에 줄곧 몸 담았다가 국방장관이 된 월리엄 페리 장관이 지난 1월25일 미 상원 증언에서 「기울어져가는 미 군수산업을 어떻게 효과적으로 유지시킬 수 있는가」라고 반문한 뒤, 「향후 미국의 해외 무기 수출에 대한 진퇴 여부를 가름케 될 북한의 핵문제는 이제 CIA의 최우선과제가 되었다」고 평가함으로써 확인되었다.

이에 대해「뉴욕 타임스」는 2월 3일자에「CIA 등 첩보기관들이 공동으로 작성한「특별국가 정보평가」에 따르면 북한이 핵카드를 무기화하고 핵수송체계를 개발하고 핵무기들을 배치할 수도 있음을 완전히 배제할 수 없다. 따라서 북한의 핵무기 보유임박 론을 결코 과소평가해서는 안 된다.」고 밝혔다. 북한 핵문제와 관련하여 한 가지 지적할 부분은 한국군의 군사력 증강이 바로 미국산 무기의 대량구매를 의미하는 것이기 때문이다. 한국이 중거리 공대공미사일 1백 90기, 단거리 매버릭 공대공미사일 1백 27기 등 도합 1억6천9백만 달러 어치의 미제 무기를 구입키로 했다는「워싱턴 포스트」1993년 12월 22일자 보도 내용을 재인용한 1994년 3월 4일자「디펜스 뉴스」는「북한 핵문제는 한국정부가 미 군사력에 더욱 의존할 수밖에 없도록 만들고 있다. 미국이 한해 9백억 달러 규모인 아·태 지역의 무기 판매에 큰 비중을 두는 가운데 한반도 시장은 미국의 무기 수출의 최대 수입처의 자리를 지키고 있다」고 비난한 뒤「최근 북한문제가 꼬이자 미국 내 의회와 강경파들은 한국군의 현대화를 강력히 제기하면서 실제 한국정부에 무기구매 압력을 가하고 있다.」고 강조하였다.

YS·클린턴「北 核」두뇌게임[15]

최근 미 CIA는 북한 핵문제와 관련, 한국정부의 진짜 숨은 의중을 탐색하느라 여러 정보채널을 동원하고 있는 것으로 전해졌다.

미 CIA는 한국정부의 궁극적 전략이 과연 무엇일까에 관심이 쏠리지 않을 수 없다. 그동안 한국의 핵능력 보유를 가로막는 가장 뚜렷한 억제 요인은 한국이 핵 재처리시설, 우라늄 농축 시설과 기타 핵무기 관련 기술을 보유하지 못한 점이다. 이에 대한 노틀러스 퍼시픽 연구소 피터 헤이즈 박사는「우발계획(Contingency Planning)OPL- AN 5027」보고서에서「최근 북한의 핵무기 개발과 함께 일본의 잠재적 핵능력은 한국이 2000년 이후 핵무장 쪽으로 기울도록 부추길 가능성이 있다」고 밝혔다.

외교 소식통들에 따르면 한반도 핵무장과 관련해「한국이 핵무장 쪽으로

---

15) 김정선,「군사평론」, 토요신문(1994. 9. 10), 제251호, p. 2.

갈 수 있는 또 다른 동기는 남·북 통일을 이루고자 하는 모든 한국인의 열망 때문」이라고 전제한 뒤「지금까지 외부의 핵위협에 대해 미국이 한국에 제고해온 핵 억제력은 한국의 핵무기 제조능력만 봉쇄하면 핵보유를 막을 수 있다는 시대착오적 발상논리에 집착한 것 이었다」고 지적한다.

지난해까지도 미국은 한반도 분쟁 조짐을 해결한다는 명분으로 자국의 군수산업과 연계시켜 남북한의 핵문제에「선택적 간섭」(Selective interference) 을 할 수 있었다. 그러나 남·북 통일이 몰고 올 엄연한 현실 가운데 하나가 북한의 핵무기 보유는 곧 한국의 핵무기보유라는 등식의 성립이다.

다시 말해 그 동안은 한국의 핵연료 구입 및 기술이 전적으로 미국에 종속되어 있기 때문에 미국은 한국의 핵능력을 통제할 수 있었다. 궁극적으로 이 같은 상황은 통일한국 정부가 수립되면. 한반도에서 미국의 핵확산 억제 효과는 무용지물이 되고 만다는 결론이 나오는 것이다. 따라서 탈냉전 후 골칫거리로 떠오른 북한의 핵개발 문제는 한반도 및 동북아지역의 세력균형에 심대한 영향을 미칠 뿐만 아니라 국제 핵무기 확산금지체제를 무너뜨리는 요인이 될 수 있다는 점에서 가장 큰 관심사로 떠오르고 있다.

오는 11월 상·하원 중간 선거를 앞둔 미국 클린턴 대통령이 내정악재와 겹친 북한 핵문제 고착으로 집권 이래 최대 정치 위기를 맞고 있다. 특히 북한 핵문제 해결을 위한 북·미 3단계 회담 진행과정을 소외시킨 채 제3자의 입장에서 지켜보고만 있는 한국 정부가 클린턴의 우유부단한 외교적 역량에 의문을 제기하여「한반도 비핵화선언」을 철회할 경우, 이번선거에 악영향을 초래하게 될지도 모른 다는 우려마저 나오고 있는 실정이다.

과연 한국정부의 감춰진 의도는 무엇인가가 클린턴 미국 대통령이 직면한 새로운 고민거리다. 특히 특기할 만한 변화가 예상되는 것은 민족 감정으로 고무된 한국 내 여론 등이 통일 한국의 핵능력 보유를 지지하는 쪽으로 기울 가능성이 적지 않다는 점이다. 영국국제전략연구소(IISS)는「한반도 실제 상황을 종합해보면 한반도 주변강국에게는 독점적 핵보유를 합법화시킨 바로 핵확산금지 조약이 안고 있는 불평등의 모순 때문에 불안을 느낀 통일 한국은 핵무기보유 및 간접 생산을 통해 지역 강국 대열에 뛰어 들 수도 있다.」는 점을 경고했다.

미국의 전략기획가들도 현재 시급한 당면과제는 북한의 핵무기를 비롯한 대량파괴 무기의 확산을 방지하는 일보다 이를 예의주시하고 있는 한국 정부의 감춰진 의중을 파악하는 일이 급선무라고 상기한다.

한국정부의 숨죽인 물밑행보에 위기를 느낀 미국 중앙정보국(CIA)은 최근 로체스터 공과대에 위탁해 만든 「통일한국 2000년」이라는 보고서에서 「아시아·태평양 지역의 군사적 강자로 등장한 일본은 필연적으로 미국의 태평양 지배 전략과 상충된다. 다시 말해서 「대동아공영권」의 부활을 노리는 일본과 「해양지배권」을 놓치지 않으려는 미국의 제2차 태평양 전쟁은 피할 수 없는 숙명이다. 결국 이 지역의 「힘의 공백」을 메울 수 있는 유일한 나라는 통일 한국뿐 이라고 예견하고 있다.

게이트 전 CIA국장도 「앞으로 한반도의 변화란 우리가 상상조차 못했던 일들이 다반사로 일어날 것」이라고 경고했다. 그러면서 그는 「미국의 정부 재정이 그리 넉넉지 못한 상태에서 한반도의 정보수집 활동을 더 이상 값비싼 랜 셋(Land set)인공위성과 같은 첨단장비에 의존하는 것보다, 「최소비용에 최대효과」를 가져올 수 있는 스파이 활용의 필요성」을 역설했다. 보다 근본적인 이유는 역시 정확한 정보는 스파이들이 움직이는 땅에서 나온다는 실용적 정보 수집 원칙이다. 이는 사전음모 색출을 위한 컴퓨터 화 된 다중음성 도청감별 방식으로 돌아가려는 것으로 보인다. 한반도를 둘러싼 일련의 이러한 발언들은 미 CIA가 또다시 청와대 도청을 시도하고 있는 것이 아니냐는 의구심도 갖게 한다.

특히 최근 북한 핵문제를 놓고 한·미간 외교채널이 균열을 보이는 상황에서 한국 측 태도에 불안을 느낀 미국 측이 한국권력 핵심부의 의중을 탐지하고자 고도의 도청 플레이를 벌일 가능성은 얼마든지 있다. 유신말기 청와대 도청사건의 예에서 보듯 지금도 결코 예외라고 안심하기는 어렵다. 한반도를 둘러싼 해당국 정부 수뇌부의 움직임을 미국 측은 정확하게 알려고 시도할 것이기 때문이다.

DJ의 통일 주도권, 「YS 내손 안에 있소이다」[16]

워싱턴의 외교 소식통에 의하면 오는 10월말께, 클린턴 미국 대통령은 세계의 이목을 집중시킬 이벤트 적 정치수단을 동원할 것이라고 점치고 있다. 즉 백악관 장미가든 에서 극적인 남·북 정상회담이 연출될 가능성이 어느 때보다 크다는 것이다. 이는 클린턴의 재선 여부를 결정짓는데 중차대한

---

16) 김정선, 「군사평론」토요신문(1994. 9. 24), 제253호, p. 4.

바로 미터가 될 상·하원 미국 중간 선거가 오는 11월초에 있을 예정이기 때문이다.

　11월 선거의 최대 아킬레스건은 한반도 사활이 걸린 북 핵 협상 타결과 관련된 외교 성과로서 이는 곧 득표로 이어질 것으로 예견되고 있다. 지난 6월초「워싱턴 포스트」가 클린턴 정부의 對북한 외교정책을 주제로「CNN 텔레비전」과「USA투데이」와 함께 실시한 공동여론조사 결과에 따르면, 북 핵 대처 등에서 보여준 클린턴의 외교 역량에 대한 신뢰도가 41%로 나타났고, 나머지 51%는「아예 믿을게 못 된다」고 응답해 국내 정적들로부터「외교 베이비」라는 비아냥을 받게 했다. 클린턴의 역량에 대한 이 같은 평가는 그동안 북한과의 극한적인 대결 구도 하에 드러났던 미국 외교의 우유부단이나 이중 잣대, 무기력에 대한 지적과도 일맥상통한다.

　이런 의미에서 현재 미국은 한국 측 입장에 대한 불만을 일부 묵살하면서까지 하루바삐 對북한 외교성과를 가시화시키려고 하고 있다. 그런 가운데 북한 핵문제를 둘러싸고 지난 8·13 북·미간 제네바협정에 대한 미국 내 언론 등 여론의 반응은 상당히 호의적으로 집계되었다. 이러한 변화는 북한 핵 협상에서 소외된 한국으로서는 당혹스런 사태 전개가 아닐 수 없다. 또한「뉴욕타임스」등 미국의 주요 언론들마저 북·미간 고위급 회담이 진행 중일 때마다「북한과 미국의 관계개선에 핵심적 걸림돌이 되고 있는 핵 과거에 대한 투명성 확보를 일단 2선으로 물려놓는 신축성이 필요하다」며 이른바 북한의 핵무장을 기정사실로 인정하는 묵인정책(blind eye approach)을 서슴지 않고 밝힌 바 있다.

　이런 와중에 카터 전 미국 대통령은 백악관 국무부, 펜타곤의 정례 브리핑에서 옵서버 격으로 참석하여「보수 강경 분위기로 일관된 한국 정부의 북한 핵 정책은 마치「치킨 게임」이나「러시안 룰렛게임」처럼 서로를 극단적인 대치상태로 치닫게 하고 있다는 점에서 자칫 통제 불능의 상태가 될 우려가 있다」고 밝혔다. 이어서 그는 북·미 외교대표부 교환설치 및 경제협력 강화 합의 등 북·미간 제네바 大타협을 클린턴의 외교성과로 높이 평가하고 나섰다.

　이에 프랑스의「르몽드」지는「한국정부가 그동안 줄기차게 제기해 온 북·미관계 개선과 남·북 관계개선의 동시병행 주장자체를 당위론적인 측면에서는 공감할 수 있지만 실제로는 실현 불가능한 목표라고 판단한 미국을 위시한 우방들이 독자적인 對北정책을 추진하며 평양으로 달려가고 있다.」면서 우려를 표명하였다. 이런 일련의 사태전개는 무엇보다도 1970년 대 박정희, 카터정권 간에 있었던 정책상의 골 깊은 불협화음으로부터 기인 한다. 당시 박대통령은 약소국가의 수반으로서 카터에게 핵개발 포기 각서 를 써줄 수밖에 없었던 굴욕을 겪어야 했다. 그리고는 20년이 지난 오늘, 북 한 핵문제 처리를 놓고 클린턴의 대부 격인 카터와 김영삼 정권 간에 또다 시 심각한 견해 차이가 제기되고 있는 것이다. 이렇듯 「박정희, 카터정권 간의 갈등」이 다시금 재현될 조짐이 엿보임에 따라 김영삼 대통령은 통일 정책에 관한 총체적 구상에 있어 혼미한 상황을 맞고 있다. 이와 맞물려 최 근 김정일의 등장과 함께 그 실체를 드러내기 시작한 북한은 미국에 대해 10일 평양, 베를린에서의 실무자 협상을 명분으로 한 김정일, 카터 회담을 추진하는 등 예사롭지 않은 물밑 작업에 분주하다.

이처럼 남·북한 문제가 미묘하게 흘러가고 있는 시점에서 카터 센터의 산하 조직 기구로 알려진 아·태 평화재단의 김대중 이사장은 언론 인터뷰 형식을 통하여 카터의 對北 노선에 대치해 있는 정치권, 특히 여권 핵심부 를 상대로 모종의 정치적 복선이 깔려 있는 듯한 「워싱턴 안」을 제안하고 나섰다. 요컨대 남한과 북한, 그리고 미국 3자가 모두 공감할 수 있는 핵 해 법으로 워싱턴에서 클린턴 미국 대통령의 중재 하에 남·북 정상회담을 갖 는 것이 어떻겠느냐는 제안이다.

이는 김 이사장이 카터의 對北 정책에 대하여 나팔수 역할을 자임하고 나 선 것이라 볼 수 있다. 김 이사장은 오는 17일 미국 해리티지 재단에서의 강연 및 오는 12월 그의 주최로 서울에서 개최될 예정인 아·태지역 지도자 회의에 관한 사전 협의차 22일 카터재단을 방문, 카터와 회담을 가질 예정 인데, 여기서 문제의 핵심은 카터, 김정일 회담 이전에 김대중·카터 사전 조율이 치밀하게 계산되어 있으리라는 점이다.

그렇게 될 경우, 카터 전 미국 대통령과 김정일의 회담이 있기 이전 카터 의 한국방문 때 카터·김영삼 대통령의 회담이 열릴 것은 분명하다. 따라서 김 대통령이 카터에게 對北 정책에 대한 어떤 훌륭한 전략을 제시한다고 하 더라도, 그 전략은 김대중·카터 사전조율에 의해 이미 명분 화 된 것으로 결국 김 이사장의 공로가 되고 마는 것이다. 더구나 최근 김 대통령은 국내 외·적으로 운신의 폭이 좁은 샌드위치 상태에 있는 터라 궁극적으로 김대 중·카터의 시나리오대로 북한의 과거 핵 의혹을 유보한 채 남·북 대화에 나서게 될 가능성이 높다.

하지만 카터와의 깊숙한 밀월관계에서의 부산물을 통해 북한에 대한 나름 대로의 포석을 쌓아놓고 있는 김 이사장의 이러한 행보가 향후 「통일 대통령」이라는 소기의 목적을 달성할 수 있을 것인지에 대해서는 아직 미지수이다. 분명한 것은 지나온 한·미 관계를 돌이켜 볼 때, 역대 미국 대통령중에서 카터 전 미국 대통령이야 말로 핵문제와 관련, 결과적으로 한반도 국익에 득보다는 해를 끼쳤다는 사실을 국민들이 모르고 있지 않다는 사실이다.

따라서 북한 핵정책과 관련한 김대중·카터 사전조율이 과연 한반도 정세 흐름에 긍정적인 영향을 끼칠 지에 대해서는 의문의 여지가 없지 않다.

한반도 정세 10대 예측[17][18][19]

남·북 정상회담은 「분단이후 반세기만의 남·북 정상회담이라는 점에서」 문자 그대로 역사적·세계적 사건이다. 그럼에도 불구하고 남·북 정상회담의 미래는 결코 밝지만은 않다. 애초부터 정상회담은 남·북 정상들에 대해 남·북한 현안들이 거시적으로 논의될 수 있으리라는 희망보다 오히려 국내 정치권은 각 정파 간의 깊은 반목과 연계된 명분과 당리성 추구라는 현실이 지배적이다.

예컨대 남·북 정상회담은 그 성패 여부와는 상관없이 위정자들의 정략적 목적을 달성하기 위한 회담 성사의 공로 혹은 실패의 책임전가로 변모, 정치권을 혼란에 빠뜨릴 가능성도 전혀 배제할 수 없다.

따라서 남·북간의 대립과 증오의 벽을 허물고 화해와 협력의 장을 전개시키려는 회담 본래의 의미가 실종될 우려마저 있는 것이다. 어쨌든 향후 21세기가 도래되는 한반도의 新데탕트 시대에 대한 전망을 위해서도 북한이 또다시 제시케 될 군축배경과 남·북 정상회담의 의미를 다시금 재조명 할 필요가 있다. 북한이 군 병력을 10만 명으로 감축하자는 제의는 1954년 제네바 회담에서 남일 당시 북한 외교부장에 의해 처음으로 제기된 바 있다. 그리고 김일성 주석이 1974년 제5기 제3차 최고인민회의에서 對美협정 체결

---

17) 김정선, 「군사정치평론」 월간 나라사랑 (1994. 9. 1), 9월호, pp. 81-85.
18) 김정선, 「군사정치평론」 월간 나라사랑 (1994. 10. 1), 10월호, pp. 50-54
19) 김정선, 「군사정치평론」 월간 나라사랑 (1994. 11. 1), 11월호, pp. 48-53

후 남·북 불가침선언과 더불어 남·북 군사 군축용의를 시사한 이래 지금까지 한 결 같이 언급돼온 내용이다.

실제적인 군축을 위해서는 남·북 양측의 신뢰를 바탕으로 한 상호 사찰이 절대적 전제 조건이기 때문에 북한의 군축 제의는 어디까지나 교섭을 위한 흥정 수단에 불과하다고 보는 것이 일반적인 추측이다. 따라서 북한의 일괄 타결을 전제로 한 10만 명 규모 감군 안은 다분히 심리전 차원이며 비현실적 평화 유세일 뿐 결국 북한이 북·미 수교로 가기 위한 시간 벌기용 제안일 가능성이 높다.

애당초 북한이 남·북 정상회담을 전제로 들고 나온 감축제안은 유엔제재 국면을 주도했던 미국과의 협상카드로 선택한데서 기인되었다고 해도 과언이 아니다. 왜냐하면 미국이 북한의 핵무기를 문제 삼게 된 근본적인 배경은 북한의 생존 논리와 미국의 핵확산금지조약(NPT)체제 고수 태도가 충돌해서 촉발된 전쟁불사와 對북한 제재 강행이라는 극한대립 양상으로 도출된 기형적인 남·북 정상회담임을 감안해야 한다. 따라서 김일성 주석 사후를 맞이한 작금에 이르러서도 또 다시 제기될 수 밖에 없는 남·북 정상회담으로 남·북한의 경직된 관계가 일시에 해빙되어 평화공존체제 구축이라는 궁극적인 목표를 달성할 수 있을지는 속단하기 어렵다. 그럼에도 불구하고 예의 주시하게 되는 것은 통일을 향한 모처럼의 거보가 민족 대화합의 획기적인 전환점을 분수령으로 한 21세기 한반도의 新데탕트시대 개막을 가져다줄지도 모른다는 한 치의 기대감을 떨쳐버릴 수 없기 때문이다. 북한이 과연 한반도 문제를 해결하는데 있어서 한국을 진정한 논의의 주체로 인정하느냐는 기존의 관념 틀을 벗어나, 지난 반세기에 걸친 분단이후 남·북한의 두 정상이 최초로 얼굴을 맞대고 한반도의 긴장해소 및 공존공영 문제를 논의할 수 있게 됐다는 사실 자체만으로도 남·북 정상회담은 역사적·세계적 사건임에는 틀림없다.

미래에도 핵을 방패로 삼고 재래 형 군사력을 창으로 한 비핵 재래 형 전쟁은 핵의 사각 지대에서 끊임없이 계속될 것이기 때문에 미래의 운명은 핵무기 독점내지 절대 우위로서, 이른 바 중무장된 평화존속이라는 어떤 논리로도 설명할 수 없는 상황에 이르렀다. 다만 핵전쟁이야말로 승자도 패자도 없는 인류 전멸의 「소돔과 고모라 성」과 같은 불세례를 면치 못하게 될지도 모른다는 상호간의 심리적 위협에 의한 균형이 겨우 전쟁 억제를 성립시키고 있다. 북한은 핵무기 보유 국가들이 전형적으로 취하는 부인(deny), 지연(delay), 은닉(disgues)의 3D 전략을 구사하여 오던 중 최근 귀순한 강성산 총리의 사위 강명도씨가 27일 기자회견에서 밝힌 「북한 핵 5개 확보」 발언이 국내·외적으로 큰 파문을 일으키고 있다. 그동안 미 첩보당국은 북한의 핵개발 시작 시기와 기술수준, 미국의 정보 북한 핵 개발을 도왔던 러시아의 정보를 토대로 핵무기를 개발했을 것으로 잠정 추정해왔다. 예컨대 1994년 6월 20일 클린턴 대통령이 주최한 고위 전략세미나에서 샘 넌 상원군사위원장이 동굴 속에 깊숙이 감추어 두었을 1~2개 정도의 핵무기를 찾는 일에 너무 집착하여 북한이 6개 또는 8개의 핵무기를 만들도록 내버려두는 일은 어리석다고 밝힌 것만 보아도 미국은 이미 북한이 소량의 핵무기를 보유한 상태임을 인정하고 있는 것이다. 만약 강 씨 증언 내용이 사실이라면 북한의 핵개발 수준은 미국이 추정한 것보다 훨씬 진전된 것으로 곧 재개될 북미 3단계회담은 물론 對北전략의 전면 재검토가 불가피하다. 북한이 핵폭탄 5개를 이미 보유하고 있으며, 올 연말까지 최소 10개의 핵폭탄을 보유할 계획이라는 강 씨의 말에 대해 김정선 한국시사문제연구소 군사전략연구위원은 그동안 IAEA의 사찰로 원자로의 성능 및 재원이 밝혀짐에 따라 북한의 핵무기 제조 과정의 농축기술과 핵심장치의 획득여부 또는 개발가능성 외부노출 등 상대적 분석에 따른 핵무기 유·무판별을 판독할 수 있게 되었다. 그럼에도 불구하고 한·미 양국이 북한의 3D 전략에 휘말려 여지없이 이끌려 다닌 것은 어쩌면 당연한 이치였는지도 모른다.

어느 누구도 예측하지 못한 상태에서 불어 닥친 냉전붕괴로 인해 급격히 돌출된 북한의 핵문제는 한·미 정보능력의 한계를 극명하게 보여준 결과로서 북한이 냉전 붕괴이전 극비리에 제3세계 국가인 이집트, 리비아, 시리아, 이란 및 동유럽의 루마니아, 체코슬로바키아와 쿠바 등 국제 핵 암거래 경로를 통해서 이미 다량의 플루토늄내지는 농축기술과 제조 장치가 밀반입되었을 가능성도 전연 배제할 수 없기 때문이다.

북한은 사회주의 붕괴가 몰고 온 탈냉전의 현상으로 인한 정치외교적 고립과 세습체제 쇠퇴 및 군사적으로 당면한 열악한 경제적 어려움으로 인해 과다한 군사지출이 불가능하게 됨으로써, 더 이상 한국과의 재래식 무기경쟁을 할 수 없는 상황이다. 따라서 한국의 경제적 우위가 군사적 우위로 이어지는 것을 우려하여 적은 비용으로 한국과의 군사력 균형을 유지할 수 있는 유일한 길은 핵의 의존된 군사력 증대의 불가피성과 동시에 위성국 간의 핵무기 수출로서 경제적 현실을 타개하기 위한 방편으로 핵무기 개발 및 양산을 서두르고 있다고 예상되어 오던 것이 현실로 나타났을 뿐이다. 더구나 극도로 폐쇄된 북한의 사회 속성과 북한 핵 개발에 대한 우리의 제한된 정보수준을 감안할 때, 강 씨의 발언이 얼마나 정확한지 여러 경로를 통한 한·미 정부의 검증 작업이 필요한 것은 틀림없다. 그러나 미국 첩보에 의존된 한국 정보당국은 과연 북한의 핵개발 진상에 관해 얼마나 근접해 있는가. 북한이 이미 핵무기를 보유하고 있다면 일관되게 한반도 비핵화 선언만을 주장해온 한국 정부는 어떻게 대처할 것인가. 결국 미국의 상혼에 따라 함께 춤출 수밖에 없었던 한국도 북한이 핵무기를 보유하고 있는 현 상태에서 핵개발 동결에 그치는 핵협상은 전혀 의미가 없는 일이 되어버렸다. 왜냐하면 주변강국에 밀려 당연시 된 한반도 비핵화 선언 자체가 사실상 휴지조각으로 종언됐음을 의미하는 것이기 때문이다. 향후 미국이 북한의 핵폭탄 보유여부가 확인되지 않은 가운데 나온 이번 증언내용을 기초로 한 對北정책 전환은 없을 것임을 천명할 경우, 또는 북한에 대해 과거의 핵무기 보유는 인정하되 현재와 미래의 핵무기 개발 동결을 강조한다거나, 北美 3단계 고위회담 전제조건으로 삼아온 특별사찰과 추가정보 제공을 전제조건에서 제외시킨다면 한·미 공조체제는 사실상 신뢰성 상실과 동시에 한반도 안보정책 자체가 실종되어 버린 결과를 초래케 됨으로써, 한국은 국내·외적으로 최대위기 국면을 맞이한 셈이 되고 말 것이다. 따라서 한·미 정부가 북한의 핵 활동 동결과 한·미 등이 줄 수 있는 선물들을 패키지(package)로 협상할 방침 사안에 대해 다시 원점으로 돌아가 생각해봐야 한다. 과연 북한이 자신의 체제를 걸고 20년 이상 행해 온 도박을 쉽게 포기할 것인가. 「핵 없는 북한의 상황을 서방진영이 어떻게 볼 것이라고 판단할 것인가. 분명한 것은 북한이 경제난으로 인해 절박한 상황에 처해 있지만 김정일 체제 존속을 위해서도 연료봉을 재처리하고 또 원자로에 연료 봉을 재장착할 수밖에 없음을 상기해야 한다.

김·태·환의 도원결의란 과연 무엇을 의미하는 것인가?

김·태·환은 전두환·노태우·김복동 3인의 이니셜에서 각자 한자씩 따와 만든 이름이다. 이들은 초급장교 시절 박정희 소장을 지도자로 옹립해온 윤필용·박종규 등 영남 군부 실세들의 비호를 받으면서 5·16군부 세력에 편승한다. 그런 과정에서 「조국도 하나, 민족도 하나」 라는 구국이념아래 「하나회」 를 조직하기에 이른다. 그리고는 1979년 10·26과 12·12사태를 계기로 이들 3인의 운명은 갈림길을 맞이하게 된다. 즉 인생과 목숨을 건 한판 승부에서 새로운 철권 역사를 태동시킨 전두환·노태우는 권세를 장악 하고 이후 13년간 한 시대를 풍미하게 된 반면 12·12 참여를 거부(?)했던 김복동은 그 기간 동안 철저히 소외된 채 통한의 시절을 보내게 된 것이다. 하나회의 탄생과 부상 그리고 침몰 과정은 이렇듯 1980년 5공 정권 출범이 후, 13년간의 함축된 의미 속에 점철된 헌정사와 밀접한 관계가 있다. 그런 의미에서 이들 하나회가 거쳐 온 발자취는 향후 전·노 두 전직 대통령을 중심으로 한 TK 신당 추진설과 관련 정계 재편이 몰고 올 권력 판도의 변 화를 예측 가능케 한다. 군인 정치인 시대를 열어 놓은 박 대통령의 정치공 작과 용인술로 각색된 하나회가 1973년 윤필용 불경사건, 즉 권력의 헤게모 니 다툼에서 비롯된 정치적인 비화를 빌미로 세상에 드러나기까지가 조직 확산 기였다고 한다면, 1979년 하나회의 보스 전두환 소장이 보안사령관에 오를 때까지가 잠복기, 12·12와 5·17을 거친 이후의 TK 진영을 중심으로 군정체제를 보존 유지한 全대통령의 5공 기간이 전성기였다고 할 수 있다. 그리고 군정과 민정의 가교역할이라는 명분 때문에 하나회의 보스 전두환 前 대통령의 가슴에 비수를 꽂을 수 밖에 없었던 또 하나의 「하나회 공화 국」 인 노대통령의 6공 기간을 통해서는 분열 및 침체를 겪었고, YS 정권이 들어선 뒤 개혁바람에 휘몰린 이후부터 해체기를 맞고 있다. 이 과정에서 신의를 중시 여기는 우리풍토에 많은 시사점을 던져줌과 동시에 우정 대신 권력을 선택함으로써 굴절될 수밖에 없었던 하나회의 변천사를 어떠한 관점 에서 보느냐에 따라 시시각각 변화될 소지를 안고 있다. 이처럼 정치적인 실권상황을 맞게 된 TK 진영의 주도권은 과연 누가 장악할 것인가. 그리고 그는 지난날과 같은 하나회의 절대적 영향력을 계속 유지할 수 있을까. 6공 당시 노대통령의 「생살부」 에 생으로 각인된 9·9 인맥의 하나회 실세들이 무소불위의 집단으로 각계각층으로 군웅할거 하던 시절 「인물의 과잉양산」 을 초래하였다. 따라서 오랜 세월 동안 「태양은 하나」 라는 묵계 속에 영위 되어진 하나회의 위계질서가 수직관계로 유지되지 못하고, 수평관계로 주류 를 이루게 됨에 따라 오늘날 하나회의 파 맥을 이어 차기정권을 창출시킬 절대강자가 없는 상황이 되었다.

향후 하나회 실세 중 어떤 인물이 TK 진영의 대권주자로 등장하든 과거와 같이 원활한 질서재편을 보이기는 어려운 이율배반적인 모순을 안고 있다. 그동안 집행 유예중인 12·12사건이 종결될 올 연말께 하나회 부활을 시발점으로 한 정치세력화는 상징적이나마 김·태·환 3인의 도원결의 회복을 정치권에 투영시킴으로써 자연스럽게 5·6공 세력의 결집이 시작될 가능성이 높아지고 있다.

최근「한반도 주변 정세대처」라는 대의명분을 내세운 전·노 두 전직 대통령의 전격 회동과 관련 이를 기다렸다는 듯이 舊여권의 행보가 급속히 분주해진 사실을 주목할 필요가 있다. 만약 5·6공 세력의 결집에 동조한 여권 내 수구 강경보수 세력들까지도 전면 등장할 것을 감안한다면, 15대 총선 전 TK 신당이 탄생할 가능성은 충분히 있다고 봐야하며 내년 지방선거 결과에 따라 그 추진 속도나 참여 범위 등은 달라질 전망이다. 여권의 핵심 실세인 박관용·최형우·서석재·김덕룡 등 민주계 4인방의 최근 극비 회동이나 야권 실세인 아·태평화재단 등 동교동계의 물밑 사세확장 움직임도 하나회 부활조짐과 무관치 않다는 게 정치권의 대체적인 여론이다. 정가 소식통들은 이들의 최근 움직임은 지방단체장 선거가 끝나면 전면적인 정계재편이 불가피할 전망 등 15대 총선 전 TK 신당이 탄생할 가능성을 기정사실로 인식하고, 향후 정치일정 수립과 밀접한 관계가 있을 것으로 확신하고 있다.

정계재편 구도가 TK 중심의 보수우익 진영의 대동단결로 아니면 DJ 막후 지원 아래의 대대적 여·야 대연합 아니면 앞의 두 흐름과 舊여권이 일부 재야세력을 대변하는 신민당을 흡수 통합한 신당의 동시 출현 등 세 가지 시나리오 중 하나라도 표면화될 경우 김영삼 정권으로서는 더 이상 이를 관망 하기란 불가능하다.

왜냐하면 얼핏 보면 이들 움직임은 서로 별다른 연관성이 없어 보인다. 그러나 보는 각도에 따라서는 눈에 보이지 않는 연결고리가 서로를 엮어가고 있으며 이들 고리는 향후 정국 전개방향에 따라 커다란 파열음을 내면서 정가에 일대 소용돌이를 몰고 올 소지도 다분하기 때문이다. 따라서 김 대통령의 정치 스타일로 볼 때, 지난 13대 총선이후 여소야대 국면을 절대 절명의 기회로 삼아 3당 합당을 창출시킬 당시 위태위태한「적과 의 동침」고리가 정국이면에서 극비리 짜여 졌던 상황을 재현할 가능성도 전혀 배제할 수 없다. 즉, 김 대통령을 중심으로 하는 신·구여권의 「보수대통합」을 시도할 경우, 국내정치판도는 최대 규모의 변화를 가져오리라는 전망이다. 이런 면에서 향후 정국 이니셔티브를 누가 쥘 것인가는 예의주시할 대목일 수

밖에 없다. 세간의 모든 이들도 알다시피 5·6공 세력의 TK 진영 내에는 국민에게 강력히 어필할 수 있는 마땅한 대권주자가 없다. 이로 인해 김· 태·환 3인 중 마지막 주자로 김복동 의원을 추대할 것이 분명하다. 이를 능히 간파하고 있는 김 대통령은 제2의 조용기 목사를 사주하여 정치초년생 인 김 의원에게 총리지명을 전제로 신민당 탈당을 유인하는 양공 책략을 쓸 것으로 보인다. 결국 김 의원을 TK의 중추세력으로부터 대권옹립 아닌 사 정시킴과 동시에 신민당 분열을 획책케 한 후, 김 의원을 용도폐기토록 한 다는 각본이 정치권에서 조심스럽게 제기되고 있다. 그러나 일각에서는 아 직도 김·태·환 3인 사이에 감정의 골이 완전히 지워지지 않은 만큼 5·6 공의 새로운 정치 세력화는 좀 더 지켜봐야 할 것이며 김 의원의 정치 경륜 에 비춰 국무총리 영입 설은 가당치 않다는 시각도 만만치가 않다. 더구나 전·노 두 전직 대통령을 비롯한 김 의원의 측근에는 제갈량과도 같은 지략 가가 없기 때문에 시시각각 급변하는 한반도 정세 국면과 맞물린 정국 구도 를 짜기에는 역부족이다. 결국 기존에 드러난 박철언 등 일부 책사들에 의 존이 불가피하다. YS 정권의 핵심 세들은 이들 책사의 수준을 이미 꿰뚫어 보고 있음도 상기해야 한다는 것이다.

미국의 NASA와 조지아 주정부 산하 재활기술연구소

미국의 NASA와 조지아 주정부 산하 재활기술연구소(미국의 65%에 해당 되는 '방위산업구조'를 군사, 경제, 과학, 복지 등 일원화로 통합운영이 가능 한 SDI 전략차원의 재활과학 산업구조를 연구하는 기관)는 1986년, 「우주 천체계의 피드백(feed back)현상이 지각 변위에 미치는 영향」이라는 주제 로 공동 연구한 결과에서 세계적으로 지진이 자주 발생하는 곳은 대부분 단 층지역이 아닌 단층주변 지역임을 밝힌 바 있다. 재활기술연구소 마틴 박사 의 보고서 내용에 의하면, 「21세기 초엽, 일본 쓰시마해협에서 대지진이 일 어날 가능성이 있으며, 그에 따라 한반도 지형에도 커다란 변화가 초래될 것」이라고 경고했다. 그리고 쓰시마해협에서 대지진이 발생할 경우, 그에 인접한 지역인 러시아의 볼쇼이카메니 항의 지반이 붕괴되고, 연쇄적으로 슬립(slip)현상을 유발하게 되어 소위 핵 저장의 3각 지대라고 불리는 톰스 크 7번 공장과 크라스니야르카 36번, 첼랴빈크 70번 공장 등 핵무기 제조

공장 지역까지 지반붕괴가 전위확산(a diffusion of dislocation)될 가능성이 크다는 것이다. 즉, 단층과 단층간의 지각 판 작용이 전위되는 과정에서 유발되는 뒤틀림 현상에 의해서 단층 주변지역의 지반 층들이 중합(polymerization)내지는 붕괴되는 것이다.

쓰시마해협의 대지진은 그 연쇄 슬립현상에 의하여 결과적으로 단층 주변지역인 중국의 황해경제권과 북한 영변의 원전지역, 그리고 서울 수도권 등의 지반 층을 붕괴시킬 우려가 있다. 그리고 그렇게 될 경우 서울의 산업시설이 완전히 마비될 뿐 아니라, 한반도의 지형이 사실상 이분화 될 수도 있다.

이에 대해 재활기술연구소 김정선 전 정책자문위원은 우주천체 계 질서 정립에 관한 그의 새로운 논리 접근에 따라, 마틴 박사가 발표한 일본 쓰시마 해협의 대지진 발생 가능성을 뒷받침한 바 있다. 그에 의하면 우주천체 계는 9600년을 한 주기로 4계절이 피드백 하는 순환이체 현상을 보이고 있으며, 이에 따라 다가올 1999년 「또는 2004년」에는 한 주기의 1/4에 해당하는 2400년 동안의 여름 주기가 끝나고, 새로운 1/4에 해당하는 2400년간의 가을 주기가 시작된다고 한다. 그런데 이러한 과정에서 태양의 구심점과 일직 선상의 운용궤로 나열되어 있던 지구의 중심축 간에 수평각 4/180도 가량의 틈이 벌어지게 되어, 결국 그 틈 사이로 지각변동 권 층이 형성되고 그 상층부에 해당되는 쓰시마 해협에서 대지진이 발생하게 된다는 것이다.

70여 년 전 진도 7.9의 간토 대지진이 도쿄 3분의 2, 요코하마 5분의 4를 초토화시키면서 당시 일본의 명목 GNP 40% 가량을 하룻밤 사이에 잿더미 화 했던 것을 떠올리면, 쓰시마 해협에서 대지진이 발생할 경우 그로 인해 간토 대지진 당시 도쿄, 요코하마의 상황이 서울에서 재현될 가능성을 전혀 배제할 수 없는 것이다.

더욱이 서울 수도권은 단층 주변지역으로서, 특히 중생대 단층이면서 추가령 단층과 파 맥을 같이하는 압구정동과 삼성동, 여의도를 잇는 단층 주변지역에서 이미 3백여 년 전 진도 7.5 규모의 대형지진이 발생된 적이 있는 만큼, 향후 수도 서울은 지진발생의 필요충분조건을 모두 갖추고 있다고 하겠다. 그런 점에서 2004년 쓰시마 해협의 대지진은 동북아시아 지역의 새로운 지정학적 재편이 이루어질 가능성이 있다고 하겠다.

YS 대 DJ

한때 한국 정치사의 뒷장으로 넘어간 것으로 보였던 이른바 양김 구도가 빠른 속도로 다시 부상하고 있다. 최근 카터의 재방북을 배경으로 정치재개를 도모코자 통일 행보에 박차를 가하고 있는 DJ나, 그런 DJ의 통일행보에 더 이상 방관만 할 수 없다고 판단한 YS의 통일 주도권 확보 작업이 그것이다. 지난 9월 카터를 둘러싸고 양 김이 줄다리기를 벌이는 듯 한 양상을 보인 것이나, DJ의 정부 비판발언을 둘러싸고 여야가 성명전을 벌인 것 등은 통일 주도권을 위한 양측의 물밑신경전이 수면위로 불거져 나온 예라 하겠다. 그런 와중에 민자당 내 주도세력인 민주계는 지난해 YS 정부출범직후 단행했던 개혁만이 민자당의 살길이라며, 제2의 사정개혁을 주창하고 나서자, 이에 반발한 TK 등 민정계 일부가 당을 이탈, 5·6공 세력과 신당창당을 도모하여 별도의 교섭단체를 만들려는 움직임을 보이고 있다.

반면 지난 10일 주류·비주류간의 「국고보조금 110억 원」 상당의 잿밥을 놓고 이전투구를 벌인 신민당 내분 사태는 결국 합당 5개월 만에 당 간판을 내릴지도 모르는 최악의 상황을 맞고 있다. 또한 야권의 최대파벌인 민주당마저 당권경쟁을 앞두고 민주당 내의 주류·비주류에 이어 제3정치 세력이 등장, 탈냉전 시대를 맞아 국제경쟁력 시대에 걸 맞는 현실 정치론을 선언하고 나선 개혁세력의 신당태동이 예상됨으로써, 민주당의 분열은 가속화되고 있다. 이와 같은 미묘한 시점에서 DJ가 YS의 통일정책 부재를 강도 높게 비판하고 나섬으로써 정가의 관심을 집중시키고 있다. DJ의 YS 비판 이면에는 지난날 YS 정권창출을 가능케 한 「YS식 3당 통합」의 재현 조짐이 깔려있다.

최근 과거의 정치적 숙적이라 할 박정희 전 대통령의 제15주기 추도위 고문직을 수락하는 등, DJ는 지금까지의 「호남당」을 기반으로 한 정권 창출의 한계를 인식하고 TK 세력 등 舊여권 일부세력을 끌어들여 정계 복귀를 치밀하게 준비하는 과정에 있다. 이는 DJ가 점진적으로 「5·6공 보수 세력 영역」에 더 깊숙이 발을 들여 놓으려는 전초전이라 할 수 있다. 따라서 이런 DJ의 움직임은 기본적으로 「YS식 3당 통합」의 본래의 의미를 희석시키고, 나아가 야권 세력과의 대통합을 시도한다는 점에서 YS 정권을 긴장 시키고 있다.

이렇듯 최근 정치권에서 DJ의 보폭 확대와 관련된 정치적 해석이 분분해지고 있는 바탕에는 DJ가 차기 대권후보 혹은 통일 대통령으로 정계에 복귀할 것이라는 시각 때문이다. 이에 대해 정치 분석가들은 DJ의 정치 재개 문제는 아직 공식적으로 제기될 상황이 아니라고 일축하고 있다. 왜냐하면 정계 복귀는 DJ가 30여 년 동안 쌓아온 모든 것을 하루 아침에 잃어버릴 것이 분명하기 때문에, DJ가 다시 정치를 재개할 가능성은 없다는 것이다. 그러나 아직까지 양 김의 세력구도가 한국 정치권을 지배하는 상황에서, DJ와 관련해 여권이 조금이라도 비판의 목소리를 가하면 즉각 으름장을 놓는 DJ의 측근들과 민주당을 의식하지 않을 수 없다. 따라서 현 정국을 실질적인 양 김 구도로 본다면, 앞으로의 정국은 1995년 상반기를 정점으로 정치권의 지각 대변동을 겪을 수 밖에 없다는 결론에 이르게 된다.

향후 정국의 소용돌이 속에서 문제의 초점은 지난 30여 년 동안 전 근대성의 정치 구태를 연출해온 양 김의 정치 기반이 결국 지연에 얽매인 정치 행태를 벗어날 수 없다는 한계성에 직면하게 되리라는 것이다. 역설적이게도 양 김의 대결 구도는 <구약성서>에 나오는 삼손과 블레셋과의 싸움이 가져온 결론에 도달할 확률이 크다. 삼손과 블레셋의 싸움에서 삼손은 궁전 안에 있는 블레셋 군을 없애기 위해 자신의 모든 괴력을 기울여 궁전을 무너뜨리지만 결과적으로 자신은 블레셋과 동반 자살을 한다.

천적인 YS를 향한 DJ의 최후선택은 삼손 식 선택. 곧 <「나는 죽지만, 너도 죽어야겠고, 그래서 우리 모두가 죽어야겠다.」(I Die, You Die, All Die)> 식의 길이 될 수밖에 없는 절대성(?)이다.

반면 <잠아함경>에 나오는 눈먼 두 마리의 거북이 이야기 역시 오늘날 재현되고 있는 양 김의 운명적인 대결 구도와 유사하다 바다 속에는 뭍에 올라갈 뜻을 품고 있는 두 마리의 눈먼 거북이가 있다. 그러나 이들이 바다 위에 솟아오를 수 있는 것은 백년에 단 한번 뿐이다. 더욱이 이들은 눈이 멀어서 설혹 바다위에 떠오른다 해도 뭍에 이르기란 쉽지가 않다. 그러나 바다 위를 떠돌던 거북이에게 천재일우 격으로 한 조각의 구멍 뚫린 널 판지가 주어진다. 결국 두 마리의 거북이는 백년에 한번 바다위로 떠오르긴 했지만 뭍으로 올라갈 수 있는 것은 단 한 마리뿐이라는 것이다. 이 이야기가 시 사 하는 바는 하늘의 뜻은 두 마리의 눈먼 거북이에게 한 조각의 구멍 뚫린 널판 지를 던져줌으로써, 단 한마리만 선택하고 있다는 점이다.

따라서 현재의 양 김의 대결 구도를 볼 때, 소외된 거북이 한마리가 뭍에

오르려는 또 한 마리의 거북이의 발을 붙잡고 함께 바다 속으로 들어가기를 강요하고 있는 형국을 띠고 있는 것이라면, 이것은 천명(天命)을 거역하는 것이라고 할 수 밖에 없을 것이다. 결과적으로 양 김 구도의 재부상은 동반자살을 수반함으로써, 천명을 거역하는 과오를 가져올지도 모르는 것이다.

장별 참고 부록

〈장 1-1〉 타임지가 본 핵의 세계

NPT 가입국		NPT 미가입국	
핵 보 유 국	선진 핵능력 보유국	핵 보 유 국	핵 잠재 능력 보유국
미　　　　국 소　　　　련 영　　　　국	카　　나　　다 스　　웨　　덴 서　　　　독 네 델 란 드 벨 기 에 스 위 스 핀　란　드 이 탈 리 아 일　　본 한　　국 대　　만	프　랑　스 중　　국	인　　　　도 브　라　질 아 르 헨 티 나 남 아 프 리 카 파 키 스 탄 이 스 라 엘

자료 : Time, Jun 3, 1985, p.11.

〈장 1-2〉 핵무기 및 재래식 무기의 비교

구 분	핵 무 기	재 래 식 무 기
항 행	폭격기 1대 또는 미사일 1기가 운반하는 60kt의 폭탄 1개	2,000대의 폭격기가 운반하는 폭탄 6,000톤
포 탄	인원 300명에 의한 280 mm 대포 1문, 혹은 150명의 인원으로 구성된 로케트 1기	60,000명으로 구성된 포병 75개 대대(대대 병력을 800명으로 함)
장갑차	미사일 12개를 보유한 전술 로케트 단위, 인원 125명	105mm포 전차 24,000대가 2시간에 230만발 발사
병 참	수송용 트럭 1대 60kt 발사기 1기	트럭 6,000대, 혹은 50량의 화차를 연결한 열차 60
예	TNT 3만 톤에 상당한 핵폭탄을 실은 폭격기 1대로 광도 도시를 괴멸시켰다	각각 TNT 1.5톤을 실은 폭격기 21,000대가 3년간에 걸쳐 케룬 시를 파괴했다

자료 : 이종학, 한반도의 억지전략이론, 형설출판사, 1981, p. 318.

〈장 1-3〉 현재의 핵병기 개산

(탄두 총수와 총 메가톤 치)

국가 구분	미 국	소 련	영 국	중 국	프 랑 스
중심전략적 탄　　두 메 가 톤	9,000～11,000 3,000 ～ 4,000	6,000～7,500 5,000～8,000	- -	- -	- -
기타 시스템 탄　　두 메 가 톤	16,000～22,000 1,000 ~ 4,000	5,000～8,000 2,000～3,000	- -	- -	- -
합　　　계 탄　　두 메 가 톤	25,000～33,000 4,000 ~ 8,000	11,000～15,000 7,000～11,000	200～1,000 200～1,000	200이상 200～400	200이상 100이상
총　　　계	탄두 : 37,000～50,000		메가톤 : 11,000～20,000		

자료 : 유엔 군축문제 전문가 그룹 보고서, 국제문제, 1982년 11월호에서 재인용

〈장 1-4〉 히로시마 및 나가사키의 원폭피해

도　　　시	지역(mile)	인구(명)	인구밀도(mile^2)	사망(명)	부상(명)
히 로 시 마	0 - 0.6	32,200	25,800	26,700	3,000
	0.6 - 1.6	144,800	22,700	39,600	53,000
	1.6 - 3.1	80,300	3,500	1,700	20,000
	계	256,300	8,500	68,000	76,000
나 가 사 끼	0 - 0.6	30,900	25,500	27,300	1,900
	0.6 - 1.6	27,700	4,400	9,500	8,100
	1.6 - 3.1	115,200	5,100	1,300	11,000
	계	173,800	5,800	38,100	21,000

히로시마의 9.36 평방마일 지역의 사상율 : 261,000명, 나가사키의 7.01 평방마일
지역의 사상율 : 195,000 명, /자료 : Headquarters, Departments of the Army,
The effects of Nuclear Weapons, Phamplet 50-3, 1977, p. 544.

<장 1-5> 핵개발 능력의 종합분석 장

국 가	개 발 동 기			연구용[1] 원자로	발전용[2] 원자로	농축/재[3] 처리시설	NPT[4] 가 입
	위 협	국위선양	환경대처				
인 도	○	○		5	6 (4)	○	×
이 스 라 엘	○			1	-	-	×
남 아 공 화 국		○	○	1	2 (1)	○	×
파 키 스 탄	○	○		1	1	○	×
아 르 헨 티 나		○		4	2 (1)	○	×
브 라 질		○		3	1 (1)	-	×
대 만	○			-	6	-	×
이 라 크	○			2	(1)	-	○
이 란	○			1	-	-	○
한 국	○			3	4 (5)	-	○
북 한			○	2	(1)	-	×
유 고 슬 라 비 아			○	3	1	○	○
멕 시 코			○	3	(2)	○	○
사 우 아 라 비 아	○			-	-	-	×
리 비 아	○			1	-	-	○
이 집 트	○			1	-	-	○
필 리 핀			○	1	-	-	○
베 트 남			○	-	-	-	○
쿠 바			○	-	(2)	-	×
칠 레			○	2	-	-	×

1) IAEA, Nuclear Research Reactors : Status and Trends, 1986, pp. 29-45.
2) 본 책자 <장 1-9>   3)본 책자 <장 1-10> 4)본 책자 <장 1-1>, <장 1-15>

〈장 1-6〉 세계의 핵실험 현황 (1945 ~ 1983)

년 도	미국	소련	영국	프랑스	중국	인도	계
1945.7.16-1963.8.5	331	164	23	8			526
1963	14	0	0	1			15
1964	29	6	1	3	(1)		40
1965	28	9	1	4	(1)		43
1966	40	15	0	1 (5)	(3)		64
1967	28	15	0	(3)	(2)		48
1968	33	13	0	(5)	(1)		52
1969	29	15	0	0	1 (1)		16
1970	30	12	0	(8)	(1)		51
1971	12	19	0	(5)	(1)		37
1972	8	22	0	(3)	(2)		35
1973	9	14	0	(5)	(1)		29
1974	7	19	1	(7)	(1)	1	36
1975	16	15	0	2	1	0	34
1976	15	17	1	4	1 (3)	0	41
1977	12	16	0	6	(1)	0	35
1978	12	27	2	7	1 (2)	0	51
1979	14	29	1	9	0	0	53
1980	14	21	3	11	(1)	0	50
1981	16	21	1	11	0	0	49
1982	18	31	1	5	0	0	55
1983	14	27	1	7	1	0	50
計	729	527	36	120	27	1	1,440

SIPRI, World Armament and Disarmament, SIPRI Yearbook, 1984, p. 60.
* 여기에 나와 있는 수는 현재까지 공포되었거나 감지된 핵 실험 수며,
괄호안의 숫자는 대기권 실험임.

〈장 1-7〉 동북아 및 제3세계국가의 원자력 발전능력

단위 : GWe

국　　가	1982	1990[3]	2000[3]
아 르 헨 티 나	0.3	1.6	2.9
브 　 라 　 질	0.6	1.9	8.4
인 　 　 도	0.8	1.7	6.6
한 　 　 국	0.6	8.5	15.3
멕 　 시 　 코	0	0.6	5.3
남 아 공 화 국	0	1.8	5.6
대 　 　 만	3.1	5.8	8.6
기 　 　 타	6.2	23.0	57.0
소 　 계[1]	11.6	44.9	109.6
총 계(세계)[2]	141.2	294.0	406.0

The World AIMANAG and Book of Facts, 1985, p.174.
1) 이집트, 이스라엘, 파키스탄, 필리핀, 유고슬라비아의 합계.
2) 선진국 17개국현황 포함됨.
3) 중간정도의 발전추세 자료임

〈장 1-8〉 운용중인 핵연구용 원자로 (1955~1990)

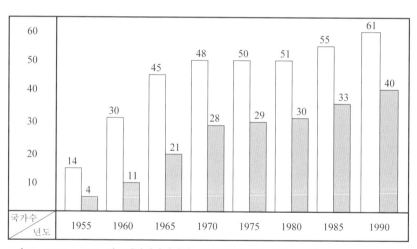

자료 : IAEA, RRDB, 한국원자력산업회의, 원자력산업 8호, 1986, p. 97.

〈장 1-9〉 1985년 말 핵능력의 현황

국 명	운 용		건 설	
	기수	발전량(MWe)	기수	발전량(MWe)
아 르 헨 티 나	2	935	1	692
벨 지 움	8	5,468	2	2,012
브 라 질	1	626	1	1,245
불 가 리 아	4	1,632	2	1,906
캐 나 다	16	9,776	6	4,789
중 국			1	300
쿠 바			2	816
체 코 슬 로 바 키 아	5	1,980	11	6,284
핀 란 드	4	2,310		
프 랑 스	43	37,533	19	23,567
동 독	5	1,694	6	3,432
서 독	19	16,413	6	6,585
헝 가 리	2	820	2	820
인 도	6	1,240	4	880
이 탈 리 아	3	1,273	3	1,999
일 본	33	23,665	11	9,773
한 국	4	2,720	5	4,692
멕 시 코			2	1,308
네 덜 란 드	2	508		
파 키 스 탄	1	125		
필 리 핀			1	620
폴 란 드			2	880
루 마 니 아			3	1,980
남 아 프 리 카	2	1,840	1	921
스 페 인	8	5,577	2	1,920
스 웨 덴	12	9,455	2	2,100
스 위 스	5	2,882		
영 국	38	10,120	4	2,530
미 국	93	77,838	26	29,258
소 련	51	27,756	34	31,816
유 고 슬 라 비 아	1	632		
총 계	374	249,754	156	140,492

운용중인 것의 총계는 대만과 중국의 6기의 능력인 4,918 MWe가 포함됨.
자료 : 한국원자력산업회의, 원자력산업 8호, 1986, p.97.

〈장 1-10〉 세계 우라늄 농축 및 재처리시설의 보유국

농축시설	미국, 프랑스, 이탈리아, 스페인, 벨기에, 영국, 네덜란드, 서독, 동독, 소련, 일본, 브라질, 남아공화국, 중국
재 처 리 시 설	영국, 아일랜드, 프랑스, 서독, 스웨덴, 덴마크, 네덜란드, 벨기에, 스페인, 포르투갈, 이탈리아, 유고슬라비아, 터키, 알제리, 니제르, 중앙아프리카공화국, 가봉, 자이레, 잠비아, 나미비아. 남아공화국, 미국, 캐나다, 멕시코, 브라질, 아르헨티나, 일본, 인도, 파키스탄, 오스트레일리아

1. NUEXCO(1983.11)   2. INFCE, NUCLEAR FUEL CYCLE FACILITIES IN   THE WORLD, 1979. 1. 10, pp. 1-13.   3. The Nuclear Age, SIPRI, 1974, pp. 54-55.   4. Time, June 3, 1985, p. 9.
* 본 자료는 능력, 시설의 대소, 운용 및 계획을 망라한 당시의 자료임

〈장 1-11〉 국력에 의한 국제정치의 계층구조

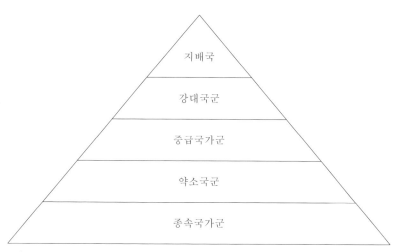

자료 : Organski A.F.K. World politics, p. 365. 이상우, 「오간스키」의 힘의 전이이론,

국제문제, 1977년 6월호, p. 106에서 재인용

〈장 1-12〉 핵무기에 의한 세계질서(피라밋)

자료 : 岸田純之助核, 學陽書房, 동경, 1957. p. 50, 이선호, 핵무기의 개발 추세와 핵확산의 제 문제, 국방대학원, 1980. p. 27에서 재인용.

〈장 1-13〉 동북아 및 제3세계 국가의 핵확산 유형

유 형	국 가
개 발 형	인도, 이스라엘, 남아공화국
의 지 형	파키스탄, 아르헨티나, 브라질, 대만
잠 재 형	한국, 유고슬라비아, 멕시코, 이라크, 이란, 북한
의 존 형	사우디아라비아, 리비아, 이집트, 필리핀, 베트남, 쿠바, 칠레

〈장 1-14〉 동북아 및 제3세계 국가의 핵 협력 국

구 분 국 가	핵폭탄 생산 소유기간	협력 국
아 르 헨 티 나	3 년	서독, 캐나다, 스위스 등
브 라 질	5 - 6 년	서독 등
이 집 트	7 - 10 년	소련 등
인 도	1 년	미국, 캐나다, 소련 등
이 라 크	6 - 10 년	프랑스, 소련, 이탈리아 등
이 스 라 엘	보유 가능성 큼	미국
리 비 아	10 년	소련
파 키 스 탄	1 년 이내	프랑스 등
남 아 연 방	1 년 이하	프랑스, 미국
대 만	2 - 3 년	미국
한 국	4 - 6 년	미국, 프랑스, 캐나다 등

자료 : 국제문제, 국제문제사, 1981년 1월호, p. 124.

- 핵무기의 보유 또는 실험국가
  미국, 소련, 영국, 프랑스, 중국, 인도

- 핵폭탄 제조능력 보유국가
  아르헨티나(캐나다, 서독), 캐나다(2차대전 당시 연합군), 서독(미, 소),
  이스라엘(미), 이탈리아(미, 영), 일본(미, 영, 호), 파키스탄(미, 중국),
  남아프리카 공화국(영, 불), 스웨덴(미), 스위스(미, 서독)

- 6년 내 핵폭탄 제조 가능국가
  오스트레일리아(미, 영), 오스트리아(미, 서독), 벨기에(미, 불), 브라질(서독),
  덴마크(미), 이라크(불, 이), 한국(미, 불, 캐나다), 네덜란드(미, 서독),
  노르웨이(미), 스페인(미, 영, 불), 대만(미, 캐나다)

- 10년 내 핵폭탄 제조 가능국가
  이집트, 핀란드, 리비아, 유고슬라비아

자료 : 국제문제, 1984년 1월호, p. 74(괄호 안은 장비 및 원료 제공국)

〈장 1-16〉 핵무기확산 방지조약 가입국(124개국)

안 전 조 사 승 인 국	아프가니스탄	오스트레일리아
	오스트리아	방글라데시
	벨기에	불가리아
	캐나다	코스타리카
	키프러스	체코슬로바키아
	덴마아크	도미니카
	에콰도르	이집트
	엘살바도르	이디오피아
	피지	핀란드
	잠비아	동독
	서독	가나
	그리스	바티칸
	온두라스	헝가리
	아이슬랜드	인도네시아
	이란	아일랜드
	이라크	이탈리아
	코트디브아르	자메이카
	일본	한국
	레바논	레소토
	리비아	말레이시아
	리히텐시타인	룩셈부르크
	마다가스카르	말라디브
	모리시어스	멕시코
	몽고	모로코
	나우르	네팔
	네덜란드	뉴질랜드
	니카라콰	노르웨이
	파푸아뉴기니아	파라과이
	페 루	필리핀
	폴란드	포르투갈
	루마니아	사모아
	세네갈	싱가포르
	스리랑카	수단
	수리남	스와질랜드
	스웨덴	스위스
	타일랜드	터키
	우루과이	베네수엘라
	유고슬라비아	자이레

안 전 조 사 미 승 인 국	안티과 바베어도스 부탄 보츠와나 예멘 적도기니 그레나다 기니비스 요르단 키리바티 리베리아 말타 파나마 세인트 루시아 세이셸 솔로몬 세인트 빈센트 시리아 통가 투발루 베트남 바하마 베 넹 볼리비아	버키나 카메룬 중앙아프리카공화국 콩고 브루네이 부룬디 케이프 베르데 차이드 캄푸치아 도미니카 가봉 과테말라 아이티 케 냐 라오스 마 리 나이지리아 루안다 산마리노 시에라리온 소말리아 토고 튀니지 우간다

자료 : IAEA BULLETIN, AUTUMN 1985, p. 50. * IAEA로부터 안전
조사 승인되어 가입 대기중인 국가임.

〈장 1-17〉 각 국별 각국별 핵개발 동기의 차이점 (인도, 이스라엘, 파키스탄)

구 분 \ 국 가		인 도	이스라엘	파키스탄
정 부 형 태[1]		· 연방공화국	· 의회 민주주의	· 계엄통치
정 부 노 선		· 중립주의	· 민주주의	· 중립주의
비 동 맹 회 의		· 참가	· 불참	· 참가
외 교 관 계		· 소련 우호 · 미국 갈등	· 미국 우호	· 미 · 소 등거리 외교 · 소련의 아프간 침공 후 우호적
원 자 력 산 업		· 국내개발 노력 · 선진국 기술도입	· 비밀 유지	· 선진국 기술도입 · 국내개발 노력

방위
산업[2]
	미사일	· SAM · AAM
		  면허 생산
			· ASM · SSM
			  독자적 생산
				· 대전차 미사일
				  개발 생산

	항 공	· 전투기 독자적 생산	· 전투기 독자적 생산	· 전투기 면허 생산
경 제 력[3]		· GNP : 1985. 51억$ · 국방비: 3.5%	· GNP : 214.5억$ · 국방비: 29%	· GNP : 336.03억$ · 국방비: 5.4%

핵 개 발 동 기		· 정치 · 심리적 효과
		  (국위선양)
		· 중국의 핵무장
			· 아랍국에 대한
			  생존권 보장
			· 미국의 핵 지원
			  불확실성
				· 인도의 핵무기실험
				· 종교적 문제

*1) World Almanac, World Almanac Publications, New York, 1985, p. 517, 551, 569.

*2) 국방관리, 제84-50호, 국방관리연구소, 1984.9.24, pp. 7-8

*3) U.S. Arms Control and Disarmament Agency, World Military Expenditurs and Arms Transfers, 1985, pp. 66-67, p. 76

〈장 1-18〉 핵무기 개발 관련 기사

자　료	내　　　　　　용
슈피겔 (69.5.5)	이스라엘 원폭 보유
한국일보(69.5.14)	이스라엘 원폭 보유
일본 국방 74년 9월호, pp.96-97	이란, 이집트 핵 보유 단언 - 이　란 : 인도에 대처, 　이집트 : 이스라엘에 대처 　아르헨티나, 브라질, 파키스탄, 한국 등 　단기간 내 핵무기 보유 가능 　중동제국의 핵개발 방지 억제 불가
한국일보 (77.6.25)	한국 생존위한 핵개발 촉구 (주한미군 철수 관련)
한국일보 (78.8.17)	중국이 파키스탄에 핵 가공 기술 제공
조선일보 (79.4.22)	이라크, 리비아 3년 내로 원폭 보유, 파키스탄 핵개발 리비아로 이전 가능
한국일보 (79.5.21)	한국, 아르헨티나, 브라질, 인도, 이라크, 파키스탄, 대만, 남아공화국 등 핵개발 능력 보유 (SALT IISS비준 실패시 핵개발 방지 불가)
신아일보 (79.7.29)	한국, 브라질, 멕시코, 이집트 등 5년 내 핵개발 가능 (크리스천 사이언스 모니터지)
전우신문 (79.8.9)	아르헨티나, 브라질, 캐나다, 이집트, 이스라엘, 이란, 일본, 파키스탄, 남아공화국, 스웨덴 ; 스페인, 스위스, 자유중국, 서독 등 핵 보유 직전의 국가
신아일보 (79.8.15)	파키스탄 핵개발 중, 인도 핵 개발 재고
한국일보(79.10.27)	남아공화국 대기권 핵 실험
신아일보 (79.11.4)	한국 70년대 초 핵무기 개발 추진
동아일보 (79.11.7)	한국, 아르헨티나, 파키스탄 등 금년 말 핵능력 보유 유고슬라비아, 브라질, 핵개발 기술 습득 남아공화국 3년 전 핵개발
전우신문(79.11.14)	유고슬라비아, 파키스탄, 이집트, 이라크, 사우디아라비아, 리비아, 아르헨티나 등 80년대 초반 핵무기 개발 가능
전우신문(79.11.14)	브라질 핵 시대에 들어섬 남아공화국 3년 내 핵무기 제조
조선일보 (80.2.23)	파키스탄 수개월 내 원폭 실험(중국, 리비아 지원)
조선일보 (80.2.23)	이스라엘 원폭 실험 단행 (미 CBS 방송)
신아일보 (80.3.11)	이라크에 90% 농축 우라늄 제공(프랑스)
신아일보 (80.3.31)	파키스탄 곧 원폭 실험(72년 이후 개발) 농축 및 재처리 기술 지원(네덜란드, 프랑스)
신아일보 (80.6.17)	파키스탄 핵개발(핵실험 가능) 리비아로부터 자금지원(핵폭탄 제조 기계 및 부품 구입)

자　　료	내　　　　　용
조선일보(80.8.10)	이스라엘, 남아공화국, 브라질 외 20여 개국 수년이내 핵무기 생산가능 핵 다원화 시대 초래
조선일보(80.8.13)	한국, 이스라엘, 남아공화국, 대만, 이라크, 아르헨티나, 파키스탄, 브라질 등 핵폭탄 자체 생산 가능
신아일보(80.9.18)	대만, 이스라엘, 남아공화국 3국 합작 핵실험
신아일보(81.4.27)	이스라엘 핵폭탄 27개 보유(미 ABC TV 보도)
중앙일보(82.3.10)	파키스탄 원폭 생산 임박(IAEA 보고서) 핵 제조 2/3단계 임박
중앙일보(82.5.13)	이스라엘, 남아공화국, 대만 등 핵 생산 상호 협력 장경국 총통 인터뷰
슈 피 겔(83.5)	핵무기 제조 능력 보유(보유 의사 없음)
중앙일보(85.2.28)	파키스탄 원폭 제조(중국에서 지하 핵실험)
조선일보(85.2.27)	파키스탄 미국에서 원 폭점화장치 수입 적발(84년)
조선일보(85.5.19)	이스라엘 크리트론 수입(핵장치)
조선일보(85.5.30)	아르헨티나 5년 내 핵폭탄 생산가능(이탈리아, 서독, 스위스, 미국 등 장비 공급)
한국일보(85.6.8)	북괴 핵무기 생산능력 갖춰(핵 재처리 공장 가동)
조선일보(85.6.8)	
조선일보(85.6.9)	북괴 핵 제조능력 없음
조선일보(85.7.12)	이스라엘 우라늄 대량 밀수(핵 제조용으로 사용 가능)
조선일보(85.7.30)	북괴 대형 연구용 원자로 건설 중
서울신문(95.10.18)	북괴 90년대 핵 생산 보유가능
조선일보(85.12.28)	북괴 원전 보유, 핵 보유에 안간힘
조선일보(86.4.15)	북괴 대형 원전 건립추진(176만kw)
조선일보(86.8.12)	브라질 핵 실험장 보유
조선일보(86.11.11)	북괴 핵무기 생산 가능 인도, 남아공화국, 파키스탄, 핵무기 이미보유, 또는 조립 능력 북괴, 아르헨티나, 브라질 생산 능력 및 의도 보유
조선일보(86.11.27)	북괴, 파키스탄 곧 핵 보유(제인무기 연감 86-87) 이스라엘 20-25기의 핵무기 조립 직전 남아공화국 핵무기 제조 능력 확보
조선일보(87.2.7)	남·북한, 대만 2010년까지 핵 보유 한국, 일본, 서독, 자유중국 등 2010년까지 핵무기 500발 이하 보유 핵보유 전망 국가 : 인도, 파키스탄, 베트남, 이스라엘, 남아공화국, 아르헨티나, 브라질, 칠레, 이집트, 이란, 이라크, 리비아, 사우디아라비아

〈장 1-19〉 동북 아시아 각국별 위협 변수

국 가	위협의 변수
인 도	○ 파키스탄과의 분쟁 ○ 중국의 핵무기 보유
파 키 스 탄	○ 인도와의 분쟁 ○ 소련의 남하 정책 (아프가니스탄 침공)
이 스 라 엘	○ 아랍 제국과의 분쟁 ○ 아랍국에 대한 소련의 지원 ○ 이라크의 핵 보유 노력
남 아 프 리 카	○ 인종문제로 국제적 고립화 ○ 앙골라와의 긴장 관계
아 르 헨 티 나	○ 내부 불안정 (군부 쿠데타) ○ 미국과의 관계 악화 (비동맹국 외교 추구)
브 질	○ 내부 불안정 (군부 쿠데타) ○ 한때 미국과 관계 악화
대 만	○ 중국과 긴장 상태 ○ UN 자진 탈퇴로 세계적 고립
이 라 크	○ 이란과의 분쟁 ○ 인도의 핵실험 ○ 쿠웨이트와의 분쟁 ○ 이스라엘이 원자로 폭격
이 란	○ 이라크와 분쟁
한 국	○ 북한의 남침 야욕
북 한	○ 미국의 핵 공격 구실
유 고 슬 라 비 아	○ 민족주의 중립 노선 채택 ○ 미 · 소의 권력 정치 배격
멕 시 코	○ 미국과의 전쟁 시 영토 상실 ○ 탈 미국 정책 (비동맹 노선)
사 우 디 아 라 비 아	○ 4차 중동전의 아랍국 대규모 원조 (이스라엘 적대) ○ 반공 · 반유태주의
리 비 아	○ 이스라엘과 적대 ○ 이집트, 수단, 튀니지와의 관계 악화
이 집 트	○ 수에즈 전쟁 ○ 이스라엘과 분쟁
필 리 핀	○ 반공 · 친미 ○ 비동맹국에 접근 (환경의 변수 대치)
베 트 남	○ 중국과의 분쟁 ○ 라오스, 캄보디아와의 분쟁 ○ 통일 후 군사 대국으로 성립
쿠 바	○ 대미 관계 악화 ○ 아프리카 지역 해방운동 지원 ○ 국제환경 변수 (OAS, 재미 쿠바인, 미 · 소 관계)
칠 레	○ 국제정치에서 고립화 (군정에 대한 국제여론) ○ 소련과의 관계 악화 ○ 미국의 원조 중단

자료 : 한국연감, 각 국 요람, 1986, pp. 168~291. 전후 세계 군사자료(1981-1983), 국방대학원, 1986, pp. 321-467.

⟨장 1-20⟩ 북한 장비 증강 추이

구 분	72년 초	77년	81년
사 종 포	8,800문	15,700문	25,300문
전 차	700대	1,800대	2,800대
수 륙 양 용 차		750대	1,600대
지 대 지 미 사 일	12기	12기	24기
잠 수 함	4척	10척	19척
유 도 탄 고 속 정	14척	20척	24척
어 뢰 정		120척	140척
폭 격 기	650대	760대	670대
운 송 기	160대	300대	480대

자료 : IISS, The Military Balance. 1981.

〈장 1-21〉　북한의 군사력 (정규 주력부대)

영국 국제 전략문제 연구소(The Military Balance)

내 용		1978	1979	1980	1981	비 고
총병력		44만명	56	60	70	+10만
군단				8	8	
전투사단	계	25	40	40	40	
	전차사단	2	2	2	2	
	기동사단	3	3	3	3	
	보병사단	20	35	35	35	
전투여단	계	4	4	8	9	+1
	전차여단			4	5	+1
	보병여단	4	4	4	4	
독립연대	계	5	5	7	7	
	전차연대	5	5	2	2	
	보병연대			5	5	
도하부대	도하연대			1	1	
	수륙대대			3	3	
예비병력			23사단	23사단	23사단	

※ 각 년도의 9월 자료 : ① The International for Strategic Sudies, "The Military Balance,
　　　1980-1981" ② 국회 도서관 자료국, 북한요람(해외 자료
　　　제60호) 1981, p. 144.

<**장 1-22**> 남북한 지대공 유도탄 비교

구 분	무기체계	고도 (Km)	유효사거리 (Km)	속 도 (마하)	유도 방식	IFF	ECCM
북 한	SA-7	2.0	4.8	1.4	적외선		
	SA-3	18	22	3.5	지 령	보유	보유
	SA-5	29	260	3.5	지 령	보유	보유
남 한	JAVELIN	2.9	4.5	1.4	지 령	보유	
	HAWK	18	40	2.5	반능동	보유	보유
	NIKE	45	140	3.3	지 령	보유	보유

자료 : 육군 교육사령부, "스커드와 패트리어트". 공군, 군사발전 제59호, p. 33. 북한의 방어용 지대공 유도탄은 구소련으로부터 도입해 배치하였는데, 특히 SA-5 지대공 유도탄은 87년 이후 30여기 도입하여 88년 말 사리원 근교에 배치한데 이어 현재 원산 근교에 기지를 건설 완료하였으며, 고도 20Km, 사거리 260Km, 순항 속도 3.5 마하로 방어용이라고 하지만 군산-울진 이북 상공의 아군 공군기 활동에 큰 위협을 줄 수 있어 사실상의 공격용이나 다름이 없다.

<**장1-23**> 남북한 지대지 유도탄 비교

구분	북한			남한	
	FROG-5	FROG-7	SCUD-B	H. J	현무
유도방식	무유도	무유도	관성유도	무유도	관성유도
추적방식	1단 고체	1단 고체	1단 액체	1단 고체	2단 고체
사정(Km)	55	72	180-300	37	180
CEP(Km)	880	380	555	250	216

자료 : 육군 교육사령부, "스커드와 패트리어트", 방공, 군사발전 제59호 p.34.
북한은 지대지 유도탄인 FROG-5/7은 일단 현 보유량을 유지하다가 90년대 후반에 단계적으로 감소할 것으로 예상되고, 스커드 B형 유도탄은 자체 개발하여 사정거리를 배로 증가시켜 92년말부터 본격적으로 양산 배치할 것으로 예상되며, 이미 휴전선 북방 40-50Km 지점에 스커드B형 미사일 12기를 실전 배치했음이 확인되고 있다.

〈장 1-24〉 북한의 스커드 미사일 제원

구 분	기본형(SCUD-B)	개량형
사 · 거 리	300 Km	600 Km
최 대 속 도	5 마하	5 마하
길 이	11.5 m	15.1 m
직 경	85 cm	130 cm
중 량	5.9 톤	6.8 톤
비 행 시 간	5 분	6 - 7 분 추정
피 해 반 경	364 m	350 - 700 m
사 용 탄 종	HE, 화학, 핵	HE, 화학, 핵
능 력	군산 - 영덕선	남한 전지역

자료 : 육군 교육사령부, "스커드와 패트리어트", 방공, 1991, p. 31.

스커드 미사일 타격 목표는 수도권을 포함하여 C^3I시설, 비행장, 유도탄 기지, 핵 투발 수단, 항만, 군수/산업시설, 인구 밀집지역 등으로서, 재래식 탄두를 장착 국지도발로 한국 사회의 혼란 조성 및 남침 여건 조성과 전면전 공격 개시와 동시에 화학탄두를 장착 재래식 탄과 병립하여 공격하리라 예상된다. 따라서 북 한의 위협에 대비한 조기경보 체제의 강화와 스커드 공격에 대한 현실적인 대비 책이 요구되며, 세계적인 발전 추세로 볼 때 지대공 유도탄은 유도방식의 발전 (ECCM기능 강화)과 표적 대응능력 향상(IFF기능, 사격통제 자동화)과 명중률 향 상, 기동성 향상, 신뢰도 향상(소형화, 작전 지속시간 증가)을 꾀하고 있고 지대 지 유도탄은 정확도 향상을 위하여 초정밀 관성항법 장치와 종말 유도 시스템 개발을, 사거리 증대를 위하여 STAND-OFF 및 고출력 추진제 사용의 개발을 시 도하고 있으며, 탄두의 위협을 증대시키기 위해 다양한 탄두를 개발 중에 있으므 로 이에 대한 우리의 적극적인 대책이 있어야 할 것으로 보인다.

〈장 1-25〉 남북한 군사비, 투자비 및 그 누계치 전망 비교

단위 : 억불, 경상가격

구 분	1990 년			1995 년			2000 년		
	한국	북한	한국/북한	한국	북한	한국/북한	한국	북한	한국/북한
군사비	80.4	47.4	1.7	132.4	59.7	2.2	217.9	74.1	12.9
투자비	29.4	22.7	1.3	48.4	28.7	1.7	79.7	35.6	2.24

자료 : 김을권 편, 한반도 주변의 군사 환경 (서울 : 세종연구소, 1988), p. 543.

　　　남·북한 간 군축을 하자는 협상을 가능하게 작용하고 있는 요소로는 양측이 안고 있는 과도한 경제적 부담으로서 국방비가 양 측 모두 정부예산 중 큰 비중을 차지하고 있으며, 군사비는 앞으로도 계속 늘어날 전망이기 때문에 과도한 군사비 지출에 따른 경제적 부담을 해소하기 위하여 군축은 이루어져야 할 것이다.

〈장 1-26〉 북한의 예상 변수

번 호	명　　　　　　　　　　칭	타　입
1	핵위협	양자?
2	잠재 능력 위협	
3	압도적인 재래식 위협	
4	지역적 강국의 지위 및 위협	동기
5	세계적 강대국의 지위 및 위협	
6	따돌림 받는 지위 (Pariah Status)	
7	국내적 혼란	
8	전쟁의 패배	
9	지역적 핵 확산	
10	방위비 부담	
11	핵 맹방	양자?
12	발효 중인 국제적인 법률적 조약	자제 유발
13	비 권위적 점령의 위험	
14	가능한 핵 국가의 간섭	
15	평화적 판단	

〈장 1-27〉 남북 핵 협상의 쟁점

구 분	남	북	절충내용
문건형식	사찰 규정만 채택 부속 합의서 불필요	부속합의서를 채택 하고 그 부록으로 사찰 규정 채택	북측이 사찰 규정을 우선 협의할 것을 제의함으로써 사실상 부속합의서 주장 철회
사찰대상	- 상호 同數주의 - 정기사찰(16), 특별 사찰(40)등 년 56개소 쿼터제, 군사시설은 20개소로 제한	- 의심 동시 해소 원칙 - 북의 영변과 남의 모든 미군기지 동시 사찰	남측, 쿼터량만 정하면 운용상 신축성 용의 표명
특별사찰	상호합의에 의한 일반사찰 외에 일방이 24시간 전에 지정 통고 하고 특별사찰 제 도입	비핵화 공동선언 4항의 상호합의 선정 원칙 들어 반대	의견 절충 난항
핵 기 지	군사 기지로 포괄적 표현	'핵 기지' '핵무기'라는 표현 요구	남측이 핵관련 장비로 범위를 넓혀 절충안 제시

〈장 1-28〉 북한 핵관련 일지

일 자	내 용
1985. 12	북한, 핵확산 금지조약(NPT) 가입
1989. 9	프랑스 위성 「스팟」, 영변 핵시설 촬영
1990. 6	한국 국방부, 북한 '90년 중반에 핵무기 제조 가능 발표
1991. 7. 15	북한, IAEA와 핵안전 협정 문안 협의
1991. 7. 30	북한 외교부, 한반도 비핵지대화 공동 선언 제안
1991. 9. 12	북한, IAEA 이사회에서 주한 미군 핵보유 이유로 핵안전 협정 서명 거부
1991. 9. 24	노대통령, UN에서 한반도 핵문제 협상용의 있음을 밝힘
1991. 9. 27	미국, 부시 대통령 전 세계적 지상 전술핵무기 철수 및 폐기 선언
1991. 11. 8	노대통령 「비핵화 선언」 발표
1991. 12. 18	노대통령, 「핵부재 선언」
1991. 12. 22	북한 외교부, 핵안전 협정 서명 및 사찰 수락 서명
1991. 12. 31	남·북, 「한반도 비핵화에 관한 공동서명」 합의
1992. 1. 30	북한, 핵안전 협정에 정식 서명
1992. 2. 19	제6차 남·북 고위급 회담에서 「한반도 비핵화 공동선언」 합의
1992. 4. 9	북한 최고인민회의, 핵안전 협정 승인
1992. 5. 4	북한, IAEA 사찰대상 핵시설 목록 「최초 보고서」 제출

자료 : 중앙일보 1992. 4. 10, 한국경제신문 1992. 4. 11 (1992. 5. 4일자 내용은
조선일보에서 발췌하여 추가하였음)

〈장 1-29〉 북한 원자로의 성능 및 재원

구 분 (원자로)		제1원자로	제2원자로	제3원자로	발전용 원자로
일반 사항	소재지	영변	영변	영변	함남 신포
	완공년도	1965년 완공	1987.10 가동	1995년 완공예정	도입계약 1985년
	개발/ 기술지원	소련	자체 건설	자체 건설	소련
재원 및 특성	원자로명	IRT-DPRK	Calder Hall	G-2	VVER-440×4
	용 도	연구용	Pu 생산용	Pu 생산용	상업용
	열 출 력	정상 4MWt 최대 8MWt	최대 30MWt	50-200MWt	열 1,375MWt 전기 440MWe
	핵 연 료	농축우라늄 10-20%	천연우라늄 0.7%	천연우라늄 0.7%	농축우라늄 3.5%
	감 속 재	증류수	흑연	흑연	경수
	냉 각 재	증류수	이산화탄소	이산화탄소	경수
비고		· IAEA 사찰 기록 · 88.5, 89.6	· 핵연료 국내 생산	· 좌 동 · 프랑스 핵무기 개발시 사용	· 안전조치 서명 조건으로 건설

* 제3원자로는 G-2 형 원자로의 제원임.

〈장 1-30〉 북한의 농축기술 개발 방법별 장단점

구 분	장 점	단 점	비 고
가스 확산법	·공개된 기술 ·기자재 확보에 유리	·기본적으로 거대한 규모로 엄청난 건설비·운영비 ·90% 농축에 3,000단계 필요 ·대량의 전력 소요	·미국, 소련에서 군사용, 상업용 으로 이용 ·격막기술, 대량의 펌프 필요 ※시설 외부노출
원심 분리법	·공개된 기술 ·소규모 건설 가능 ·90% 농축에 35단계만 필요 ·단계적 증설 가능	·정밀장비의 대량 확보 ⇒주요 선진국에서만 생산되는 40,000 RPM의 원심분리기 ·핵무기 개발 의도 노출되어 기자재 수입에 제동	·우라늄의 원심 분리 용도로만 사용되는 고속 회전체의 대량 확보 시 국제적 으로 즉시 노출 ※ 개발 의도 노출
노즐 분리법 (기체역학법)	·공개된 기술 ·정밀 기자재의 소요가 적음 ·가스확산법에 비하여 경제적으로 유리 ·소규모 공장 건설 가능	·고농축(90% 이상)에 부적합 ·대량의 전력 소요 ·90% 농축에 2,000 단계 필요 ·실용화 과정에 있음	·반도체 가공기술 요구 ※고농축에 불리하고 외부 노출 가능
레이저 분리법	레이저 기술과 기초 물리학 분야에 집중 투자 시 가능 소규모 공장건설 가능 외부에 노출되지 않음 1단계에 90% 농축 가능 기타 소요기술 및 기자재는 많지 않음	기술 중 일부는 비공개 기초 학문의 발전이 선결 극히 일부국가에서 개발하였으나 실용화(상업화) 하기 에는 선진국에서도 시간필요 ※ 개발의 난이도로 거의 개발 불가	적외선 레이저 핵확산 측면에서 우려 하이테크 기술이 종합된 것으로서 난이도가 높음 ※기술적 어려움으로 극소수 기술 선진국 외에는 개발 불가

〈장 1-31〉 북한의 핵무기 개발 활동 구분 및 정의표

활 동 명	기호	정 의
개발 의지의 형성	A1	핵무기를 보유하고자 하는 태도에서 개발의지의 형성
전략 구상	A2	핵무기의 확보에 대한 전력의 구상
기초연구 인력양성	B1	연구 인력의 확보, 교육을 통한 양성
기초 연구시설 장비 확보	B2	기초 연구에 필요한 연구소, 연구용 원자로, 계량장비 등 연구 시설과 장비의 확보
기초연구 수행	B3	원자로, 핵물리학 등에 관한 기초연구 및 핵무기 기초 연구
채광·정련시설 건설	C1	원광석의 채광 및 정련시설, 핵연료 가공시설 건설
생산용 원자로 건설	C2	재처리를 위한 생산용 원자로의 건설
재처리 시설 건설	C3	재처리 시설을 요구 성능을 발휘할 수 있도록 완공
시제품용 사용 후 핵연료 1차 생산 및 저장	C4	재처리 공장에서 1차 년도에 재처리할 사용 후 핵연료를 원자로로부터 배출하여 일정기간 저장
시제품용 사용 후 핵연료 생산 및 재처리	C5	시제품에 사용될 Pu-239를 생산하기 위하여 사용 후 핵연료의 계속적인 생산과 재처리
핵무기 설계	D1	핵무기의 본체 설계
내폭 실험	D2	핵실험 전에 핵뇌관 실험을 포함한 부분 체계의 실험
시제품용 핵탄 제작	D3	시제품용 핵탄의 부품 생산 및 조립
핵실험 준비	E1	핵실험을 위한 실험장 건설, 관측체계 및 방법 준비
핵실험 수행	E2	핵실험의 실시와 핵실험으로부터 관측된 자료의 수집 분석
개 선	F1	핵실험 결과로부터 분석된 자료를 토대로 핵탄의 개선
핵탄용 사용 후 핵연료 생산	F2	본격적인 핵무기 제조를 위한 사용 후 핵연료의 생산
핵탄용 사용 후 핵연료 재처리	F3	핵무기 제조를 위한 사용 후 핵연료의 재처리
핵 탄 생산	F4	본격적인 핵무기 제조를 위한 부품 생산 및 핵무기 조립
운반수단 확보	G1	항공기, 미사일 등 핵무기 운반 수단의 확보
탑재 장치의 개조	G2	확보된 운반 수단과 핵탄을 결합할 수 있도록 탑재장치 개조
체 계 구 성	H1	운반 수단과 핵탄을 결합함으로써 핵무기 체계의 구성
저장시설 건설	I1	핵무기 체계를 보관·저장하기 위한 부대시설의 건설
부대 구성	I2	핵무기 부대의 창설
핵 부대 배치	I3	핵무기 부대의 배치

〈장 1-32〉 핵무기 개발 순서도

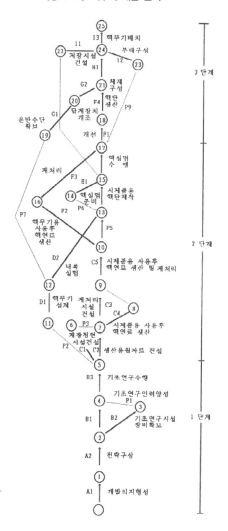

<장 2-1> 한국의 국방경제 지표

년 도 구 분	81	83	85	86	87	88	89	90	91
국방 예산(조)	2.7	3.4	3.8	4.3	4.8	5.5	6.2	6.9	7.8
GNP대비 방위예산(%)	5.9	5.4	4.9	4.8	4.5	4.4	4.4	4.2	4.1
정부예산 방위예산(%)	34	33	31	31	30	30	29	25	28
GNP대비 방위비 지출(%)	6.0	6.0	5.5	5.5	5.6	5.4	5.0	4.3	4.2
실질 방위예산('85기준 : 조)	3.3	3.6	3.8	4.2	4.5	4.9	5.2	5.4	5.7
전년도와 변화비율 (%)	13	1.1	3.8	11	7.1	9.1	6.3	3.8	5.5

자료 : 한국은행 「1990년 국가회계」 경제기획원 「한국경제의 주요 통계표」 국방백서 1991년, 환율변동이 심해 달러화로 환산하지 않았음. 대다수 국민들은 한국 안보에 대한 주한 미군과 미군기지에 대해 아직은 우호적이긴 하지만, 그 지지도가 몇 년 전에 비해 다소 떨어지고 있으며, 거의 90% 지지 수준에서 80%만 미군의 한국내 존재를 한국의 안보에 중요한 것으로 인식 및 또한 70%만 미군 기지를 지지하고 있다.

<장 2-2> 한국 안보에 대한 주한미군의 중요성

(단위 : %)

년 월 정 도	83. 9	86. 12	88. 7	89. 2	89. 8	90. 4	91. 2
매 우 중 요			42	30	39	28	22
다 소 중 요			48	52	46	50	55
(소 계)			(90)	(82)	(85)	(78)	(77)
별로 중요하지 않음			8	15	12	17	17
중 요 하 지 않 음			1	1	2	2	2
(소 계)			(9)	(16)	(14)	(19)	(19)

자료 : United States Information Agency, Office of Research Memorandom, 1991. 4. 19, Korea Attitude Toward the U. S., Other Countries. 이 보고서는 한국 설문 계약회사 들이 1983년 이래로 실시한 각종 설문 결과를 요약하고 있음.

〈장 2-3〉 미군 기지에 대한 지지

단위 : %

년 월 정 도	83. 9	86. 12	88. 7	89. 2	89. 8	90. 4	91. 2
좋다.		89	89	79	81	77	71
싫다.		6	8	14	15	19	23
모르겠다.		5	4	7	4	4	7

자료 : 차영구, 1990년대 안보 환경의 변화와 군 구조개선" (서울 : 국방대학원 비
　　간행 논문, 1990), p. 5. 미국의 한국 안보에 대한 신뢰성에 대해서 대부분
　　한국인들은 미국이 실제로 북한의 침략으로부터 남한을 지키는데 도움을
　　줄 것이라고 확신하고 있으며, 주한 미군 철수시기에 대해서는 약 65%가
　　적어도 향후 5년에서 10년간이거나 그 이상으로 미군이 한국에 남아 있어
　　야 한다고 생각하고 있으며, 30%는 조기철군을 지지했다. 즉각적이거나
　　향후 2년에서 3년 이내에 질문을 받은 사람들 중 3/4 이상은 한국 내에서
　　미군유지를 위한 더 많은 경비를 한국이 지불해야 한다는 데에는 반대하
　　고 있다.

〈장 2-4〉 주한미군의 병력 유지 계획

단위 : 천명

구 분	87년	92년	93년	94년	95년
육　　군	781	660	618	577	536
해　　군	587	551	536	616	510
해 병 대	199	188	182	176	171
공　　군	607	487	458	445	437
계	2,174	1,886	1,795	1,714	1,653

자료 : Dick Cheney, 전게서, p. 6. 이 표는 1991년 4월 미 국방부 계획을
　　나타내며, 의회는 다소 조정하였음.

<장 2-5> 3단계 주한미군 재조정 계획

조 정	기 간	전 략 조 정 및 감 축 내 용
1 단 계	90 - 92 년	· 행정 간접비용 절감, 한국군이 맡을 수 있는 일부 임무의 이양을 통해 기존 군사력을 효율화 · 제 2 보병사단의 지상병력 현대화로 일부 효율화가 뒤따르나 2사단 전투능력은 그대로 견지 · 92년까지 공군 2,000명과 지상군 약5,000명 등 7,000명을 감축 · 북한의 위협 재평가 및 1단계 실적을 점검, 2단계 새 목표로 설정
2 단 계	93 - 95 년	미 2사단 병력 구조의 재조정 및 감축 감축 규모는 남북한 관계 및 한국군 전력증강 정도에 좌우되며 미국의 억지능력과 의도를 북한이 오판하지 않도록 하는 범위 내에서 점차 늘려나감
3 단 계	96 - 2000년	한국군이 주도적 역할을 맡고 미군은 지원 역할로 물러앉음 억지력 유지에 필수적인 미군 주둔 규모를 더욱 줄이고 여타 병력은 철수 고려

자료 : 미국은 서기 2000년까지 3단계로 나누어 주한 미군을 감축시키고 한국군이 한반도 안보의 주역을 맡으며, 잔류하는 미군이 보조 역할을 수행한다는 위상과 역할의 변화를 지적하고 있다. 3단계에 걸친 주한 미군의 전략적 조정 및 감축 계획을 보면, 제1단계(90-92년)에서는 현재 군사력을 감축 및 안보 관계에 대해서 재정비를 시작하되, 위험을 초래하지 않는 범위 내에서 감축을 하며, 아시아 전개 미군 총 135,000명중 14-15,000명을 감축한다. 한반도에서는 주한 미 보병 2사단이 갖는 억제 전력을 보존한 채 육군의 비전투병력 5,000명과 공군 2,000명 등 계 7,000명을 감축시키고, 이 사이에 북한의 위협을 재평가하고 1단계 실적을 점검한 후에 제2단계 및 제3단계에 실현 시킬 목표를 재설정한다는 것이다. 또한 1단계 기간 동안에 주한 미군의 유지비를 점검하기 위하여 한국군이 맡을 수 있는 일부 임무의 이양을 추진함으로써 기존 군사력 운용을 효율화하여 미 2사단의 병력 감축을 보완하기 위한 지상 전력의 현대화가 병립 되도록 예비 계획을 추진한다는 내용으로 되어 있다. 기본 계획에 의거 1단계는 현재 시행되고 있다. 2단계(93-95년)에서는 군사력 구조를 재편성하면서 적이 오판하지 않도록 보장하며, 전투 군사력을 절감한다. 미 2사단의 전투 병력 감축이 실현되나 감축 규모는 남·북한 간의 관계 개선 및 한국군의 전력 증강 정도에 따라 좌우되며, 적어도 미국의 억제 능력과 의지를 북한이 오판하지 못하도록 하는 범위 내에서 점진적인 감축을 단행한다는 것이다. 물론 현재로서는 전투 병력의 감축 규모와 이에 대한 보완 조치는 구체적으로 공표되지 않았다. 3단계(96-2000년)에서는 상황이 허락하는 한도 내에서 억제력 유지에 필수적인 최소한의 병력만을 잔류시키고 여타 병력은 대부분 철수를 고려한다는 것이며, 잔류 병력의 수준은 현재로서는 미상정 되어 있다.

〈장 2-6〉 아시아 태평양 지역 주둔 미군 군사력 현황

구 분	군 사 력 현 황
주 한 미 군	총병력 : 43,410명, 사단 : 1개, 전차 : 139대 장갑차 : 311대, 전투기 : 144대
주 일 미 군	총병력 : 43,000명, 사단 : 1개, 전차 : 70대 장갑차 : 208대, 함정 : 20여척, 전투기 : 321대
주 필 미 군	총병력 : 16,670명, 함정 : 20척, 전차/장갑차 : 17대, 전투기 : 128대
주 괌 미 군	총병력 : 8,900명, 함정 : 10척, 전폭기 : 15기

자료 : 방위연감 1990-1991, 국제문제 연구소, p. 157.

〈장 2-7〉 일본방위예산의 항목별구성비

(%)

구 분	'77	'78	'79	'80	'81	'82	'83	'84	'85
급여 및 연금	55.0	54.4	51.4	49.3	47.7	46.6	44.5	44.6	45.1
장비 획득	17.4	17.1	18.7	20.7	22.5	22.4	24.9	26.3	26.2
정비 비용	14.5	14.5	13.9	14.1	14.7	15.8	16.3	15.5	15.1
기지 유지비	8.0	8.7	10.2	10.4	10.5	10.4	10.0	9.7	9.5
설 비 비	2.4	2.4	2.9	2.8	2.2	2.3	1.9	1.3	1.4
연구 개발비	1.5	2.0	1.8	1.8	1.5	1.1	1.1	1.2	1.6
기 타	1.5	2.6	1.8	1.8	1.5	1.4	1.3	1.3	1.2

자료 : 일본의 방위, 1981 - 1985.

〈장 2-8〉 일본의 방위비 지출 현황

구분	G N P (억엔)	총 예 산 (억엔)	전 년 도 대 비 신장율(%)	방위비 (억엔)	전 년 도 대 비 신장율(%)	방위비의 대GNP 비율(%)	방위비의 대 총예산 비율(%)
1955	75,590	9,915	-0.8	1,439	-3.3	1.780	13.61
1960	127,480	15,697	10.6	1,569	0.6	1.230	9.99
1965	281,600	36,581	12.6	3,014	9.6	1.070	8.24
1970	724,400	79,498	17.9	5,695	17.7	0.790	7.16
1975	1,585,000	212,888	24.5	13,273	21.4	0.840	6.23
1980	2,478,000	425,888	10.3	22,302	6.5	0.900	5.24
1981	2,648,000	467,881	9.9	24,000	7.6	0.910	5.13
1982	2,772,000	496,808	6.2	25,861	7.8	0.930	5.21
1983	2,817,000	503,796	1.4	27,542	6.5	0.980	5.47
1984	2,960,000	506,272	0.5	29,346	6.5	0.990	5.8
1985	3,146,000	524,996	3.7	31,371	6.9	0.997	5.98

자료 : 일본의 방위, 1981-1985.

〈장 2-9〉 일본 방위비 증가율 (1977~1985)

구 분	1977	1978	1979	1980	1981	1982	1983	1984	1985
방 위 비 (10 억 엔)	1,691	1,901	2,095	2,230	2,400	2,586	2,754	2,935	3,137
전년도 대비 증가율(%)	11.8	12.4	10.2	6.5	7.6	7.75	6.5	6.55	6.9
총 예 산 의 비율(%)	5.9	5.5	5.4	5.2	5.1	5.20	5.5	5.80	5.98

자료 : 일본의 방위, 1981-1985.

<장 2-10> 3차방의 목표와 달성 상황

구 분	정 비 목 표		달 성 상 황	미 달 성
해 상 방위력	함 정	56척 약 48,000 톤	42척 약 48,000 톤	14척 (PB 10척 등)
	고 정 익 대 잠 기	60기	58기	2기(PS-1)
	대 잠 헬 리 콥 터	33기	32기	1기(HSS-2)
방공력	지대공 유도탄 부대 지대공 유도탄 부대의 편성 준비	4대 2대	4대 2대 (44년도 착수)	
	신 전 투 기	정비에 착수	정비에 착수	
육 상 방위력	헬 리 콥 터	83기	83기	
	장 갑 수 송 차	약 160량	156량	
	수 송 기	10기	10기	
	전 차	약 280량	280량	
	육상 자위관의 정 수 증 원	8,500인	7,500인	1,000 인
기 타	훈련용, 구난용 등의 항 공 기	55기	56기	
	훈 련 지 원 함	4척 약 5,500톤	3척 약 5,000톤	소방 구난정 (약 45톤)
	초음속, 고도훈련기	국내 개발	국내 개발 (1967년 착수)	

자료 : 일본 방위연감 간행회 「방위연감」 1977. p. 360 참조.

〈장 2-11〉 4차방의 목표와 달성상황

주요목표		기획통계	달성	미달성
육 상 자위대	전 차 (74년식 전차 포함)	280량 (160량)	249량 (129량)	31량 (31량)
	장 갑 차 (73년식 장갑차 포함)	170량 (136량)	110량 (76량)	60량 (60량)
	자 주 화 포	90문	20문	70문
	작 전 용 항 공 기	159기	141기	18기
	작전용 유도탄 호오크	3군	3군	
해 상 자위대	함 정	54척 (약69,000톤)	37척 (약48,300톤)	17척 (약20,700톤)
	호 위 함	13척	8척	5척
	헬리콥터 탑재 호위함(DDH)	2	2	0
	함대공 유도탄 호위함(DDG)	1	1	0
	함대함 유도탄 호위함(DDA)	1	0	1
	호 위 함 (DDK)	3	1	2
	호 위 함 (DE)	0	4	2
	잠 수 함 (SS)	5	3	2
	보 급 함 (AOE)	1	1	0
	기 타	35	25	10
	작 전 용 항 공 기	92기	75기	17기
항 공 자위대	항 공 기	211기	169기	42기
	요 격 전 투 기 (F-4EJ)	46	46	0
	정 찰 기 (KF-4E)	14	14	0
	지 원 전 투 기 (FS-T2)	68	26	42
	수 송 기 (C-1)	24	24	2
	고 등 연 습 기 (T-2)	59	59	0
	지대공 유도탄 (나이키-J)	2군 및 1군 준비	1군 및 1군 준비	1군

자료 : 일본 방위연감 간행회 「방위연감」 1977. p.391 참조.

〈장 2-12〉 일본 자위대의 군사력 현황

(가) 육상 자위대

◇ 병력 : 155,000 명 　　　　　◇ 보병사단 (각 7-9,000 명) 　: 12
◇ 기계화사단　　: 1 　　　　　◇ 혼성여단 　　　　　　　　: 2
◇ 공정여단 　　 : 1 　　　　　◇ 방공여단 　　　　　　　　: 2
◇ 포병여단 　　 : 1 　　　　　◇ 통신여단 　　　　　　　　: 1
◇ 공병여단 　　 : 5 　　　　　◇ HEL기 비행단 　　　　　　: 1
◇ SAM 단 (각 단 4개 포대) : 8
◇ 예비역 : 43,000 명

장　　　비　　　명	수량	장　　　비　　　명	수량
TYPE - 61　중 전 차	550	항　　　공　　　기	72
TYPE - 74　중 전 차	390	헬　　　　　　　기	9
TYPE - 60　APC	430	―	―
TYPE - 73　APC	120	(발　　주　　중)	20
105,155,203mm 평 곡 사 포	794	TYPE - 74　중 전 차	72
―	―	TYPE - 73　APC	9
TYPE - 30　SSM	50	155mm 자 주 곡 사 포	24
81, 107 mm 박 격 포	1,360	203mm 평 사 / 곡 사 포	24
130mm 다연장 로켓트포	75	130mm 다연장 로켓트포	
75, 84, 106mm 무반동총	1,600	84mm RCL	224
TYPE - 64, 79 ATGW	253	STINGER SAM	70
35, 37. 40, 75mm 대공포	110	TAN LAUNCHER	7
TAN SAM	10	개 조 HAWK SAM	48
HAWK	100	OH - 6D	3
개 조 HAWK SAM	100	HU - 1H HEL	7

자료 : Military Balance 1984 - 85.

(나) 해상자위대

○ 병력 : 44,000명 (해군 항공대 12,000명 포함)
○ 기지 : YOKOSUKA, KURE, SASEBO, MAIZURU, DMINATO
○ 예비역 : 600명

함 종	척 수	함 종	척 수
SUBMARINES	14	대잠 Hel기	6
DESTROYER	32		(HSS - 2 : 56)
FRIGATE	18	기뢰전 Hel기 대대	1
연안 호위암	4		(K V - 107 : 7)
FAC (T)	5	수송 대대	1
연안 초계정	9		(YS-11 : 4, B-65 : 1)
MCM 지원함	3	시험 비행대대	1
연안 소해정	30		(P-3C : 4, P-2J
MCM 정	6		: 2, MSS-2A : 2)
	(NANAGO)		
LST	6	수색 및 구난편대	7
LSU	2	훈련대대	6
기 타	14	(건조중)	
지원함(건조중)	323	P3C	19
SS	3	TC - 90	2
DDG	10	HSS - 2B	13
MCM	4	SM - 60 - B	1
지 원 함	1	H - 6D	10
전투용 항공기	81	US - 1A	1
무장 Hel기	63		
비행단	6		
해상정찰 대대	7		
	(P-3C : 9, P-2J : 58, PS - 1 : 14		

자료 : Military Balance 1984-85.

(다) 항공 자위대

- 병력 : 46,000
- 전투용 항공기 : 270 대
- 전투용 비행단 : 6
- AAM : SPARROW, FALCON, SIDE WINDER

기 종		대 수	기 종		대 수
전 투	F - 15J / DJ	40	훈 련	F - 104 DJ	5
	F - 4 EJ	110		T - 1, T - 2, T - 3	197
	F - 104J	50		T - 33A	137
	F - 1	50	연 락	B - 65	5
정 찰	RF - 4EJ	14	헬 기	S - 62	5
A E W	E - 2C	4		V - 107 II	29
E C M	YS - 11E	2	실험기	F - 15 / 4 / 104	22
수 색	MU - 2S/J	25/4	발 주	F - 15J / DJ	53
수 송	C -1	25		F - 1	6
─	YS -11	10		C - 13011	2
				T - 2	8
				E 2 C	42
				V - 107	1
				Tan SAM Launcher	4

자료 : Military Balance 1984-85

〈장 2-13〉 56 중업 방위력 정비계획

구 분			방위계획 대 강	'82 완성시	56중업 완성시	비 고
육상자위대		자위관 정수	18만명	18만	18만	
	기간부대	평시 지역배비 하는 부대	12개 사단	12	12	편재의 현대화에 관해 검토하고 개편착수예정
		기동운용 부대	1개 기갑사단	1	1	
			1개 특과단	1	1	
			1개 공정단	1	1	
			1개 교도단	1	1	
			1개 헬기단	1	1	
		저 공역 방공용 지대공 유도탄 부대	8개 고사포병군	8	8	
해상자위대	기간부대	대잠수상함정 부대 (기동 운용)	4개 호위대군	4	4	
		대잠수상함정 부대 (지방대)	10개 대	10	10	
		잠수함 부대	6개 대	6	6	
		소해 부대	2개 소해대군	2	2	
		육상대 잠기 부대	16개 대	14	16	
	주요장비	대잠수상 함정	약 60척	61	62	
		잠수함	16척	14	16	
		작전용 항공기	약 220기	168	214	
항공자위대	기간부대	항공경계 관제 부대	28기 경계군	28	28	
		요격전투기 부대	10개 비행대	10	10	
		지원전투기 부대	3개 비행대	3	3	
		항공정찰 부대	1개 비행대	1	1	
		항공수송 부대	3개 비행대	3	3	
		경계비행 부대	1개 비행대	1	1	
		고공역 방공용 지대공 유도탄 부대	6개 비행대	6	6	
	주요장비	작전용 항공기	약 430기	396	415	

자료 : 1987년도 방위백서 일본방위청 편 p. 95

〈장 2-14〉 56 중업 군사력 증강 계획

(가) 육상 자위대

항 목	단위	56 중업의 증강 견적량	56 중업의 87년 완성시 세력	비 고
74식 전차	대	373	850	
75식 155mm 자주유탄포	문	50	201	
203mm 자주유탄포	문	72	91	
신 155mm 유탄포	문	176	175	
64식 81mm 박격포	문	56	815	
73식 장갑차	대	105	225	
82식 지휘 통신차	대	127	137	
장륜장갑차(정찰경계차)	대	8	8	
신 고사 기간포(자주)	문	7	7	
중・대전차 유도탄	기	14	14	
79식 대주정,대전차 유도탄발사장치	기	78	108	
84mm무반동포	문	1,749	2,603	
75식 130mm 자주 다련장 로케트탄 발사기	기	16	16	
대전차헬리콥터(AH-1S)	대	43	56	
다용도헬리콥터(UH-1H)	대	53	137	
관측헬리콥터(OH-6D)	대	64	159	
CH-X(수송헬리콥터)	대	*16	16	* 수송헬기 기종 선정중
지대공 유도탄 호크 개장용 장비품	군	1	6	
SAM-X	군	*	*	* 갱신방침에 대하여 소요 조치 강구
81식 단거리 지대공 유도탄	기	47	57	
휴대식 지대공유도탄	기	468	517	

자료 : 최경락, 국방대학원, 일본의 군사력 증강과 한국 안보(84.12), pp. 19-21.

(나) 해상 자위대

항 목	단위	56 중업의 증 강 견 적 량	56 중업의 87년 완성시 세력	비 고
호위함(구축함)	척	14	*60	*헬리콥터탑재 호위함
DDG(미사일 탑재)	척	3	8	DDH 4척 포함
DD(다용도, 대잠수색, 공격용)	척	8	31	
DE(연안 해역 경비용)	척	3	17	
잠 수 함	척	6	15	
소 해 정	척	*13	*33	*이중 심해용 1척
미사일함	척	6	6	
해안 관측함	척	2	5	
보급함	척	2	3	
수송함정	척	*5	13	*수송함 LST 2척
훈련 지원함	척	1	2	수송정 3척
자위함 건조 계(본수)	척	69		
		(9.7만톤)		
FRAM(함정의 근대화)	척	2	4	
항공기				*대잠 초계기 P-2J
작전용 항공기	대	125	*185	10대 포함
고정익 대잠 초계기(P-3C)	대	50	72	
대잠 헬리콥터(육상HSS-2B)	대	43	48	*HHS-2B : 18대,
대잠 헬리콥터(함재기)	대	*20	43	SH-60P : 2대
				*차기 소해헬기
MH-X	대	*12	12	기종 선정 중
구난 헬리콥터(SU-A)	대	3	12	
구난 비행정(US-1A)	대	3	7	
훈련 지원기	대	3	3	
연락기(TC-90)	대	4	4	
연습기(TC-90)	대	6	23	
연습기(KM-2)	대	4	31	
연습기(CH-6D)	대	5	9	

자료 : 최경락, 국방대학원, 일본의 군사력 증강과 한국안보(84.12), pp. 19-21.

(다) 항공 자위대

항 목	단위	56 중업의 증 강 견 적 량	56 중업의 87 년 완성시 세력	비 고
작전용 항공기 (F-15)	대	120	395	F-4EJ 103대, RF-4E 13대
요격 전투기 (F-1)	대	75	138	C-1 27대, YS-11대 포함
지원 전투기 (FS-X)	대	6	58	
지원 전투기 (FS-X)	대	*24	24	*차기 지원전투기 기종 선정 작업 실시
수송기 (C-130H)	대	8	12	
CH-X	대	*6	6	*수송헬기 기종 선정 중
조기경계기 (E-2C)	대	1	9	
구난헬리콥터(V-107)	대	17	30	
HH-X	대	*2	2	*차기구난헬기기종 선정 중
구난 수색기(MU-2)	대	3	26	
EC-130H(수송기)	대	*2	2	*전자지원기1대, 전자측정기1대
XT-4	대	45	49	
고등 연습기(T-2)	대	7	85	
SAM-X	군	*	*	*갱신방침에 대하여 검토 하고 소요조치 강구
81식 단거리 지대공 유도탄	기	27	30	
휴대식 지대 공유도탄	기	372	408	
대공 기관포(자주형)	기	130	138	

자료 : 최경락, 국방대학원, 일본의 군사력 증강과 한국 안보(84.12), pp. 19-21.

<장 2-15> 미국의 요구 수준과 일본의 달성수준(계획)

항 목	81년 하와이 협의	87년 달성 수준	비 고
호 위 함	70척	60척	신규 조달분 14척
잠 수 함	25척	15척	6척
P-30(대잠 요격기)	125대	72대	50대
요 격 전 투 기	14sq(약 35대)	10sq(138대)	75대
지 원 전 투 기	2sq(약 20대)	82대	30대
수송기(경기뢰 부설)	5sq(약 60대)	12대	
S A N	헤르리우트 도입	6개 고사군	
탄 약 및 미 사 일 비 축 (기뢰, 어뢰)	60 ~ 90 일분	약 30일분	

자료 : 최경락, 국방대학원, 일본의 군사력증강 전망과 한국안보(84.12) 919-21

<장 2-16> 자위대의 미국 파견 훈련소요 (1983년도)

구 분	훈 련 병	훈 련 장 소	참 가 부 대	파견 개시년도
육상 자위대	호크 연례 사격훈련	뉴-멕시코주	22개 고사포 중대	1965
해상 자위대	미국 파견 훈련	하와이 및 주변 해역	호위함 3 척 잠수함 1 척 항공기 8 기	잠수함 (1963) 항공기 (1966) 호위함 (1976)
항공 자위대	나이키 연례 사격 훈련	뉴-멕시코주	19개 고사포 중대	1963

자료 : 일본의 방위, 1984, p. 209.

<장 2-17> 마일 공동 훈련 : 육상자위대

훈련병	기 간	장 소	규 모 일	모 미	내 용
기동 훈련	'83. 10. 6. - 10. 25.	북해도 대연습장	북부 방면대 1,500명	9군단 950명	미·일 상호협조 요령훈련
지휘소 훈련	'83. 11. 2. - 11. 18.	선 대 주둔지	동북 방면대 1,000명	9군단 850명	미·일 상호협조 요령훈련

자료 : 일본의 방위 1984, p. 306.

<장 2-18>마일 공동훈련 : 해상 자위대

훈 련 명	기 간	훈 련 해 역	규 모 일	미	내 용
소규모 훈련	'83. 8. 2. - 8.19.	혼슈 남안, 큐슈 주변 해역	함정 1척	함정 1척	전술기동 훈련
해상 자위대 연 습	'83. 9.25. - 10.5.	남서 제도, 동방 해역 및 이도, 오가사하라 주변 해역	함척 12척 항공기 약간	함정 6척 항공기 약간	대잠훈련, 방공훈련
소해 훈련	'84. 2.15. - 2.27.	뇌 호 내 해의 주방 한주	함정 27 항공기10	항공기 2	소해훈련
대잠 훈련	'84. 2.20. - 2.25.	방총, 동방 해역 미해면	함정 8 항공기 약간	함정 4 항공기 약간	대잠 훈련, 방공 훈련, 수상타격 훈련

자료 : 일본의 방위. 1984. p. 306.

<장 2-19> 마일 공동훈련 : 항공 자위대

훈 련 명	기 간	훈 련 해 역	규 모 일	미	내 용
전투기 훈련	'83. 7.18 - 7.32	오키나와 남방공역	60	75	공중전투
전투기 훈련	8.22 - 8.25	小松 북방 공역	84	37	공중전투
전투기 훈련	10.10 - 10.13	三汽 동방 공역	106	48	공중전투
지휘소 훈련	12.12 - 12.15	府中 기지	90명	80명	미·일간 상호 통제 훈련
전투기 전투훈련	'84. 2.27 - 3.2	큐슈 북방 공역	26	26	공중전투

자료 : 일본의 방위. 1984. p. 306.

〈장 2-20〉 일본 자위대에 관한 총리부의 여론조사

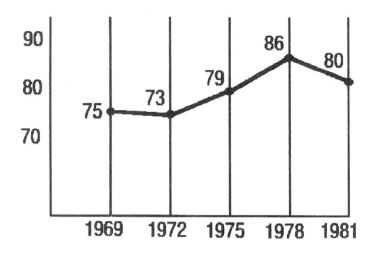

○ 자위대에 관한 시사통신의 여론조사

연 도	자위대는 있는 것이 좋다	자위대는 없는 것이 좋다	모르겠다
1978	68.5%	8.0%	23.5%
1980	79.2%	5.5%	16.3%
1981	77.1%	5.9%	17.0%

○ 자위대에 관한 조일신문의 여론조사

연 도	자위대 강화를 바라는 자	자위대 현상유지를 바라는 자	자위대 축소를 바라는 자	자위대 폐지를 바라는 자
1978	19%	57%	11%	13%
1980	18%	61%	11%	10%
1981	22%	57%	11%	10%

〈장 2-21〉일본 자위대 배치도

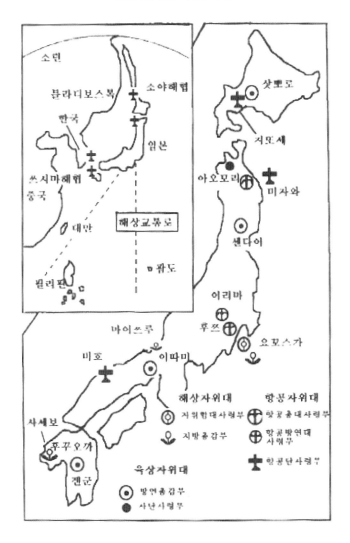

자료 : 한국일보 84. 7. 1 일자

<장 3-1> 동북아 군사정책 및 군사전략 한계

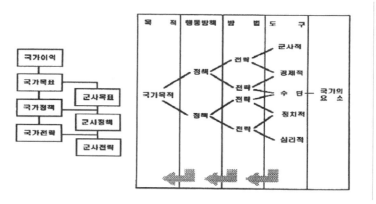

주) 국가는 목표를 달성하기 위하여 국가정책(전략)의 수단을 사용한다.
자료 : 이종학, 「현재전략론」, p. 94,, 123

〈장 3-2〉 동북아시아 투쟁의 스펙트럼

정세분야

정세분야

평화로운 국제관계

광명과 달콤함

문화적·성치적·경제적 생산과

관세의 문제도 포함

무역·한당·통화관리 및 평가

섬하

봉상상의 특전에 대한 정치서

화보

농맹의 설성·성치적 잉여산물의 덤핑

석대적·성치적 선전 보이콧

폭동·과괴지 침투·억류·추방

선박 및 화문의 몰수·국제분생·

침해와 보복 기물파괴

외국서 형성된 암암리의 무력

밎 의용군외 지원을 받는 혁명의 영토의 진령·부분적 동원

암암리의 무력에 의한 활발한

전두의

공중폭격 및 한포사격·성식

봉쇄

총동원·삼수함공격·전부시역

의 규모확대

복적의 확대

일핵무기의 사용

가스 및 세균전

병 외

명 선

열 선

긴세신생

세 상 신 생

협상의 분야   군사력의 분야

※ 긴장의 증대에 따라 더 많은 무기와 분쟁의 도구가 사용된다. 어느
경우에도 더 많은 무기가 등장하여, 재래무기의 사용이 계통된다.
이리하여 마침내 제한할 수 없는 모든 무기가 누적적으로 사용된다.

자료 : Eccles, Henry E.Military Concopts and philosophy, p. 37, 이종학,
「현대전략론」, p. 32에서 재인용.

〈장 3-3〉 중국의 군사력 현황

구 분		군사력 현황	비 고
총 병 력		3백2십만 명	
핵전력	병 력	90,000명	
	I C B M	6기	DF-5, 4형
	I R B M	60기	DF-3형
	M R B M	50기	DF-2형
	S L B M	30~40기	
지상군	병 력	2,300,000명	
	사 단	148개	
	전 차	11,450대	T-59,62,63,69,53185형
	장 갑 차	2,800대	
	포	12,800문	100-152mm
해 군	병 력	340,000명	해병대, 해군항공대
	잠 수 함	117척	핵추진:5, 재래식:112
	구축 / 프리기트함	20/33척	
	기 타 잠 수 함	약1,000척	초계호위함, 고속함
	해 병 대 병 력	56,500명	
	연 대	9개	
	전 차	600대	T59, 63, PT-76
	해 군 병 력	34,000명	
	항공부대 폭 격 기	800명	H-5, 6, J-5, 6, 7
공 군	병 력	470,000명	
	폭 격 기	620대	H-5, 6
	전 투 기	4,000대	J-5, 6, 7, 8
	대 지 공 격 기	500대	Q-5

자료 : 방위연감 1990-1991, 국제문제 연구소, p. 163.

〈장 3-4〉 러시아의 군사이론 체계

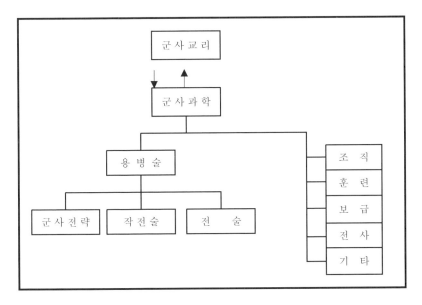

출처 : 육군교육사령부, "러시아의 군사이론체계", 「군사발전부록」 33호(1986. 5), p. 27

〈장 3-5〉 러시아군의 용병 체계

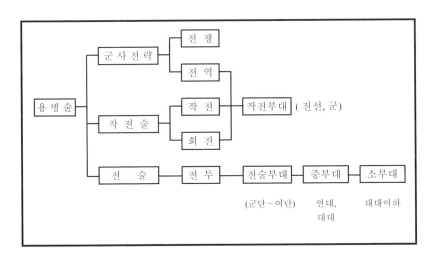

〈장 3-6〉 러시아 전략 로케트 군의 현황

내 용	장 비
병력 : 325,000 명	
ICBM : 1,398 기	SS-11 : 570기, SS-13 : 60기, SS-17 : 150기, SS-18 : 308기, SS-19 : 310기
IRBM 및 MRBM : 약 606기 (소련 서부 국경에 500기, 나머지는 우랄 동방에 배치)	SS-5 : 16기, SS-20 IRBM : 315기 SS-4 MRBM : 275기

자료 : The military balance, 1982~1983 (London : IISS, 1982), p. 13.

〈장 3-7〉 러시아 지상군의 현황

내 용	장 비
사단 : 180개 및 8개 공수강습 여단	전차사단 : 46개, 자동차화 저격사단 : 126개 공수여단 : 8개
주 요 장 비	전차 5만대, 장갑전투차량 6만2천대, 야포·자주 포 및 유탄포 합계 2만문, 각종 박격포 7,200문, 로켓트포 2,700문, 자주대전차포 및 대전차미사일 1만8천문, SSM 약 1,300기

자료 : The military balance, 1982~1983 (London : IISS, 1982), p. 14.

〈장 3-8〉 러시아 공군의 병력 및 장비현황

병 력	장 비
475,000 명	작전기 약 7,350대 : (장거리 항공기 : 850대, 전선 항공기 : 5,000대, 수송항공부대 : 1,500대)

자료 : The military balance, 1980~1981 (London : IISS, 1980), p. 12.

〈장 3-9〉 러시아 해군의 병력 및 장비현황

내　　　　　용	장　　　　　　　　　비
병력 : 450,000 명	※ 해군 항공대 : 59,000명, 해병대 : 12,000명, 해안 포병 및 로켓트 부대 : 8,000명
함정톤수 : 5,013,000 t	주요 수상 전투함 : 289척, 잠수함 : 257척 (핵잠함 : 91, 디젤 : 166), 예비 주요수상, 주요전투함 : 25척, 공격형 잠수함 : 115척, Kiev급 항모 : 4척 등 다수
잠수함 순항미사일 : 69기	SSGN : 49,　SSG : 20
전투용 항공기 : 약 775대	폭격기 : 약 200대, 정찰기 : 약 170대, 대잠기 및 헬기 : 약 410대, YAK-36 수직 이착륙기 : 14대, KA-25헬리콥터 : 16대 등

자료 : The military balance, 1980~1981 (London : IISS, 1980), p. 12.

〈장 3-10〉 러시아 극동군사력의 증가추이

군 별	연 도 전 력	'73	'75	'77	'79	'80	'81	'82	'83	'84
지상군	병 력 (만명)	26	30	30	35	35	36	36	37	37
	사 단 수	30	30	31	34	34	39	39	40	40
해 군	총 톤수(만 톤)	110	120	125	138	152	158	160	162	170
	총 척 수	745	755	755	770	785	800	810	820	825
	수 상 함 정	410	400	390	400	410	415	420	425	430
	잠 수 함	120	125	125	125	130	135	135	135	135
	보 조 함 정	215	230	240	245	245	250	255	260	260
공 군	총 항 공 기 수	1,960	2,010	2,040	2.060	2,060	2,120	2,210	2,100	2,220
	폭 격 기	570	580	480	450	450	450	420	440	460
	전 투 기	1,260	1,300	1420	1,450	1,450	1,600	1,550	1,510	1,610
	초 계 기	130	130	130	160	160	160	150	150	150

자료 : 일본 방위연감 간행회 1편 「방위연감」 (동경 : 방위연감 간행회, 1985), p. 565.

〈장 3-11〉 소련군사력 배치 현황

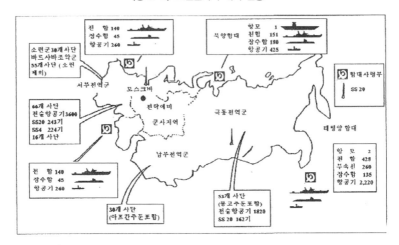

자료 : USA, Department of Defence Soviet Military Power, 1986, p. 9

〈장 3-12〉 극동을 향한 러시아의 전략방향

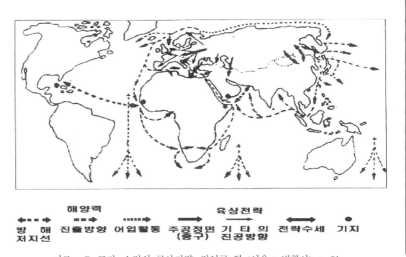

자료 : G. 포저, 소련의 군사전략, 김영국 역 (서울 : 병학사), p. 81.

<장 3-13> 소련군의 블랙잭, 백파이어기 위협범위

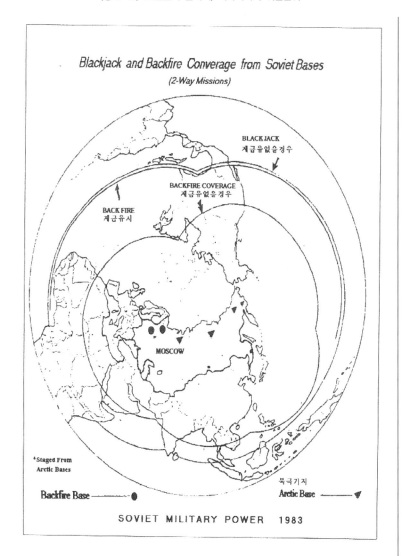

Blackjack and Backfire Converage from Soviet Bases
(2-Way Missions)

BLACK JACK
계급유없을경우

BACKFIRE COVERAGE
계급유없을경우

BACK FIRE
계급유지

MOSCOW

*Staged From
Arctic Bases

Backfire Base ——————— ●

북극기지
Arctic Base ——————— ▼

SOVIET MILITARY POWER 1983

<장 3-14> 미 극동군사력의 변동추이('73~'84)

군 별	년 도 전 력	'73	'75	'77	'79	'80	'81	'82	'83	'84
지상군	병력 (만명)	4.6	5.7	6.1	5.7	5.5	5.5	5.6	5.6	5.4
	사 단	2	2	2	2	2	2	2	2	2
항공력	총 항공기수	851	356	286	296	320	320	340	350	365
	전 투 기	519	336	180	229	250	250	270	275	270
	폭 격 기	170	42	14	14	14	14	14	14	4
	기 타	162	78	92	53	55	55	55	60	80
제7함대	병력 (만명)	6	5.5	5	5	5.5	5.5	5.1	6.5	5.1
	총 척 수	85	60	55	55	60	60	60	65	70
	항 모	3	3	2	2	3	3	2-3	2-3	2-3
	순 양 함	2	2	5	5	5	5	5	약 5	약 5
	구 축 함	28	23	20	15	15	15	20	20-25	20-25
	잠 수 함	5	5	5	6	7	7	7	8	11
	보 조 함	47	27	23	27	30	30	25	약 25	약 30
	총 항공기수	550	540	555	425	500	500	500	500	500
	작 전 기	310	310	210	270	340	340	340	340	340
	기 타	240	230	345	155	160	160	160	160	160

자료 : 일본 방위연감 간행회편. 「방위연감」 (동경 : 방위연감 간행회, 1985), p. 565

〈장 3-15〉 미국의 극동방위선

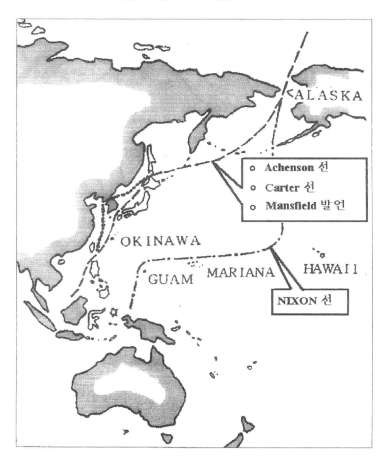

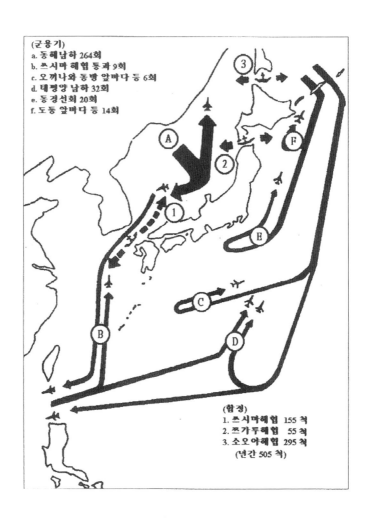

(군용기)
a. 동해남하 264회
b. 쓰시마해협 통과 9회
c. 오끼나와 동방 앞바다 등 6회
d. 태평양 남하 32회
e. 동경선회 20회
f. 도동 앞바다 등 14회

(함정)
1. 쓰시마해협 155 척
2. 쯔가루해협 55 척
3. 소오야해협 295 척
   (년간 505 척)

〈장 3-16〉 일본 주변에서의 소련 함정군용기 활동 내용

(주) 척수 및 회수는 과거 5년간의 평균치를 나타냄

* 자료 : 일본 방위청, 방위백서, 1985, p. 41.

〈장 3-17〉 중소 국경의 지상군 대치 상황

Armed Forces JOURNAL International / Dec. 1983

〈장 3-18〉 아시아의 미소 해군세력

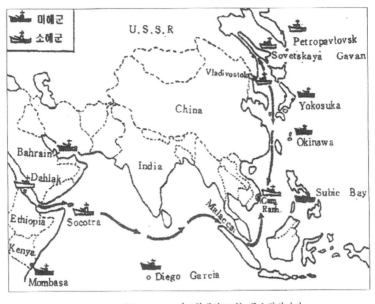

출처 : U.S News & World Report, April 4. 1983. p.53 "American, Soviet Navies in Asia"

〈장 4-1〉 칸네 전투

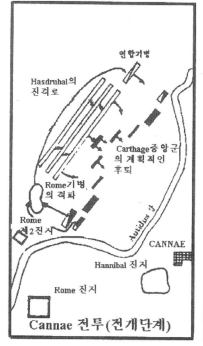 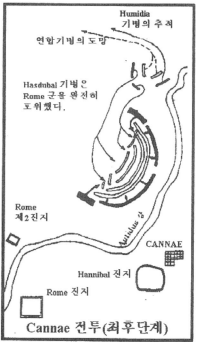

pp. cit., 구자총, 근대이진의 진쟁 부도(附圖), p. 28.

〈장 4-2〉 나폴레옹의 기동방식

ENEMY LINE OF
RETREAT

2
ENVELOPMENT

1

A   FRONTAL ATTACK   B

A   B

PENETRATION

3

자료 : Charles Andrew Willoughby, Maneuver in war (Harrisbrug. pa : The Mil
itary service pub. co. 1939), p. 155~156

〈장 4-3〉 바다로의 경쟁과 전선의 교착

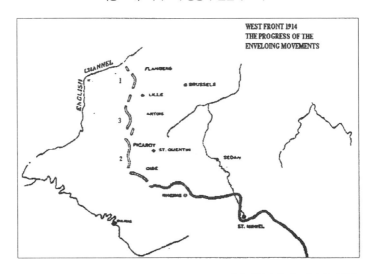

pp. cit., Willoughby, Maneuver in War, p. 90. 4개의 전역에서 피·아간의 포위전
은 전선을 「알프스」산에서 영국해협으로 연장시켰다.

<장 4-4> 돌입, 돌파, 돌진의 종심

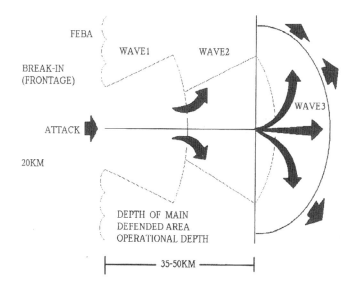

Edited by J. Addicott, P. J. Kramers, The Mechanized Battlefield (Washington D.C : Pergamon Brassey's International Defense Pub., 1985), p. 42, 'Breake in'은 사단종심, 'Break through'는 작전적 종심으로 군단종심, 제3파가 작전하는 종심은 'Break out'하는 종심으로 야전군급 이상의 종심으로 볼 수 있을 것이다.

〈장 4–5〉 국방체제의 구조

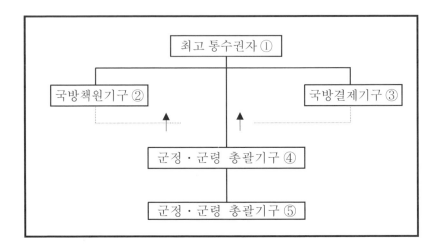

※ 자료 : 이선호, 국방행정론, 서울, 고려원, 1985, p. 163

〈장 4–6〉 자문형 합참의장 제

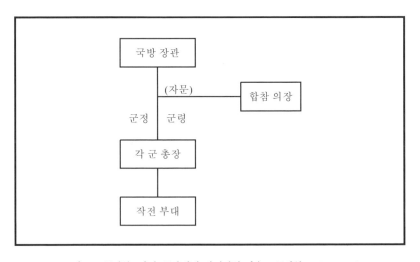

※ 자료 : 국방부, 장기 국방태세 발전방향(서울 : 국방부, 1990), p. 12.

<장 4-7> 통제형 합참의장 제

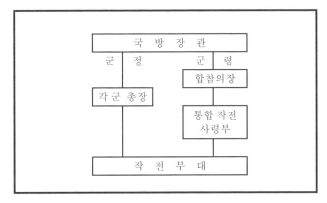

※ 자료 : 국방부, 장기국방태세 발전방향 (서울 : 국방부, 1990), p. 13.

<장 4-8> 국방 참모총장 제

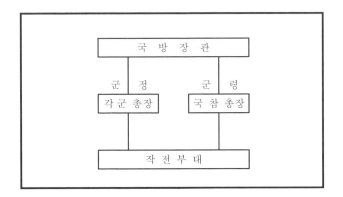

자료 : 국방부, 장기국방태세 개발방향 (서울 : 국방부, 1990), p. 14.

〈장 4-9〉단일 참모총장 제

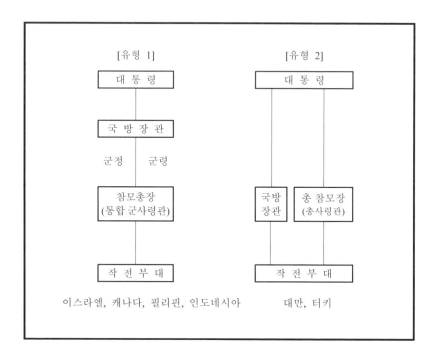

[유형 1]

대 통 령

국 방 장 관

군정   군령

참모총장
(통합 군사령관)

작 전 부 대

이스라엘, 캐나다, 필리핀, 인도네시아

[유형 2]

대 통 령

국방
장관

총 참모장
(총사령관)

작 전 부 대

대만, 터키

※ 자료 : 국방부, 장기국방태세 발전방향 (서울 : 국방부, 1990), p.15.

〈장 4-10〉 미국의 국방체제

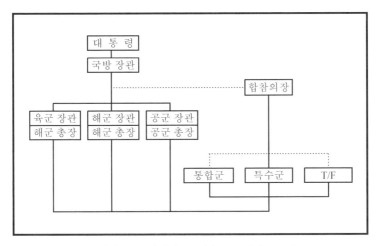

※ 자료 : 이선호, 국방행정론 (서울 : 고려원, 1985), p. 313

〈장 4-11〉 영국의 국방체제

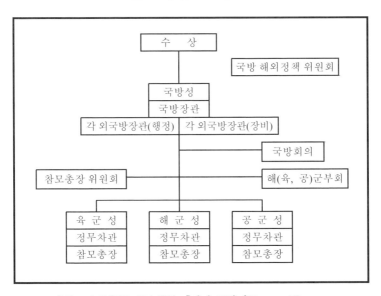

※ 자료 : 太平善悟, 田上穰治,「세계 국방제도」, p. 73.

〈장 4-12〉 프랑스의 국방체제

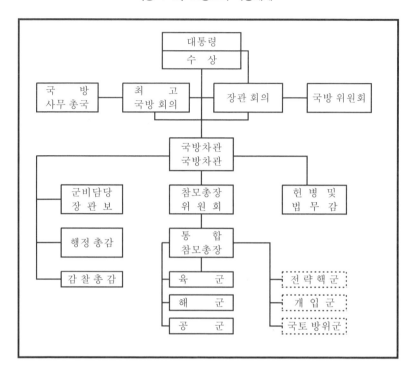

※ 자료 : Douglas J. Murray and Paul R. viotti, the Defense Policies of Nations. p. 246

〈장 4-13〉 서독의 국방체제

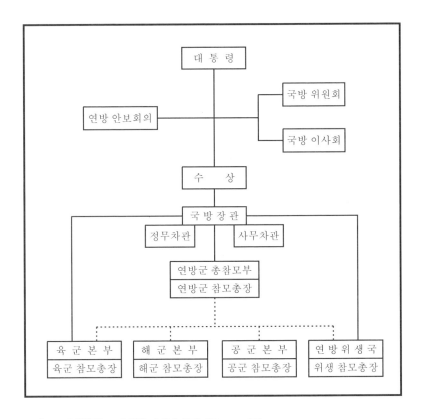

※ 자료 : 太平善悟, 田上積治, 「세계 국방제도」, p. 108.

〈장 4-14〉 이스라엘의 국방체제

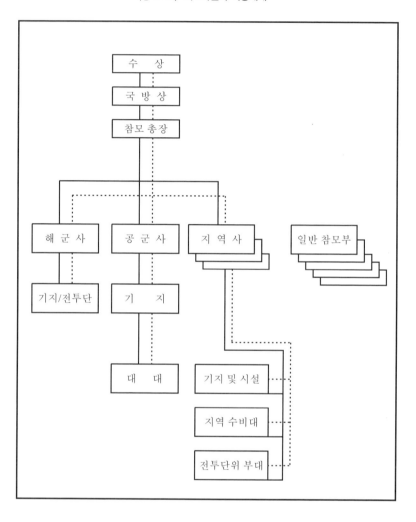

※ 자료 : 국방부, 장기 국방태세 발전방향 (서울, 국방부, 1970), p. 16.

〈장 4-15〉 소련의 국방체제

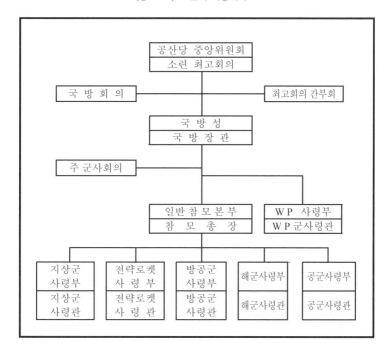

※ 자료 : DOD, Soviet Military Power, p. 9.

〈장 4-16〉 국방참모본부 편성표

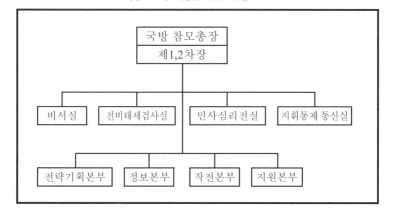

〈장 4-17〉 한국군의 작전지휘 체제

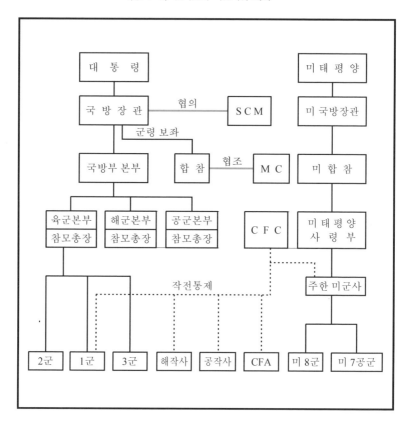

※ 자료 : 국방부, 장기 국방태세 발전방향 (서울, 국방부, 1990) p. 89.

<장 4-18> 연합사 지휘체계

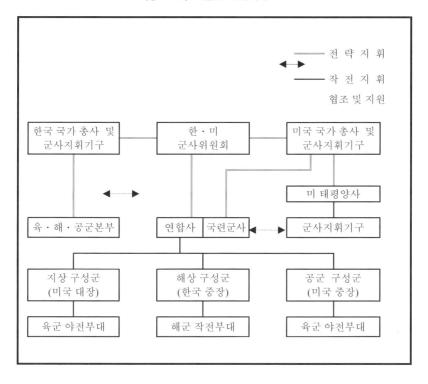

※ 자료 : 윤종현, 한미연합사와 팀 스트리트 연습(서울 : 국방부, 1981), p. 11.

<장 4-19> 무력침공의 가능 양상

구 분	형 태	내 용	충 돌 양 상
침 공	전면침공 국지침공	6.25와 같은 남침전쟁 전략 특정지역(5도)점령 전략	정 규 전 정 규 전
침 투	부분침공 단발도발	소규모 특공부대 침투 전략 납치 및 파괴 전략	혼 합 전 테 러
침 란	무장내란	남한 내전 전략	비 정 규 전

〈장 4-20〉 주한미군 배치현황

구 분	육 군	해 군	공 군
부 대 명 및 주 둔 지	유엔사령부(통합참모본부예하) : 서울 한미연합사령부(한미군사위원회 예하) 주한미군사령부(태평양 미 8군 예하) : 서울 제1군단사령부(한미합동 사령부) : 의정부 제2보병사단 : 동두천 제38방공포병여단 : 오산	군사해상수송사령부 부산사무소 : 부산 지원부대 : 진해	제314항공사단 사령부(제5공군하) : 오산 제8전술전투항공단 : 군산 제51혼성항공단(전술) : 오산

자료 : 군사연구, 1980년 1월호, p. 39

〈장 4-21〉 북한 항공기 공격가능 범위도

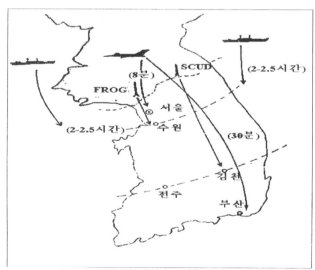

자료 : 국방부, "국방백서 1988", (국방부, 1988), p. 26

<장 4-22> 한국공역

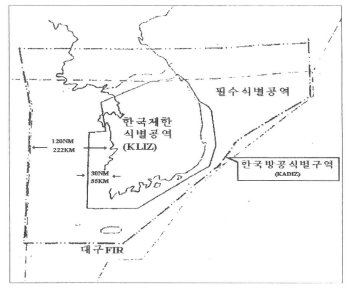

자료 : 합동참모본부, "국가공역관리", (82. 11) p. 30

<장 4-23> 국내 및 국제항로

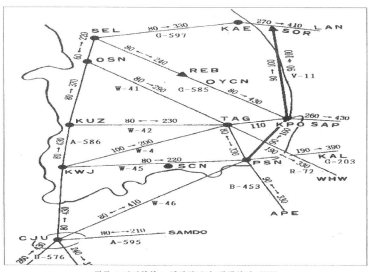

자료 : 공군본부 : 민간항공기 비행사항, 1990

〈장 4-24〉 공역 통제기구와 통신 구조

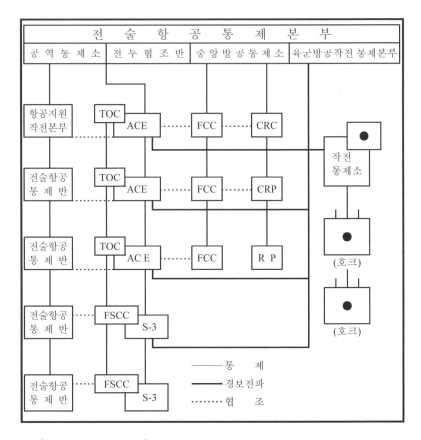

※ 자료 : 공군본부, 공군교범 3-2, p. 15.